JN059851

木造建築の構造

阪神・淡路大震災から現在まで

大橋 好光 著

建築技術

まえがき

木造建築開発の流れ

本書は、月刊誌「建築技術」に執筆した原稿をまとめたものである。建築技術には、1994年11月号の特集「木質構造の技術」(監修 坂本功)に2本の原稿を執筆して以来、多くの原稿を書かせていただいた。今回、主に特集の総論にあたる部分を中心に、八つのテーマを設定し、それに関連する原稿を選び、掲載することとした。雑誌の特集記事を集めたものなので、体系的にはなっていない。しかし、並べてみると、この20年あまりの木質構造の技術開発の動きが概観できるものとなったことから、本のタイトルを「木造建築の構造――阪神・淡路大震災から現在まで」とした。

軸組工法の変容

1995年1月に阪神・淡路大震災は発生したが、それまでは、軸組工法の開発の力点は、どちらかといえば、構造性能よりも、生産性の向上に置かれていた。1978年6月の宮城県沖地震、1983年5月日本海中部地震、1993年1月釧路沖地震、同年7月北海道南西沖地震と、人命が失われる地震が発生したが、建物が振動で倒壊したものはほとんどなかった。それらの地震での建物被害の多くは、むしろ、傾斜地や液状化など、地盤に起因するものが大部分であった。そのため、この時期、構造性能に関わる課題はさほど重要視されていなかった。

また、阪神・淡路大震災の前は、バブル経済とその崩壊後の時期にあたる。そこで、むしろ、この時期の主要な課題は、バブル期に採用された各種の新工法のどれが定着し、どれが消えていくのか、見極めの時期に相当した。

軸組工法の変化は絶えず起こっているが、現代に繋がる主要な変化は1980年代後半から始まっている。例えば、機械プレカットはその代表的なものである。そして、これらの新工法はバブル経済の時期に本格的に拡大・普及した。建築の工法は、好景気の時期に新しい工法が採用され、その後、定着していくというサイクルを繰り返してきた。好景気には、人件費が上昇するため、それまではコスト的に成立しなかった工法でも採算がとれる状況が生まれるためである。

そして、こうしたサイクルのたびに、生産性と性能の向上が図られてきた。その結果、軸組工法は次々と新しい工法を取り入れ、変わっていった。ただし、軸組工法の興味深い点は、新しい部分工法が採用されるか否かは、工務店の規模や地域、業態によって、まったく異なった方向性を示すことである。その結果、手刻みの伝統的構法から、工場で生産されたパネルを現場で組み立て、ほとんどプレファブ住宅と変わらないものまで、工法は限りなく多様に広がっている。その幅の広さには、驚かされるばかりである。

ただ、押さえておきたいことは、現代の大部分の軸組工法住宅が、総体的には、昔の伝統構法とはまったく異なる工法で建てられているということである。

阪神・淡路大震災と許容応力度設計

そして、バブル経済が崩壊し、不景気の最中に阪神・淡路大震災は発生した。この地震を契機として、木造住宅の構造性能が一躍注目されることとなった。そして、この地震を契機として、木造建築の構造面の研究は一気に進んだ。ここ四半世紀の構造面の動きは、阪神・淡路大震災が原点にあるといってよいだろう。

そして、それらの研究の成果を基に、２０００年に建築基準法が改正され、また同年、「住宅の品質確保の促進に関する法律」いわゆる品確法が成立した。現在も運用されている木質構造の設計法・耐力評価法の多くは、この時期にその基本的な考え方がまとめられた。

手法として特筆しておきたいのは、実物大の振動台実験である。阪神・淡路大震災が発生した１９９５年の年末に、当時、香川県多度津町にあった振動台で、木造軸組工法の実物大の振動台実験が行われた。実大の振動台実験は、経費も大きいことから、それまでは、実施しようとする住宅メーカーはほとんどなかった。前述のように、地震の揺れそのもので倒壊する建物被害は、ほとんど起きていなかったことも理由の一つだった。しかし、阪神・淡路大震災では、比較的新しい住宅でも多数倒壊していた。

この実験以降、各社が競うように実物大の振動台実験を実施するようになる。実物を実際に観測された地震動で試験することから、視覚的にもわかりやすかったことも理由として挙げられる。そして、この分野の研究は、日本の独壇場といってよいほどになっていく。そして、そうした実験を通して、軸組工法の関係者は各々の工法の耐震性に自信を深めたに違いない。

いずれにしても、2005年頃までは、2000年の改正建築基準法と品確法を学び、少しずつ定着していく時期に相当する。国も品確法の講習会を全国で大々的に展開した。

伝統木造

そうした動きをまったく別の方向に向けたのが、2005年11月に発覚した構造計算書偽造事件であった。この事件の後、多くの規準書が、法適合の確認する内容を追加し、改訂版を出版した。様式の変更は手続きの問題であるが、この事件を契機として、木造の分野では伝統木造の扱いの問題が浮上することとなった。

伝統木造建築は、ほとんどがいわゆる4号建築で、都市計画区域外に建てるものも多い。そのため、細かく見れば、建築基準法の仕様規定を満たしていないものも建てられてきた。そして、「法適合を厳格にすると、伝統木造は建てられなくなる」として、伝統木造関係者に危機感が広がった。そして、国もこうした事情に鑑み、2008年設計法作成の委員会を設置し、検討を開始した。しかし、この委員会は、政権交代などの政治の波にも巻き込まれることとなり、途中で委員会の陣容を変更するなど、どたばたを演じた。そして、結局、一般に普及する設計法の作成には至らないまま終了した。

しかし、この時期、この委員会に付随する研究だけでなく、学術的にも伝統木造建築は大きな研究テーマとなっていたことは確かである。例えば、日本建築学会の大会における木質構造分野の発表でも、かなりの割合を占めるまでになっていた。

中大規模木造

この伝統木造の設計法作成の委員会が動いている側で、次の木造建築の課題が提起されつつあった。ＣＬＴ（クロスラミナティンバー）である。ＣＬＴは、環境意識の高いヨーロッパで、木材を多用する工法「マッシブフォルツ」の一つとして、１９９０年代半ばに開発された。その後、専業メーカーが誕生するなど、ヨーロッパで勢いを増していた。そのＣＬＴが日本に紹介されると、日本の森に溢れているスギの利活用先として、一躍、注目されることとなった。ＣＬＴパネル工法の建物では、０・３m^3／m^2以上の木材が使用されるといわれ、実際、その後、国内で建設された建物の実例では、多くが０・４m^3／m^2以上の木材を使用したといわれている。２０１２年１月には、日本ＣＬＴ協会が設立されている。

また並行して、２０１０年には、いわゆる「公共建築木材利用促進法」が制定された。地球温暖化防止のために、１９９７年に締結された京都議定書以降、木材・木造建築の役割が一般にも認知されるようになっていたが、併せて、山に溢れている国産材の利用を促進し林業を再生しようという、一石二鳥の施策である。

ＣＬＴと公共建築木材利用促進法、これら二つの動きを受け、木造建築界は一気に中大規模木造建築の開発へと向かっていく。しかも、これまでの木造ブームと違う点がいくつか見られる。例えば、これまで鉄筋コンクリート造や鉄骨造を建ててきたゼネコンが本格的に参入している。また、第一線の建築家が競うように木造建築を設計していることも、従来のブームと異なっている。そうした動きを受け、建築系の雑誌でも中大規模木造に関する特集が組まれることが増えている。そして、構造的には、中大規模木造建築の設計法づくりが始まっている。また、これまで規模の点から必要とされなかった保有耐力設計法の作成も動き出そうとしている。当分の間、中大規模木造の流れは続きそうな勢いである。

なお、本書の各項の本文は、基本的に、執筆したときのままとした（今回、脚注を追加したものがある）。そのため、現在から見ると、情報が古いものも含まれている。そこで、各項のタイトルに初出の年月号を併記することにした。その時点での原稿ということで読んでいただきたい。

木造建築の構造——阪神・淡路大震災から現在まで　目次

Ⅰ. 木造住宅構法の変容

木造軸組構法住宅は、「伝統的な木造建築の流れを受け継ぐ構法」と理解されることが多い。しかし、以前から「受け継いでいない」と感じていた。1970～80年代の杉山英男の著作には、「大工の木造とエリートの木造」という軸組構法の二つの流れが説明されている。「大工の木造」とは、今でいう伝統構法のことで、「エリートの木造」はトラス理論を応用した筋かいを普及させようとする構法である。そして、現代の軸組構法住宅は、後者「エリートの木造」の延長上にある。筋かい・サイディング外壁・石膏ボード内壁・大壁などの部位工法である。そして、これらが普及する過程で、住宅金融公庫（当時）工事仕様書の果たした役割は大きかった。一時期、新築住宅の大部分がその融資を利用していたためである。これらにより、杉山のいう「エリートの木造」が主流となっていった。

しかし、本章で扱う「変容」は、その後の話である。1980年代後半から始まる構法の変化をまとめたものである。その新しい構法を代表する用語には、機械プレカット・接合金物・構造用面材・集成材・べた基礎などが挙げられる。木造軸組構法住宅が、また一段階、新しい構法へと脱皮していく。そのダイナミックな変容の様を理解していただけると幸いである。

初出：建築技術2004年7月号

01 —— 軸組構法住宅の変遷と今後

構法開発の流れ

木造軸組構法は、時代とともに変化を遂げてきた。それは、単に外壁や開口部などの部分的な構造だけでなく、躯体構造も同様である。

かつて、プレハブ住宅が出現した昭和30（1955）〜40（1965）年代には、軸組構法にも石膏ボードや合板、各種のサイディングといった乾式の壁構造が普及した。軸組構法に決定的な影響を与えた大壁構法が徐々に広がったのもこの頃である。

昭和50（1975）年に行われた、いわゆる「合理化コンペ」は、軸組構法の構法開発を対象とした最初のコンペであった。そこでは、**表1**のような項目が改良項目として挙げられている。接合部の改良を期待する声が、大きいことがわかる。

その後、住宅需要の拡大に伴って、「ハウス55プロジェクト」「いえづくり85コンペ」と工法開発は続いた。それらは、㈶日本住宅・木材技術センター[※1]が平成元年より行っている合理化システム認定制度へと引き継がれていく。これは、軸組構法の合理化されているシステムをクローズドに認定

表1　技術考案応募案の改良手法[※1]

各案が採用した改良好手法	採用件数
継手・仕口の改良	55
部材の規格化	51
部材の省略	40
部材のパネル化・統合	24
壁・天井などの各部構法の改良	21
モデュールの統一	21
床組の改良	20
造作・仕上方法の改良	18
壁・屋根・天井などの下地の改良	17
小屋組の改良	14
プランの合理化	4

する制度で、毎年10〜50のシステムが認定されていた。この制度は、新しく開発された構法の性能を認証することが、実質的な目的になっていた。

これらのコンペ、制度によって、軸組構法の構法開発が一層促進され、入賞や認定は、他社構法との性能の差別化の道具として利用されてきた。

現代構法の成立とさらなる変容

そして、梁・桁・胴差などの横架材と柱からなる軸組に、筋かいや火打ちなどの斜材を設けて鉛直・水平構面を固め、和小屋を組むという現代軸組構法が成立していった。この構造形式は、在来木造とも呼ばれ、わが国の木造住宅の大半で使われてきた。現在も、新設木造住宅のおよそ半数がこの構法で建てられている。この構法は、いわゆる「伝統構法」とは異質なものであるが、しばしば混同されてきた。

そうした現代構法が、この約10年の間に、さらに大きく変容を遂げている。1995年の阪神・淡路大震災、2000年の基準法改正、同年の品確法の制定を経て、軸組構法は、また新たな段階に入ったといえる。

ここでは、その概要をまとめる。なお、ここでは、構造と生産の効率化の関係を中心に述べる。

新しい構法

まずここで、想定している新しい各部構法とは、例えば以下のようなものである。

①躯体は、機械プレカット加工、または金物工法
②柱は構造用集成材
③基礎はべた基礎
④基礎の立ち上がり幅は150㎜で組立鉄筋

⑤基礎と土台の間にスペーサーを用いた「ねこ土台工法」
⑥樹脂製または鋼製の床束
⑦床は、厚もの合板を用いた根太レス構法
⑧耐力壁は構造用合板などの面材系で、筋かいは用いない
⑨壁は、パネル化の充填断熱、またはサンドイッチパネルなどの外壁断熱
⑩外壁は、胴縁を設けた通気構法
⑪内壁は、火山性ガラス質成型版などの耐力面材

これらは、いずれもこの10年以内に開発されたもの、または、急速に普及したものである。それまでの軸組構法と大きく異なっていることがわかるであろう。

また、これらの工法開発が、大手メーカーに限られたものではないことも特徴的である。住宅は、身近な資材を用いているために、小規模な工務店でも新しい工夫ができる。現代の個々の軸組構法は、膨大な工夫の組合せの一つなのである。

ところで、これらの新しい構法は、いくつかの共通点を有している。以下に、それを分析してみる。

生産の効率化

生産の効率化は、単純に「省力化」を意味していることが多い。逆にいえば、一人当たりの生産性を高めることである。住宅において、生産性を高めるために採用される手法はいくつかに分類できる。

第一は、不要なものを極力排除することで、小屋組の簡素化などがこれに当たる。伝統的な部材を廃止していくのもその一つの表れといえよう。

第二は、部材の種類を削減して、作業の種類や流通のコストを削減することである。軸組構法の手法でいえば、部材断面の整理がこれに当たる。

第三は、部材あるいは部材＋人件費を別の部材に置き換えることである。樹脂製の床束や、土台スペーサー、構造金物などがこれに当たる。いくつかの部材を一つの部材に置き換えるのも、この中に含まれる。厚い床板を用いて、根太を省略する根太レスなどがこれに当たる。それらの採用の可否は、前

後の価格のバランスで決定される。

第四は、同じものを別の方法で生産する方法がある。プレカットなどがそれに当たる。後から採用した方式が、コスト的に優れていれば、採用される可能性がある。部材の組立を工場に移し、生産効率をよくする方法もこの中に含まれる。壁のパネル化も、構成部材は現場作業であっても大きくは違わない。

性能の向上

個々の部材を一本一本製作していた昔は、部材の種類を集約する必要はなかった。部材の整理・統合は、生産性を高めることが求められるようになって初めて必要とされた。したがって、それはもっぱら生産者側の論理で、住宅を建てる建築主側にとっては、それほどの必要性は認められない。そこで、性能を低下させるような生産の効率化は、意味がないことになる。近年の構法開発は、単なるコストダウンではなく、性能の向上も著しいのが特徴で、構造性能はその最たるものである。

例えば、近年の軸組構法は、集成材、人工乾燥材、プレカット加工などを利用したことで、寸法精度が格段に向上した。その結果として、パネル化や根太レス床などの下地材の省略が可能になった。パネルを軸組間に精度よく建て込むには、パネル自体と架構の両方に高い寸法精度が求められる。

プレカット加工も性能の向上に果たす役割は大きい。プレカット加工は、その加工自体の精度も高いが、それを担保するために、多くは集成材を前提にしている。このように、構法の性能の確保には、まず、材料の性能の確保が求められる。

そこで、寸法や品質にばらつきの少ない材料が採用されてきている。材料では、構造用集成材、LVL、I型複合梁、構造用パネル（OSB）、ディメンションランバーなどで、これらの中には、ツーバイフォー構法など他の構法用に開発されたものも含まれている。

また、これは構造性能に限ったことではなく、断熱性能、人体への安全性の確保などでも、同様のことが起こっている。寸法、含水率、強度、化学物質放散量などの製品情報を、積極的に示すようになってきた。品確法の施行や、化学物質放散量の建築基準法への取り入れもあって、性能の明らかな製品が求められている。

構法の変容と技能

工事と職人の関係も変わってきている。プレカットは大工職人を軸組部材の加工から解放したが、同時に、大工職人の技術や技能を不要とする。

また、例えば、建方は若く体力のある鳶や未熟練工が担当し、熟練技術が必要な造作や内装工事を、熟練工が行うというような分業が始まっている。特に大手の住宅メーカーにおいて、この傾向は顕著である。また、建方のみを専門に行う請負業者や「建方チーム」を派遣するプレカット業者も出現している。

木造軸組構法の行方

プレカット加工の普及は今後とも進むと考えられる。そして、プレカット加工やパネル化に伴って、CADとCAMを連動させた設計方法が進んでいく。そうした手法は、今のところ大手のハウスメーカーを中心に普及してきたが、プレカット工場の寡占化に伴って、今後は、工務店なども利用できるようになる。

また、そうしたシステムでは、架構も少しずつ変化していく。例えば、機械化しやすい接合部形状や加工ラインに乗りやすい材料が使われるようになる。その意味で、大手のメーカーが供給している住宅と、小規模の大工・工務店による住宅との違いは小さくなるときが来るかもしれない。

一方、ツーバイフォー構法やプレファブ住宅は軸組の要素を取り入れながら、設計の自由度を高めている。軸組構法やツーバイフォー構法、プレファブ構法はもはや論拠している法律上の分類であって、中間に位置する構法も多い。個々の具体的な構法は、連続的につながっている。こうした傾向は、一層強まっていくと考えられ、将来的には、法律上も、ツーバイフォー構法と区別する必要がなくなっていくであろう。

ところで、今回、構法の変遷を振り返って印象的だったのは、軸組構法の復活である。ツーバイフォー構法やプレファブ構法が一定のシェアを確保する中で、阪神・淡路大震災が発生し、木造軸組構法の構造的な課題が指摘された。しかし、建築基準法改正と品確法制定を経て、軸組構法は新しい段階に入ったといってよいだろう。ただし、変容の過程で、合板の活用など、乾式・大壁の壁式構造へと変化した。次には、壁式構造でない「軸組」構法の復活を期待したい。

※1 (財)日本住宅・木材技術センター:木造軸組構法の改良と合理化、昭和54年2月

02——各部構法の変容

初出：建築技術2004年7月号　川鍋亜衣子氏と共筆

軸組構法は、一般に梁・桁・胴差などの横架材と柱からなる軸組に、筋かいや火打ちなどの斜材を設けて鉛直・水平構面を固め、和小屋を組むものである。しかし、その内容は千差万別で、一口に呼ぶにはあまりに幅が広い。そのような、現代につながる変化が現れるのは、1980年代の構造合板やプレカットが普及し出した頃からである。そして、1990年代にはそうした動きは、いっそう顕著になる。数万に及ぶ生産事業者が、競って技術の開発や導入を進め、軸組構法は常に新しい各部構法を取り込みながら変容を続けている。

最近の構法の特徴は、(財)日本住宅・木材技術センターが1989年に開始した「木造住宅合理化システム認定事業」での認定システム（以下、合理化システム）によく表れている。ここで見られるさまざまな新しい技術や概念は、時勢を反映しているとともに、先駆的、先導的なものとして木造住宅の生産者に影響を与えてきた。

そこで、主に合理化システムの事例を示しながら、近年の軸組構法の全体的な傾向と具体的な動きについて、部位ごとに見ていくこととする。

架構・軸組

全体的な傾向

軸組構法は、文字どおり軸組部材からなる架構を有しているが、比較的小さな断面の部材を用いる架構もあれば、中・大断面材を多用した新しい形式の架構も見られる。

前者は、軸組に構造用の面材を釘打ちあるいはビス留めして構面を形成するものである。軸組と面材が一体化して耐力要素となる壁式、もしくは六面体として働くダイアフラム式で、構造的にはツーバイフォー構法や木質パネル構法に近い。

一方、後者は、比較的大径の部材を使って単純な形式の架構とし、接合金物で緊結するものである。都市周辺部を中心に1990年代初頭から取り組まれてきた。柱と梁を剛に接合するラーメンに似ているが、完全なラーメンではなく、筋かいや面材耐力壁が大部分の構造性能を負担する折衷式である。こうした架構には、意匠的に軸組を現して、伝統的な架構を想起させるものもある。

近年の軸組構法は、耐力壁が面材のものが多いが、ラーメンを目指したものも見られる。そして、実際にはその中間の折衷式も多い。そのため、軸組の構造的な意味合いは一様ではなく、現在は、軸組構法とは単に柱や梁を有している構法という程度に受け取るのが妥当である。

架構や構造計画のルール化

1995年の兵庫県南部地震を契機として構造計画に対する認識が高まり、軸組構法の関係者の間でも構造関連の用語が日常的に使われるようになってきた。例えば、ツーバイフォー構法などで以前から使われていた耐力壁線という概念が、ようやく軸組構法にも浸透してきた。建築基準法改正や品確法の制定以降、他にも、偏心率、構造グリッド、構造ブロックなども用いられるようになっている。

こうした傾向を受けて、架構に対する取組みも、構造計画に関する工夫が増えている。架構形式に何らかのルールを設けるもので、例えば、耐力要素の位置や所要量に制限や独自の基準を設けるなどが見られる。

プレカット加工とCAD-CAM

架構での長年の優先課題は、大きな手間と時間を要してきた軸組部材の加工効率を向上させることであった。

主要部材の端部を工場であらかじめ加工して現場に搬入する「機械プレカット加工」は、急速に全国に広まった。現在は、間柱、根太、垂木などの「羽柄材プレカット加工」も行われるようになっている。この点では、軸組構法はいわゆるプレファブ住宅に劣らないほどプレファブ化しているといえる。

プレカット工場の数は現在800余りで、CAD-CAMの自動化ラインはおよそ700に達する。試算では全国の軸組構法住宅の半数に使われているとの報告もある。[※1] また、今やプレカット工場は部材を中心とした木造住宅に関する情報の集積地として、住宅生産の中心的な役割を担いつつある。

プレカット加工やパネル化に伴って、CADとCAMを連動させた設計方法が増えている。そうしたシステムでは、架構もそれらと相性のよい形式へと移行してきている。例えば、機械化しやすい接合部形状や加工ラインに乗りやすい部材が使われ、CADデータの使い回しなども行われている。

精度の向上

近年の軸組構法は、寸法精度や加工精度が格段に向上した。集成材、人工乾燥材、プレカット加工などを利用したことによっている。その結果、パネル化や前述の下地材の省略が可能になった。パネルを軸組間に適切に建て込むには、パネル自体と架構に高い寸法精度が不可欠である。

建方と内装工事の分業

プレカットは大工職人を軸組部材の加工から解放したが、同時に、建方工事における熟練技術の必要性を低下させた。そのため、建方は若く体力のある鳶や未熟練工が担当し、熟練技術が必要な造作や内装工事を熟練工が行うという分業が始まっている。特に大手の住宅メーカーにおいて、この傾向は顕著である。また、建方のみを専門に行う請負業者や、「建方チーム」を派遣するプレカット業者も出現している。この職種は、ツーバイフォー構法におけるフレーマーに似ている。

部材の種類と寸法の集約

部材の種類と寸法を集約する試みが浸透してきた。たとえ材積が増えても、なるべく断面寸法や長さ寸法を揃え、樹種や購入先も統合して、入手にかかる手間を省いて汎用性を高めるものである。それらは、横架材が対象になることが多いが、柱についても胴差のせいを集約して、管柱長の統一などが行われている。また、こうした集約はパネルを使った住宅で多い。なぜなら、横架材のせいや柱の径を統合すると部材間の内法距離も統合され、パネル寸法の種類を最小限に抑えられるためである。

性能が明示された木質製品の採用

性能が明示された木質製品を求める需要者が増えている。製品の乾燥収縮による事故の防止、高い壁倍率や断熱性能の獲得、人体への安全性の確保などのためである。それに対応して、材料側も含水率、強度、化学物質放散量などの製品情報を積極的に示すようになってきた。品確法の施行や、化学物質放散量が法律に取り入れられたこともあって、木質製品といえども性能を明示した製品が市場の信頼を得るようになりつつある。

構造材でいえば、構造用集成材、ＬＶＬ、Ｉ型複合梁、構造用パネル（ＯＳＢ）、ディメンションラバーなどの他の構法で用いられていた木質製品が、軸組構法に転用されるようになってきた。構造性能にばらつきが少ないこと、寸法精度が高いことが評価されたためである。

人工乾燥材と構造用集成材への移行

品確法の施行を契機に、構造用集成材・人工乾燥材の使用が急速に進んだ。特に、6〜7年ほど前から管柱を構造用集成材に切り替えるケースが急増している。構造用集成材や人工乾燥材は、乾燥収縮の心配が少なく、消費者のクレームを未然に防ぎやすいこと、プレカット工場が構造用集成材や人工乾燥材を積極的に扱うようになったことがある。

部材の大径化

柱や梁の断面寸法は、戦後の大量需要期を通して細くなっていたが、近年、再び大きくなる傾向がある。例えば、10年ほど前までは管柱は全国的に１０５㎜角が主流であったが、最近は特に注文住宅において１２０㎜角も増えている。スギを用いる地域では、建物の外周を１５０㎜で統一するところも現れている。また、横架材のせいについても余裕をもたせる傾向がみられる。これは、木材価格が下落して、木材費の抑制よりも構造性能や設計・施工の省力化を図る工夫が優先されるようになってきたためである。

間口に壁の少ない住宅を可能にするラーメンフレーム

１９９５年の兵庫県南部地震以降、商店や一階に駐車場をとった狭小住宅の間口側を補強する構法の開発が進んでいる。間口を補強する代表的な方法は、集成材を用いたラーメン的な架構システムである。木質ラーメンの建物は、１９８０年代後半から大規模なものに試みられてきた。しかし、接合部が完全な剛にならないことや、大きな部材断面が必要なこと、部材・金物・加工のコストがかさばることなどから、戸建住宅分野での適用は少なかった。

そこで最近多いのが、集成材でできた門型のラーメンフレームを間口部分のみに組み込み、壁の少ない間口部分を集中して補強しようというものである。柱に対して梁勝ちのシステムがいくつか提案されている。

具体的な動き

構造グリッドと構造ブロック

構造計画を整理するために、構造グリッドや構造ブロックという考え方が使われ始めている。平面に制約を設けて、架構計画をルール化する方法である。

構造グリッドは、耐力要素の位置を規定する基準線で、いわゆるモデュールよりも大きな間隔で設定した線上に、一定以上の柱や耐力壁を設ける方法である。**図1**はその例である。平面を２×２間や２×2・5間程度の区画で明解に整理している。

構造ブロックは、構造グリッドと似た概念である。まず、基本となるフレームを設定して平面を区画し、その区画ごとに一定の耐力要素を配置する。**図2**はその例で、最大４ｍ×５ｍの軸組で囲われたブロックを連結していく方法である。

メーターモデュール

柱の芯々距離を、１ｍとするメーターモデュールの採用が増えている。モデュールの地域性は薄れてきていたが、メーターモデュールはハウスメーカーやビルダーを中心に全国的に拡大する傾向にある。

これは、体格の向上やバリアフリーなど使用者側の都合と、大工職人にメートル法に対する抵抗感がなくなったこと、面材・建具・浴室ユニットなどのメーターモデュール対応製品が流通するようになったためである。また、最近の金物工法では、柱勝ちが多く、また、ほぞが不要なことから、メートル尺の製材でもメーターモデュールのスパンに渡すことができるためである。また、最近は、モデュールの拡大と同時に高さ方向の寸法も広がっており、天井高や建具高さが大きくなっている。

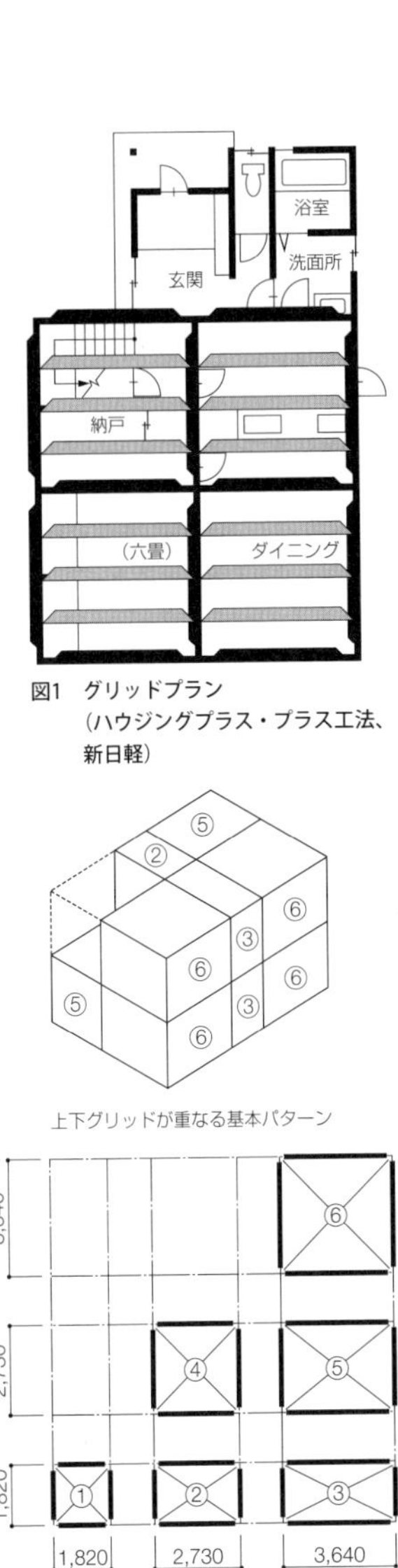

図1　グリッドプラン（ハウジングプラス・プラス工法、新日軽）

図2　構造グリッド（ポラス剛床工法、中央住宅）

耐力要素の直下配置

構造を整理するもう一つの方法として、耐力要素の位置を上下階でそろえる方法が行われている。これは、鉛直方向での構造を整理することである。**図3**では、たすき掛けに筋かいを入れた高倍率のパネルの直下には、必ず耐力壁があるようにしている。ただし、高倍率の耐力壁の場合、柱脚接合部に大きな引抜力がかかるため、接合部も高耐力なものが必要になる。

全通し柱方式

全通し柱方式とは、構造柱には、管柱を使わずにすべてを通し柱とするものである。全通し柱方式では、部材や接合箇所の種類が管柱を混在させた場合の1／2～1／3程度に抑えることができるといわれている。また、原則として横架材の継手が発生しないため、接合部加工の省力化にもつながっている。

全通し柱方式は、比較的大きな断面の部材、特に構造用集成材を使って行われることが多い。また、**図4**のような明解なグリッドによる構造計画と併せて採用されることが多い。

全管柱方式

一方、すべての構造柱を管柱にする全管柱方式もある。管柱方式のメリットには、通し柱がないことで上下階の柱や壁の配置に制約が少なく、さまざまな間取りや敷地形状に対応しやすいこと、および通し柱を混在させた場合よりも接合部や部材の種類が整理されること、床を先行床としやすいことなどがある。

横架材の継手位置の整理

木取りや定尺の材長に左右されずに、継手位置にルールを設けて特定の位置に配置する方法が行われている。一般的な製材長である3mや4mの材を継いでいくと、構造とは無関係に継手が現れるためで

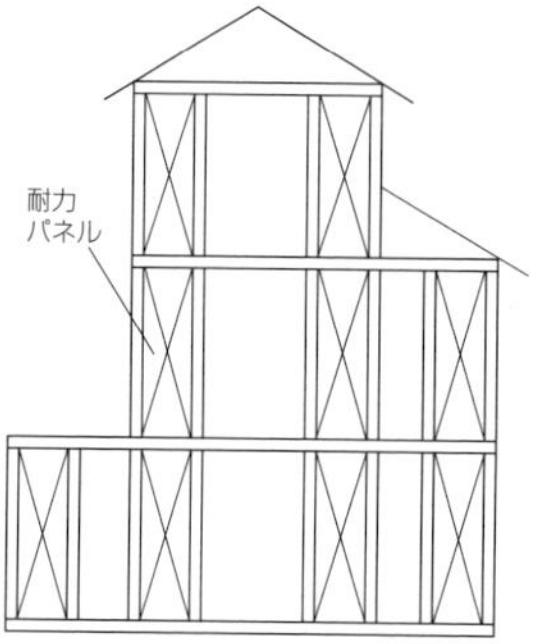

図3　耐力壁パネルの直下配置
（江戸川システム、江戸川ユニテック）

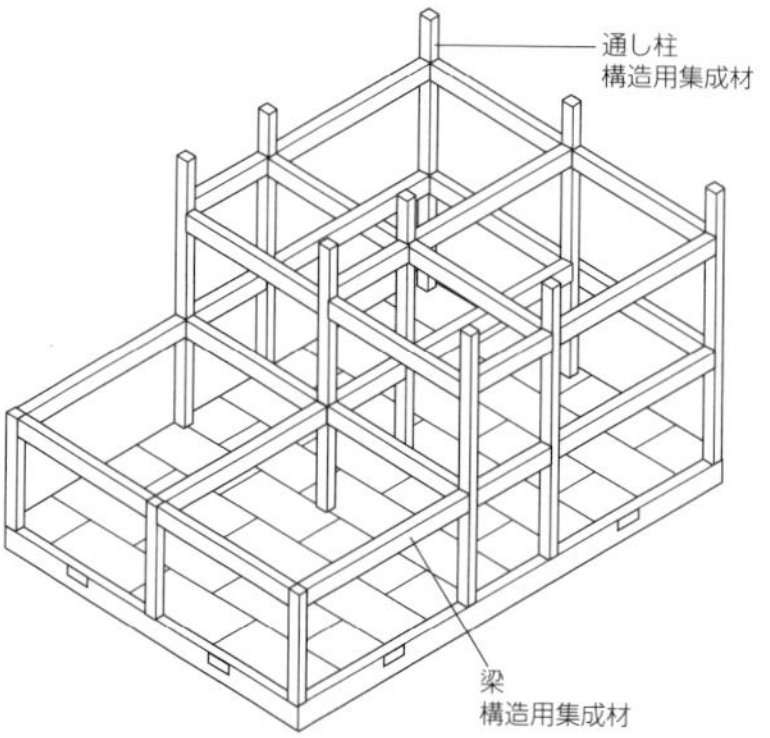

図4　通し柱方式の架構の例
（エース工法、アサヒ住宅）

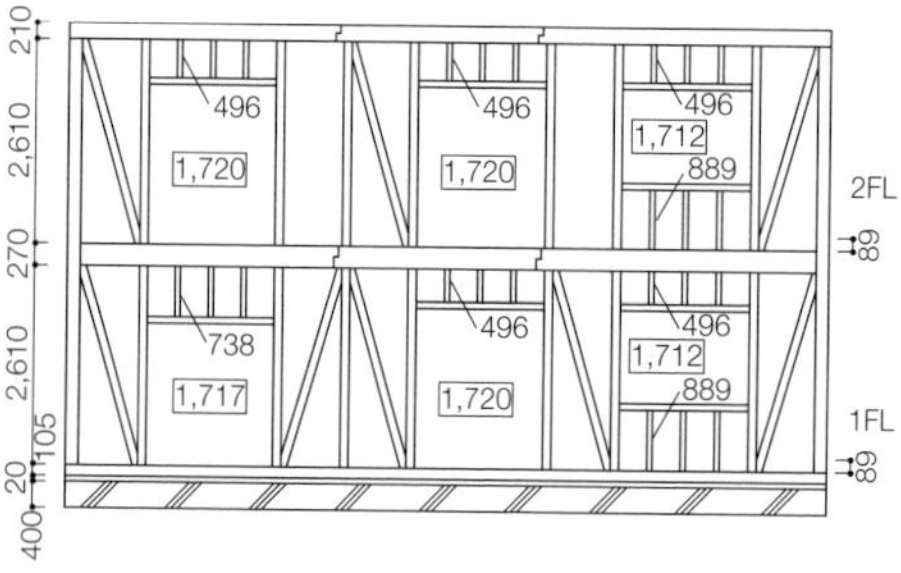

図5　継手位置を特定した例
（ホーメストSJシステム、殖産住宅）

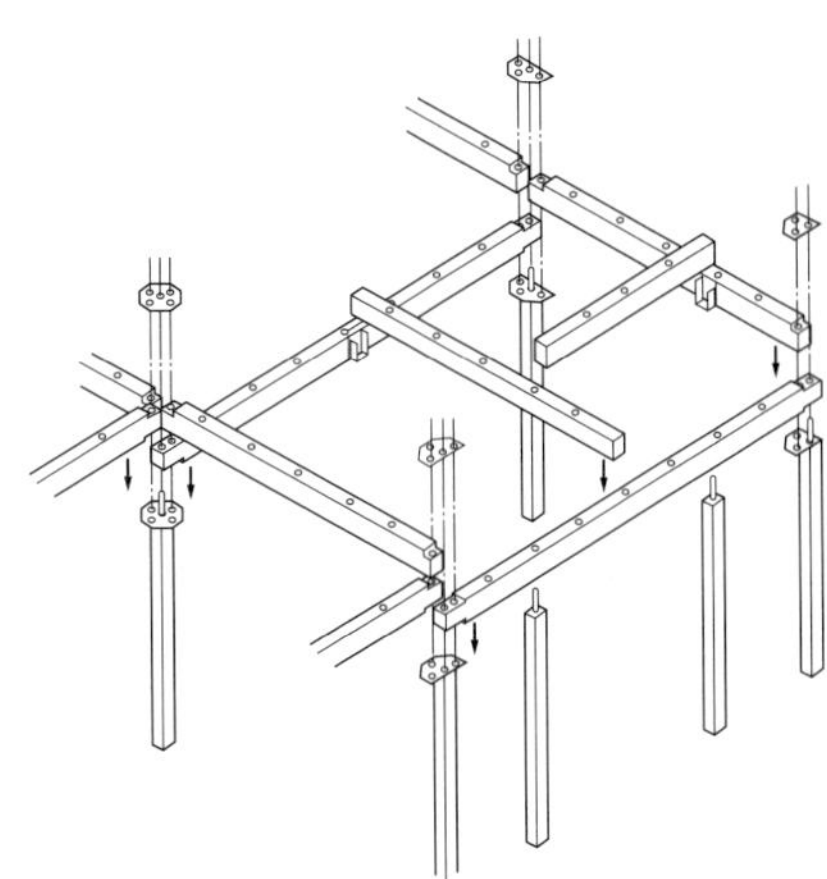

図6　柱の上で横架材を継ぐ例
（FⅢ工法、イデキョウ）

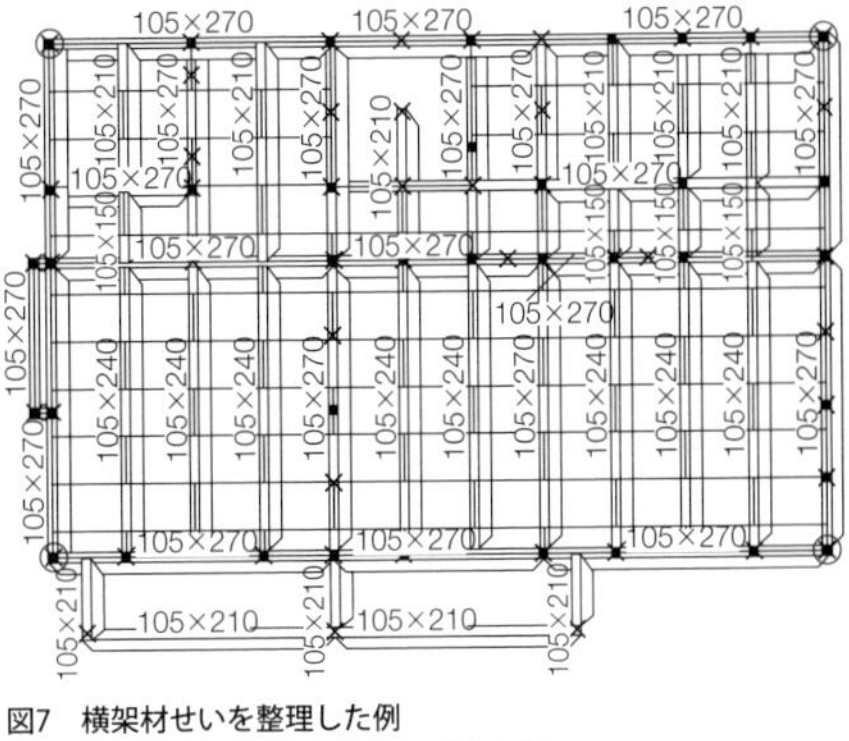

図7　横架材せいを整理した例
（ホーメストLWシステム、殖産住宅）

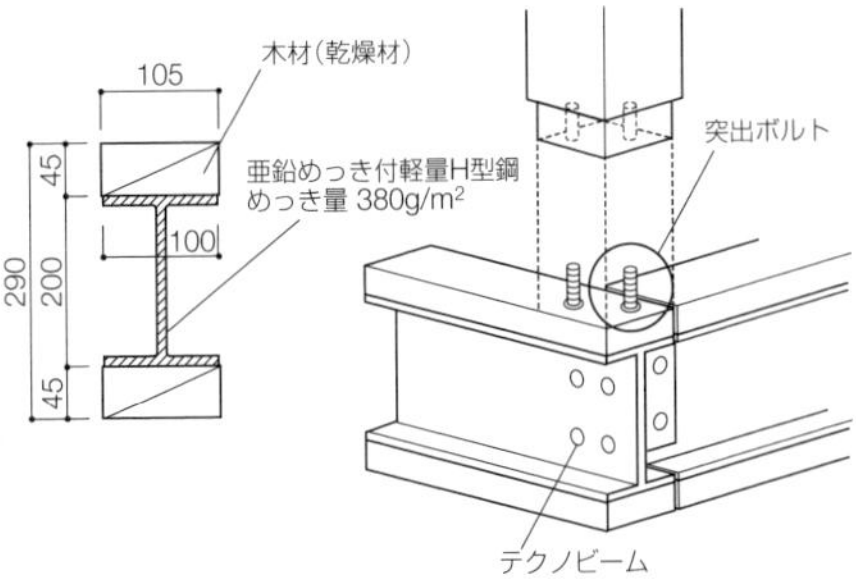

図8　軽量H型鋼と木材でできた梁
（テクノストラクチャー、松下電工）

ある。例えば、火打ち梁のある隅角部付近では継手が弱点になりやすい。そこで**図5**では、すべての継手を柱の側面位置でそろえるようにしている。この方法では、部材長も整理される。また、**図6**は横架材を柱の芯上で継ぐようにしたものである。

横架材間距離とせいの整理

横架材の内法距離とせいを整理して、パネルの種類を減らす工夫が行われている。内法距離を統一するには、横架材のせいを整理するのが有効で、通常は3～5種類までに減らすことが多いが、完全に統一したものもある。**図7**は統一した例である。

特殊な梁と柱

鉄骨や特殊な構成の柱や梁も使われるようになっている。

図8は、軽量H型鋼のフランジ部分に木材を取り付けた合成梁である。上下に木材が取り付けられており、木材の加工性のよさを残している一方で、鉄骨のウェブ部分をプレート接合して継手としている。

基礎工法

全体的な傾向

基礎工法の最近の傾向は、現場施工の省力化と構造面の強化である。基礎工事は元来、個別対応で、また、木工事とは異なる職種が請け負っている。また、基礎工事は工程が独立しており、他の部位や全体への影響が少ないことも、合理化の対象になりにくかった理由の一つである。しかし最近は、改正基準法や品確法の影響で、さまざまな取組みが行われている。

現場施工の省力化

手間の削減や工期短縮を目的とした現場施工の省力化が行われている。

まず、割栗石を廃止して、代わりに砕石や砂利を使うことが行われている。割栗は、今や特殊な工事でしか用いられない。もちろん、採石の方が価格的にも有利である。また、型枠工事では鋼製型枠が一般化し、断熱材を捨て型枠とするものも増えている。鉄筋の配筋も、ユニット鉄筋の利用が増えている。また、木束、束石、根がらみ材などを使わずに鋼製や樹脂製の床束が普及している。

べた基礎の一般化

べた基礎を標準採用するところが増えてきた。べた基礎は、かつては軟弱地盤対策などで用いられていたが、最近は布基礎より一般的になっている。布基礎でも防湿コンクリートを打たなければならないことや、べた基礎は排出残土が小さいことも、採用の理由になっている。

布基礎の構造強化

基礎の有筋化、配筋量の増大、大型化、連続化が進んでいる。まず基礎幅が拡大しており、従来一般的だった１２０㎜から１３５㎜または１５０㎜とするところが増えている。[※2] 同時に配筋量を増し、立ち上がりを連続して配置し、島型や半島型とせずに閉じた形式にするなど、構造的に望ましいルールを採

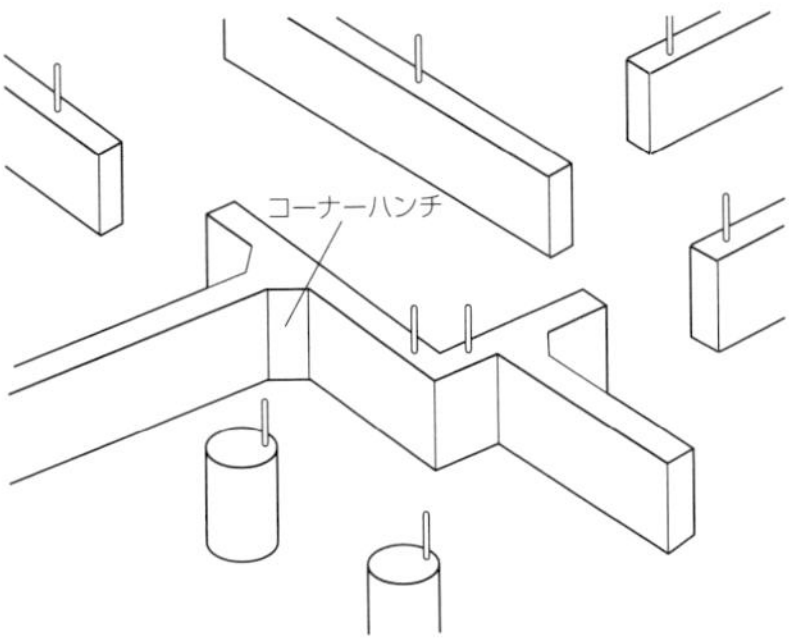

用するところが増えている。また、図9のようにコーナーハンチで補強した基礎もある。

ねこ土台と断熱・防湿化

近年普及してきた床下の換気方式は、ねこ土台方式である。現代のねこ土台方式は、樹脂製やまれに金属製のスペーサー（ねこかいもの）を基礎と土台の間に設け、その隙間から換気する方法で、1990年代半ばから急増した。従来の換気口は構造的には弱点となりがちで、ねこ土台方式は、基礎の型枠工事も容易である。

また、基礎部位の断熱化や防湿化が進んでいる。基礎の底面に防湿シートを敷き、上からベースコンクリートを打つ防湿基礎は以前から行われていたが、外張断熱工法の住宅では、床下空間を室内環境と同様に扱うものが現れており、基礎底面に断熱層を設けたり、断熱材でできた捨て型枠で布基礎の外側を断熱したりすることが行われている。

図9　幅広の布基礎とコーナーハンチ
（三栄高耐久住宅供給システム、三栄ハウス）

具体的な動き

新しい独立基礎

べた基礎や連続基礎が標準化している一方で、新しい形式の独立基礎も登場している。鉄筋コンクリート製の柱型の大引受けや、工場で製作したＰＣａの直方体型や短柱型のピースである。図10はその例で、柱の直下に配置するため、床下の空気のよどみをほとんどつくらず通風を確保しやすい。また、大引を直接受ける大型の束石のようなコンクリート製の独立基礎もある。

床下換気と換気スペーサー

コンクリートを欠き込んだ従来の換気口方式は構造的な弱点になっていたのに対し、換気スペーサー（ねこ土台）による基礎換気は、断面欠損がないうえ、基礎を分断しないので構造的に有利であり、施工も省力化される。**図11**はその例で、土台が基礎から20㎜前後浮かせ、基礎全周から均一な換気量が確保される。

その他の換気方式としては、ファンによる強制換気や、冬期に閉鎖可能な換気窓、**図12**のように配筋を分断しないように工夫した換気口などがある。

樹脂製と金属製の束

1990年代後半から、樹脂製や金属製の束が急速に普及している。※3 べた基礎や土間コンクリートの平滑面に接着して立て、床梁を直接受ける。木束に比べて腐食しにくく、レベルの微調整ができるため、上部躯体の精度を上げることができる。また、床下空間の通気や作業もしやすいという利点がある。**図13**は鋼製束の例である。

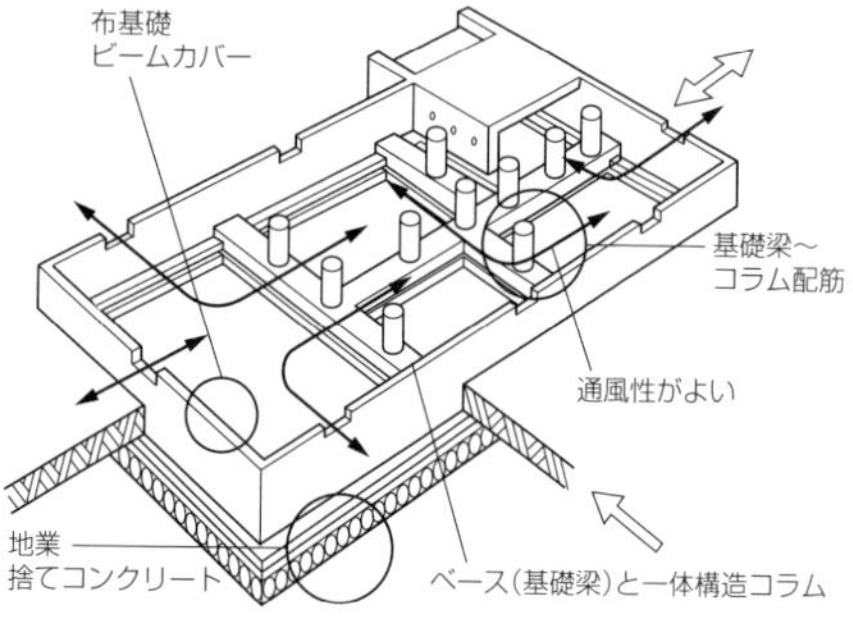

図10　コラムベース工法
（エース工法、アサヒ住宅）

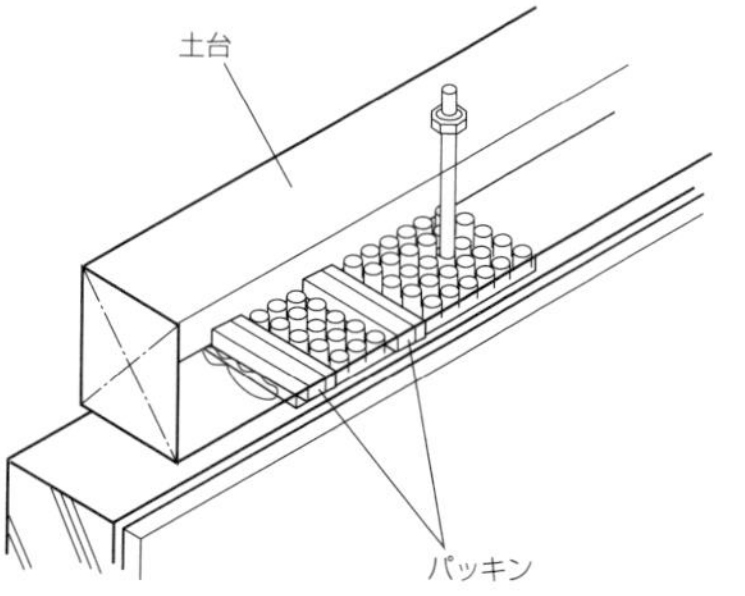

図11　基礎換気スペーサー

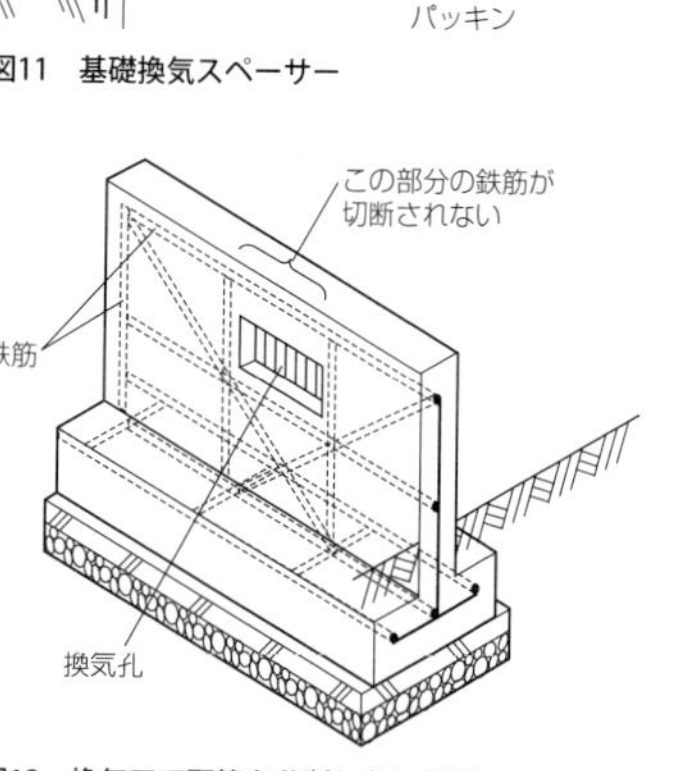

図12　換気口で配筋を分断しない基礎
（3Wシステム、細田工務店）

改良アンカーボルト

2階建住宅でもホールダウン金物を使用する機会が増えており、アンカーボルトの位置決めの精度を高める治具や、ずれたアンカーボルトを対症療法的に柱につなぐ金具が登場している。他に、壁パネルを建て込みやすくするために、土台の上端からボルトの先端やナットを突出させない工夫も行われている。例えば、先端を改良したアンカーボルトや、土台上端がフラットになるワッシャー一体型のナットなどが使われている。

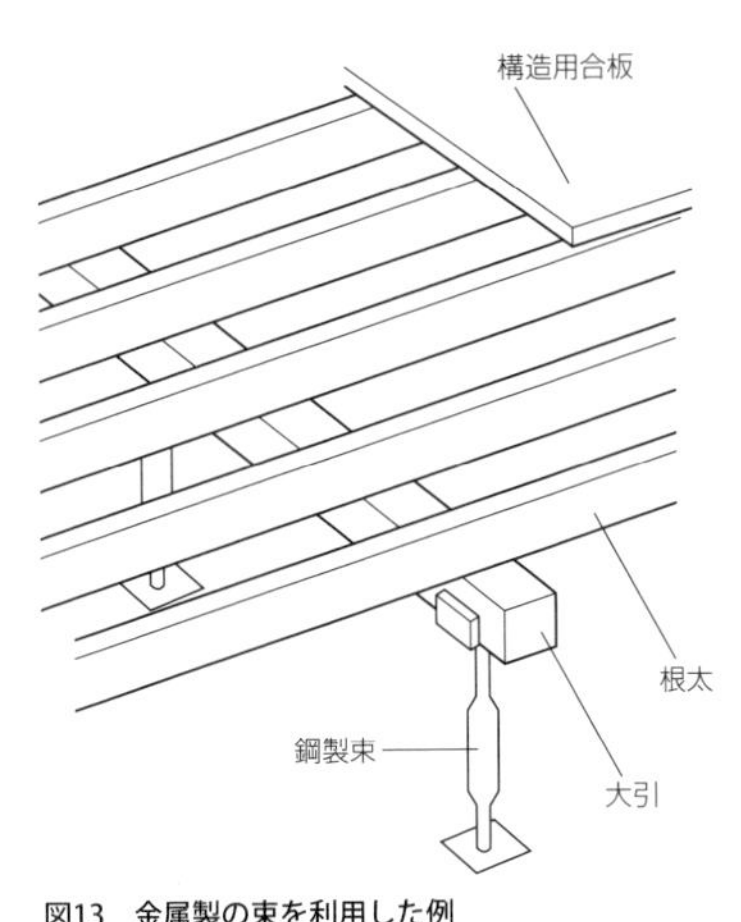

図13 金属製の束を利用した例
(SCS-40、カスタムハウジング)

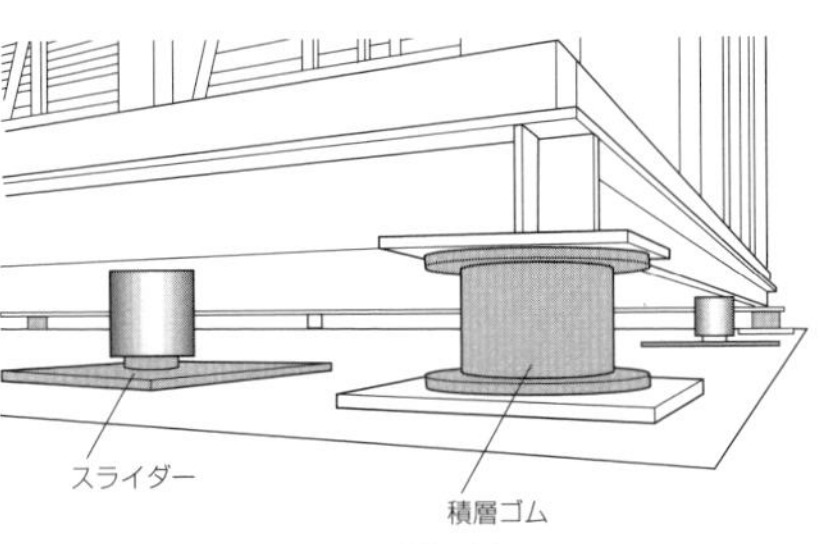

図14 戸建住宅向け基礎免震構法の例
(一条工務店、ブリヂストン)

免震基礎

木造建物用の免震装置は、ツーバイフォー構法において最初に開発されたが、ここ数年、戸建軸組木造住宅でも使われるようになってきた。特に地震対策を重視している静岡県での採用が多い。なお、基礎換気スペーサーなどのゴム製品で免震効果を謳ったものがあるが、効果は立証されていない。

戸建木造住宅向けの一般的な免震装置は、積層ゴムとすべり支承やオイルダンパーなどで構成されている。**図14**などがある。

床組

全体的な傾向

床組は、１９７０年代頃まで土台に大引、根太を架けて荒板を敷く方法がとられ、長い間これといった変化がなかった。１９８０年代には、ハウスメーカーを中心に荒板の代わりにコンパネなどの面材が用いられるようになったが、構法としての変化はほとんどなかった。

しかし、近年、新しい木質材料を積極的に用いて、単に床面を仕上げるのではなく、構造性能や断熱性能などの副次的な性能をもたせようという取組みが急速に進展している。地震による被害で床構面の剛性不足がしばしば指摘されたこと、および品確法の床倍率やその他の性能を高めるには、がたがなく精度の高い構面をつくる必要があるためである。また、構造用合板以外の面材や製材以外の横架材が入手しやすくなったことも背景にある。

剛床化と厚板の利用

剛床化といわれる水平剛性の強化が広まってきた。構造用の面材を打ち付けて剛性の高い構面をつくる方法は従来から普及していたが、特に、厚板と呼ばれる厚24～28㎜の構造用合板を使用して、根太や火打ちを省略する方法が増えている。材料のコストアップを差し引いても省力化と構造面で有利なためである。

構造用合板の他にも、ＯＳＢ、サンドイッチパネル、ＬＶＬの長板、各種の特殊合板が使われ、特に特殊合板は単にラミナを張り合わせたものから、ストランド状のものを接着したもの、紙状のものを接着したもの、原料の歩留まりを高めたものなどが使われている。また、中国産の低質木材を積層したものや、構造用ＭＤＦ、国産スギ間伐材を積層した合板も注目されている。

パネル化

床組は、壁に次いでパネル化が進んでいる部位である。パネル化は、作業床をできるだけ早く確保したい2階床で先行して採用されたが、現在は1階でも行われるようになっている。工事の標準化、関連材種の削減、剛性の向上、気密性の向上、断熱材施工の効率化などのさまざまな利点がある。最近の特徴は、1階と2階や、床構面と小屋梁構面で仕様を共通化することである。

床板やパネルの敷き込み方法や連結方法にも、いくつかの工夫がみられる。最近は、横架材を架ける方向や作業性を考慮した工夫が進んでいる。

小部材の省略と部材の大型化

小さい材を省略して、代わりに大型の材を用いるようになってきた。人件費に比べ、施工が簡易化され、部材点数と施工箇所が削減できる方がコスト的に有利なためである。例えば、火打ち、根がらみ貫、根太、木束は使わず、厚板や鋼製束などの代替部材を使うことが増えている。また、根太、大引、床梁に相当する部分に3寸角材、２０８材、I型複合梁などの太い部材を使って、それまでの複数の部材の機能を統合するようになっている。

他に、束立てをしない床梁方式が一般地域にも使われるようになってきた。これは、従来、凍上対策が必要な寒冷地などで用いられていた方式である。梁掛け構法や梁掛け方式とも呼ばれる。

他の構法・構造の材料や技術の転用

ツーバイフォー構法や軽量鉄骨造で使われてきた材料や技術を、軸組工法にも転用するようになっている。材料では、ディメンションランバーやI型複合梁が床梁や根太として頻繁に使われ、ツーバイフォー構法向けの金物で接合しているものも増えている。ＯＳＢやＬＶＬも、ハウスメーカーを中心に定着してきている。

施工技術では、プラットフォームの導入が目立つ。軸組構法では、先行床張りをして大判の面材やパネルを張ったものがプラットフォームと呼ばれるが、本来のプラットフォームと同じ完全床勝ちにするところも出てきている。

仕上面のフラット化

納まりを工夫して、床仕上面の段差を解消することが一般化した。根太と床梁や大引の上端をそろえ、特にバリアフリー化が要求される1階部分では、畳などの厚い仕上材の受け材を落とし込む工夫が行われる。また、これは、パネル化やプラットフォームが併用されることも多い。

断熱化

1階床組の断熱性能を高める構法が増えている。その方法は、単に断熱材を根太間に設置するものだけでなく、断熱材を組み入れたパネルユニットや、断熱材を一体化した複合面材を使って剛床にする方法がとられる。

具体的な動き

パネルと複合面材

床パネルは、壁パネルと構成は同じで、根太・枠材・面材を単にユニット化したタイプと、断熱材も組み込んだタイプがある。通常は前者のタイプが多い。**図15**はその例である。

サンドイッチパネル

近年使われ始めたサンドイッチパネルは、成型断熱材をOSB、合板、石膏ボード、金属板などの面材で挟み込んで接着し、部品化した複合パネルである。構造性能と断熱性能を兼ね備え、軸や枠のないシンプルな構成で、床のほか外壁や屋根構面にも使われている。**図16**はその例で、仕様を共通化して壁や屋根にも転用している例がある。

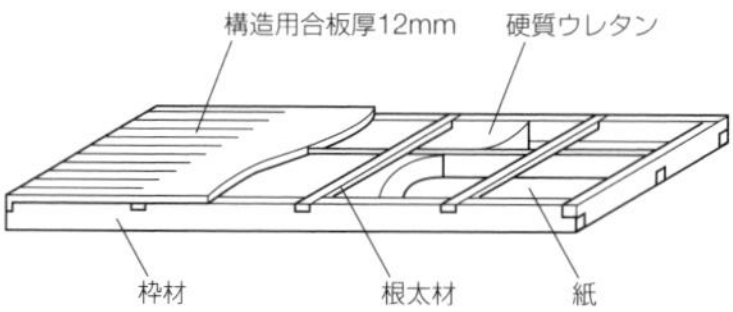

図15　床パネルの例（FP軸組工法、松本建工）

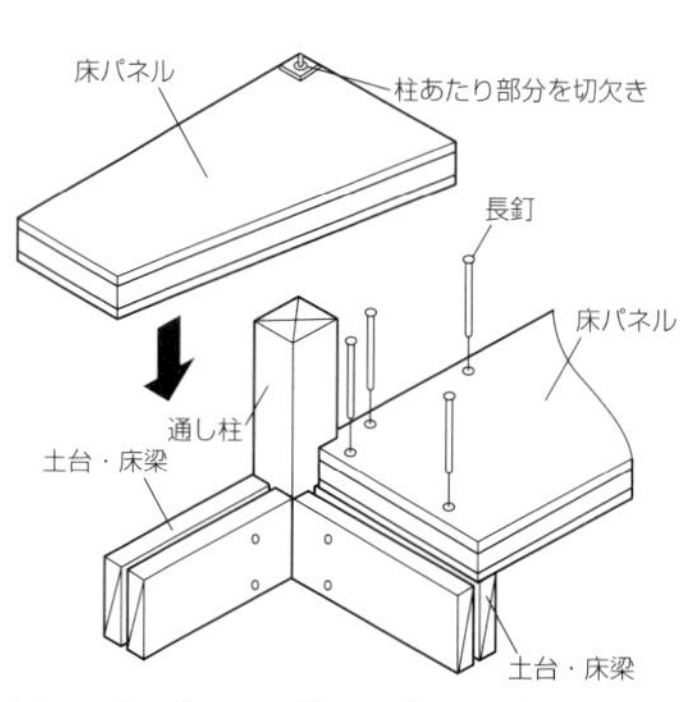

図16　サンドイッチパネルを使用した床（ウエストWPCシステム、ウエスト）

床板・パネルの敷き込み方法と接合

床板やパネルの敷き込み方法や接合方法には、いくつかの工夫がみられる。

床板は、T&Gという実矧ぎ加工で相互を連結するのが一般的である。※4 接着剤を併用したものや、ドリフトピンなどのシアファスナーを使うものもある。パネルは、枠材どうしを斜め釘打ちしてつなぐのが一般的である。最近は、隣接するパネルの端部をかみ合わせて一体化するように連結していく方法がある。これは、枠材と面材をずらして固着することでできたパネルの片辺の「耳しろ」を、隣のパネルの枠に載せ掛けて釘打ちするものである。

横架材と床パネルの納まりは、横架材間に落とし込むタイプと、上に載せるタイプがある。

落とし込みタイプには、パネルを梁や小梁の間に落とし込んで梁とパネルの上端をそろえるもの、パネルの上板の耳しろを横架材に掛けるものがある。**図17**の右下（和室側）のパネルは落とし込むタイプの例である。これらは、梁に受け材を打ち付ける必要があるが、天井高を確保しやすい。

上に載せるタイプには、パネルを横架材に完全に載せて柱の部分を切り落とすもの、横架材の通り芯までパネルを載せて柱の半分部分を切り落とすもの、受け材を設けてパネルは柱の手前で留めるものがある。横架材の上に載せるものは、現場の作業性には優れている。しかし、パネルの厚さ分だけ床が高くなることや、パネルに柱型の四角い切り込みを入れる必要が生じる。**図17**の左上（洋室側）と**図18**は、上に載せるタイプの例である。

プラットフォーム

床剛性を高めるには、床板やパネルを横架材に直接留め付けるのが有効である。しかし、床板やパネルに柱の形の切れ込みを入れるのは手間がかかる。プレカットで作図からカットまで自動で行うものもあるが、最近は欠き込みをせずに、床の上に柱を載せてしまう完全床勝ちの方式も開発されている。**図19**はその例で、ツーバイフォー構法のプラットフォームとほぼ同じである。ただし、こうした納まりは、床板はあとから軸組に取り付けるものという従来の軸組構法の定義から外れている。ツーバイフォー構法との中間に位置する構法といえる。

床梁の配置間隔と方向

床梁は、従来、東日本では一般に一間（約1，820㎜）間隔で配置されてきた。しかし最近は、厚板合板張りの普及に伴って半間間隔にする方法が行われている。

パネルや厚板合板張りの普及に伴って、床梁の方向を統合することも行われている。一般に、床梁の方向にはルールはなく、柱の位置、スパン、力の伝達、歩留まりなどによって決まっていた。しかし、横架材の向きがそろっている方が面材のレイアウトに都合がよく、接合部の種類や箇所も統合できる。**図20**はルールに従って小梁の向きをそろえた例で、横架材の断面寸法が統一されるとともに、接合部の箇所が削減されている。

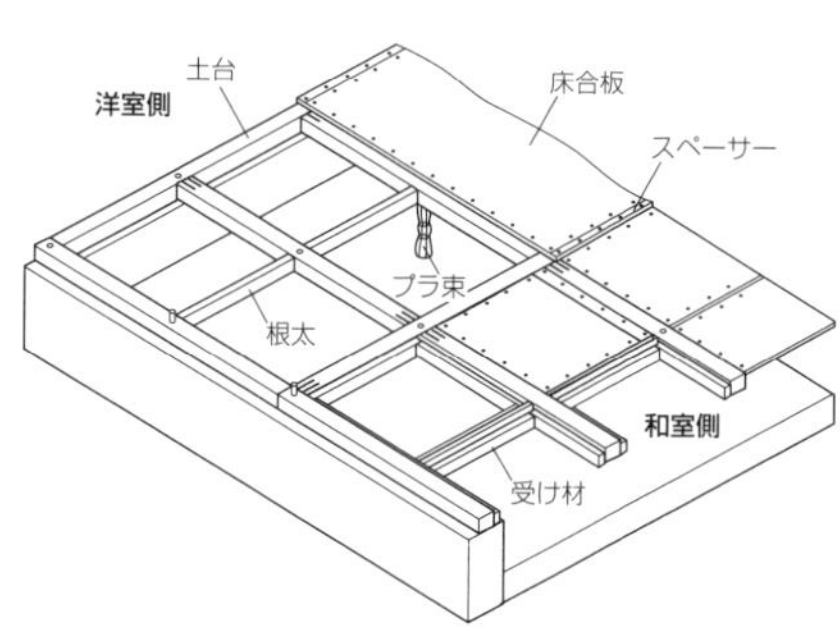

図17　パネルを落とし込んだ床組
（PFP Mark Ⅲ、新木造住宅技術研究協議会）

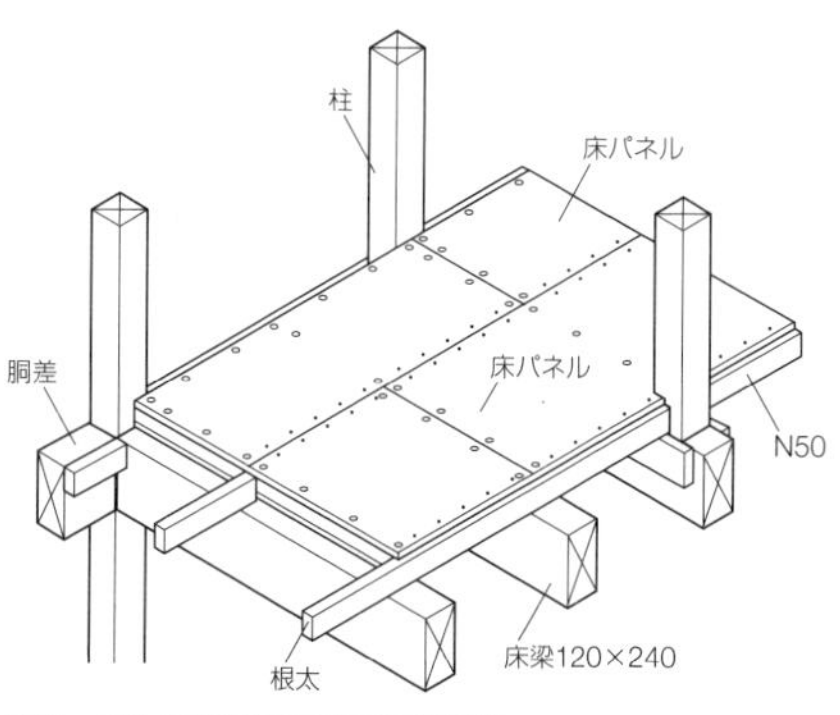

図18　パネルを床梁の上に載せた床組
（EPOCH-EX、ウンノハウス）

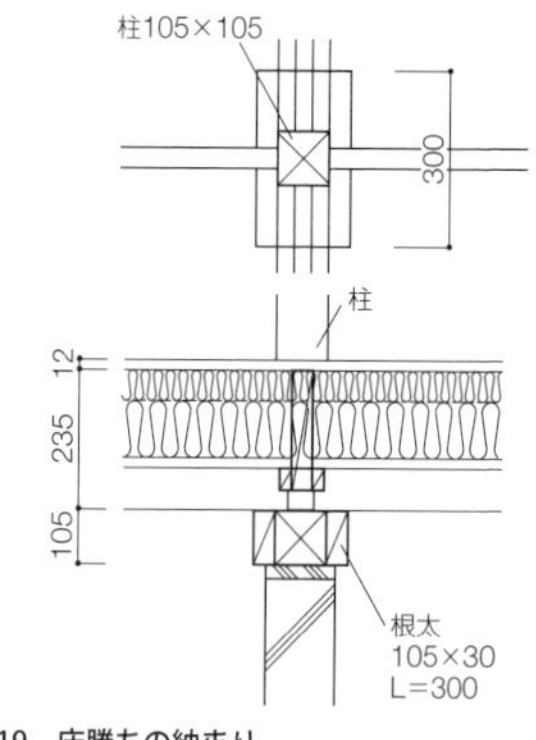

図19　床勝ちの納まり
（ハイブリッドハウス工法、東日本ハウス）

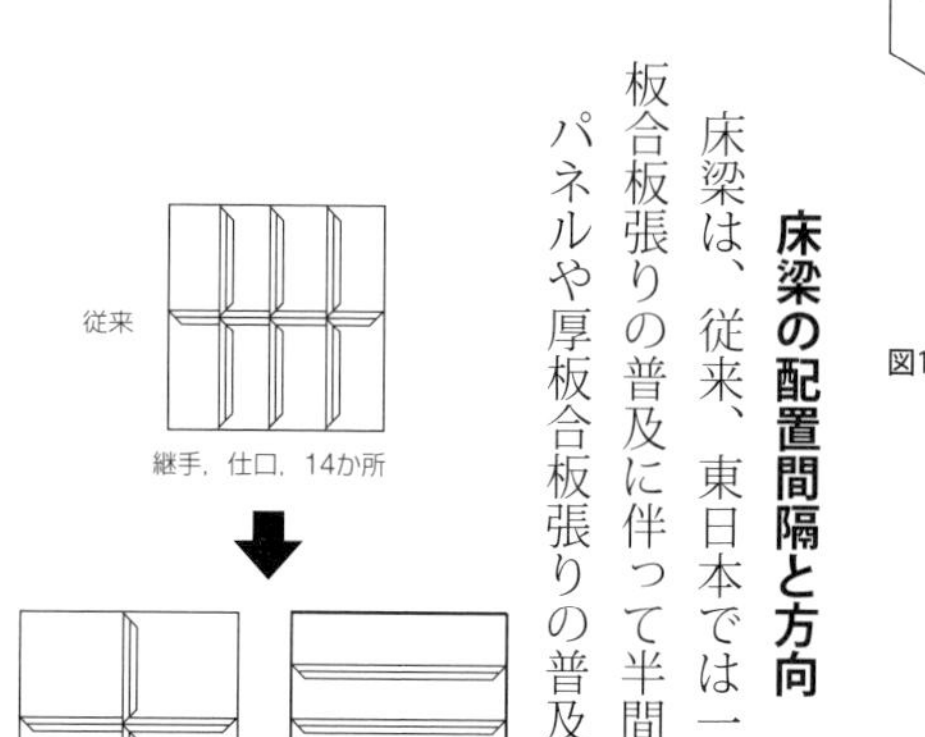

図20　梁の向きの統合
（ポラス剛床工法、中央住宅）

特殊梁

I型複合梁、ディメンションランバー、鉄骨などが床梁や根太として使われている。**図21**はI型複合梁（TJI）の例である。また、鋼製の大引を鋼製の束で支持し、鋼製の根太を掛けたものもある。**図8**で示した鉄骨複合梁は、木材の加工性を保ちながら、鋼材を挟むことで、せいを変えることなく、肉厚を変えることで断面性能を変えることができる。

遮音の工夫

床あるいは天井に遮音対策を施すことがある。**図22**は二重天井の例で、2階からの振動音を階下に伝えないようにする工夫である。2階の根太下に石膏ボードを二重張りにし、204材を利用して吊り木を省略している。

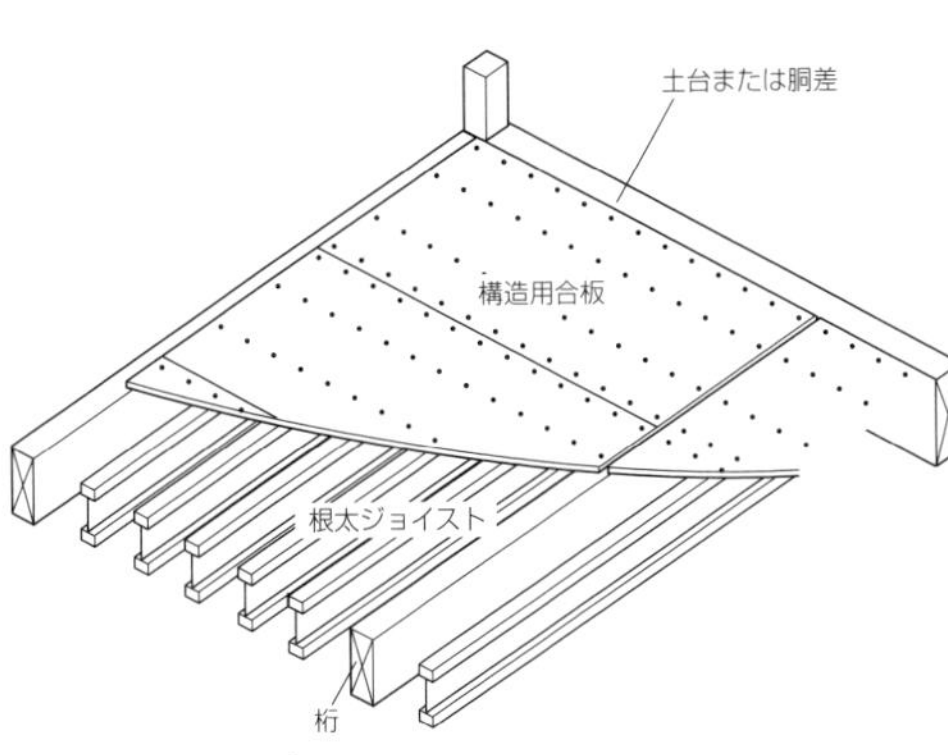

図21　TJIを使用した床
（システムホーム21、TH-D、サンウッド関東）

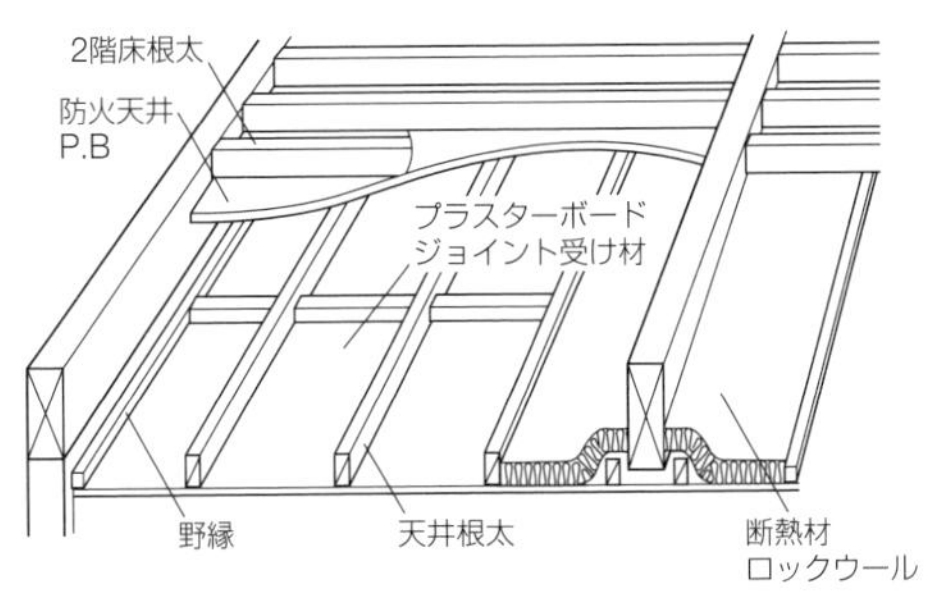

図22　二重天井による遮音対策
（D7工法、第一建設）

壁・耐力壁

全体的な傾向

壁や耐力壁は、他の部位に比べて変化の激しい部位である。それは、壁に要求される構造性能が高くなってきていること、および多数の部材で構成されていて、施工に手間がかかるため、常に省力化の期待が大きいこと、などによる。そこで、壁には次々と新しい手法が提案されてきた。施工の省力化を図り、同時に構造的な強化を試みることが行われてきた。また最近は、断熱・気密・通気などの空気環境に対する付加機能をもたせる工夫が目立っている。一方、間仕切壁は、もともと現場対応で個別に取り付けられてきたこと、性能があまり重視されていなかったことなどから変化はあまり見られない。

簡素化と耐力壁の合板化

壁を構成する多くの部材を統合し、各部材の機能を高倍率の構造用面材などに肩代わりさせ、部材点数を減らす傾向が見られる。

特に大壁の外壁耐力壁では、今や木摺はほとんど見られず、代わりに構造用合板を直張りする仕様が普及している。筋かいは現在も幅広く使われているが、より高い壁倍率を求めるようになって、構造用合板を併用するものも現れている。また、筋かいを使わずに、構造用合板のみでこれまで以上の壁倍率を出そうという試みも盛んである。真壁においても同様に、構造用合板を柱の内法間に建て込み、間柱を省略する耐力壁が現れている。高倍率の面材やパネルが流通するようになったことで、筋かいよりも面材に構造性能を期待するようになっている。

パネル化

壁組に関する新しい手法の中で、最も普及したものの一つがパネル化である。そのねらいは、下地が耐力壁になること、断熱工事を事前に完了できること、現場施工よりも品質や精度が向上すること、現場手間が軽減され工期が短縮すること、コストダウンになること、などである。標準的な仕様は、枠材、筋かい、間柱、横胴縁、断熱材を組み合わせたものである。

パネルにはさまざまなタイプがある。従来の壁を構成している胴縁、木摺、筋かい、断熱材などを単に工場で組み立てたもの、構造用合板と筋かいを併用して剛性を向上させたもの、筋かいを使わずに構造用合板のみで剛性を確保し、施工性の向上を図ったものなどがある。

パネルの種類には、耐力壁パネルの他に、間仕切パネル、仕上げを施した外壁パネル、有開口パネル、大型パネル、雑壁パネルなどがある。

パネルの材料には、人工乾燥材やエンジニアードウッドなども使われている。すでに組みあがった躯体に納めるパネルには、高い精度が必要になるためである。

現場対応のパネル化も行われている。パネルセットと呼ぶプレカット加工した部材を用意して、現場で組み立てる方法である。本来工場で行うパネル製作の一部を、現場で行う一種のパネル化である。

耐力壁の高倍率化

これまで住宅の耐力壁は、二ツ割筋かいによる壁倍率2・0程度までが一般的であった。現在は構造用の面材が普及し、より高倍率を目指すようになっている。構造用合板と筋かいを合わせて使った倍率4・0の壁も珍しくなく、内外壁の組合せ次第で5・0も可能である。この傾向は、特に3階建住宅が増加して顕著になってきた。

さらに、面材の接合力の強化も図られている。面材を留めるには、最近は釘だけでなく、ビス、CN釘、接着剤なども使われている。

耐力壁配置の外周化

高倍率の耐力壁を外周まわりに配置して、内部は基本的に非耐力壁とするものが増えている。耐力壁には構造用合板がよく使われているが、合板は原則として上下の横架材の側面に打ち付けなければならない。しかし、内部の壁でそのような納まりは困難である。そのため、耐力壁は外周のみに配置し、外周まわりで所要壁量を満足しようというものである。作業しやすいだけでなく、間仕切壁の配置や入れ替えも自由になる。

真壁の耐力壁化

壁といえば大壁が一般的になったが、真壁も耐力壁のものが増えてきた。その多くは大壁の仕様を真壁に置き換えたもので、軸組の内法に設置した受け材に構造用合板を打ち付けて、高倍率の構面を形成する方法である。また、真壁仕様の耐力パネルや、枠組の厚さを変更するだけで、大壁と真壁の両方に対応できる耐力パネルも見られる。

高断熱化

外壁部分の高断熱化が進んでいる。その方法には、断熱材を組み込んだ特殊パネルを外周に張った外断熱方式、断熱材や断熱パネルを柱間にはめ込んだ充填断熱方式などがある。木質繊維板の表面にアルミニウムをラミネートした耐力壁などもあり、高断熱化と同時に高気密化を図ったものが多い。

付加機能と外壁通気

壁組に、さまざまな機能を付加する開発も増えている。例えば、気密化、壁体内通気、防耐火、吸音、遮音、有害化学物質の吸着などである。

例えば、建物の高気密化に伴って、外周壁部分で通気を確保する工夫が増えている。これは外壁通気構法と呼ばれ、さまざまな方式がある。例えば、通気胴縁・通気桟などと呼ばれる木材により通気層を設けるもの、横架材を切り込んで通気を確保するもの、通気穴や凹凸のある面材を利用するものなどがある。

壁の同時建方

壁組は、通常、屋根の野地板まで完了してから施工されるが、最近は壁も柱と同時施工するところが出てきた。また、ツーバイフォー構法のように床と壁を交互に各階ごとに建ち上げていく方式もある。パネル化などで現場作業が省力化され、壁を同時施工しても同日中に屋根までの上棟が可能になったためである。

具体的な動き

耐力壁パネル

耐力壁パネルの一般的な仕様は、四周の枠材に筋かいや合板を打ち付け、胴縁や断熱材を組み込んだものである。枠材や胴縁は、パネルをかたちづくるだけでなく、運搬の際に手をかけられるため都合がよい。**図23**は、筋かいを使い、透湿防水シートを両面張りして内部に発泡ウレタンを注入するものである。一方、**図24**はOSB、枠材、断熱材を使い、筋かいは入っていない。

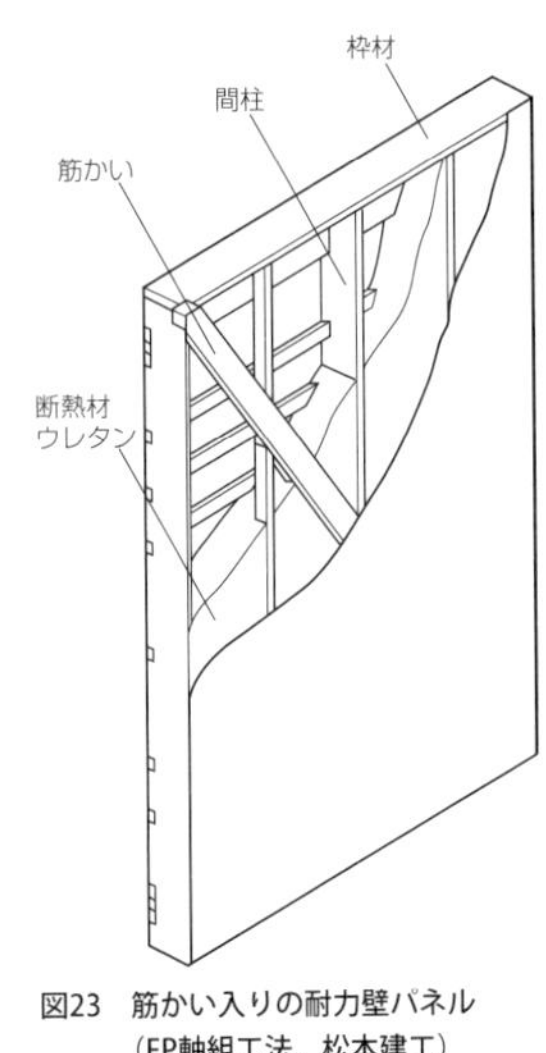

図23　筋かい入りの耐力壁パネル
（FP軸組工法、松本建工）

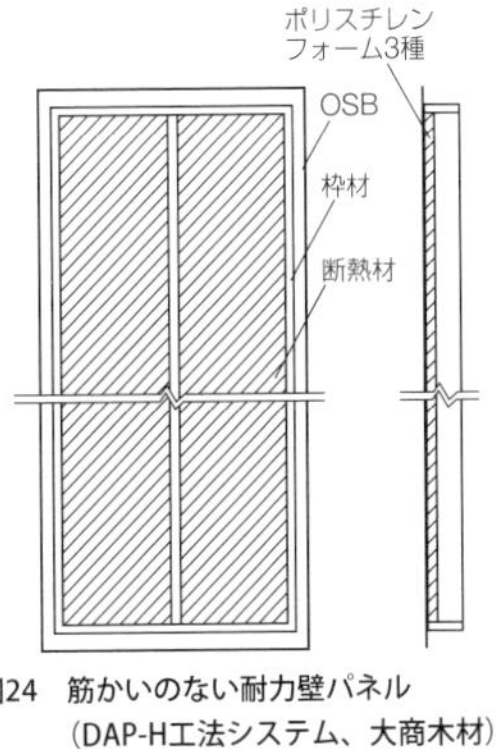

図24　筋かいのない耐力壁パネル
（DAP-H工法システム、大商木材）

大型パネルと雑壁パネル

図25のような大型のパネルもある。これは、下地面材、梁、柱、断熱材、内外部仕上材などを一体成型した外壁パネルである。工場で製作され、クレーンで建て込まれる。また、大型のパネルに、窓部分をあらかじめ組み込んだ有開口のパネルもある。ただし、大型パネルは重機が必要になったり、狭小な道路や敷地で運搬が問題になることがあるため、事前の確認が重要である。

その他に、垂れ壁、腰壁、妻壁などの雑壁のパネル化も行われている。**図26**はその例である。その他、生産性と品質を高めるために工場で外壁の仕上げまでを完了したパネルもある。

壁パネルの建方

軸組建方が完了した後に建て込む軸組先行型のパネルでは、パネルそのものと軸組の寸法精度の確保が重要である。特に筋かいを組み込んだパネルでは、精密な加工が必要になる。パネルの取付は、一般に枠材を柱に釘打ちし、筋かい入りの場合は筋かい部分を金物で横架材に留める。**図27**は軸組先行型の例である。パネルの枠材、間柱、構造用合板、サッシを取り付ける枠材、断熱材、外装下地材を一体化した外壁パネルを、軸組完了後に建て込むものである。

一方、柱と同時に建ち上げる場合には、いくつかの工夫がみられる。**図28**は、壁パネルの片側にあらかじめ柱が取り付けられて一体になっている。そのため、壁パネルと柱を同時に建ち上げる。同様に、**図29**のように両側に柱を付けたものもある。外側に構造用合板を打ち付けており、隣には柱のないパネルが使われる。

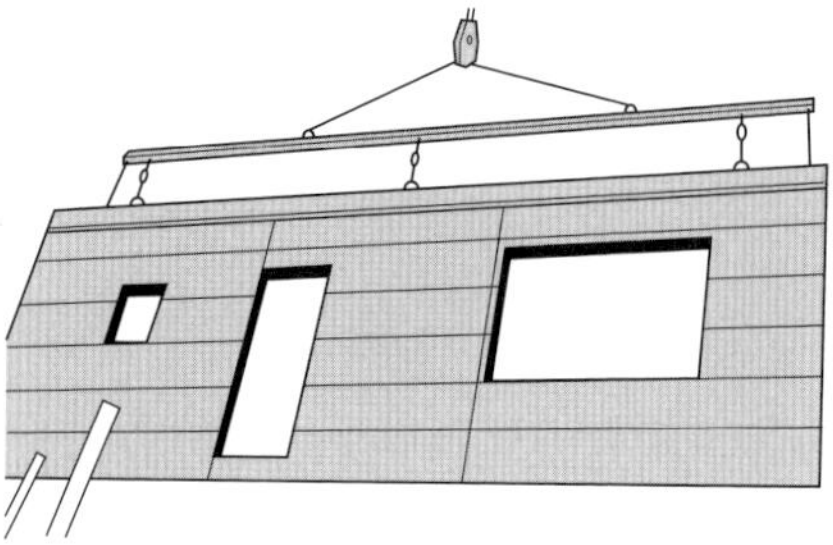

図25　大型の有開口パネル
（K-T工法、カネコ）

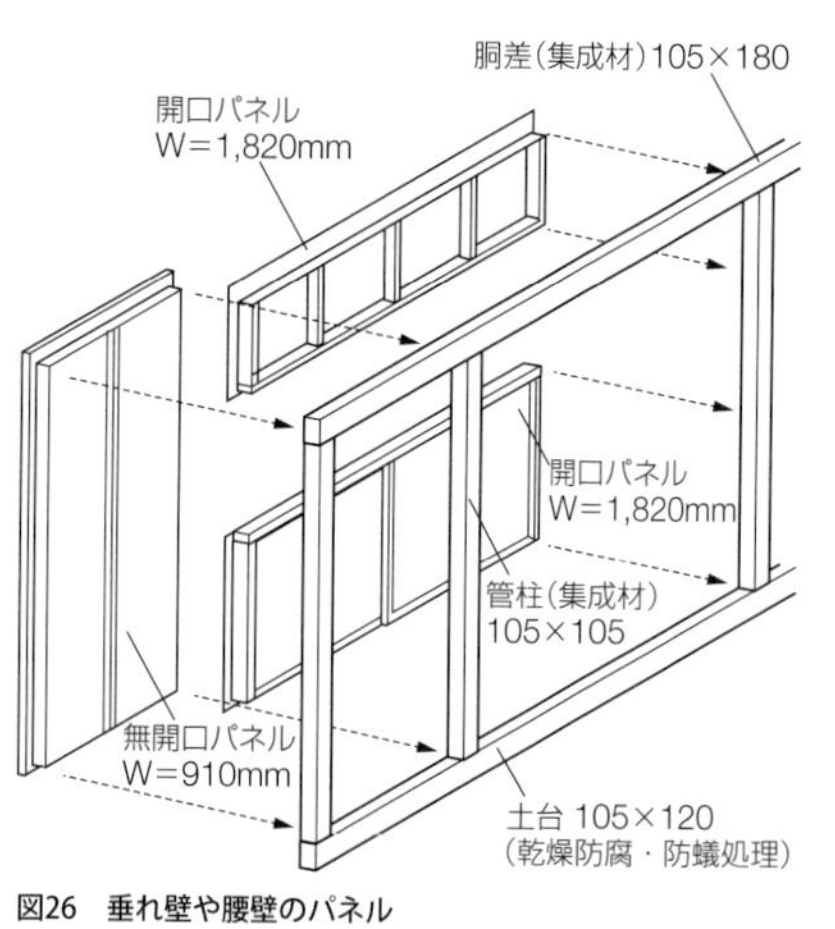

図26　垂れ壁や腰壁のパネル
（I・D・S-II工法、飯田産業）

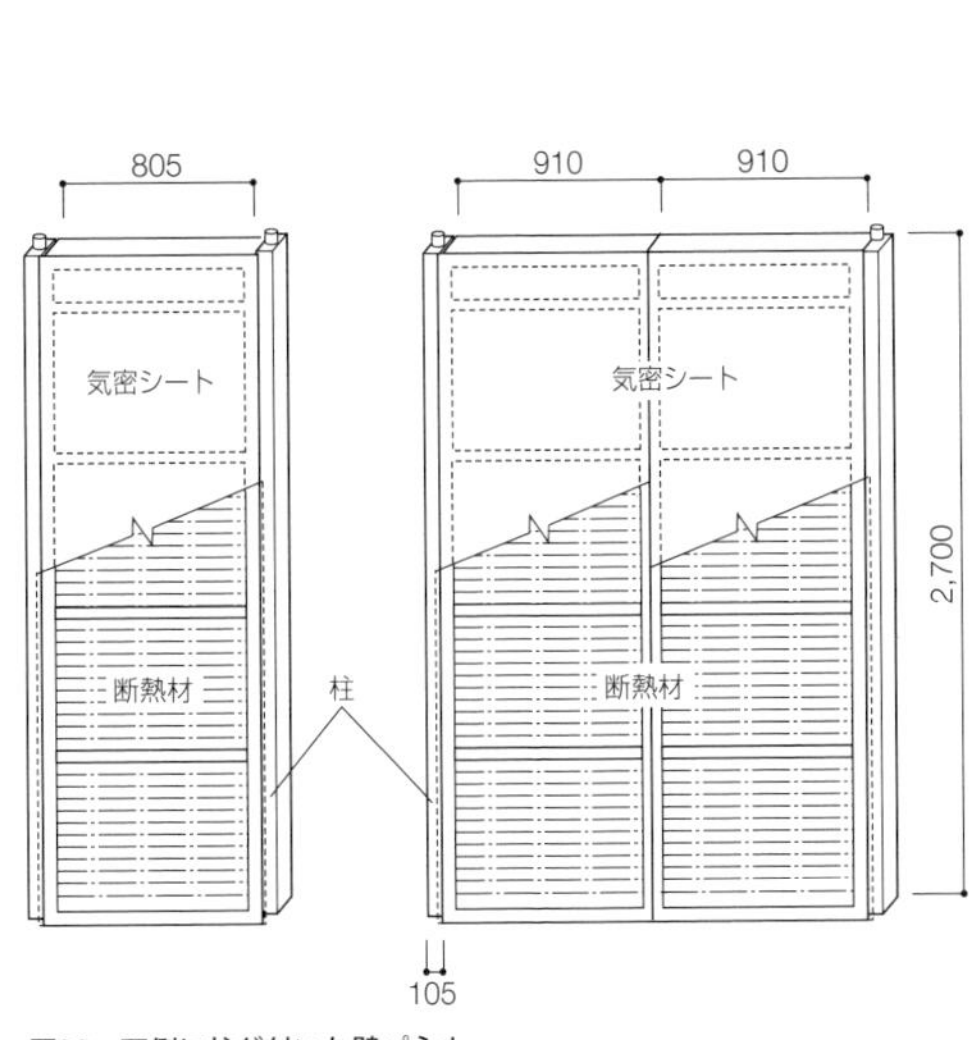

図29　両側に柱が付いた壁パネル
（H&Cシステム・E、秋田プライウッド）

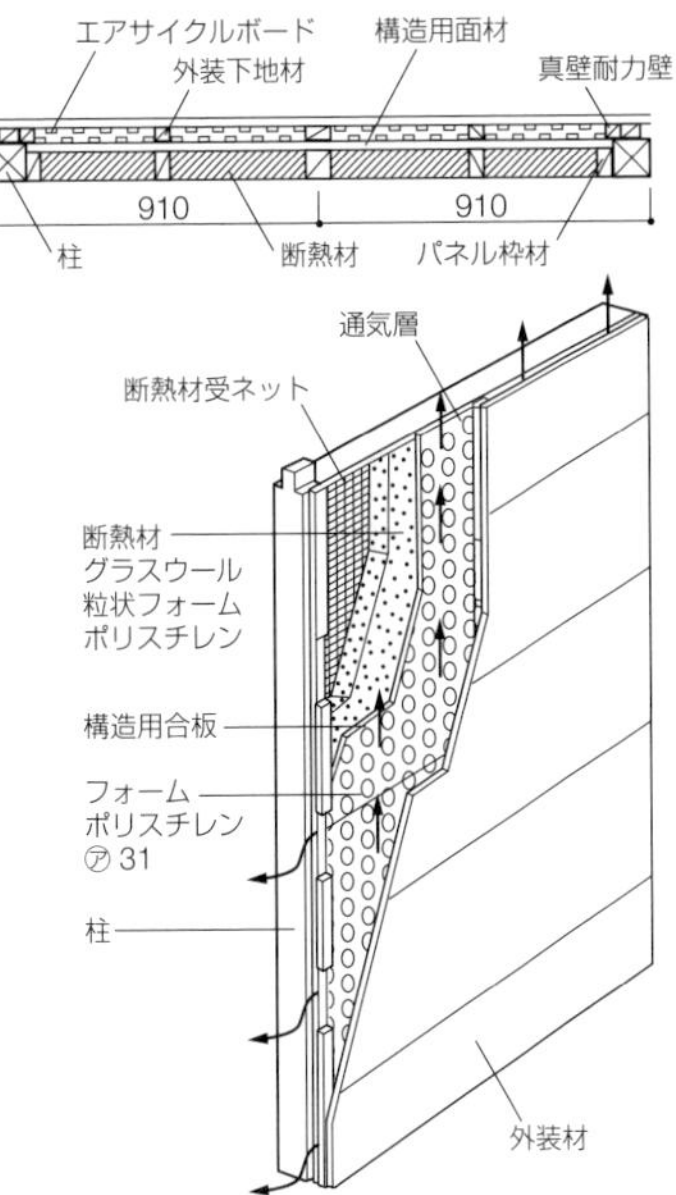

図27　軸組建方後に納める外壁パネル
（スーパーF工法、エアサイクルホーム）

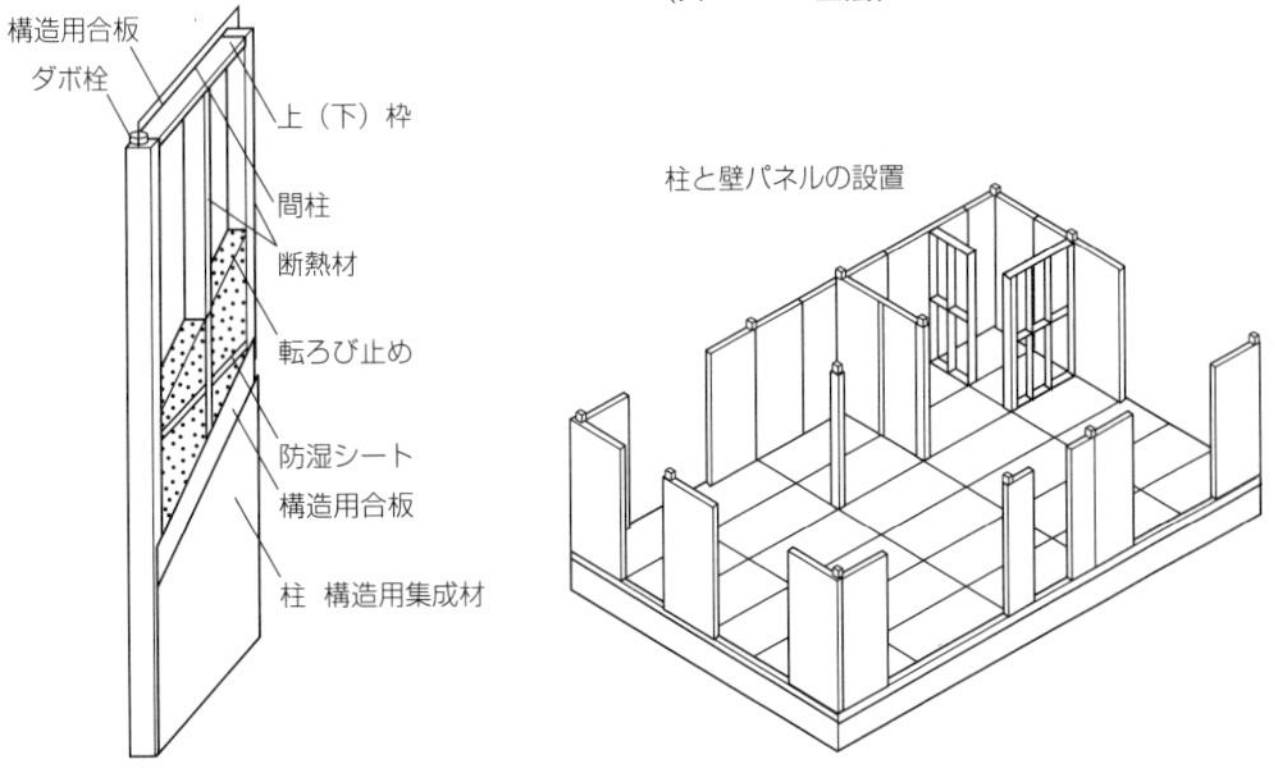

図28　管柱が一体になったら外壁パネルとその建方
（THE在来、宇部気密ハウジング）

パネルと筋かい金物の納まり

筋かいは、「その端部を、柱と（中略）横架材との仕口に接近して、（中略）金物で緊結しなければならない」と建築基準法施行令で規定されている。そのため、筋かいの端部が軸組に接している必要があるとされ、納まりの加工に手間がかかっていた。こうしたことから、枠の切り欠きや筋かいの納まりに対してさまざまな工夫が重ねられてきた。**図29**は、筋かい勝ちで製作されたパネルの例である。しかし、最近は「接近して、～」の解釈が変わりつつあり、枠を切り欠かないで枠勝ちとしたパネルも増えている。

天井勝ちの非耐力壁

最近の非耐力壁は、壁に対して床勝ちや天井勝ちのものが増えている。構造と非構造の壁を明快に分離し、施工性や増改築性を上げるためである。**図30**はその例である。床梁の中心からずれた位置にある内壁は、すべて非耐力壁扱いとして間取りの可変性を優先し、天井と床を先に施工して建物の気密性を高めている。

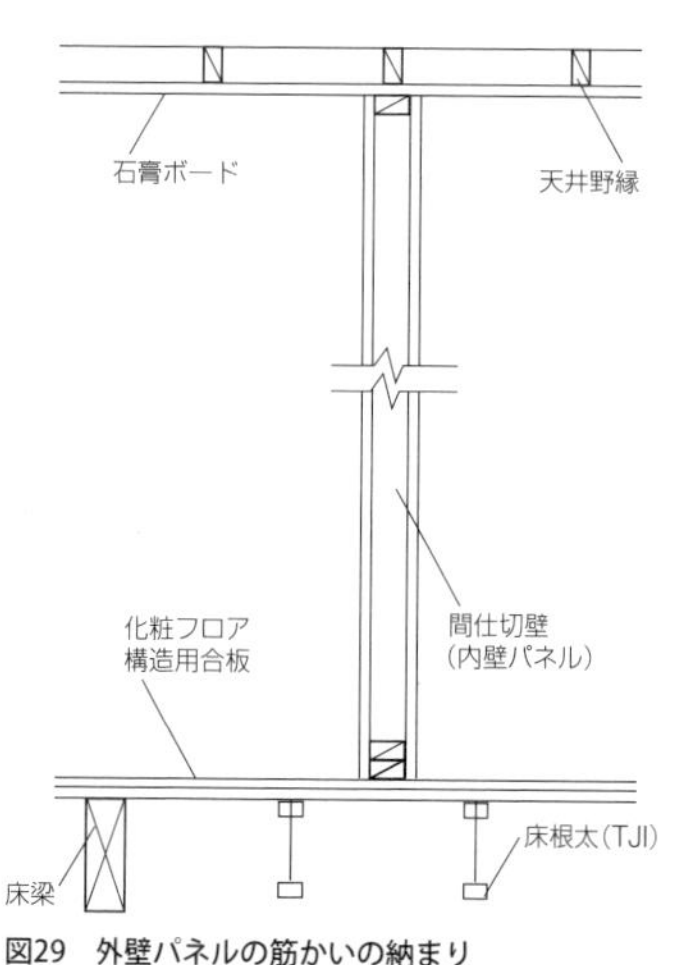

図29　外壁パネルの筋かいの納まり
（HOPE976工法、原工務店）

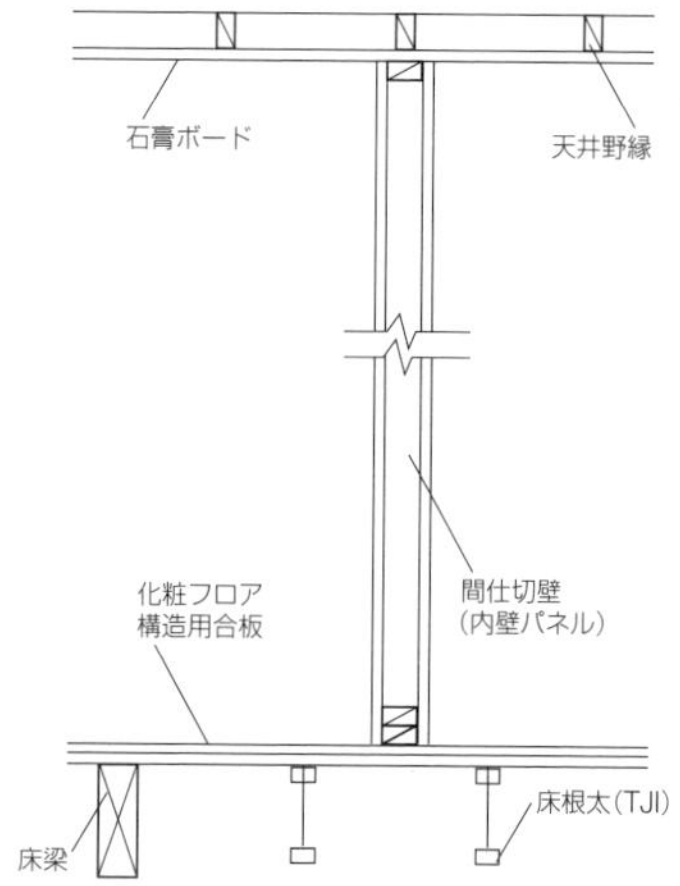

図30　天井勝ちの非耐力壁
（エース工法、アサヒ住宅）

外壁通気構法

典型的な外壁通気構法は、横胴縁や縦胴縁などで壁との間に通気層を設ける方式である。**図31**は、胴縁にエアホールと呼ぶ欠き込みを設けている。また、**図32**はパネルの外周側に断熱材を取り付け、断熱材の表面にある凹凸の部分で通気する。

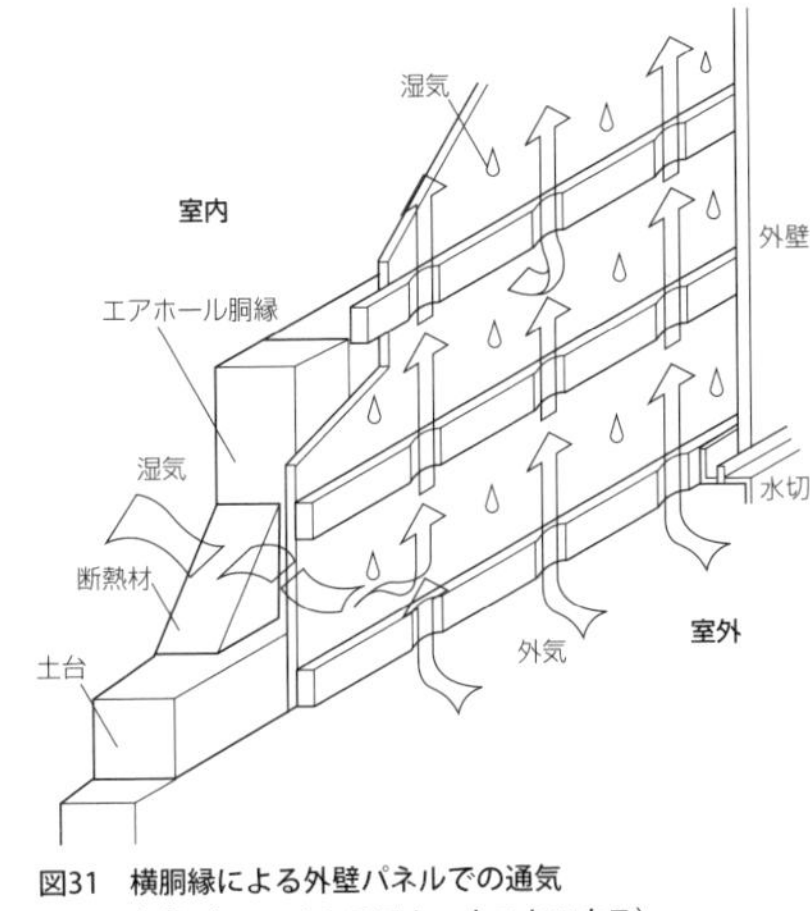

図31　横胴縁による外壁パネルでの通気
（プレウォールシステム、ウエキハウス）

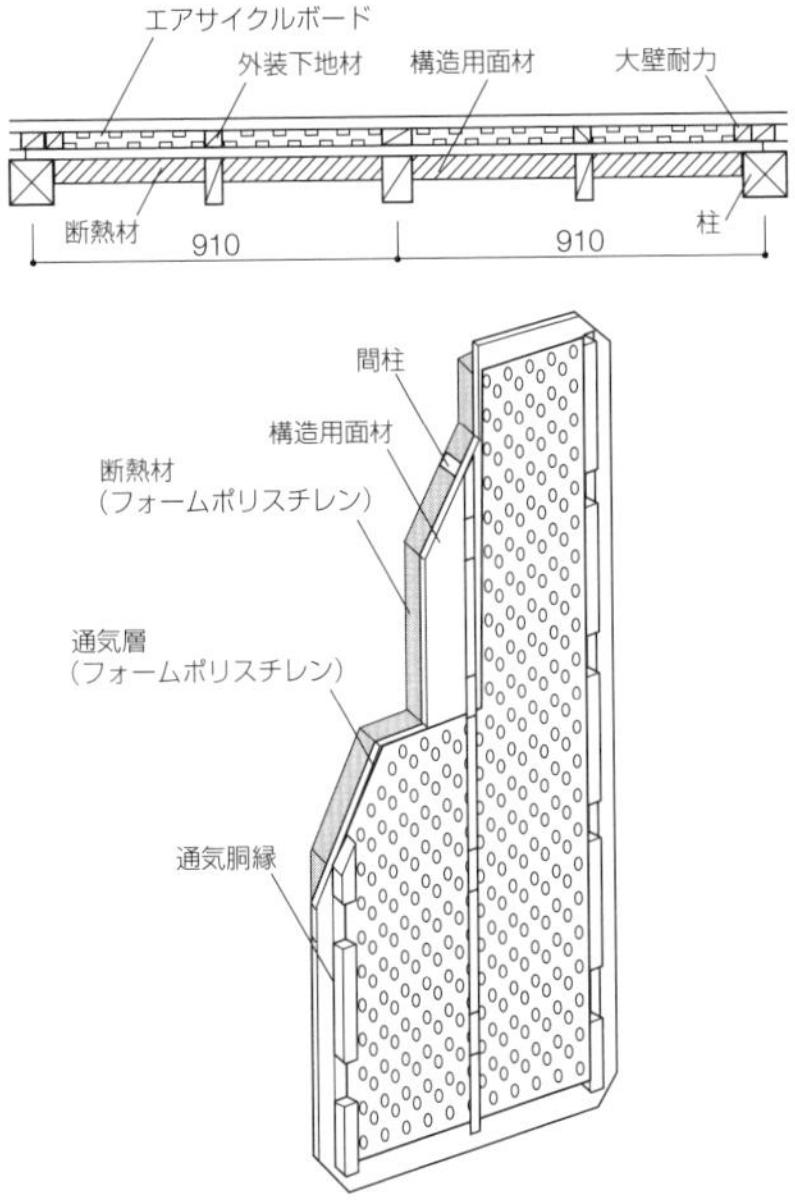

図32　凹凸の付いた断熱材による外壁通気
（スーパー F工法、エアサイクルホームシステム）

サンドイッチパネル

サンドイッチパネルは、厚さ50㎜程度の成形断熱材をOSBなどで挟んだもので、そのまま耐力壁として使用するものが多い。また、床組や屋根構面にも使われている。サンドイッチパネルは、枠材がなくてもパネルは成立するが、クリープが大きい傾向があり、枠材を入れたものが多い。

図33は、筋かい入りの大型の断熱サンドイッチパネルを軸組に外張りしたものである。**図34**は、柱間にはめ込むタイプの外壁パネルで、断熱・気密パッキンがついた木製枠とOSBでできており、枠内に発泡ポリウレタンフォームを充填し、OSBの耳しろ部分を柱に釘打ちして固定するものである。

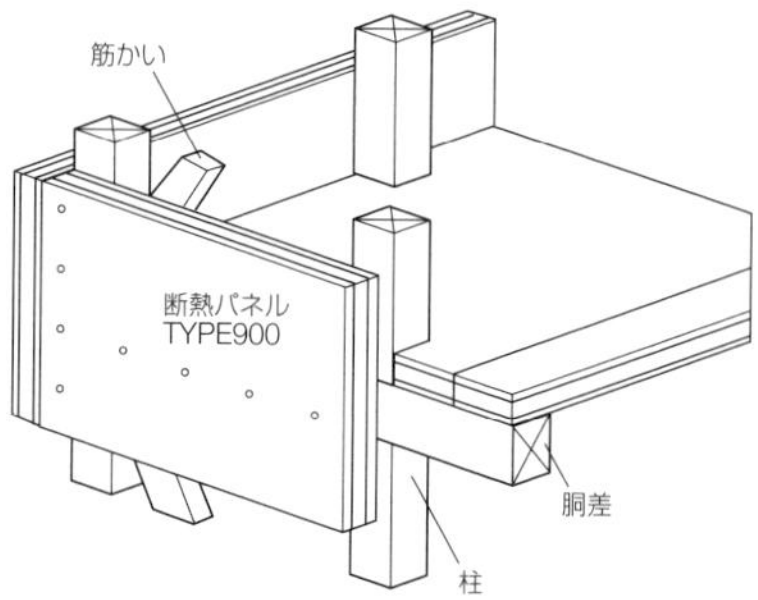

図33　サンドイッチパネルを使用した例
（JAPN工法、ナカジマ）

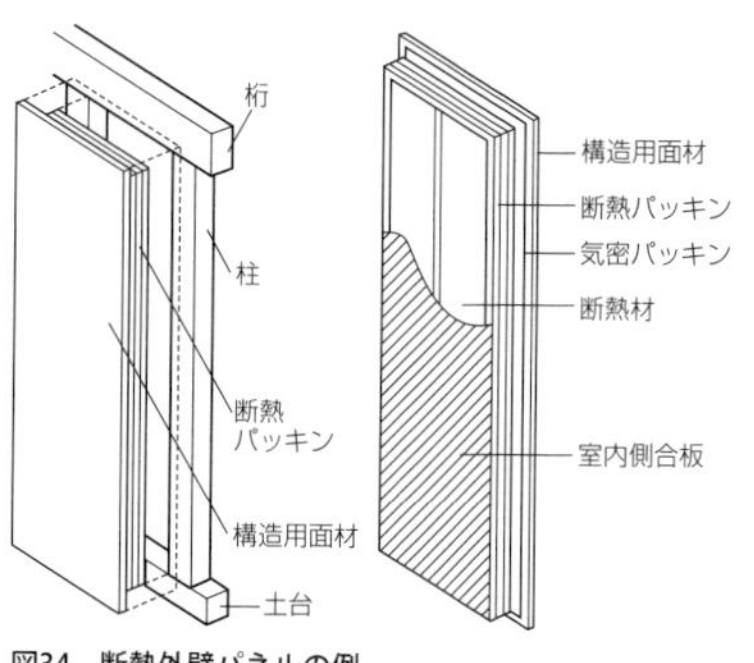

図34　断熱外壁パネルの例
（スーパーウォールシステム、トステム）

小屋組・屋根構法

全体的な傾向

小屋組の変化は、第一に、使用する部材の種類や点数が整理されたことである。現在は、何段にも貫を重ねて組んだ蒸篭（せいろ）状の和小屋などは一般の住宅では見られない。また、最近の屋根は着色セメント瓦などを用いて軽量化したものも多く、小屋組の部材は小さくて済むようになっている。さらに、個室化が進んだことで壁量が増え、壁通りに立てた小屋束だけで大半の母屋を支えることができるようになった。そのため、小屋束の支持点として必要だった小屋梁があまり用いられなくなっている。

第二に、さまざまな方式の小屋組が採用されていることである。戸建住宅で一般的な小屋組方式は和小屋であるが、最近はそれ以外の方式もよく見られる。垂木方式は、母屋や小屋束を設けずに垂木のみを敷き並べるものである。登り梁方式は、登り梁を桁から棟木に架けて垂木を省略するものである。また、数は少ないがトラス式の小屋組も見られる。

パネル化

小屋組・屋根でもパネル化が進んでいる。天井面である小屋梁構面と、野地板面である屋根構面の2箇所で取り組まれている。どちらも単に天井や屋根を形成するのではなく、水平剛性の向上が目的になっている。屋根構面をパネル化した住宅は、間取り、屋根形状、架構が比較的単純なものに多い。また、小屋梁構面をパネル化した住宅は、小屋裏空間を設けたものに多い。また、両構面をパネル化したものもある。さらに、切妻や大屋根などの特に単純な屋根では、パネル化をさらに進めて小屋組ごとユニット化し、クレーンなどで一挙に屋根を架けるものもみられる。

水平剛性の強化と小屋裏空間の活用

床構面と同様に、小屋組の剛性も向上してきた。一般的には、構造用合板などの面材で面剛性を確保して、水平力に抵抗しようというものである。その他には、主屋の2階床組から下屋の小屋梁構面に部材を貫通させて架け渡し、下屋と主屋を一体化する工夫も行われている。小屋組内部の補強も進んでおり、部材どうしをガセットプレートなどの補強金物でつないだものも見られる。また、小屋裏を収納や居室として活用するものが増えている。これは、梁桁の水平構面の補強につながるため、構造的にはむしろ好ましい傾向といえる。

具体的な動き

垂木方式

垂木方式の小屋組は、垂木を棟木から軒先に架け渡して平行に並べる形式で、和小屋と登り梁方式の中間的なものである。使われる垂木は通常よりもせいの大きいものが多く、ディメンションランバーを使用したものもある。登り垂木方式とも呼ばれる。**図35**のように、垂木と登り梁を併用したものもある。

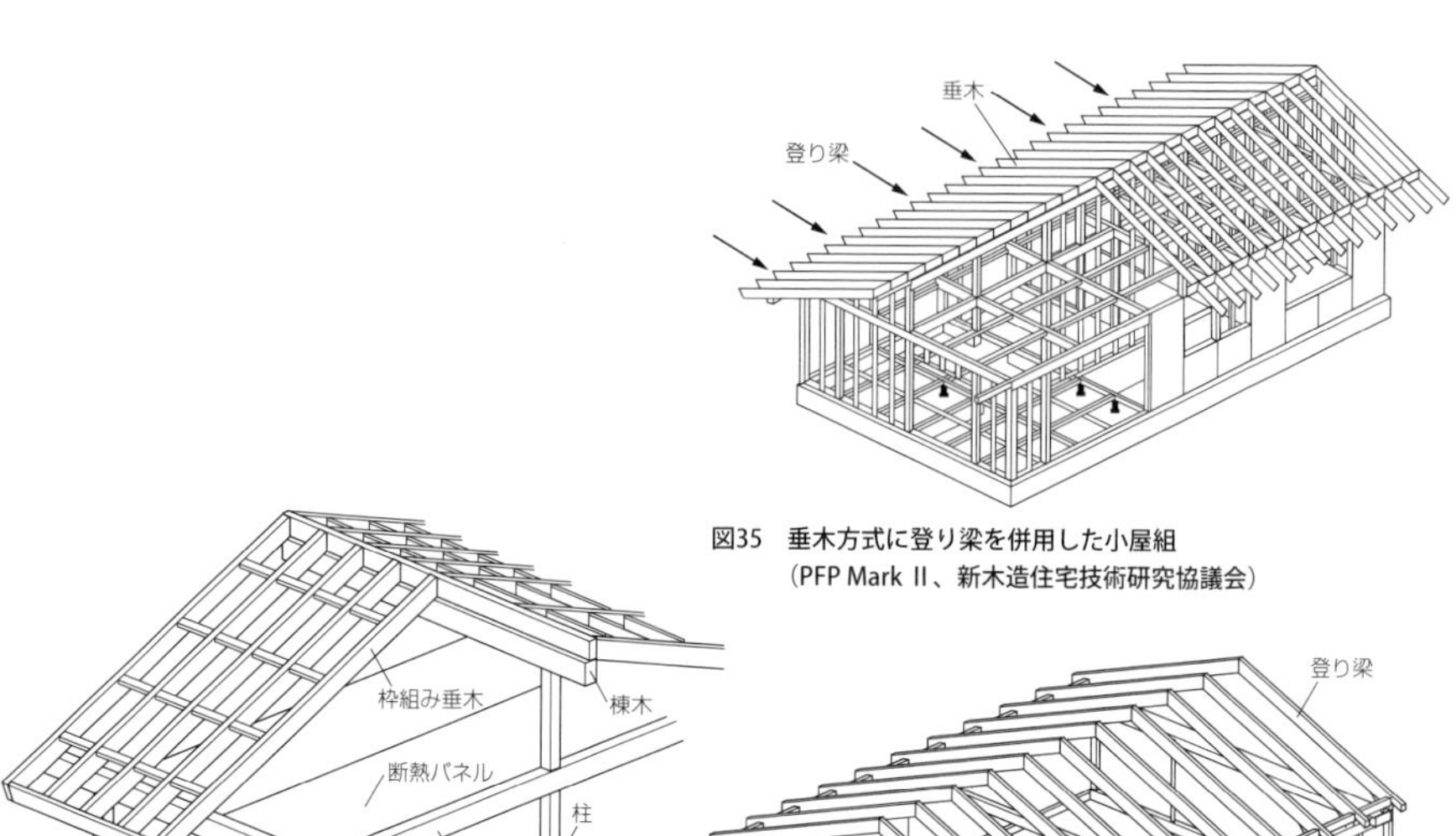

図35　垂木方式に登り梁を併用した小屋組
（PFP Mark II、新木造住宅技術研究協議会）

図38　小屋梁構面にパネルを使用した例
（JAPN工法、ナカジマ）

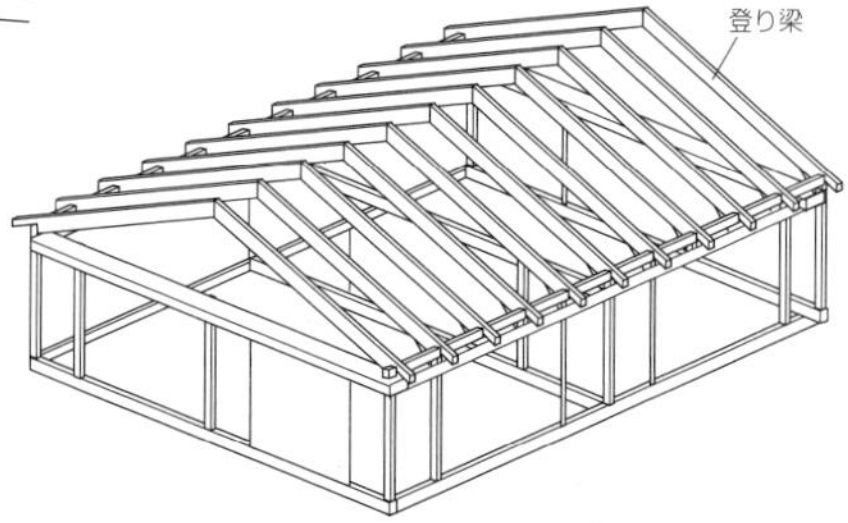

図36　登り梁方式
（スミリンSPC-K IIシステム、住友林業）

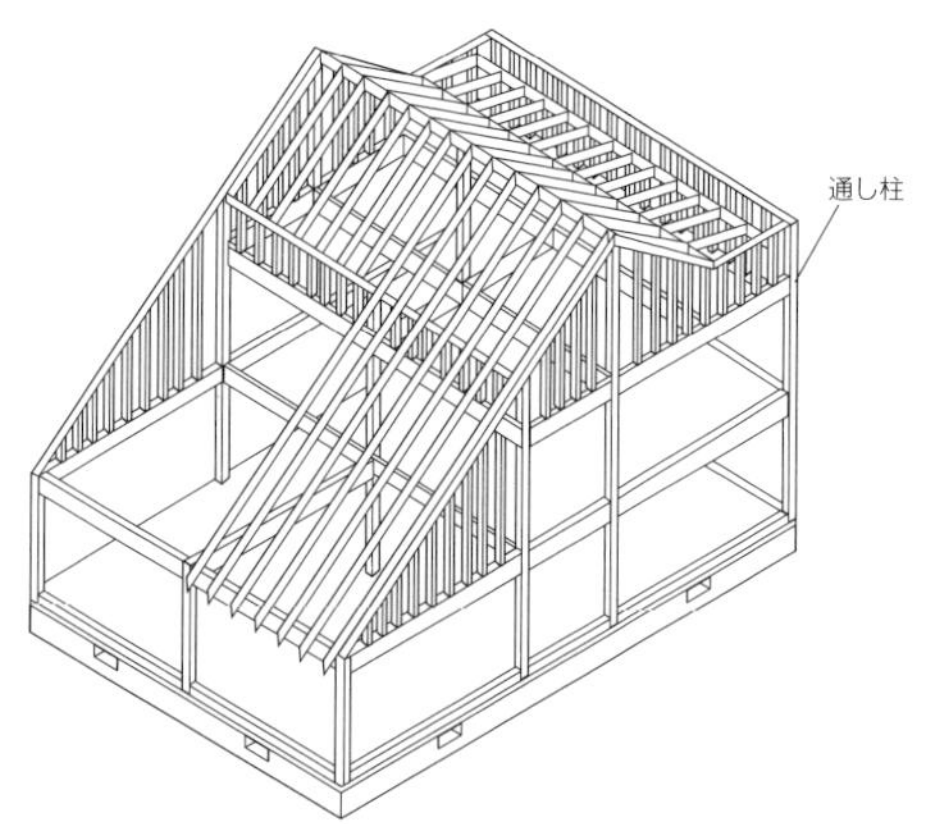

図37　通し柱を延長した方式
（エース工法、アサヒ住宅）

登り梁方式

登り梁は軒桁から棟木に架け渡す大きめの部材で、基本的に柱と同じ間隔で設置する。母屋、垂木、小屋束を使わずに小屋組を構築できるため、勾配天井の吹抜や小屋裏空間を確保するのに適している。**図36**は登り梁方式の例である。面材とパネルの設置方法は、床の場合と同様に、落とし込む場合と上に載せる場合がある。登り梁方式の屋根構面では、落とし込むことが多い。面材どうしの接続方法も床と同様で、実（さね）や雇いが使われている。

通し柱を延長する方式

通し柱を小屋組に達するように延長して、小屋組を構成する方式がある。通し柱が母屋を直接受ける明解な架構になる。この方法は、自由な材長が可能な集成材を用いれば行いやすい。**図37**はその例である。

断熱パネル

屋根構面にも断熱パネルが多用されている。パネルの仕様は、壁や床と同様に枠材に断熱材を充填したものと、断熱材を面材で挟んだものがある。前者には、外壁パネルに似た小さい屋根パネルを、登り梁と母屋に釘打ちするものが多い。**図38**は、梁桁の構面に断熱パネルを設けた例である。

接合部

全体的な傾向

接合部は、軸組構法のなかでも合理化すべき部位として、常に最上位に挙げられてきた。現在もさまざまな工夫がなされており、省力化と構造性能の強化が目標とされる。

接合部が大きく変化したのは、人手が不足し、工期短縮が求められた高度経済成長期以降である。例えば、合理化コンペなどで、熟練技術の不要な工夫がたくさん提案された。その後、1980年代後半にプレカット加工が、1990年代初頭に金物工法が生まれ、1995年の兵庫県南部地震以降は、構造性能をより重視した種々の接合方法が開発されるようになった。現在も、加工の機械化や単純化、常時応力を負担する接合部の開発などが盛んに行われている。

金物の多用

基準法や住宅金融公庫（当時）の仕様が普及した結果、以前より金物をたくさん使うようになっている。大壁が普及して部材や金物が露出しなくなり、金物を多用することへの抵抗感が薄れたことも影響している。

プレカット加工の普及

接合部を一挙に単純化したのは、プレカット加工と接合金物である。1980年代にめざましく普及した機械プレカット加工は、都市部を中心にほぼ浸透した。蟻や鎌という従来の形状を踏襲したことで、比較的容易に受け入れられたといわれる。

また、当初、プレカット加工の影響は、架構そのものよりも、木材の流通や大工の職能に対しての方が大きかった。木材は、材木店からでなく、商社からプレカット工場を経て工務店へと変わった。また、プレカット加工は、大工職人が継承してきた多くの技術や専門技能を不要とする。彼らがこだわってきた手間や時間をかけた家づくりの価値が、改めて問われることになった。

構造金物

プレカット化に続いて顕著なのは、接合金物の構造金物化である。Zマーク金物に代表される従来の金物は、あくまでも部材が外れないように繋ぎ留める補助的なもので、「補強金物」と呼ばれていた。これに対し、最近は金物が主動的な接合機能を果たす接合部が増えてきた。この接合部は、金物に常時応力がかかり、金物がなければ架構が成り立たない。そこで、こうした金物は構造金物と呼ばれ、このような金物接合部を有する軸組構法は、金物工法と呼ばれている。

この金物工法の採用が進んでいるのは、むしろ中規模な工務店やビルダーである。比較的簡単な工作機械で加工可能なものも多く、機械プレカットに頼らずに省力化を進める一つの方法になっている。

構造金物の大型化

構造金物は、在来木造系と大断面木造系ともいうべき二つの系統に分けられる。両者は似た外観のものが多いが、構造的な機能や開発の経緯は異なっている。

在来木造系の金物は、従来の接合部をより単純化して金物に置き換えた比較的軽微なものである。構法自体は変わらないため馴染みやすく、壁量や偏心率などの略式の構造計算を行う構法で使われることが多い。

大断面木造系の金物は、大断面木造用の金物を応用して、より大きな応力を負担するように大型で肉厚につくられている。許容応力度計算等の構造計算を前提として、構造計算システムと金物がセットで提供されているものもある。

ホールダウン金物の標準使用

兵庫県南部地震では、柱脚が土台から抜け出したことによる被害が多数報告された。地震時に予想以上の引抜力が柱脚に働いたためである。当時から補強の柱脚金物はかなり普及していたが、最近はホールダウン金物を使うところが増えている。

従来、ホールダウン金物は主に3階建の住宅に使われてきたが、現在では2階建住宅の1階部分にも使用されている。近年は1階2階ともに標準的に取り入れるところが増えている。

具体的な動き

曲げ板・平板の金物

鋼板を曲げた金物には多くの種類がある。典型的なのは**図39**の梁受け金物である。この形式の金物はもともとツーバイフォー構法で用いられており、軸組構法でもディメンションランバーとともに用いられるようになっている。平板の金物には、鋼板に穴を開けたものやスリットを切ったものなどさまざまなものがある。**図40**は、鋼板にせん断だぼのような突起を設けたもので、せん断力が突起を介して伝達されるように工夫されている。

鋼板挿入型金物

最近、増えているのは、鋼板を柱や梁に差し込み、ドリフトピンなどのせん断金物で引き寄せて固める金物である。一枚刃のものと二枚刃のものがあり、鋼板部分が外に露出しないようになっている。部材の加工には、専用の機械が必要なものと、簡単な工作機械で対応できるものがある。**図41**は一枚刃のものである。このシステムは、一般の軸組構法よりも大径の、6インチ角の中断面集成材を使っている。この金物には、通し柱の側面に付けるものや上下の管柱と横架材を固定するものなどの種類がある。

図42は二枚刃のものである。この金物は1998年に販売が開始されて以降急速に普及したもので、鋼板挿入型の金物で最も普及している在来構法系の金物である。大きなコスト負担がなく、高度な技能が不要であること、そして、一番上のドリフトピンだけを先に取り付けることで梁組みの施工性がよいことなどの特徴がある。そのため、小規模な工務店などでは、プレカット加工に次いで普及している。これらの金物を用いた構法には、構造用集成材を使ったものが多い。また、金物を取り付けやすいよう

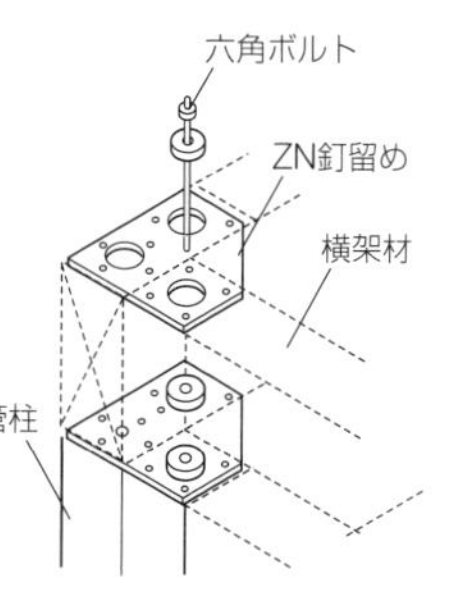

図39　小梁受け金物
（KES SYSTEM、シェルター）

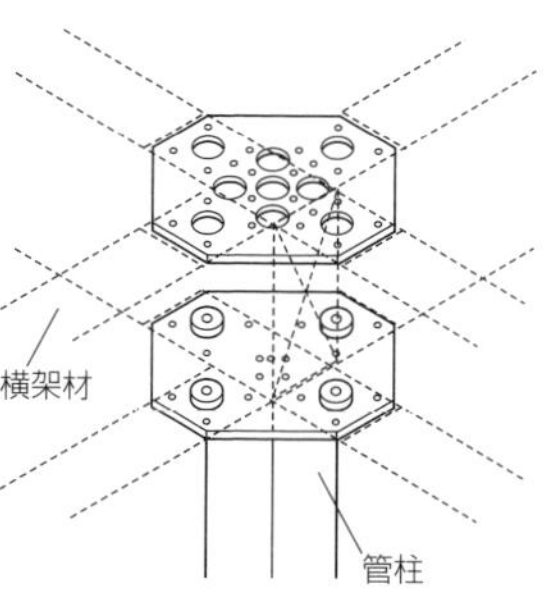

図40　ブレード型柱ー横架材金物
（F II 工法、イデキョウ）

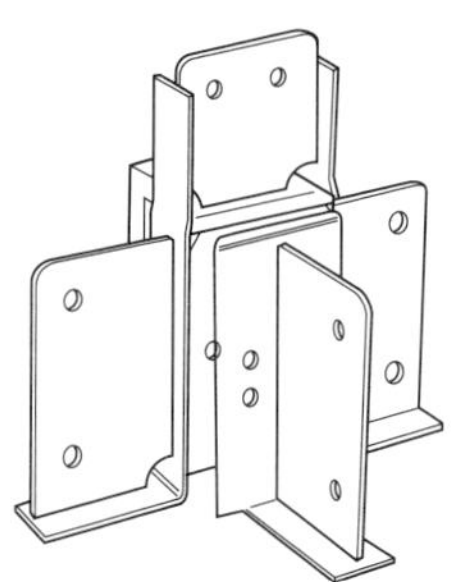

図41　一枚刃の鋼板挿入型金物
（KES SYSTEM、シェルター）

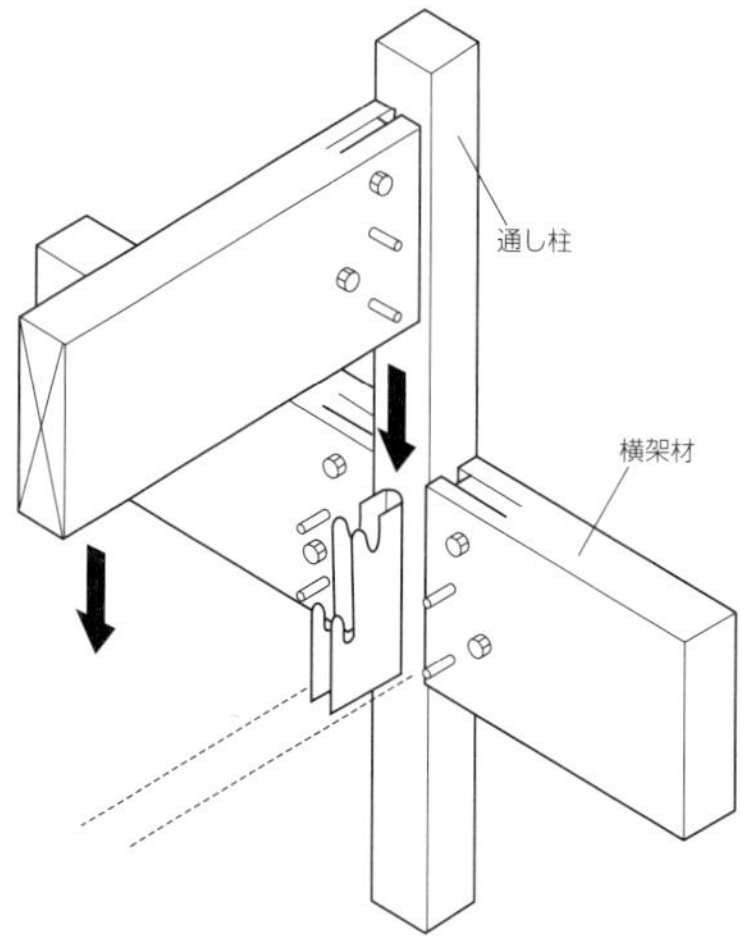

図42　鋼板挿入型の金物
（クレテック金物、タツミ）

に通し柱を使ったものが多い。

筋かい金物

筋かいの接合にはプレート型の金物がよく使われてきたが、最近増えているのは、**図43**のようなボックスタイプである。プレートタイプは、外側から横架材に釘打ちするため、床のある内壁では使えないが、ボックスタイプは床の施工後も取り付けられる。他には、**図44**のようにボルトを土台の下端まで貫通させて、土台の引き裂けを防ぐ工夫をしたものがある。

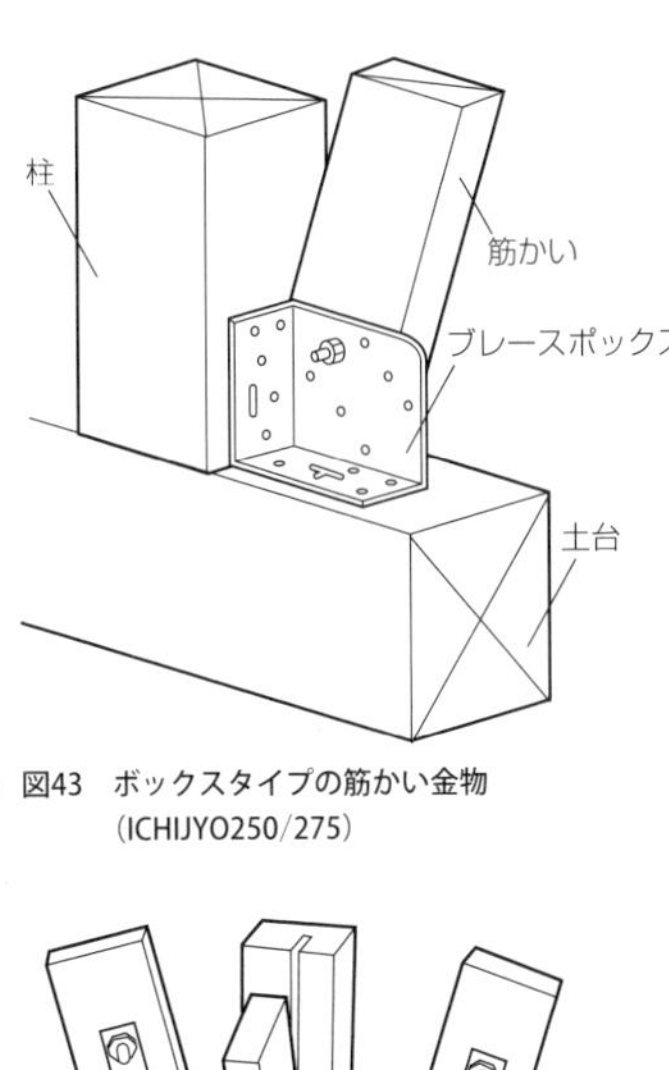

図43 ボックスタイプの筋かい金物
（ICHIJYO250/275）

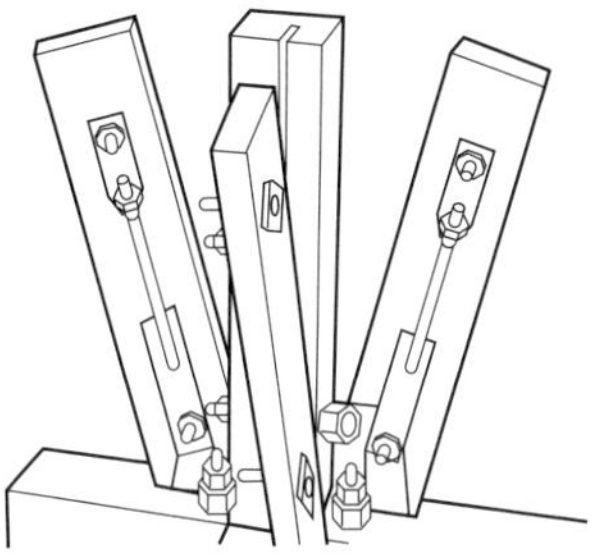

図44 筋かい金物
（スーパージョイント、バリエフリー）

柱脚金物

ホールダウン金物の使用が増えているが、最近はそれに変わる柱脚金物も次々に開発されている。ホールダウン金物は、筋かいやパネルが取り付きにくいことや、真壁では柱のちりが取りにくいためである。例えば、**図45**は柱と土台にパイプを挿入し、側面からドリフトピンを打って固定するものである。比較的小さな断面の部材にも付けられるため、一般的な戸建住宅でも採用されている。**図46**は、部材の内部に隠す柱脚金物で、柱脚以外の接合部にも使うことができる。

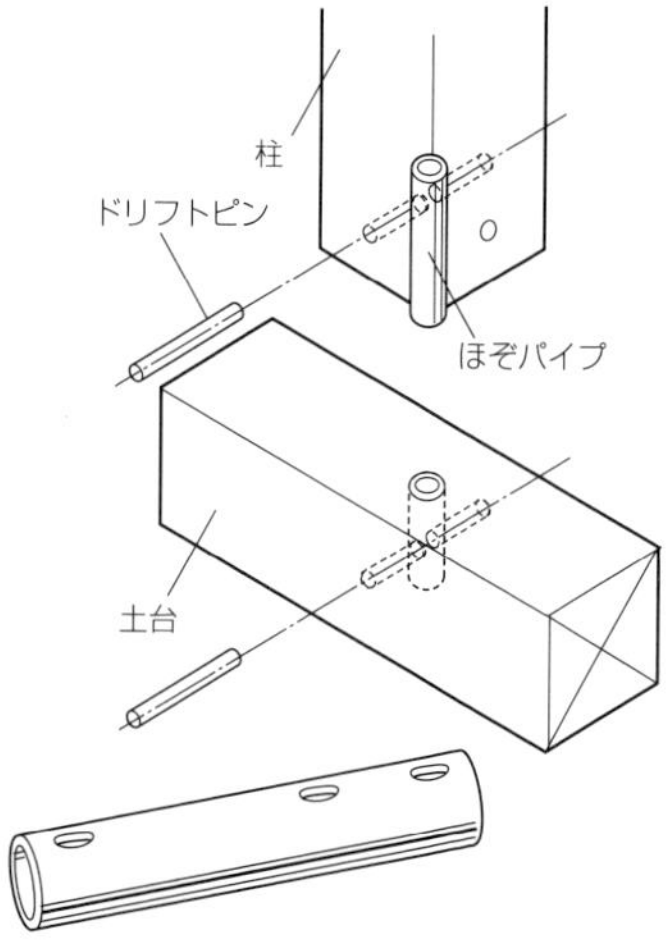

図45　柱脚金物
（ほぞパイプ、タツミ）

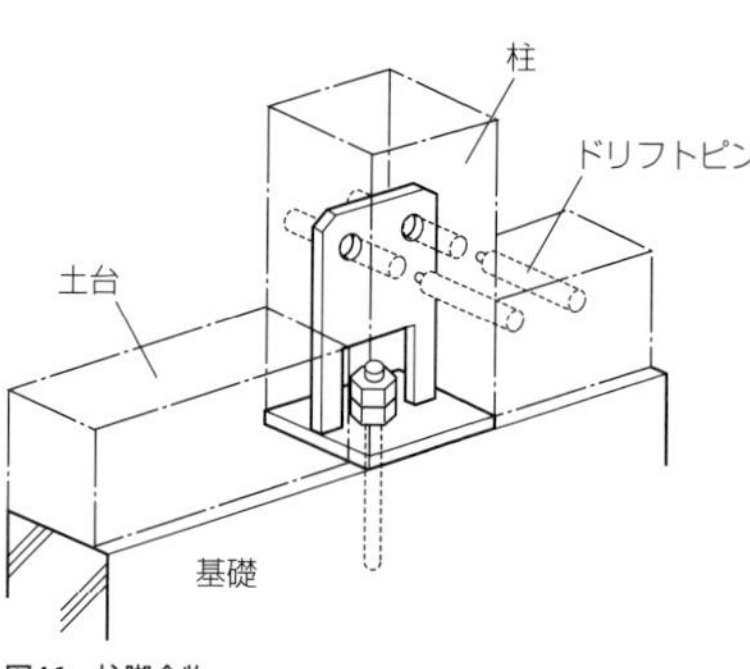

図46　柱脚金物
（Dボルト、ディープラン・ヨネザワ）

※1　現在では、ほとんどが機械プレカットされている。

※2　現在では、2階建でも150㎜とするところが多い。

※3　その後、金属製が主流になった。

※4　近年は、厚板が普及して、実矧ぎは行わないのが一般的である。

註1　「木造住宅合理化認定システム梗概集・第1回～第13次A」（日本住宅・木材技術センター発行）を参考にした。ただし、取り上げたシステムのなかには、実際には使われなかったものや、現在は実質的に取りやめになったものも含まれている。

註2　紙面の都合で、各項の「具体的な動き」を中心に初出から削除した部分がある。

初出：建築技術2004年7月号

03——構法の変遷と構造性能

1995年の阪神大震災以降、木造住宅の変容は加速度的に進んだが、中でも、構造性能に関わる変化は、激動と呼ぶに相応しい。

ここでは、構造性能に関わる構法の変容をまとめてみる。

構造の変遷——法律と規準など

まず、法律や規準の流れを簡単にまとめておく。

2階建までの木造住宅は、4号建築物と呼ばれ、詳細な構造計算を必要としない。そこで、1980年代まで、構造に関わる構法の変化は、もっぱら材料や接合部の改良に留まっていた。

しかし、1970年代から始まった木造建築の見直しの機運に後押しされ、大断面木造の実現や都市部での木造住宅の建設への期待が高まった。そして、昭和62（1987）年、燃えしろ設計の考え方が法律に取り入れられ、大断面木造建築が可能となった。また、同時に、準防火地域に木造3階建木造住宅の建設が可能になった。

そして、3階建には「構造計算」が求められることから、昭和63（1988）年3月、「3階建て木造住宅の構造設計と防火設計の手引き」（（財）日本・住宅木材技術センター）に許容応力度設計法がまとめられた。ただし、本の表題が示すように、この本は2階建以下の住宅は対象としていなかった。

3階建構造計算の影響

しかし、結果的に、この本の編集が木造住宅の構造性能の定量的な評価の大きな転機となった。3階建が普及するに従って、その計算の手間を省くために、プログラムが開発され、普及していく。すると、当然の成り行きで、同じプログラムを2階建にも適用したい、適用できるのではないか、と考えるようになっていく。

ちょうどその頃、寸法精度を求めて、木造住宅にも構造用集成材が使われるようになり、もともとは前述の大断面木造のために用意された令第46条2項を適用すれば、2階建以下の住宅でも構造計算で建てられることが明らかになる。令第46条2項とは、構造体を集成材などでつくり、構造計算を行えば、いわゆる壁量設計をしなくてよいとする条文である。

そこで、集成材を多用していた一部の住宅メーカーは、この条文を適用して、構造計算により住宅を建設し始めていた。

阪神・淡路大震災と法律改正、品確法の制定

そして、1995年1月、阪神・淡路大震災が発生する。この時、木造住宅の耐震性能が問題化して事態は一変する。それまで、消極的だった住宅メーカーも、単なる壁量だけでない設計法を模索し始め、前述の設計法を、集成材構造でなくても、適用してみるところが増えてくる。

1995年12月に実施された実大振動実験では、軸組構法住宅の高い耐震性が実証されたが、より定量的な評価を期待する建主の期待は留まらなかった(写真1)。

❶多度津実大振動実験

阪神・淡路大震災は、法律改正の作業を加速させ、内容にも大きく影響を与えた。2000年6月、建築基準法は改正される。木造住宅では、その仕様規定が修正され、それまで曖昧だった仕様のいくつか

は告示で明確にされた。①基礎の仕様、②筋かい接合部の仕様、③柱頭柱脚接合の仕様、④耐力壁偏心の仕様、などである。

また、同年10月いわゆる品確法が制定される。そして、前述の基準法改正と品確法構造性能の評価基準の制定に向けての作業は、平成13（2001）年12月「木造軸組工法住宅の許容応力度設計法」（財）日本住宅・木材技術センター）としてまとめられた。

この本は、前述の「3階建て木造住宅の構造設計と防火設計の手引き」の改訂版と位置付けられたが、すでに、2階建以下の集成材構造も増えていたため、2階建以下も主要な対象に含めてまとめられた。

以上の流れの中で、軸組構法住宅は、大きく変容していく。それは、ハードな構法だけでなく、それを生産するソフトな仕組みにも及んでいる。以下、その概要をみていく。

構造性能の明確化と構造ルール

まず、前述のように、それまで曖昧であった構造性能を、定量的に求めていくという考え方に大きく変わった。実質的にはこれが最も重要な変化といえる。阪神・淡路大震災以前には、ツーバイフォー構法やプレファブ住宅に比べ、定量的な評価が少なかったことは否めない。

そして、例えば、ツーバイフォー構法などでは以前から使われていた耐力壁線や床剛性などという概念が、今では、軸組構法にも浸透している。

併せて、構造設計のルールが整備されてきている。

従来、軸組構法は、プランニングが自由で、また、その増築の容易さが特徴とされた。しかし、構造の安全性を確保するために、構造計画に関するルールを採用するようになった。例えば、耐力壁線間距離の制限を設けたり、耐力要素の位置や所要量に制限や独自の基準を設けるなどである。

構造性能と架構・軸組の変化

02「各部構法の変容」の項でも述べたが、軸組の構造的な意味合いは一様ではない。今や、軸組構法とは単に柱や梁を有している構法という程度に受け取るのが適当である。

面材の多用と部材寸法の集約

例えば、軸組に構造用の面材を釘打ちあるいはビス留めして、構面を形成するものが多くを占めるようになってきた。軸組と面材が一体化して耐力要素となる壁式構造で、構造的には、ツーバイフォー構法や木質パネル構法に近い。この面材の普及により、建物全体の構造性能は大きく向上した(**写真2**)。

このように、面材を多用するようになったこと、および後述する機械プレカット加工の普及、これが近年の架構・軸組の最大の変容といえる。

また、部材の種類と寸法を集約する手法が採られるようになってきた。たとえ材積が増えてもなるべく断面寸法や長さ寸法をそろえ、総合的に省力化を図ったものである。こうした集約は、パネルを使った住宅で多い。

❷合板壁の面内せん断実験

集成材と人工乾燥材への移行

品確法の施行を契機に、構造用集成材の使用が急速に進んでいる。構造用集成材や人工乾燥材は、乾燥収縮の心配が少ないためである。また、プレカット工場が構造用集成材を積極的に扱うようになったことも大きな理由として挙げられる。特に管柱は都市部の住宅は、ほとんどが集成材に変わっている。

併せて、柱や梁の断面寸法がやや大きくなる傾向がある。例えば、10年ほど前までは管柱は全国的に105㎜角が主流であったが、最近は特に注文住宅では120㎜角が多くなってきている。また、スギを用いる地域では、建物の外周を150㎜で統一するところも現れている。

構造性能と基礎の変化

2000年の法律改正に伴う告示により、住宅の基礎は、その種類や主要な断面寸法、鉄筋の大きさが規定され、強化された。コンクリート造布基礎は、従来からも行われてきたが、その鉄筋量の最小値が規定された。基礎の有筋化、配筋量の増大、大型化、連続化が進んでいる。例えば基礎幅が拡大している。従来一般的だった120㎜から、135㎜や150㎜とするところが増えている。同時に配筋量を増やし、配置ルールを定めるなど、構造的に望ましいルールを採用するところが増えている。

また、基礎にスペーサーを設ける「ねこ土台」と呼ばれる構法が普及して、基礎の強化にも貢献している。従来の換気口は構造的には弱点となりがちであった。

べた基礎の一般化

また、べた基礎が普及している。べた基礎は、従来は軟弱地盤対策などで用いられていたが、最近は布基礎より一般的になっている。基礎の形式は、地盤の許容耐力に応じて選ぶこととされているが、べた基礎とする必要のない地盤でも採用されている。べた基礎は排出残土が小さいことも、採用の理由になっている（**写真3、図1**）。

また、布基礎でも、割栗石を廃止して、代わりに砕石や砂利を使うことが一般化している。また、ユニット鉄筋の利用が増えている。

❸べた基礎の加力試験

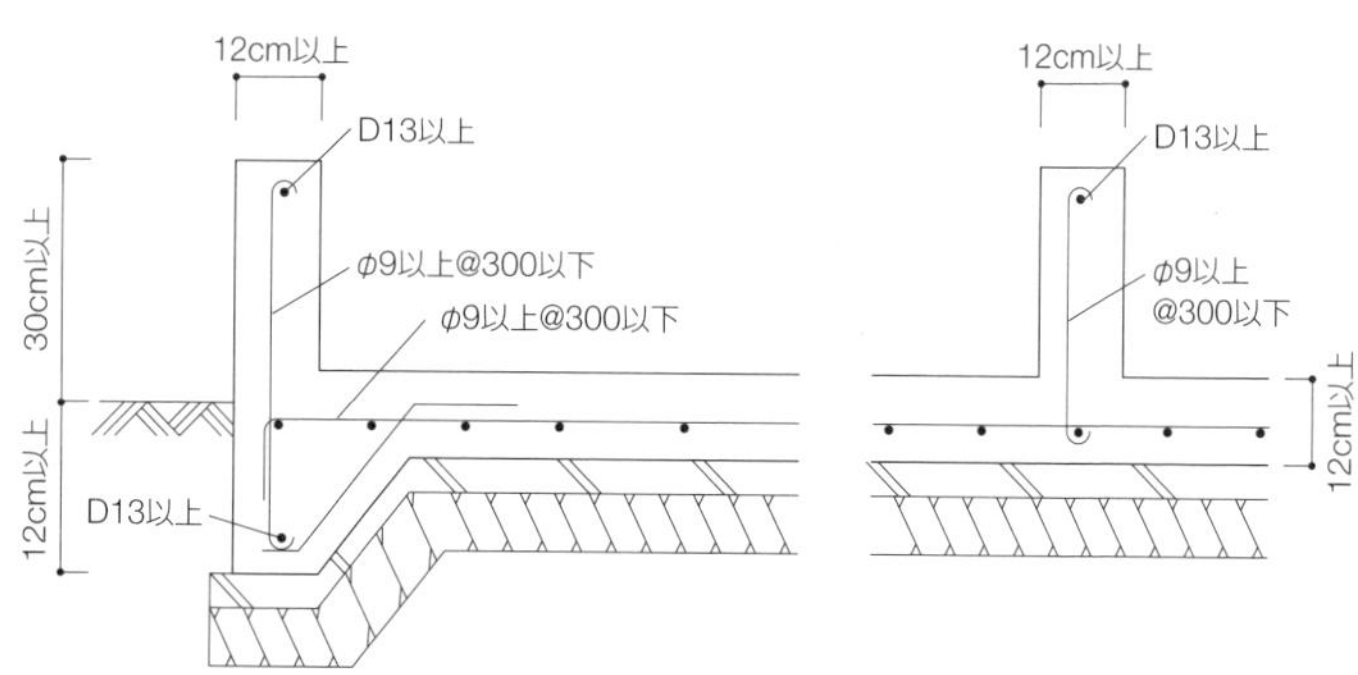

図1　べた基礎の仕様規定

❹床の面内せん断実験

構造性能と床組の変化

床組は、1970年代頃まで大きな変化はなく、土台や大引、梁に根太を架けて荒板を敷く方法がとられてきた。1980年代には、ハウスメーカーを中心にコンパネなど合板が用いられるようになる。

床面の構造性能から見ると、この合板の採用は、決定的にその剛性・耐力を向上させた（**写真4**）。特に、当時、合板は釘を四周打ちしていたので、剛性・耐力の高い床が形成された。その後、実付き合板が紹介され、釘のいわゆる「川の字打ち」になって、やや強度は下がることになる。

根太省略構法

近年の傾向として、厚板と呼ばれる厚24〜28㎜の構造用合板を使用して、根太や火打を省略する方法が増えている。材料のコストアップを差し引いても省力化が図れるためである。「根太ノン構法」とも呼ばれ、金融公庫[※1]の共通仕様書にも紹介されている。

床の面材には、構造用合板の他にも、ＯＳＢ、サンドイッチパネル、ＬＶＬ長板、各種の特殊合板が使われている。また、国産スギ間伐材を積層した合板も注目されている。

また、床組のいわゆるパネル化も進んでいる。床は、壁に次いでパネル化が進んでいる部位である。パネルには、組み立てたものや前述の厚もの合板がある。パネル化は、作業床が早く確保できるなど、工事の安全にも寄与している。２階床で先行して採用されてきたが、現在は1階でも行われるようになっている。

構造性能と壁・耐力壁構法の変化

壁は、他の部位に比べて変化の激しい部位である。それは、壁に要求される構造性能（いわゆる壁倍率）が高くなってきていること、および多数の部材で構成されていて、施工に手間がかかるため、常に省力化の期待が大きいことによる。

耐力壁の高倍率化

これまで軸組構法の耐力壁といえば、二つ割筋かいが最も一般的であったが、現在は構造用の面材が普及し、併せてより高倍率を目指すようになっている。この傾向は、特に3階建住宅が増加して顕著になってきた。

また、面材を接合する釘の仕様も変わってきている。最近は釘だけでなく、ビス、CN釘なども使われている。特に電動工具が開発されてから、釘打ち時の反動による「バタツキ」がなく、また、解体しやすいことから、普及が著しい。

耐力壁の外周部への配置

外周の耐力壁には構造用合板を用い、内部には筋かいという組合せが一般化してきた。そして、高倍率の耐力壁の場合には、耐力壁は外周まわりに配置して、内部は基本的に非耐力壁とするものが増えている。外周壁には断熱材を付けなければならないし、内部には、いずれにしても石膏ボードを施工しなければならないからである。また、基準法改正に伴う告示で、耐力壁の配置を確認することが追加されたが、いわゆる四分割法でも、偏心率の計算でも、周辺に耐力壁を配置する方が合理的である。

構造性能と小屋組・屋根構法の変化

床構面と同様に、野地にも構造用合板を用いることが一般化して、その剛性・耐力が著しく向上した。

また、小屋組の構法上の変化は、簡素化という言葉に尽きるであろう。現在は、何段にも貫を重ねた小屋組は一般の住宅では見られない。最近の屋根葺材は軽量化したものが多く、小屋組の部材は小さくて済むようになった。

ただし、部材構成は簡素であるが、さまざまな方式の小屋組が採用されている。戸建住宅で一般的な小屋組方式は和小屋であるが、小屋裏に収納を設けるために、垂木方式や登り梁方式などがある。

また、屋根でもパネル化が進んでいる。野地は、床のように柱が立つこともないので、屋根形状が単純であれば、加工も容易である。断熱性を兼ね備えたサンドイッチパネルを使う例も増えている。

構造性能と接合部の変化

接合部は、前述のように、常に改良すべき部位の最上位に挙げられてきた。しかし、1980年代後半に機械プレカット加工が現れるまでは、もっぱら補強金物を併用することで、継手・仕口をいくらか簡素化するという方法が採られてきた。その変化には、金融公庫（当時）仕様書の影響が大きかった。いわゆる公庫仕様により、徐々に金物が普及していった。

プレカット加工の普及

そうした状況を大きく変えたのが、機械プレカット加工である。プレカットは、蟻や鎌という従来の形状を踏襲したことで、比較的容易に受け入れられたといわれる。プレカット加工によって、軸組構法もツーバイフォー構法やプレファブ構法と生産性の点で競争できるようになった。

プレカット加工は、軸組の継手・仕口を鎌と蟻という加工に集約しており、壁が多く、かつ大壁構法である現代の軸組構法を前提とした構法である。そこでは、大工職人の技術や技能は不要で、細やかな木の使い分けなども行わない。

構造金物

プレカット化に続いて現れたのが、いわゆる構造金物である。Ｚマーク金物に代表される従来の金物は、あくまでも部材が外れないように繋ぎ留める補助的なもので、補強金物と呼ばれていた（**写真5**）。これに対し、構造金物は、金物自体が長期の応力も負担し、金物がなければ架構が成り立たない。せん断性能は、許容耐力で5〜8㎘程度で、従来の腰掛け蟻を超える。また、荷重変形曲線にばらつきが少ないのも特徴である。梁受け金物は、2・3㎜程度の折り曲げ金物で、ボルトで柱に取り付けておく。梁側はスリットとドリル孔が空けられていて、組立はドリフトピンを打つだけである。比較的簡単な工作機械で加工可能なことから、中小規模の工務店などに普及している。

また、急速にホールダウン金物を使うところが増えている。兵庫県南部地震では、柱脚が土台から抜け出したことによる被害が多数報告された。そして、2000年の法律改正によって、耐力壁の端部柱は、所定の引抜に耐えるような仕様とすることが定められた。

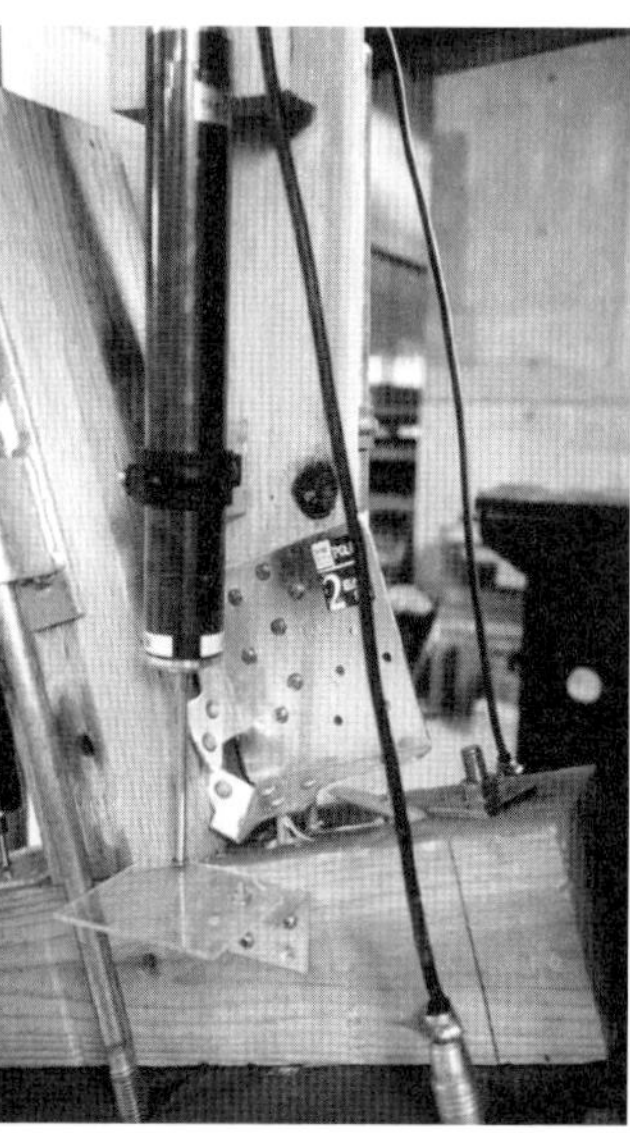

❺接合金物の加力試験

❻住宅メーカーによる実大振動実験

実大振動実験と今後の構造性能

前述の、実大の振動実験を初めとして、多くの企業が実大の振動実験を行うようになっている（**写真6**）。木造住宅は、実大で振動実験ができるので、他の構造よりも詳細な設計法をつくることが可能である。これらの実験を通じて、全体の性能が十分なことはわかった。そして、阪神・淡路大震災級の地震でも倒れないことは当然のこととなった。今後は、地震時に各部構造に働く力を分析する段階に達している。

これら振動実験の結果をどのように設計に取り入れていくかはこれからである。今や、木造住宅の構造性能は、新しい段階に入ったといえる。

その際、問題となるのは、入力地震動の大きさである。現在、実大の振動実験を行うのに、「阪神・淡路大震災の何倍」というような表現がなされている。非現実的な数値は大きな意味をもたないとしても、一方で、現状が過剰設計だとの意見が広がることも懸念される。現在の住宅は、大きな余力があることがわかってきたからである。この余力を減らす方向に向かうのは問題である。

また、一方で、伝統的な構法の性能検証が、未だに建築基準法のレベルを想定しているのも問題となるだろう。阪神・淡路大震災の揺れは、基準法のレベルを遥かに超えている。また、建築基準法を満足するレベルでは、耐力壁構造の建物と比べると低いレベルといわざるを得ない。建築主の期待するレベルとずれてしまうとすれば、問題である。統一的に、入力地震動のレベルを再検討すべきときが来ている。

※1　現在の住宅金融支援機構

II. 木質構造の基礎

本章は、木造建築の構造性能を考える際の基礎的な情報をまとめている。

まず、建築年代による木造住宅の耐震性能を、法律などの関係で整理した。全体の流れを把握しておきたい。

次に、1995 年の兵庫県南部地震の前から、地震後の 10 年間の研究や業界・行政の動きをまとめている。兵庫県南部地震では、それまでの木造住宅のつくりに、大きな疑問が投げ掛けられ、これを契機として、軸組構法の構造性能に関わる研究が一気に進んだ。そして、それらは 2000 年の建築基準法改正、品確法の制定、そして、その後の許容応力度設計の改訂につながっていく。すなわち、現在の各種の基規準が兵庫県南部地震における被害を教訓としてつくられていることが理解できるであろう。

次に、2016 年の熊本地震との関連で、木造住宅の性能の考え方を整理している。熊本地震では、はじめて震度 7 が 2 回観測されるなど、建築基準法の想定する大地震以上の揺れが何度も襲った。こうした新しい状況を踏まえ、現状の木造住宅の耐震性に関する情報を整理した。例えば、震度階とはどういうものか、また、建築基準法の大地震とはどの程度の揺れを想定しているか、そして、現在の壁量はどの程度の性能を担保しているか、などである。そして、まとめとして「大地震を受けても住み続けられる住宅」とするためにはどうすればよいか、を考える。

初出：建築技術2012年8月号　田端千夏子氏と共筆

04——建築年代による木造住宅の耐震性能

木造住宅は、建築年代によって、その耐震性能が大きく異なっている。ここでは、木造住宅の耐震規定の流れをまとめ、建築年代による木造住宅の耐震性の違いを考察する。

戦前の建物

建築基準法は、昭和25（1950）年に制定された。したがって、戦前の建物は、それ以前の法律によって建てられている。大正8（1919）年に定められた「市街地建築物法」がそれで、わが国最初の国による建築法規である。

その骨格は、現在の建築基準法にも引き継がれているが、木造については、各部の構造基準、高さ制限（高さ50尺以下、軒高38尺以下、階数3階以下）などが定められた。しかし、当時の法律は、防火と衛生を主要な目的としており、耐震的な規定は少なかった。わずかに、木造3階建の建物に筋かいを入れることが規定されたが、その量までは定められていなかった。

大正12（1923）年に関東大震災が発生すると、その翌年、震災を教訓に、市街地建築物法が改正され、耐震関連の基準が追加された。木造建物には、初めて筋かいの設置の義務付けがなされたが、相変わらず、数量の定めはなかった。

しかも、この法律は、名前のとおり「市街地の建物」を対象としたもので、当初は東京など6大都市のみに適用されていた。そして、昭和になると、適用する都市は急増したが、それは空襲による「都市火災」を防ぐためで、耐震関連規定は適用が免除されていたとされる。※1

つまり、戦前の木造建物、特に2階建までの住宅には、量的な耐力壁の規定がなかった。しかも、その法律の適用範囲は、都市部に限られていた。つまり、地方の住宅に至っては、耐震規定はおろか建築に関する規制がそもそもなかったのである。

昭和25（1950）年～34（1959）年の建物

昭和25（1950）年に建築基準法が制定される。適用範囲は、基本的にはすべての建物である。木造については、大部分は市街地建築物法の基準を踏襲していたが、昭和23（1948）年に発生した福井地震の調査結果をもとに、いわゆる「壁量設計」の規定が設けられた。階数2以上または延べ面積50m²を超える木造建築物に対して適用するものとされた。具体的な数値を**表1**に示す。また軸組の種類、倍率は**表2**のように規定された。「筋かい」は、柱を分割してつくられていたことから、「柱二つ割」などと表記している。

また、主要な柱の下部に土台を設置し、土台は基礎に緊結することが規定されている。しかし、それは逆にいえば、当時、土台を設置しないものが多かったことを意味している。戦後初期、セメント1袋は職人の3～4日分の日当に相当したという。セメントは、現在より遥かに高価な資材だった。そのため、地方でコンクリート造の基礎が普及するのは、かなり後年のことになる。

また、主要な継手・仕口は、ボルト締め、かすがい打ち、込み栓打ちなどで緊結することが定められた。当時、「火事場で釘を拾った」といわれるほど、鋼材もまた高価であった。そこで、接合金物もなかなか普及しなかったであろうことは容易に想像される。また、込栓は、現在では伝統的構法の定番のようになっているが、一般の住宅で多用されるようになるのは、昭和30年代以降、電動ドリルが普及してからである。ほとんどの柱は、単なるほぞ差しだったのである。

昭和34（1959）年〜46（1971）年の建物

昭和34（1959）年に建築基準法は改正される。耐火建築物、簡易耐火建築物の規定が設けられ、防火規定が強化された。荷重と応力に短期と長期の概念が取り入れられたのもこの年である。また、日本建築学会が「木造禁止決議」を行うのもこの年で、大型建築から木造の排除が始まった年といってもよいであろう。

木造建築物については、壁量規定が改定された。強化された地震力に対する壁量の規定を**表3**に示す。昭和25（1950）年と比べると、特に、2階建の1階、3階建の1、2階の必要壁率が大幅に増えていることがわかる。

また、同時に軸組などの倍率についても**表4**のような改正が行われた。土壁・木摺壁の倍率が引き上

表1　必要壁率（単位：cm/m^2）

建築物の種類	平屋	2階建		3階建		
		1階	2階	1階	2階	3階
屋根および壁の重い建築物	12	16	12	20	16	12
屋根の軽い建築物	8	12	8	16	12	8

表2　軸組の種類と倍率

	軸組の種類	倍率
(一)	軸組の柱の五つ割以上の木材または径9 mm以上の鉄筋もしくはこれと同等の強度を有するその他の鉄材の筋かいを入れた軸組	1
(二)	軸組の柱の三つ割以上の木材または径12 mm以上の鉄筋もしくはこれと同等の強度を有するその他の鉄材の筋かいを入れた軸組	2
(三)	軸組の柱の二つ割以上の木材または径16 mm以上の鉄筋もしくはこれと同等の強度を有するその他の鉄材の筋かいを入れた軸組	3
(四)	軸組の柱と同じ寸法の木材の筋かいを入れた軸組	4
(五)	(一)から(四)までに掲げる筋かいをたすき掛けに入れた軸組	(一)から(四)までのそれぞれの数値の2倍
(六)	土塗壁，木ずりしっくい壁またはこれらに類する壁を設けた軸組	0.5
(七)	(一)から(五)までに掲げる筋かいと(六)に掲げる壁とを併用した軸組	(一)から(五)までのそれぞれの数値の和

表3　昭和34（1959）年改正の必要壁率（単位：cm/m^2）

建築物の種類	平屋	2階建		3階建		
		1階	2階	1階	2階	3階
屋根および壁の重い建築物	15	24	15	33	24	15
屋根の軽い建築物	12	21	12	30	21	12

げられたことがわかる。改正された軸組等の倍率を**表5**に示す。

なお、この年の改正では、継手・仕口などの規定についての大きな変更はない。しかし、この期間に、羽子板ボルトやかすがいが普及したと考えられる。昭和40（1965）年代から50年代は、ほとんどの住宅は、いわゆる「公庫融資」を受けていたが、旧住宅金融公庫は、融資に当たって、独自に定めた工事仕様書に準拠することを求めていた。その影響は絶大で、建築基準法を補完したことは間違いない。その昭和41（1966）年の仕様書には、アンカーボルトを2・7m内外で設けること、そして、柱と桁の接合部には羽子板ボルトまたは両面かすがい、柱と土台には両面かすがい打ちが記載されている。

表4　軸組の倍率の昭和34（1959）年改正内容

旧基準		新基準	
軸組の種類	倍率	軸組の種類	倍率
土塗壁	0.5	裏返しなし	0.5
		裏返しあり	1
木ずり壁	0.5	片面	1.5
		両面	3
三つ割り筋かい，または，径12mmの鉄筋筋かい	2	三つ割り筋かい，または，径12mmの鉄筋筋かい	1.5
柱同寸筋かい	4	柱同寸筋かい	4.5
柱同寸筋かいのたすきがけ	8	柱同寸筋かいのたすきがけ	6

表5　昭和34（1959）年改正の軸組の種類と倍率

	軸組の種類	倍率
(一)	土塗壁で裏返塗りをしないものを設けた軸組	0.5
(二)	土塗壁で裏返塗りをしたものまたはこれに類する壁を設けた軸組	1
	厚さ1.5 cmで幅9 cmの木材もしくは径9 mmの鉄筋またはこれらと同等以上の耐力を有する筋かいを入れた軸組	
(三)	木ずりその他これに類するものを柱および間柱の片面に打ちつけた壁を設けた軸組	1.5
	軸組の柱の三つ割の木材もしくは径12 mmの鉄筋またはこれらと同等以上の耐力を有する筋かいを入れた軸組	
(四)	木ずりその他これに類するものを柱および間柱の両面に打ちつけた壁を設けた軸組	3
	軸組の柱の二つ割の木材もしくは径16 mmの鉄筋またはこれらと同等以上の耐力を有する筋かいを入れた軸組	
(五)	軸組の柱と同寸の木材の筋かいを入れた軸組	4.5
(六)	(二)から(四)までに掲げる筋かいをたすき掛けに入れた軸組	(二)から(四)までのそれぞれの数値の2倍
(七)	(五)に掲げる筋かいをたすき掛けに入れた軸組	6
(八)	(一)または(二)までに掲げる壁と(二)から(六)までに掲げる筋かいとを併用した軸組	(一)から(四)までのそれぞれの数値と(二)から(七)までのそれぞれの数値との和

昭和46（1971）年〜56（1981）年の建物

昭和43（1968）年の十勝沖地震の教訓をもとに、昭和46（1971）年に建築基準法が改正された。せん断補強筋の規定など、主に鉄筋コンクリート造関連の規定が強化された。

木造建物関係では、基礎の記述が変更されている。基礎は、原則として、一体のコンクリート造または鉄筋コンクリート造の布基礎とすることが定められた。コンクリート造の基礎がようやく普及してきた、ということであろう。ただし、もちろん実態は、無筋のコンクリート造がほとんどであった。実際、大手のプレファブ住宅メーカーでも、ほとんどは昭和56（1981）年までは無筋だったということである。

また、前述の旧金融公庫の工事仕様書には、昭和25（1950）年の制定時から「布基礎」が記述されていたが無筋であった。コンクリートブロック造などの基礎を廃止し、コンクリート造に限定したのが昭和48（1973）年、そして、無筋コンクリートの布基礎が同仕様書から削除されるのは、昭和60（1985）年のことである。

また、木造住宅に多用な接合金物が使われるようになるのもこの期間である。この時期までは、使われている金物といえば、羽子板ボルトとアンカーボルト程度であった。昭和52（1977）年に（財）日本住宅・木材技術センターが設立され、Zマーク表示金物の制度がスタートする。これ以降、L型、T型、VP、BPなどのZマーク金物は、軸組構法住宅の接合金物の標準として普及していくことになる。

なお、この改定で、初めて風圧力に対する必要壁量（見附面積に応じた必要軸組量の規定）が設けられた。

また、昭和49（1974）年には、ツーバイフォー構法の告示が制定され、誰でも建てられる構法、いわゆる「オープン化」が実施された。後の1990年代後半からはツーバイフォー構法用の資材、例えば、ディメンジョンランバーやCN釘、ホールダウン金物などが、軸組構法にも使われるようになる。

昭和56（1981）年〜平成12（2000）年の建物

先の十勝沖地震や昭和53（1978）年の宮城県沖地震などの地震被害の分析、および超高層ビル実現のための研究などの成果を盛り込んで、昭和56（1981）年、耐震設計法の抜本的な見直しが行われた。このときの設計法は、「新耐震設計法」と呼ばれた。

木造建物に関する壁量規定の見直しも行われた。改正された地震力に対する壁率の規定は**表6**のとおりである。**表3**と比べると、特に、2階建、3階建の必要壁率が大きくなっていることがわかる。また、従来は、平屋と2階建の2階、3階建の3階は、同じ必要壁率であったが、上層階は、振られて地震力が大きくなることが取り入れられている。新耐震設計法の理念に沿って、振動の概念を取り入れたためである。

また、同時に軸組の種類、倍率についても**表7**のような改正が行われ、**表8**のような値となった。土塗り壁・木摺壁・筋かいの倍率が軒並み引き下げられている。

ただし、注意しなければならないのは、この改定に合わせて、壁倍率の評価方法が変わったことである。壁倍率を決定する指標の一つに「特定変形角における強度」があるが、昭和56（1981）年の改正で、それまでの1／60radから1／120radに見直された。つまり、それ以前の数値は1／60rad時の強

表6 昭和56（1981）年改正の必要壁率（単位：cm/m^2）

建築物の種類	平屋	2階建		3階建		
		1階	2階	1階	2階	3階
屋根の重い建築物	15	33	21	50	39	24
屋根の軽い建築物	11	29	15	46	34	18

表7 軸組の倍率の昭和56（1981）年改正内容

旧基準		新基準	
軸組の種類	倍率	軸組の種類	倍率
土塗り壁（裏返しなし）	0.5	土塗り壁	0.5
土塗り壁（裏返しあり）	1		
木ずり壁（片面）	1.5	木ずり壁（片面）	0.5
木ずり壁（両面）	3	木ずり壁（両面）	1
2つ割筋かい	3	厚さ4.5 cm幅9 cm以上の筋かい	2
柱同寸筋かい	4.5	9 cm角以上の筋かい	3
柱同寸筋かいのたすきがけ	6	9 cm角以上の筋かいのたすきがけ	5

表8 昭和56（1981）年改正の軸組の種類と倍率

	軸組の種類	倍率
(一)	土塗壁または木ずりその他これに類するものを柱および間柱の片面に打ち付けた壁を設けた軸組	0.5
(二)	木ずりその他これに類するものを柱および間柱の両面に打ち付けた壁を設けた軸組	1
	厚さ1.5 cmで幅9 cmの木材，もしくは径9 mmの鉄筋またはこれらと同等以上の耐力を有する筋かいを入れた軸組	
(三)	厚さ3 cmで幅9 cmの木材またはこれと同等以上の耐力を有する筋かいを入れた軸組	1.5
(四)	厚さ4.5 cmで幅9 cmの木材またはこれと同等以上の耐力を有する筋かいを入れた軸組	2
(五)	9 cm角の木材またはこれと同等以上の耐力を有する筋かいを入れた軸組	3
(六)	(二)から(四)までに掲げる筋かいをたすきがけに入れた軸組	(二)から(四)までのそれぞれの数値の2倍
(七)	(五)に掲げる筋かいをたすき掛けに入れた軸組	5
(八)	その他建設大臣が(一)または(七)までに掲げる軸組と同等以上の耐力を有するものと認めて定める軸組	0.5から5までの範囲内において建設大臣が定める数値
(九)	(一)から(四)までに掲げる壁と(二)から(七)までに掲げる筋かいとを併用した軸組	(一)から(四)までのそれぞれの数値と(二)から(七)までのそれぞれの数値との和，ただし5を上限とする

度なのである。1/120rad時でいえば、おおむね1/2ということになる。

また、近年の木造住宅の耐力壁は、各種の面材を用いたものに移りつつあるが、日本で構造用合板などが普及するのは、昭和40（1965）年代の後半以降である。それらの壁倍率を定めた建設省（当時）告示1100号は、昭和56（1981）年に制定された。

また、この期間に、木造住宅の耐震性能に影響を与えた三つの出来事があった。

第一は、1987年から1990年のいわゆるバブル景気で、人件費の高騰から、それまでは使えなかった資材・工法が採用されるようになる。例えば、軸組の機械プレカットが普及し始めるのもこの頃で、また、構造用合板が、耐力壁・床板・屋根野地に多用されるようになるのもこの頃である。

第二は、平成4（1992）年の改正で、準耐火建築物、木造3階建共同住宅（木3共）の基準が制定されたことである。木造に耐火被覆をした準耐火建築物が創設された。また、新たに防火基準および構造基準がつくられ、それらの基準を満たせば、木造3階建の共同住宅が建設できることとなった。

その結果、耐力壁は、従来よりも耐力の高いものが求められるようになった。従来の壁倍率では壁だらけになってしまうため、高倍率の耐力壁が必要とされたのである。そして、少しずつ、3階建用に開発された壁を2階建にも用いることが行われ始める。

第3は、平成7（1995）年の兵庫県南部地震で、これ以降、接合金物の使用量が急速に伸びる。例えば、2階建の住宅の隅角部の柱に引寄金物（ホールダウン金物）を付けることは、この地震以前は考えられなかった。ただし、こうした構法が採用は、地域と業者によって差があり、当初は、意識の高い業者に限られていた。一般に普及するのは、2000年の改正以降である。

平成12（2000）年以後の建物

兵庫県南部地震の教訓とその後の研究成果を受けて、平成12（2000）年、建築基準法は大改正される。「性能規定化」といわれ、限界耐力計算が導入されたが、木造に関しては、むしろ、各部構造の仕様が定められた影響の方が大きかった。

この改正で追加された耐震性にかかわる項目を、**表9**に示す。いずれも、兵庫県南部地震の被害調査などで指摘された内容である。表に壁量自体の記述はない。必要壁率に変更はなかった。兵庫県南部地震でも、「昭和56（1981）年以後に建設され、必要壁率を満足した建物は、倒壊するような大きな被害は少なかった」と総括されていた。

ただし、必要壁率の説明と、耐力壁の評価方法が変更されているので注意が必要である。まず、実験から耐力壁の倍率を求める特性値の求め方や、試験体数のばらつきの処理方法などが変更になった。そして、その結果、壁倍率1は、許容耐力で130kgf／mとされたものが、200kgf／m（1.96kN／m）と変更されている。しかし、令や告示に載っている耐力壁の倍率は変更されていない。

そこで、見かけ上、耐力壁の強度が1.5倍に引き上げられた格好となった。※2

一方で、必要壁量の算定の根拠の説明も変更されている。それまで、建物の必要耐力の2／3を耐力壁が負担するとしてきたのを、すべて耐力壁で負担することにした。すなわち、必要な耐力が1.5倍になった。以上を合わせると、結局、必要壁量は変更がなかったというわけである。

また、前述したように、構造用合板等の面材の使用量が増えている。現代的な都市部の住宅では、外周は、面材の耐力壁を用いるのが一般的である。

平成12（2000）年の改正を受け、耐震性能もより確実なものとなった。まず、接合金物の使用量が大幅に増えている。アンカーボルトの数も、昭和50（1975）年代の倍以上といわれる。また、現在では、釘なども含めた金属金物の総量は、1棟当

表9　平成12（2000）年改正で追加された項目

1. 基礎の種類ごとの仕様規定
2. 耐力壁の配置の規定（4分割法）
3. 接合部（筋かい端部・柱頭柱脚）の仕様の規定（表とN値計算）

表10　建設時期と耐震性能

着工時期	耐力壁の量	耐力壁の配置	軸組接合部	床・屋根の強さ	基礎
～1981年5月	C	B	C	B	C
1981年6月～2000年5月	A	B	B	B	B
2000年6月～	A	A	A	B	A

A：建築基準法で明確に規定されており，基本的にはすべての住宅に義務づけられている内容
B：建築基準法で記述されているが，明確な規定がなく，施工者に任されている内容
C：建築基準法に記述がない，または記述されている水準が低い内容

たり数百kgに及ぶともいわれている。

まとめ

以上、法律に沿って、構造性能の変遷の概要を述べたが、これには、いくつか留意事項がある。まず、第1は、当然のことであるが、いずれも、法律を守っていることが前提だということである。2階建までの住宅は、4号特例によって、詳細な検討図書の提出が免除されている。実際のところ、現在でも法律を守っているという確証はない。

例えば、壁量については、昭和56（1981）年の改正の一時期、満足していることを確認していたが、1年程度で中止したといわれている。その後、壁量不足の建物の存在が明らかになったのは周知のとおりである。また、2000年の法律改正でも、四分割法や接合部の規定が、直ちに実施されるようになったとは思えない。また、計算書偽装事件以降の「審査の厳格化によって、一部の伝統木造は建たなくなった」といわれるが、それは裏返すと、「それまで法律は守っていなかった」ということである。

また、地域によって普及の程度が異なることにも注意する必要がある。都市部では、接合金物や合板、あるいはべた基礎の普及も早い。しかし、地方はかなり遅れて普及する。その遅れは、昭和30（1955）〜40年代でいえば、10年以上の差があったと思われるが、近年ではその差は縮まっているようである。

最後に、日本建築防災協会の資料に、**表10**のようなまとめが掲載されているので、参考とされたい。[※3]ただし、補足すれば、最初にもう一つの欄、すなわち「〜1959年（昭和34年）」を追加して、すべての項目をCとするのがよいと思われる。

※1　大橋雄二：日本建築構造基準変遷史、日本建築センター、1993年12月
※2　耐力壁の強度を、下限値からおおむね平均値を採用することとしたため。
※3　日本建築防災協会：木造住宅の耐震補強の実務、2007年3月

初出：建築技術2005年2月号

05 ── 兵庫県南部地震から10年 ── 木質構造の流れ

1995年の兵庫県南部地震以降、木造住宅は大きく変化を遂げた。中でも、構造性能に関わる変化は著しく、新たな段階に入ったといってよいであろう。以下、その流れをまとめてみる。

阪神・淡路大震災以前

まず、兵庫県南部地震以前の状況を簡単にまとめておく。

2階建までの木造住宅は4号建築物と呼ばれ、詳細な構造計算を必要としない。いわゆる壁量設計により、その構造性能を確保してきた。

しかし、1980年代後半になると、木造建築見直しの機運に後押しされ、建設省建築研究所（当時）を中心に、大断面集成材の耐火試験や木造3階建共同住宅の実大火災実験が行われた。そして、これらの成果を受け、1987年、燃え代設計に基づいた大断面木造建築が可能となる。また、同時に、準防火地域に木造3階建木造住宅の建設が可能になった。

そして、3階建には「構造計算」が求められることから、1988年3月、「3階建て木造住宅の構造設計と防火設計の手引き」[※1]（㈶日本住宅・木材技術センター）に許容応力度設計法がまとめられた。ただし、表題が示すように、この本は、2階建以下の住宅は対象としていなかった。これらは大型の木造をつくろうという動きだったのである。

3階建構造計算の影響

しかし結果的に、この本は、2階建までの木造住宅にも大きな影響を及ぼした。3階建住宅が普及するにしたがって、その計算の手間を省くために、一貫構造計算プログラムが普及していく。すると、当然の成り行きで、同じプログラムを2階建にも適用できるのではないか、と考えるようになっていく。

ちょうどその頃、寸法精度を求めて木造住宅にも構造用集成材が使われるようになり、もともとは大断面木造のために用意された令46条2項を適用すれば、2階建以下の住宅でも構造計算で建てられることが知られるようになる。令46条2項とは、構造計算を行えば、いわゆる壁量設計をしなくてよいとする条文である。

そこで、集成材を多用していた一部の住宅メーカーは、この条文を適用して、構造計算により住宅を建設し始めていた。

阪神・淡路大震災と実大振動台実験

そして1995年1月、阪神・淡路大震災が発生する。この時、木造住宅の耐震性能の問題が表面化して事態は一変する。15万棟の家屋が被害を受け、6，400人余の死者を生じた。死者の8割は、木造軸組構法住宅の倒壊による圧死と報告された（**写真1**）。

調査の結果、大きな被害を受けた住宅には、いくつかの傾向が認められた。①古い構法の建物、②筋かいなどの耐力壁が不足するもの、③南面に開口が多く、耐力壁が北側に偏っているもの、④接合部に補強金物がないもの、などである。もちろん、それらが重なっている住宅ほど被害は大きくなる。

死者のほとんども、古い木造住宅の倒壊によるものであった。「木造住宅等震災調査委員会」は、その報告書で「総じて昭和56（1981）年以降に建てられた木造住宅には大きな被害はなかった」と総括した。

❶阪神・淡路大震災の被害例

❷多度津実大振動台実験

一方、軸組構法住宅の耐震性への不信を払拭するため、同年12月、香川県多度津町の原子力発電技術機構所有の振動台を用いて、実物の振動台実験が行われた。この実験は、合計5棟、軸組構法関係者が如何に大きな危機感を抱いていたかが伺える。

実験では、神戸海洋気象台波が直接加えられた。加速度は818gal、振幅は約20㎝である（**写真2**）。A棟、B棟は一般的な仕様の住宅として、住宅金融公庫[※2]の融資を受ける住宅に適用される工事仕様書に従って建設された。神戸海洋気象台波が加えられた瞬間、建物は大きく揺れ、屋根の瓦は一部落下した。しかし、建物は大きく損傷することはなく、加振後の観察では、残留する傾きもほとんど見られなかった。現代的な住宅は、被災地で観察されたとおりの優れた耐震性能を示した。木造関係者が胸をなで下ろした瞬間であった。

研究の急速な進展

この実験により、現代的な軸組構法の高い耐震性が確認されたが、それを確実に実現できる設計法が求められていた。壁量設計には、前述の被害分析にあるような項目に関する、具体的な検証手法は備わっていなかった。

そして、研究・実験が精力的に行われた。基礎の強度を確認する実験（**写真3**）、床の水平構面の実験（**写真4**）、耐力壁の強度実験（**写真5**）、いわゆる雑壁の強度を確認する実験（**写真6**）、ねじれに関する実験（**写真7**）、柱頭・柱脚の引抜き力を検証する実験（**写真8**）、接合部の強度を確認する実験（**写真9**）などが、矢継ぎ早に行われた。

基準法の改正

一方、阪神・淡路大震災は、法律改正の作業を加速させて、2000年6月、建築基準法は改正された。木造住宅ではその仕様規定が修正され、それまで曖昧だった仕様のいくつかは告示で明確にされた。例えば、①基礎の仕様、②筋かい接合部の仕様、③柱頭柱脚接合の仕様、④耐力壁偏心の仕様、などで

❸べた基礎の強度実験

❹床の水平構面の実験

❺耐力壁の強度実験

❻雑壁の強度実験

❼ねじれに関する実験

❽柱頭・柱脚の引抜実験

❾接合部の強度実験

ある。これらは、いずれも阪神・淡路大震災の被害調査で問題点として指摘されたものである。

しかし、現在の視点からこれら追加された項目を眺めてみると、やや不十分に終わったとの印象をぬぐえない。例えば、必要壁量は従来のままで、昨年の新潟県中越地震で注目された多雪地域の壁量割増し問題などは、そのまま先送りされた形になっていた。

しかし当時、阪神・淡路大震災の被害は、「法律に従って建てられた建物は、大きな被害を受けなかった」と総括されていた。そのため、基準を大きく変える理由がなかったのであろう。業界もまた、大きく変更することは望んでいなかった。

また、この改正の際には「性能設計」や「性能規定化」という言葉が喧伝された結果、具体的な設計には自由度が高まるとの期待があった。しかし、前述のように、仕様規定は逆に細かくなった。軸組構法の従前の仕様規定は、もともと定性的な表現が多かったのである。

品確法の制定

1990年代、住宅業界は、欠陥住宅やシックハウスが大きな問題となっていた。一方、ISO9000に象徴されるように、品質を確保する仕組みの構築は社会全体の課題となっていた。

こうした背景のもと、同年10月「住宅の品質確保の促進等に関する法律」いわゆる品確法が制定された。そして「性能表示」のために、新しい評価基準、すなわち設計法がつくられた。その設計法には、上記の基準法の項目に加え、①許容応力度計算に準じた新壁量、②準耐力壁、垂れ壁・腰壁の評価、③床倍率の確認、④横架材接合部の基準、などが盛り込まれた。これらは、阪神・淡路大震災以降の研究で設計法としてまとめられたもので、基準法に取り込んでもよかったと思われる項目である。

品確法・性能表示は、任意の制度で、かつ「従前の法規との整合」の必要がないために、基準法で改正されなかった項目も追加することができたのであろう。品確法の評価基準の多くは、次の基準法改正の際には、採用されることは間違いない。

そして、現在、基準法と品確法の二つの仕様規定が存在する状態となった。この二重構造は、しばらく続くことになるが、性能表示が定着すれば、実質的に品確法に統一されたと見なすことができる。あるいは、将来、後述する「構造計算」が普及し、仕様規定自体の実質的な意味は小さくなるかもしれない。

新しい許容応力度設計法

これらの基準法改正と品確法評価基準に向けての研究、および設計法の検討作業は、2001年12月(財)日本住宅・木材技術センター[※1]発行の「木造軸組工法住宅の許容応力度設計法」としてまとめられた。この本は、前述の「3階建て木造住宅の構造設計と防火設計の手引き」の改訂版と位置付けられたが、すでに、2階建以下の集成材構造も増えていたため、2階建以下も対象に含めてまとめられた。

この設計法は、必要耐力の算定など、大枠はほかの構造でも行っている手順に従っている。そして、前述した基準法・品確法で追加された項目の新しい計算法が示されている。再掲すれば、①筋かい接合部、②柱頭柱脚接合部、③耐力壁偏心の確認法、④準耐力壁、垂れ壁・腰壁の評価法、⑤水平構面(床倍率)の確認方法、などである。

基準法改正・品確法の意義

以上のように、基準法改正・品確法制定を経て、仕様規定はかなり詳細に決められ、接合金物は重装備になった。批判もあるが「まず、確実に大地震で倒れない仕様をつくったらこのようになった」と捉えるのが正しいだろう。

そして、例えば鉄筋コンクリート造では、新耐震設計法の施行された昭和56(1981)年以降とそれ以前の建物では、耐震性に差があることが暗黙のうちに了解されている。今後、品確法の仕様に従って建てられた住宅は、よほどの狭小建物や法律違反でない限り、基準法の想定する大地震で倒壊することは考えられない。将来、木造住宅は「2001年以降に建てられた建物なら大丈夫」といわれる時が来るであろう。設計法を改良していくのはこれからである。

構法の変容

基準法の改正・品確法の制定の結果、軸組構法住宅は、大きく変容していく。それは、ハードな構法だけでなく、それを実現するためのソフトな仕組みにも及んでいる。まず、前述のように、それまで曖昧であった構造性能を、定量的に求めていくという意識の変化が大きい。耐震性の実質にかかわるものとしては、これが最も重要な変化といえる。それに伴って、例えば、ツーバイフォー構法などでは以前から使われていた耐力壁線や床剛性などという構造計画的な概念が、今では軸組構法にも浸透している。

また、一貫構造計算プログラムの普及が著しい。木造住宅が個別に構造計算を行う方向に、大きく舵をきりつつあることがわかる。

そして、具体的な構法の変化は「大壁構法の成熟」とまとめることができよう。昭和40（1965）年代から広まった大壁構法は、軸組構法を革命的に変えたが、この10年の間にまた一段別の領域に達したといってよい。具体的には、**表1**のようなものである。これらはいずれも最近開発されたもの、または、急速に普及したものである。

表1　現代的な軸組構法の仕様

部材	仕様
躯体	機械プレカット加工，または金物構法
柱	構造用集成材
基礎	べた基礎
	立ち上がり幅は150mmで組立鉄筋
	基礎スペーサーを用いた「ねこ土台工法」
	樹脂製または鋼製の床束
床	厚もの合板を用いた根太レス構法
壁	耐力壁は構造用合板などの面材系で，筋かいは用いない
	内壁は，火山性ガラス質成型版などの耐力面材
	外壁はパネル化した充填断熱，またはサンドイッチパネルの外壁断熱，または胴縁を設けた通気構法

ツーバイフォー構法

以上、軸組構法を中心に述べてきたが、こうした動きに対応して、そのほかの構造も、その設計法を改良してきた。ツーバイフォー構法は、兵庫県南部地震では、高い耐震性を示した。また、早くから告示に「構造計算によるルート」が位置付けられ、3階建と同様の計算を2階建にも応用してきた。その意味で、軸組構法よりも先に、構造計算を指向していた。

2000年の法律改正により、材料の許容応力度などの扱いが変わったことから、2001年10月、ツーバイフォー構法関係の告示は改訂された。（国交省告示第1540号、1541号）これを受け、2002年、ツーバイフォー建築協会により、「枠組壁工法建築物構造計算指針（2002年版）」（工業調査会発行）が、まとめられた。[※3]

プレファブ構法

木質プレファブ構法は、旧基準法の下ではいわゆる第38条大臣認定によって建てられてきた。2000年の法律改正により第38条は廃止されたことから、新たに設けられた「限界耐力計算」のルートに移行し「型式適合認定」によって建てることとなった。

その後、接着パネルのプレファブ構法一般は、前述のツーバイフォー構法の告示改正時に、同じ告示上に位置付けられ、今日に至っている。

ログハウス

ログハウスも、改正によりその法的な根拠が変わったことから、新たな位置付けが求められた。2002年5月「丸太組構法の技術基準告示」（国交省告示第411号）が制定され、それに基づく設計の手引きが2003年2月「丸太組構法技術基準解説及び設計・計算例」（(財)日本建築センター[※4]）としてまとめられた。この改正により、ログハウスは、構造計算を行えば総2階建の建物の設計が可能になるなど、適用範囲が拡大された。今後、大型木造への適用が期待されている。

免震構法

阪神・淡路大震災以降、ビル用の免震に加えて、戸建住宅の免震も注目を集めている。（**写真10、11**）

⑩免震の試作住宅

⑪免震装置

兵庫県南部地震のあった１９９５年から、建設省（当時）建築研究所は3年にわたって「住宅を対象とした免震構法技術の開発」を行った。この官民共同の研究プロジェクトの成果は、２０００年10月、告示第２００９号に取り入れられた。この告示により、認定を取得した装置を用いれば、個別に大臣認定を取得する必要がなくなった。今では大手の住宅メーカーの多くは、免震住宅の商品をもっている。

さらに２００４年９月、告示２００９号が改正され、戸建免震住宅の規制が緩和された。具体的には、建物周囲に確保するスペースの大きさなどが緩和された。これにより、狭小敷地の建物への普及など、一層の弾みがつくものと期待されている。

住宅の免震構法が注目される理由は、建築主の要求性能が高くなっていることが背景にある。免震構法は、家具などの転倒防止も効果として唱っている。今後、高級住宅を中心に、一定割合の住宅は免震構法で建てられることになるだろう。

伝統構法

近年、再び伝統構法が注目されている。単なる木造見直し延長上に位置するだけでなく、地球温暖化防止の視点からの再評価がある。また、前述の基準法改正・品確法制定に伴って、接合部に多くの金物が求められることへの反発も含まれている。

さて、これまで伝統的な構法の評価は、現代構法の評価法の枠組みの中で行われてきた。しかし、現代的な剛い構法を前提とした土俵では、必ずしもその評価は高くない。そこで、限界耐力計算による検証が提案されている。限界耐力計算を行えば、各種の仕様規定は適用除外となる。しかし現実には、限界耐力計算でも、伝統的な構造の建物には大きなハードルが待っている。それは、損傷限界状態における変形を１／１２０ rad以内に収めなければならないという条文が残っていることである。そもそも限界耐力計算は、性能規定化の象徴として導入された方法である。建物の挙動が把握でき、各部がそのように設計されていれば、損傷限界や安全限界を自由に設定してよいはずである。前述のような条文が残っているのは、伝統木造から見れば中途半端な感は否めない。

まとめ

兵庫県南部地震（阪神・淡路大震災）を契機として、構造に関する意識は、大きく変わった。そして、今では多くの企業が実大の振動台実験を行うまでになっている（**写真12**）。これらの実験を通じて、現代住宅の耐震性能が非常に高いことが明らかになった。住宅メーカーも、十分な性能があると自信をもっている。戸建住宅は、実大で振動実験ができるため、ほかの構造よりも詳細な設計法をつくることができる。今後は、地震時に各部構造に働く力を分析する段階に達している。

しかし一方で、課題も明らかになっている。例えば入力地震動の大きさである。２００４年10月の新潟県中越地震では、小千谷市で１，３５０galという大きな加速度が観測された。基準法の求める耐震性との関係の説明が求められている。

また、地盤と基礎の問題がある。上部構造の耐震性が、おおむね明らかになっているのに比べると、地盤は多くの課題を残したままであることがわかる。

⓬住宅メーカーによる実大振動台実験

※１　現在は公益財団法人
※２　現在は（独法）住宅金融支援機構
※３　最新版は２０１８年版
※４　現在は一般財団法人

初出：建築技術2017年7月号

06 熊本地震と木造住宅の耐震性能

現在の規準は阪神・淡路大震災を教訓に作成

2016年4月の熊本地震では、震度7を観測した地震が史上初めて2回繰り返して発生した。残念ながら被災地では多くの建築物が被害を受け、木造住宅についても倒壊や損壊など甚大な被害が生じた。この地震動と被害の関係については、別項で詳述されているのでそちらを参照されたい。

ところで、現在の木造住宅の規準は2000年の建築基準法の改正によるものである。この改正は、1995年の阪神・淡路大震災において、木造住宅が甚大な被害が生じたことを受けて行われた。

阪神・淡路大震災を引き起こした兵庫県南部地震において観測された地震動、例えば、有名な神戸海洋気象台波（以下、JMA神戸波）の最大加速度は818gal（NS方向）であった。一方、建築基準法において想定されている大地震とは「建物が建っている期間中に一度あるかないかの稀な地震」で、地震動の加速度で示すと300～400gal程度とされてきた。[※1] したがって、JMA神戸波の加速度は、建築基準法の大地震の2倍以上ということになる。地震動の建物への破壊力は、加速度だけでは決まらないが、多くの研究者は、この揺れは建築基準法の想定する大地震の1.5倍～2倍とみなしている。

しかし、不思議なことに、この神戸海洋気象台の周辺では、実は木造住宅の被害はそれほど大きくはなかった。したがって、被害の大きかった神戸市東灘区などの揺れは、どれほど凄い揺れだったのだろうと思うが、と同時に、疑問が生じる。「なぜ、建築基準法の想定する大地震の1.5倍以上の揺れで、大きな被害を受けなかったのか。本当に、木造住宅は強いのだろうか」。

実物大振動台実験

阪神・淡路大震災と同じ年の12月に、実物大の振動台実験が行われた。当時、香川県多度津町にあった世界最大級の振動台で、実物の建物に観測されたJMA神戸波を直接入力する実験が行われた[※2]（**写真1**）。実験では、建物は大きく揺れ、瓦が脱落した。しかし、建物自体は倒壊しなかった。この実物大振動台実験とその分析から、①実際の建物は、JMA神戸波で倒壊しなかった、②地震時に柱を土台から引き抜く力は非常に大きい、そして、③耐力壁ではない壁や垂れ壁、腰壁などのいわゆる「雑壁」が耐力の余力として大きな効果があったことがわかった。

特に、倒れなかった理由として指摘された「③雑壁効果」が重要である。つまり、雑壁の量が多く確保されていた住宅が、阪神・淡路大震災で倒壊を免れた。**写真2**は、非耐力壁の性能を確認する実験である。また、**図1**は建物耐力に占める耐力壁（筋かい）と非耐力壁の占める割合を示している。非耐力の部分が大きいことがわかる。こうした成果が、後の「性能表示の準耐力壁」につながっていく。

その後、新たな設計法の構築に向けたさまざまな実験が行われ、木造住宅の研究は一気に進んだ。接合部の実験、耐力壁や水平構面のせん断実験、基礎の強度試験、ねじれに関する実験などが次々と行われた。

中でも注目すべきは、多くの実物大振動台実験が行われたことである。**写真3**に、3階建住宅の例を示す。阪神・淡路大震災以降、今日までに数十棟の実物大振動台実験が行われたが、これほど多く実施している国は、世界中のどこにもない。この分野の

❶多度津の実物大振動台実験

❷非耐力壁の面内せん断試験

❹東日本大震災の被災建物例（石巻市）

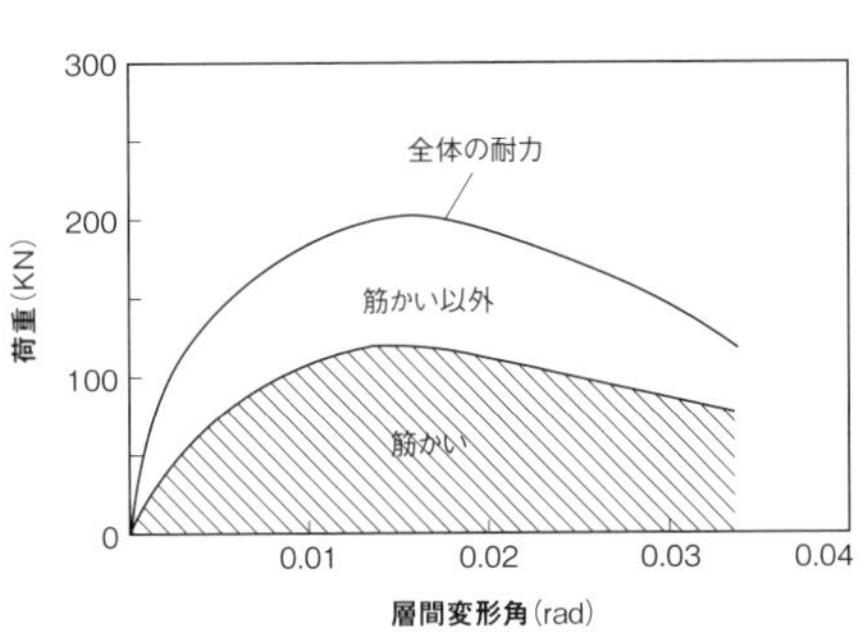

図1　建物耐力に占める筋かいと非耐力壁の占める割合

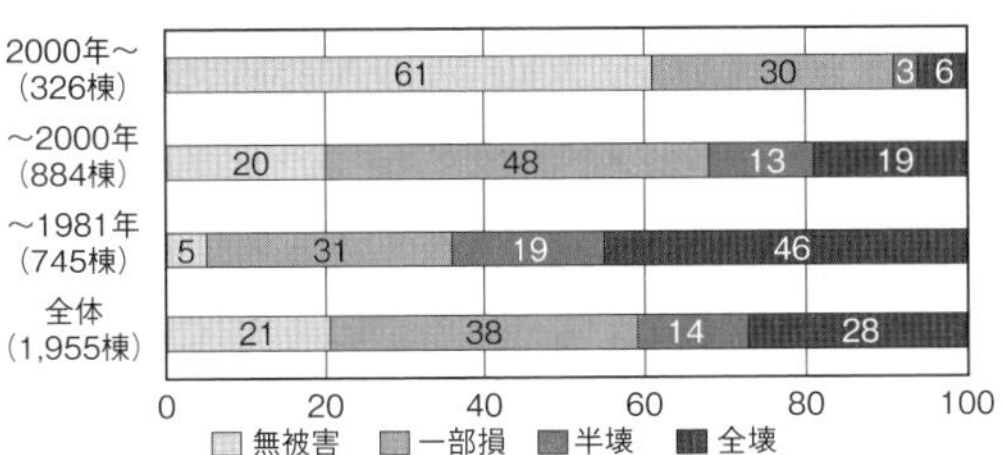

図2　木造住宅の熊本地震の被害

❸3階建実大振動台実験

研究は、日本の独壇場といってよいだろう。そして、この種の実験は、実物の建物を実際に観測された地震動で揺すので、これ以上の設計法の検証方法はない。これらの実験を通して、設計法の精度がかなり確認されてきていることは間違いない。

これらの実験の結果を受けて、2000年の建築基準法の改正が行われた。この時、阪神・淡路大震災で浮きぼりになった課題の多くが改善された。①有筋基礎の義務化、②筋かいや耐力壁端柱の柱頭柱脚の接合仕様の導入、③耐力壁配置の確認法の導入などである。

これらにより、現代の木造住宅の性能は、格段に向上した。例えば**写真4**は、2011年の東日本大震災で大津波に見舞われた住宅である。津波と一緒に瓦礫などが押し寄せ1階部分が大きくえぐられてしまったものの、倒壊せず、しかも、その後の大きな余震にも耐えたというのだから驚きである。昔の住宅では考えられないことである。昔の住宅なら、こうなる前に、建物が崩壊していたに違いない。今の住宅は、かつての住宅とは別次元の建物になっているといえる。また、**図2**は熊本地震における日本建築学会の調査結果結果[※3]であるが、1981年以前（旧耐震基準）と1981～2000年まで、

２０００年以降の建物では被害率が大きく違っていることがわかる。２０００年以降の建物の構造性能の高さを改めて示す結果となっている。

震度階が改定され、「震度７」に違いがある

ところで、雑誌や新聞で「建築基準法を守っていれば、震度7にも耐えられる」という表現を見ることがあるが、いろいろな意味で正確ではない。ここで整理しておく。

まず、「震度」とは地震の揺れの大きさを示す指標であるが、阪神・淡路大震災の翌年の１９９６年に改訂された。それまでは、気象台の観測員が自身の体感や、周辺の建物の被害状況などを階級表に当てはめて震度を決定する「体感震度」が採用されていた。しかし、「体感震度」は客観性に乏しく、発表までに時間もかかることから、機械による「計測震度」に改められた。

重要なのは、改訂によって、同じ「震度7」でも、阪神・淡路大震災と熊本地震では想定される地震動の大きさが違うということである。この改訂により、震度5と震度6がそれぞれ5弱と5強、6弱と6強に分けられ、10階級となった。そして、震度は加速度だけで決まるものではないが、敢えて目安となる加速度を示すと、おおむね**図3**のようになる。

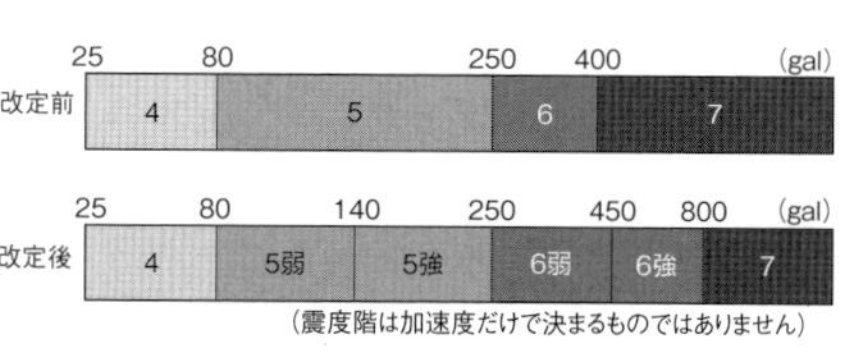

図3　震度階と地動加速度

図3のように、震度６強がおおむね４５０～８００gal、震度7はおおむね８００gal以上である。その結果、阪神・淡路大震災で観測されたＪＭＡ神戸波は、「建築基準法で想定する大地震の1・5倍以上」といわれているが、現在の震度階では震度7で

❺倒壊した振動台実験の実験棟

はなく震度6強にしかならない。木造住宅には非常に厳しい地震動といわれるJR鷹取も、同様に震度6強である。そして、建築基準法で想定されている大地震は300~400galといわれてきたから、現在の震度階でいうと「6弱の上から6強の下」のあたりで、震度7ではない。つまり、建築基準法を守っているだけでは、震度7で倒壊しないとはいえないのである。

実際、基準法の壁量を守っただけの建物では、震度6強で倒壊している。**写真5**は、2004年に行われた実物大振動台実験であるが、震度6強のJMA神戸で倒壊した。[※4]

基準法の壁量は構造計算の3／4の性能

次に、基準法の壁量設計で実現できる性能を検証してみる。

2階建までの木造住宅は、建築基準法上の「4号建築物」に該当し、構造計算は必要とされていない。建築基準法施行令第46条第4項に規定される、いわゆる「壁量計算」で耐震性能を確保している。

一方、性能表示にも壁量設計がある。基準法レベルを等級1として、「等級2は基準法の1・25倍の性能」、「等級3は基準法の1・5倍の性能」とされている。そして、等級2、等級3の性能を確認するための「性能表示の壁量設計」が定められており、「基準法の壁量設計」とは異なった式になっている。ここで覚えておきたいのは、「性能表示の壁量設計」は、許容応力度計算を行った場合と同程度の必要壁量が求められるようにつくられているということである。つまり、性能表示の壁量を求めれば、おおむね構造計算を行った場合と同じ必要壁量になる。

さて、建築基準法の壁量計算による必要壁量と、性能表示における建築基準法レベルの「耐震等級1」の必要壁量の数値を比較してみる。性能表示では「耐震等級1」は建築基準法を満たせばよく、壁率が数値で規定されていない。そこで、**表1**に示す「耐震等級2」の必要壁率を1・25で割る。こうすると、性能表示の想定している「耐震等級1」の値を求めることができる。基準法必要壁率を、この値と比較してみた。性能表示を、総2階建で地域係数を1・0として比較したのが、**表2**、**図4**である。建築基準法の壁率は、性能表示の「耐震等級1相当」の数値より19〜28％も小さい。つまり、建築基準法の壁量設計で実現できる耐力は「構造計算で必要とされる耐力」を満たしていない。換言すれば「壁量設計の木造住宅は、他の構造と同じ強さになっていない」、または「壁量設計の木造住宅は弱くていい設計」ということになる。2000年の法律改正は、耐震性を向上させるのに大きな効果があったが、基

表1　性能表示の耐震等級2の必要壁率

	平屋	2階建の1階	2階建の2階
軽い屋根	18・Z	45・K1・Z	18・K2・Z
重い屋根	25・Z	58・K1・Z	25・K2・Z

表2　基準法と性能表示等級1相当の壁率

	基準法の壁率（cm/m²）		
	平屋	2階建の1階	2階建の2階
軽い屋根	11	29	15
重い屋根	15	33	21
	性能表示等級1相当の壁率（cm/m²）（総2階建，地域係数1.0）		
	平屋	2階建の1階	2階建の2階
軽い屋根	14.4	36.0	19.7
重い屋根	20.0	46.4	27.4

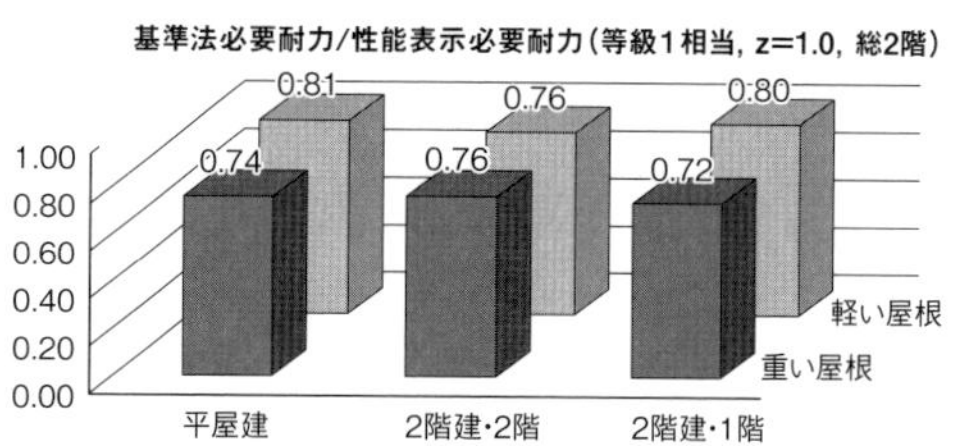

図4　基準法壁量の性能表示壁量に対する比率

表3　基準法と性能表示の前提とする建物の重さ（N/m²）

	基準法・壁率	性能表示・壁率
軽い屋根	588（60 kg/m²）	931（ 95 kg/m²）
重い屋根	882（90 kg/m²）	1,274（130 kg/m²）
壁	588（60 kg/m²）	外壁　735（ 75 kg/m²） 内壁　196（ 20 kg/m²）
床	490（50 kg/m²）	588（ 60 kg/m²）
積載荷重	588（60 kg/m²）	588（ 60 kg/m²）

準法が担保している性能は、高くはないのである。

そして、なぜこのようになっているかというと、建築基準法の壁量設計が前提としている木造住宅の重さが軽いためである。建物の重さは地震力に直結しており、重いと地震力は大きくなる。表3は、基準法と性能表示の前提とする建物の重さを示している。各部位で基準法の想定は軽いことがわかる。基準法の壁量設計では、建物の重さを実際より軽く見ているため、必要な耐力を満たすことができないのである。

基準法の壁量設計と性能表示の壁量設計の整合を

さて、ここで、基準法の壁量設計と性能表示の壁量設計は、不連続であることが理解できたであろう。性能表示の耐震等級3は、「基準法の1・5倍の性能」ということになっている。しかし、基準法の壁量は、前述のように、性能表示の前提とする等級1の約3／4倍しかないので、結局、「耐震等級3の必要壁量は、基準法の壁量の約2倍」である。1・5倍ではない。

過去、建築基準法は、昭和25（1950）年に制定以来、おおむね20年間隔で、大きな改正が行われてきた。平成12（2000）年の改正から17年になる。そろそろ次の改正に向けた検討を始める時期がきていると思われる。

その際、前述の基準法と性能表示の壁量設計の整合を図る必要がある。両者の違いは、前述の必要壁量だけでも、4項目ある。①前提とする重量の見直し、②多雪区域の壁量割増の採用、③地域係数の考慮、④部分2階の考慮。特に、基準法の必要壁量には、多雪区域の壁量割増がないが、これは、現在でもツーバイフォーなど、他構造とも整合がとれていない。また、必要壁量算定のための床面積の算定方法、準耐力壁などの存在壁量の算定方法なども異なっている。

熊本地震で、観測史上、最大級の地震動が記録され、震央近くの揺れはきわめて大きいことが改めて示された。そろそろ基準法の壁量を見直す時期にきている。

壁倍率の見直しも

また、その機会には、壁倍率の見直しも行う必要があろう。「筋かいの耐力壁は、壁倍率がでない」という研究者は多い。筋かいは、圧縮力が加わると**写真6**のように座屈してしまい、靭性が少ない破壊モードとなる。[※5] 一方、耐力壁の評価法は、2000年の改正時に、**図5**に示すように、靭性による特性値も考慮して、四つの特性値の最小値で決めるよう変更されている。そして、筋かいは、この靭性による特性値によって決定されてしまうため、「2000年以降の評価法では倍率がでない」というわけである。熊本地震で倒壊した建物のほとんどが、筋かいを主要な耐力要素としていた。筋かいの靭性が小さ

❻筋かいの座屈

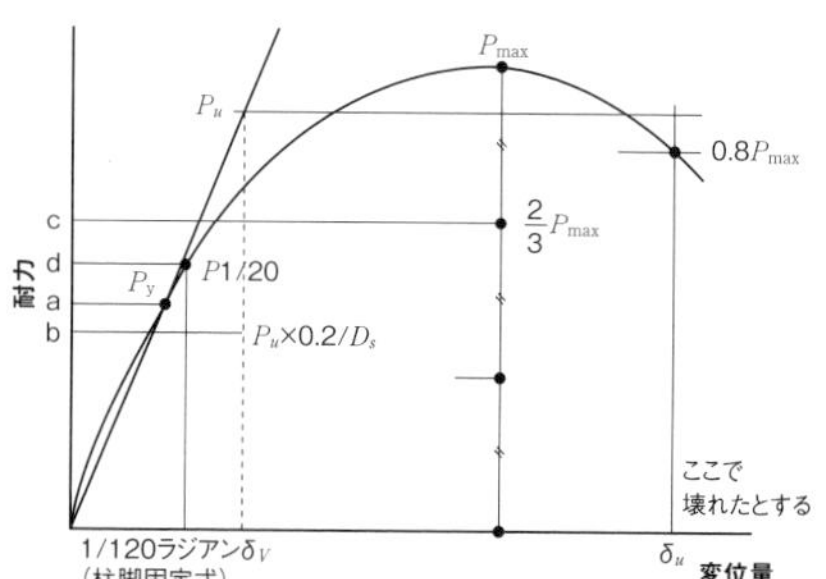

図5　壁倍率の求め方

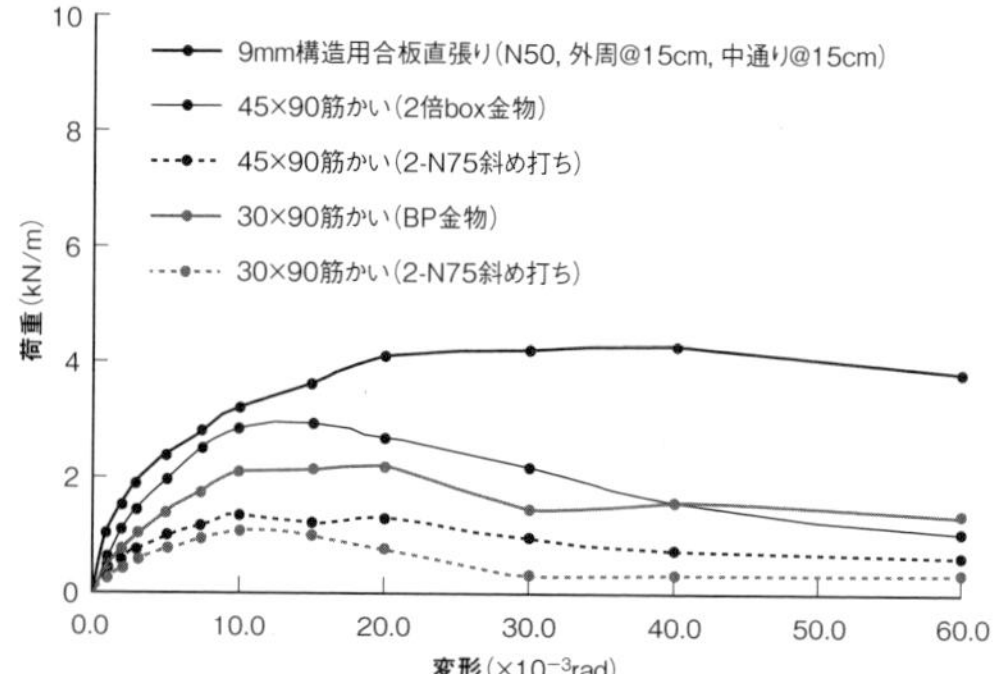

図6　筋かいと合板壁の荷重変形曲線

い点を倒壊の理由の一つと考察する研究者は少なくない。**図6**は、筋かいと合板壁の荷重変形関係を示している。筋かいは、合板より小さい変形で最大荷重を迎え、座屈により耐力が下がっていくことが示されている。

そして、この筋かいだけでなく、施行令第46条や告示1100号で定められている倍率は、見直しが行われていない。耐力壁の評価法が変われば、「従来の倍率は、上がるものもあれば、下がるものもある」のは、当然であり、見直す必要があろう。

「大地震には倒れなければよい」でよいか

さて、別の角度から、木造住宅の耐震性を見てみる。現在の建築基準法における耐震性能の目標は、「大地震には、建物の倒壊を防いで命を守る」ことである。しかし、これは、昔の住宅の性能が著しく低かった時代に「せめて命は守りたい」ということで決められたものである。[※6] 建築基準法は昭和25（1950）年に制定されたが、**写真7**は、昭和23（1948）年の福井地震における震央近くの森田町の被害状況を示している。[※7] ほとんどすべての建物が倒壊している。

❼福井地震の森田町の被害

ちなみに、現在、地震の被害調査では、最も重い被害に「全壊」という用語が当てられる。しかし、基準法は、前述のように「倒壊しないこと」が目標であるから、「倒壊」と「大きな被害だが倒壊していない」は区別する必要がある。森田町の写真はアメリカ軍が撮影したものだが、その解説ではcollapsedという単語が使われている。倒壊である。当時の日本の文献も、「全壊」を「倒壊」の意味で用いているものが多い。いつからか、全壊は倒壊しないものも含むようになった。

いずれにしても、現在の住宅の性能は、前述のように、当時と比べ格段に向上しており、実質的には、基準法の求める性能を遥かに追い越している。だからこそ、2000年には、基準法の1・25倍（等級2）、1・5倍（等級3）といった性能を謳う性能表示が作られた。

そうした時代に、基準が「命は助かったが、住めない、建て直さないといけない」ということでいいのだろうか。そうした性能の住宅ができなかった時代には仕方がないとしても、今はまったく事情が異なっている。現在は「補修は必要だが、大地震後も住み続けられる住宅」が求められているのではないだろうか。現代住宅の耐震性能は、以前よりも格段に向上している。そして、そうした住宅を実現するためには、現在の建築基準法の壁量は少なすぎる。必要壁量を増やす必要がある。実際、熊本地震でも、等級3の住宅は被害が軽微にとどまっており、性能表示に対応している主要な住宅メーカーは、耐震等級3が標準になっている。

耐震性能を高める

いずれにしても、住宅の性能は自分で決める時代になった。そして、実は、木造住宅は軽いので、耐震性能を高めることは、そう難しいことではないのである。

例として、**図7**のように、構造用合板による耐力壁の釘打ち間隔を小さくする方法を推奨する。[※8] **図8**

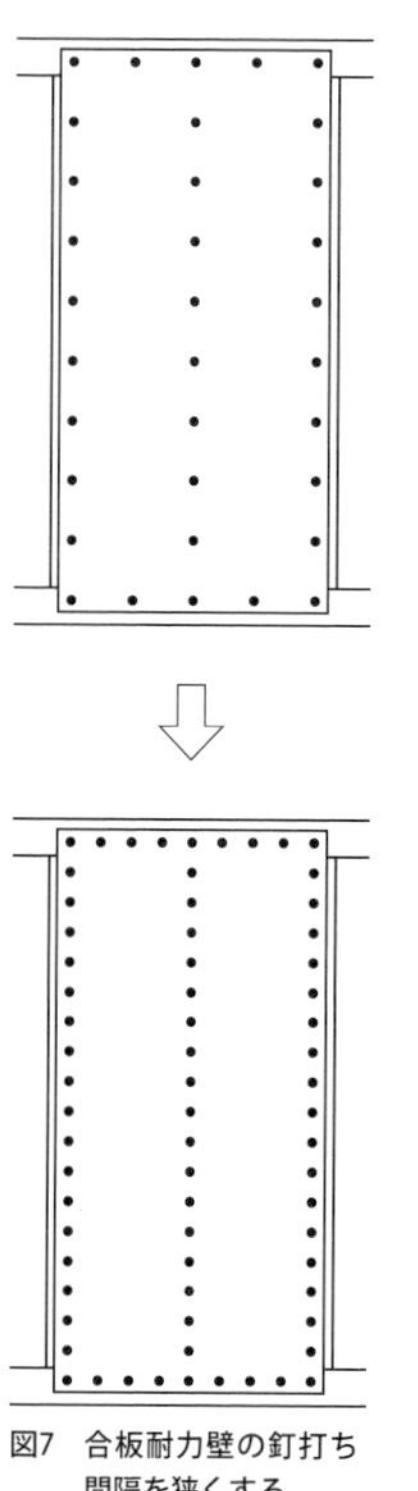

図7　合板耐力壁の釘打ち間隔を狭くする

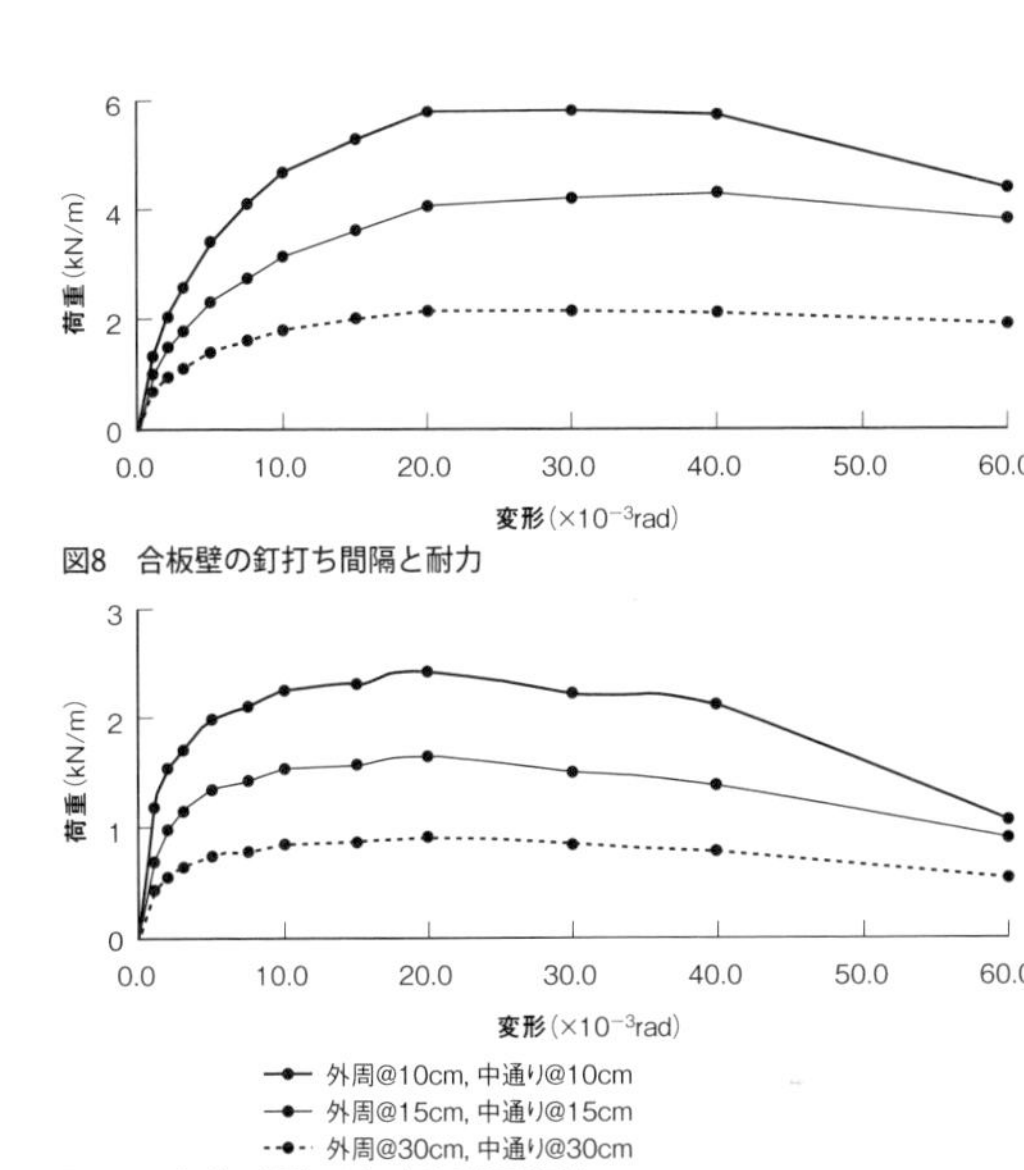

図8　合板壁の釘打ち間隔と耐力

図9　石膏ボード壁のビス打ち間隔と耐力

に示すように、壁の耐力は釘打ち間隔を小さくすれば、おおむね反比例して高くなる。また、同様に、**図9**に示すように、内装下地の石膏ボードも、準耐力壁として認定を取得した釘・ビスとし、さらにその間隔を半分にするのを勧める。そうすれば、現在の外周の無開口壁はすべて実質的に5・0倍以上の耐力壁になる。壁の耐力が上がれば、柱と基礎との緊結にホールダウン金物が必要となるが、それらを含めても、1棟当たり20万円もかからないはずである。それで地震後にも住み続けられるようになるのであれば、安いものである。しばしば、「耐震性能を上げると壁だらけになる」という声を聞くが、それは誤解である。壁の絶対量を増やさなくても耐震性能を上げることは可能である。

また、現在の高性能な上部構造を考えれば、そろそろ基礎を本格的な鉄筋コンクリート造とする時期が来ている。主筋を複筋とした基礎である。たとえば、そうした基礎を条件に、1階に限って壁倍率を8〜10倍というような耐力壁を仕様規定で使えるようになるとよいと思っている。また、この例のように、高耐力の耐力壁を仕様規定でも使いやすい状況ができるとよい。例えば、連層の建物用に、タイダウンシステムが仕様規定でも使えるようになるのもよいだろう。

ただし、それらは、必要壁量を増やすタイミングと同時でなければならない。倍率の高い壁を増やすだけだと、開口部の多い、余力の少ない建物が増えてしまう可能性が高い。

現在、性能表示では、建築基準法の1・5倍相当の「耐震等級3」が最高等級である。しかし、これからの住宅は「耐震等級3は標準、あるいは最低の性能」と考えるのがよいだろう。前述のように、主要な住宅メーカーでは標準となりつつある。そしてさらに、木造業界から、建築基準法の1・75倍となる「耐震等級4」や2倍となる「等級5」といった上位の等級の制定を求めてもよい。そのような上位の耐震等級は、軽い木造住宅の方がつくりやすい。大地震の後も住み続けられる性能の住宅を標準としたいものである。

※1　近年は、地震動の大きさを単に加速度のみでは表示しないことが多い。建物への破壊力が単に加速度だけでは表せないことが分かってきたためである。

※2　水平成分は、NS方向のみの入力のため、厳密には、地震動そのものではない。

※3　日本建築学会、熊本地震被害調査速報

※4　正確には、耐力壁と内装下地の石膏ボードを合わせて耐震等級1相当の耐力の住宅

※5　実際の建物では、内壁下地の石膏ボードなどが、ある程度、座屈を抑える効果もある。

※6　現在でも、建築基準法は「最低の基準を示したもの」とされている。

※7　谷口仁士：よみがえる福井震災、現代史料出版、1998年6月

※8　2018年3月に、告示第1100号が改正され、釘打ち間隔を小さくした耐力壁の倍率が追加された。

III. 木造住宅の地震被害と耐震診断

近年の地震における木造建築の被害は、圧倒的に既存建物で生じている。したがって、それらの耐震診断と改修が、地震被害を軽減するために最も効果的であることは間違いない。

木造住宅の耐震診断法は、東海地震を対象として、静岡県の委託で作成されたものを基に、全国版に拡張整備された。この診断法が注目されたのは、やはり阪神・淡路大震災 (1995 年) の発生であった。この地震の翌年、いわゆる「耐震改修促進法」が制定され、既存建物の耐震診断・耐震改修が進められることとなった。この中で、日本建築防災協会によってまとめられた上述の「木造住宅の耐震診断と補強方法」が、木造建築の標準的な診断法として位置付けられ、一気に普及することとなった。

既存建物の耐力の評価は、新築用の設計法よりも、考慮すべき要因が多い。例えば、新築では設計法に則り必要な性能の接合部が取り付けられるが、既存建物では接合部や基礎の性能が不十分なものも診断できなければならない。また、部材や接合部が経年によってどのように性能が低下するか、時間軸を考慮する必要もある。これらのため、既存建物の耐震診断法の方が新築の設計法よりも複雑になる。

初出：建築技術1995年8月号

07——阪神・淡路大震災での木造被害

兵庫県南部地震では、20万棟に及ぶ家屋が損壊を受けたが、その大部分が木造の家屋であった。また、亡くなった5，500人のうち、9割が建物の下敷きになったといわれている。[※1] 木造建物の耐震性が改めて問われているといえる。どういう建物が壊れ、どういう建物が被害を免れたのか、軸組構法を中心に、これまでの調査からわかったことを整理してみたい。

軸組構法の多様性

被害の分析に入る前に断っておきたいのは、「軸組構法」は、一つの構法ではないということである。特にストックとして残っている住宅全体を眺めると、とても一つの構法としては扱えない。それは以下のような理由による。第一に、もともと住宅の構法は地域によって大きな差があったこと。第二に、高度成長期以降、都市部を中心に住宅構法が大きく変容したこと。そして最後に、近年の生産の合理化や材料の多様化に伴って、さらに構法が変わりつつあることである。

阪神・淡路地域の軸組構法についてもいくつかの分類が示されているが、耐震性から見て、大きく三つに分けることができる。これらを同一視することで、大きな誤解が生まれた。それぞれについて、被害を整理してみる。

伝統的な木造

一つは伝統的な構法の建物で、屋根は一面を土で覆った上に瓦を載せた、土葺きという葺き方がなされていた。壁は土塗り真壁で、2段ないし3段の貫が入れられ、筋かいは入っていない。これらは、ほとんど例外なく大きな被害を受けた（**写真1**）。この種の建物の耐震性が不十分なことは明らかで、過去にも地震のたびに指摘されてきた。阪神・淡路大震災の悲劇は、これらの建物が大量に残っていたことで、特に神戸市長田区などでは、木造建物の半数近くがこれらの建物であったといわれている。

伝統的構法と筋かいの折衷構法

次に、軸組の基本的な構造は前述の伝統的な構法であるが、筋かいが設けられているものがある（**写真2**）。これは、本来きちんと施工されていれば、大きな被害は受けなかったはずである。しかし、実態はやはり大きな被害を受けたものがある。

❶伝統的構法の被害例。土塗り壁が剥落している

❷伝統的構法に筋かいを組み合わせたもの

その理由は、大工などの施工者にとって、依然として、この種の建物は基本的に貫構造と認識されていたのであろう。概して筋かいは、量的にもディテール的にも不十分であった。これは不幸な組合せで、貫構造と筋かい構造は、メカニズムが異なっている。貫構造は靭性は高いが、初期剛性は低い。一方、筋かいや合板を用いた構法は初期剛性が高い。こうした建物では、地震時に、まずほとんどの水平力を筋かいが負担しなければならない。しかし、不十分な筋かいでは支えきれない。筋かいの踏み外しや、**写真3**のような座屈が大量に見られたのはこのためである。異なった二つのシステムを、中途半端に折衷したために問題が生じたのである。異なったシステムは、メカニズムを理解して完全に乗り換えないといけない。このことが大工などにきちんと説明されてきたか、反省すべき点がある。

現代的な構法

現代的な構法に被害が小さかったといわれるが、以上の説明でその理由は理解できると思う。内装に石膏ボードや合板系を用い、筋かいをきちんと入れたものは、被害は少なかったのである。

以上のように、単に「古いものが壊れた」というのでは不十分である。構法が異なっており、古いタイプの構法は耐震性がなかった、だから壊れたのである。**写真4**、**5**のように、新しい建物は壊れても2階部分が形を保ったままのものが多い。その意味で、被害率の議論では、プレファブやツーバイフォーには古い建物・古い構法はないということも指摘しておかなければならないだろう。

とはいえ、比較的新しい建物でも被害を受けたものがあることも確かである。以下に、それらの建物の原因を述べる。

❸伝統的構法に筋かいを組み合わせたもの。筋かいが座屈している

❹比較的新しい住宅の倒壊例。壊れても2階は形を保っている

❺同じく壊れても2階が形を保っている住宅

壁量の不足

まず、絶対的な壁量の足りないものがある。これは現在の必要壁量に照らして足りないばかりか、建設当時の法規と比較しても足りないと考えられるものが多い。後から外してしまったと考えられるものも少なくない。

また、非耐力壁の不足もあわせて指摘しておきたい。話はそれるが、木造建物の壁量計算は、日本建築学会の説明によれば、各階の水平力の1／3は耐力壁以外の部分が負担することになっている。※2 そして、最近のごく一般的な木造住宅は、むしろこれらの非耐力部分が1／3よりも大きな耐力を負担していることもわかっている。今回の地震では、この非耐力壁の多寡が被害に大きく影響したことは間違いない。絶対的な壁量の不足は、非耐力壁量の不足にもつながっている。

そして、問題なのは、これら壁量の少ない建物は、同時に次に述べる構造計画的な問題をも抱えたものが多いことである。

構造計画上の問題

構造計画に問題のあるものとしては、いくつかの項目に整理できる。

壁の片寄り

まず、耐力壁の配置に問題のあるものである。その第一は、**写真6**に見るような商店である。西宮市から灘区に至る地域の古くからの木造の商店街は、ほとんどの場合壊滅的な被害を受けた。1階が完全に潰れたものも多い。間口に壁がほとんどない商店を、今後どのような構法で建てていくのか、現実的な構法の開発が求められる。

第二は、ミニ開発に見られるような狭小敷地の住宅である（**写真7、8**）。2間か2間半程度の間口に、玄関と1間幅の開口を設けると、ほとんど筋かいの入る余地がない。今後この種の建物は増えることが予想されるうえ、コスト的にも切り詰められたものが多いだけに、問題の根は深い。

❻古くからの商店街は壊滅的な被害を受けた

❼建売住宅の被害。間口に壁がないと被害を免れない

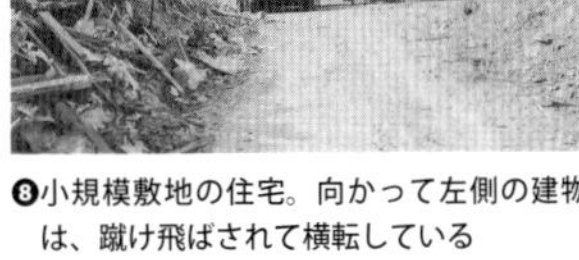

❽小規模敷地の住宅。向かって左側の建物は、蹴け飛ばされて横転している

第三は、淡路島などに見られる南面に大きな開口が並んでいる住宅である。この場合、間取りの関係から壁量が不足しているものも多い。さらに、構法的にも各部の構法が古いタイプのものがある。

耐力壁の配置は、建築基準法施行令に「つり合いよく」入れることが謳われている。しかし、具体的な計算手順としては何のチェックも行われていないのが現状である。[※3] このため、**写真9**のように、ねじれて倒れた建物が数多く生じている。この問題を改善しない限り、今後も地震の被害がなくならないのは明らかで、何らかの改善が必要である。

増築における下階の補強不足

2階や3階を増築したもので、大変形したもの、倒壊したものが多く見られた。上階に増築を行うと、下階の耐力・剛性はそのままでは足りないのが一般的であろう。しかし、下階の補強を十分に行うことは、構法的にもコスト的にも難しい場合が多く、ほとんどの場合、下階の補強は不十分なままである。

❾建物がねじれて倒壊した住宅。壁のバランスが悪い

❿3階を増築した住宅。隣に建売当時の建物が並んでいる

現在、新耐震設計法以前の「既存不適格」建物をどうしたらよいかが、重要な課題として浮かび上がっている。しかし、昭和56（1981）年以降増築された建物は、基本的に「適格」でなければならない。不十分な補強の増築が横行しているのは問題である。設計図上は壁量は確保されていても、現場で施工されない場合も多いと聞く（**写真10**）。

ディテールの問題

次に、ディテールに問題のあるものをいくつか述べる。

筋かいの留付け

まず筋かいの留付け方が、金物がないか、あっても簡易なものが多い。これらに筋かいの踏み外しが大量に見られた。

筋かいを「ゲンゾウ」で留め、釘打ちする方法は、繰返しの揺れで足元がはずれやすく、それでまかなえる耐力には限界がある。壁倍率に応じた留付けディテールを整備する必要があろう[※4]（**写真11**）。また、**写真12**に示すように筋かいを片方の向きにしか入れないなど、初歩的な間違いも見られる。

柱の横架材への留付け

次に、土台や桁などの横架材への柱の留付けの問題がある。ほとんどは**写真13**のような短ほぞ差しのみで、金物はおろか込み栓なども一切用いられていない。これでは、引抜き力が生じた場合、ひとたまりもない。金物を併用する必要がある。

ただし、ここで注意すべきことは、筋かいの留付けや柱の留付けを、単に金物を併用すればそれで事足りるわけではないということである。それに応じた構造計画をあわせて行う必要がある。

筆者の理解では、現在の接合金物は、それほど大きな力を想定してはできていない。壁倍率で1・5か、せいぜい3・0くらいまでと考えている。したがって、筋かい壁は、倍率の低いものをたくさん使って、それぞれの耐力壁に過大な応力が生じないようにする必要がある。さもないと筋かい端部や柱には大きな引抜け力が加わり、**写真14**のように、たとえ金物を付けていても横架材が裂けてしまうことになる。

⓫筋かいが踏み外している

⓬筋かいが片方にしか入っていないために、それが引張になる方向に傾いている

⓭柱が桁から抜けている。短ほぞで釘を打ちつけた跡がある

基礎の断面と鉄筋の有無

次に、基礎に被害を受けた建物では、鉄筋が入っていないものがほとんどであった。阪神地域では、長い間れんがで基礎をつくることが行われてきた。**写真15**のように、現在でも、被害を受けた建物には、それを見ることができる。また、基礎の断面もフーチングのないものや、コンクリートブロックの基礎があり、割れて転倒している例が見られる。

建物全体の耐震性の強化を考えたとき、フーチング付きの鉄筋コンクリート基礎にすることは最もコストパフォーマンスのよい手段といえよう。その仕様が相当程度普及しているという現状を考えれば、完全義務化すべきであろう。※5

⑭筋かい金物が横架材を引き裂いている

⑮れんが積みの基礎。地震崩壊で露出した

ラスモルタル構法

兵庫県南部地震でも、ラスモルタルの被害が目立った。モルタル厚が大きく、簡単なホチキスで留めてあるもの、あるいは留付け間隔が非常に大きいものも見られた。ラスは、JIS製品がほとんど市中に普及していないことなど、耐震性の点では、多くの問題を抱えている。**写真16**はある倒壊建物のモルタルのディテールであるが、力骨が入っており、また薄く塗ってあったために、モルタル自体の剥落はほとんどない。

また、この地震では、モルタルの脱落はもう一つ大きな問題を投げかけた。モルタルの脱落により内部の木材が露出してしまったことと、延焼との関連についてである。この点については、防火の観点からの詳細な調査が行われているので、その結果を待

⑯塗厚が小さく、ワイヤの力骨が見える。モルタルの剥落はほとんどない

⑰周囲が焼失した中で、燃え残った住宅。ラスモルタルが剥落しなかった

ちたいが、防火材料である外壁は、地震によっても少なくとも脱落してはならない。

写真17は、神戸市長田区の焼失地域にあって一つ焼け残った住宅である。建物が比較的新しく、ラスモルタルが脱落しなかったことが幸いした。近年、ラスの材料やモルタルの塗り厚などの改良構法が紹介されており、それらへの認識を高める必要がある。

また、ラスモルタル塗りの外壁は、壁体内結露が腐朽、蟻害を招いていることも、これまでにも指摘されてきた。これに関しては、通気構法など改良された構法が紹介されている。

壁の材料と構法

また、ここで注意しなければならないのは、壁材料が前述の「非耐力部分の負担率1／3」を本当に負担できるようなものか、という点である。[※2] 近年、コンクリート系のサイディングが普及しているが、その中には、下地に打ち付けた金具に掛けるだけのものがある。こうした構法では、それだけではまったく水平力を負担できないので、合板を下張りするのが望ましい。しかし、その下張りを省略したものも多い。**写真18**にその例を示す。この建物は、新築2か月で1階が倒壊した。こうした外壁は、自重が重い分いっそう問題が大きい。

⑱コンクリート系の外壁は、金物に引っ掛けられているだけで下地合板がない

瓦の留付け方

写真19に示すように葺き土があり、瓦の落下対策のないものが大量に被害を受けた。特に「土葺き」と呼ばれる、屋根一面に土を塗った上に瓦を敷いた構法に、瓦の被害、建物の被害が数多く見られた。そこで、一部にはこの土葺きの大きな荷重が家を潰したのではないかという見方が広まった。しかし、これには、注意しなければならないことが2点がある。

第一は、いくら重くとも基本的には荷重の扱い方の問題で、設計の中で考慮すればよい問題だということである。適正に荷重を評価すれば、重い軽いは問題ではないはずである。

第二は、土葺きが古い構法の建物に載せられていたことである。水平耐力の小さい躯体に載っていたために顕在化したが、現在のほとんどの住宅が目指している耐震性は、それほど小さくはないはずだということである。屋根の荷重と軸組の水平耐力の相対的な関係の問題であり、屋根の荷重だけを指摘するのは正確ではない。

⓳葺き土のある瓦屋根。多くの瓦が落下した

ただし、瓦の留付け自体には明らかに欠陥があった。土葺きは現在は行われていないとのことであるが、釘や番線で瓦を留め付ける脱落防止を徹底する必要があろう。

液状化地域住宅の被害

ポートアイランドや六甲アイランド、それに芦屋市の海岸付近では、広範囲に液状化が起こったと報告されている。

筆者は、それらの地域は調査していないので、詳しくは不明であるが、芦屋市の潮見町・緑町については、東京大学の有馬ら（当時）が詳細に調べている。これまでの集計によれば、両地域はいずれも液状化が起こったが、被害には微妙な差があるという。アンケート回答によると、潮見町ではほとんどすべての住宅で建物の傾斜が認められ、その率は緑町よりも高い。一方、内外壁などの被害は、逆に緑町の住宅のほうが大きいという。地盤が液状化することにより、建物全体が傾斜したが、建物への入力自体は軽減されたということかもしれない。

傾斜地住宅の被害

近年の地震被害の特徴は、建物の被害は少なく、大部分が地盤の崩壊によるものであったことである。しかし、兵庫県南部の地震では、とりわけ軟弱とは言えない地盤のうえで多くの被害が生じたため、傾斜地の被害は大きくは取り上げられていない。しかし、緩斜面の住宅は、東灘区・灘区のように〝はで〟な倒壊はしていなくとも、実質的に修復不能で全壊の建物が多い。例えば、神戸市長田区の前原町、房王寺町、兵庫区の会下山町を調査したが、3月末の調査時点で、人が住んでいる家は前原町1丁目は6軒、房王寺町1丁目は5軒だけである。正確な全壊率はわからないが、両町とも80％を超えているのではないだろうか。まわりが空き家ばかりで物騒だというのもうなずける。

前原町・房王寺町は、長田区の焼失地域に近い。小高い丘をなしているが、少なくとも数十年以上を経た住宅地である。ここでは、道路の至るところで地割れを生じていた。また、擁壁の崩壊も多い。敷地裏の擁壁が建物側に崩れてきたものや、地盤崩壊も見られた。古い住宅は、ほとんどが鉄筋のない基礎であるため、地盤が崩壊してしまうとひとたまりもない（**写真20**）。前述のように、鉄筋コンクリート基礎を徹底すべきであろう。

なお、この地域以外にも神戸市須磨区や西宮市などで傾斜地の被害が報告されている。

⑳前原町の傾斜地。地盤の崩壊で建物が崩れている

上下動と木造住宅

上下動が大きかったことが、今回の地震の特徴として大きく取り上げられた。そのため、この地震の被害が、あたかも大きな上下動によるものとの指摘もみられた。しかし、筆者は、やはり基本的には水平動によるものと考えている。例えば、柱が引き抜けた例がたくさん報告されているが、その多くは筋かいによる突き上げや、細長い壁の転倒モーメントにより引抜けが生じたものと考えている。

しかし、まれにではあるが、上下動によるものと考えられる例も見られる。**写真21**は、アパートの屋根がフラットになってしまったものである。筆者は、過去の地震被害でこのような被害を見たことがない。この建物の軸組の被害は、さほど大きくはない。また、切り妻屋根が横倒れしているものも見られた。雲筋かいが不十分だったためと思われる。いずれにしても、これらの小屋組の構成はきわめて貧弱で、地震をまったく考慮していないと考えざるを得ない。

㉑屋根がフラットになってしまったアパート

㉒蟻害で柱がなくなってしまった住宅

㉓完全に倒壊した連棟の文化住宅

蟻害・腐朽と木造の被害

被害を受けた建物で、腐朽・蟻害を受けているものが多く見られた。土台が腐ってしまったものや、それが上部にも及んだ例がある。中には、**写真22**のように、柱がほとんど跡形もなくなっているものも見られる。大阪市立大学の宮野ら（当時）の調査によれば、腐朽・蟻害と建物躯体の地震被害とには有意な関係があるという。既存のモルタル外壁は、この点で問題のあるものが多い。

また、一部に木材の経年劣化による強度低下の影響を指摘する向きもある。しかし、筆者は、その影響は無視できる程度のものと考えている。やはり、基本的には、構法の問題と理解している。

「文化住宅」の被害

いわゆる文化住宅が数多く倒壊して、下敷きとなって亡くなった人が多い。ただし、戸建のものも文化住宅と呼ぶ人もあるが、ここでいう文化住宅は、アパートタイプのものである。

今回の地震で、震度7地域のほとんどすべての「××文化」と呼ばれる建物は全壊したのではないかと思われるが、この種の建物は、基本的に桁行方向の壁量が絶対的に少ない。一戸の間口は、一間半か二間のものがほとんどであろう。この場合、裏側は、玄関と便所や浴室の窓が並んでおり、無開口壁はほとんどない。また、南面には吐き出し窓や腰窓が開けられ、筋かいはかろうじて戸袋部分に入れられている程度である。ミニ開発の建売住宅を、さらに間口を狭くしてくっつけたものと考えればよい。

また、壁の仕様も、前述の土塗り壁と筋かいの折衷や、それから土塗り壁を取り去ったようなものが多い。時代的に見ても壁の水平耐力は不十分だった可能性が高いうえに、絶対量も小さい。これらは、**写真23**に示すように、1階が崩壊したものが多い。

住宅金融公庫融資建物の被害

調査した建物のうち、住宅金融公庫融資※6住宅について整理してみる。

まず、比較的新しい住宅の被害率は、相当低いということができる。この種の建物だけを取り出してみれば、決して軸組構法が他の構法に劣るということはないと思われた。もちろん、公庫融資住宅は住宅規模などの点で問題の少ない住宅に用いられていることを考慮しなければならない。公庫住宅でも、建売住宅は、いわゆる注文住宅よりも被害が大きい。

また、これまでの分析によれば、公庫住宅でも、被害を受けている建物の割合や被害の程度は、古い建物ほど大きくなる傾向がある。

木造3階建住宅の被害

都市部の木造3階建住宅が建設されるようになってから、本格的な地震を経験したのはこの地震が初めてであった。当初、周囲の瓦礫のなかに、ほとんど無傷で建っている3階建が見られ、頼もしくも印象的であった。確かに、きちんと計算された3階建は、ほとんどが軽微な被害に留まっているようである。

しかし、問題がないわけではない。一つは構造計画に問題のあるもので、**写真24**は新しいにもかかわらず倒壊した3階建住宅である。この建物は、隣の建物が寄り掛かってきて倒れた可能性が高いが、この建物自身1階正面の壁が少ない。また、角の柱脚には、ホールダウン金物が取り付けられていなかったことがわかっている。

次に、同様に構造計画の問題としては、あまりに小さな間口に3階を建てたものがある。**写真25**は、間口が一間半しかないのに小屋裏3階にしたツーバイフォー住宅の例で、壁脚部が浮き上がっていた。一間半と言えば2・7m程度で、小屋裏3階とはいえ、棟高さでみると細長比は約3倍になる。脚部の引抜きは予想以上に大きくなることを覚悟しないといけない。

ところで、前述の**写真24**は、両側の建物から類推すると、以前は建売住宅が建っていたと考えられる。今後、3階建の住宅は、こうした狭小敷地に建てられる可能性が高い。きちんとした設計・施工が確保されるのか、いささか心許ない。

なお、以前から建てられてきた、1階が車庫の混構造3階建がある。これらの法的な扱いは、車庫の扱いや地盤レベルとの関係で、2階なのか3階なのか判断が難しい。いずれにしても、建てた当時は2階建として扱われていたと考えられる。それらが大きな被害を受けた。**写真26**は、3階建であったものが、2階が完全に潰れてしまった例である。これらの被害原因は2階建の住宅と同様で、壁量や壁のバランスが悪いものが多い。また、調査によれば、公庫融資住宅でも比較的古い3階建の被害は大きくなる傾向が見られた。

なお、前述のように、3階部分を増築した建物では大きな被害を生じている。**写真27**はその例である。3階へさえも、安易に増築してしまうのには驚きを禁じえない。

㉔3階建住宅の倒壊

㉕間口が1間半しかない小屋裏3階建のツーバイフォー住宅

㉖2階部分が完全に潰れた湿構造3階建住宅

㉗3階部分を増築した住宅の倒壊

ツーバイフォー構法住宅の被害

ツーバイフォー建築協会の報告によれば、この地震で全壊建物は見られず、半壊が若干見られたとのことである。総じて、大きな被害は生じていないようである。ただし、同時に地盤による被害はかなりの数に上っており、先の数字はいくらか割り引いて見る必要があろう。

㉘大きく傾斜したツーバイフォー住宅

㉙1階が倒壊した木質系パネル構造住宅。隣の建物が寄り掛かっている

写真28は、1階が大きく傾斜した建物である。

ツーバイフォー住宅では、告示により、例えば耐力壁線に開口の占める割合は3／4以内などの規定があり、これにより著しい偏心を防いできた。構法もさることながら、こうした設計ルールが大きな効果があったことは間違いない。逆に言えば、ツーバイフォーやプレファブでは建たないような、壁のアンバランスな建物を軸組構法がつくってきたという事情もあるようだ。皮肉にも、今回、そうした建物が多くの被害を受け、軸組構法の被害率を押し上げた。

木質プレファブ住宅の被害

木質プレファブ住宅は、ツーバイフォーと並んで被害が小さかったといわれる。確かに、被災地を廻ってみると、プレファブ住宅が純粋に振動で倒壊したというようなものはほとんどないようである。プレファブ建築協会の調査でも全壊はゼロであるという。ただし、ツーバイフォーと同様に、地盤に起因する被害は相当数が報告されている。また、隣家が倒れかかった建物では、**写真29**のように1階が倒壊したものも見られる。

なお、プレファブは昭和30年代後半から本格的な生産が始まっており、プレファブやツーバイフォーには軸組構法のような古い建物はないということも考慮する必要がある。

いずれにしても、ツーバイフォーや木質プレファブが実験を重ね、データに基づいて設計を行ってきた努力は、適切に評価されてしかるべきであろう。もちろん、軸組構法にもそうした姿勢の企業は現れており、自主的に壁率を上げたり、偏心率をチェックしているところがあり、そうした企業の住宅の被害率はおおむね低いようである。軸組構法は業者による性能の差が大きい。

集成材建築の被害

集成材を用いた建物には、一般の軸組構法の柱や梁などの一部に集成材を用いたものと、架構全体を集成材とし、個別に構造計算を行ったいわゆる大断面木造のような建物とがある。ここでいう集成材建築とは後者を指しているが、兵庫県南部地震の揺れの大きかった地域の集成材建築はそれほど多くない。

これまでの情報によれば、ある集成材製造メーカーが関係物件約10棟を調査した範囲では、大きな被害はなかったとのことである。なお、一部に集成材を用いた建物では、宝塚市に全壊した例があるという。

社寺建築の被害

伝統的な社寺建築の被害について触れてみたい。神戸市街地の社寺建築の多くは戦災を受けており、その多くは、鉄筋コンクリート造などで再建されている。したがって、木造の社寺は、戦前からのものと少ないが戦後再建されたもの分けられる。

しかし、戦前・戦後を問わず、木造の社寺建築は大きな被害を受けた。被害を受けた地域的な広がりも一般の住宅よりも大きいようである。特に、庫裡などの住居系の建物は壁が少なく、倒壊したものが多い。**写真30**は、須磨寺の付属建物であるが、完全に倒壊している。また、**写真31**は長田区の金楽寺本堂の例であるが、大変形して小壁が落ちかかっている。これらの壁が落ちてしまえば、倒壊は免れない。

㉚軸組が完全に倒壊して、屋根のみとなった寺院

㉛同詳細。小壁が落ちかかっている

まとめ

地震は、どの構法に対しても平等にやってくる。結局、問題のある建物が壊れており、それはどの構法でも大きな差はない。「プレファブは」とか「在来構法は」といった構法そのものに、短絡した結論を導き出すのは正しくない。「××構法が弱い」という意味は、構法それ自体に致命的な欠陥があるということではなく、その構法の設計ルールあるいは施工の確実性において、問題のある建物が生まれやすい仕組みになっているということであろう。あるいは、設計者・施工者の地震に対する認識の問題だといってもよかろう。

軸組構法は設計の自由度が高い分、設計者に地震への対策・理解が求められる。金融公庫（当時）仕様の建物は被害が少なかったといわれているが、その最大の理由は、現場チェックの有無にあるという。

残念なことである。

その意味で、プレファブやツーバイフォーに盛り込まれた設計ルールは、軸組構法も参考とすべき点が多い。また、それらの構法が、各種の実験データを整備しながら設計の自由度を獲得してきた姿勢はきちんと評価しなければならない。

今回の調査を通して、設計者・施工者の、住宅の耐震性に関する理解の不足を強く感じた。一方、そうしたことについて、これまで十分な説明が行われてこなかったのではないかと反省させられた。現場関係者がもう一度勉強するためのプログラムが必要だと思われる。

なお、ツーバイフォーやプレファブ住宅をはじめとして、住宅メーカーの被害状況に関する報告はほとんど行われていない。それぞれのメーカーは把握している被害の内容を何らかの形で公にすることを強く期待したい。

また、木造としては他にログハウスなどがあるが、ここでは省略した。

※1　その後、兵庫県南部地震による死者数は、関連死を含め、6、434人と推定されている。
※2　2000年の法改正により、この1／3の非耐力部分が負担するという考え方はなくなっている。
※3　2000年の法改正により、耐力壁配置の確認法として、告示第1352号でいわゆる「四分割法」が定められた。
※4　2000年の法改正により、耐力壁端柱の柱頭・柱脚には、告示第1460号で接合金物を設けることが定められた。
※5　2000年の法改正により、鉄筋コンクリート造の基礎とすることが実質的に義務化された。
※6　住宅金融公庫は、2007年に（独法）住宅金融支援機構に改組した。

初出：建築技術2008年2月号

08——木造住宅の耐震改修の考え方

住宅の耐震改修の必要性が叫ばれて久しい。国は2015年までに、耐震化率を90％まで高めることを目標としている。[※1] そして、これを実現するために、10年間で住宅100万戸の改修・建替えを推進するとしている。

しかし、現実の耐震改修はなかなか進んでいない。その理由は、経済的な理由が大きいが、各種の耐震改修技術について、その費用と効果の関係がわかりにくいのも理由の一つであろう。ここでは、技術的な面に絞って、耐震改修の要点をまとめる。

耐震改修促進法

既存の建物も含めて、原則的に、すべての建物は建築基準法に適合していなければならない。しかし、そこに述べられている内容は、主として新築の建物を想定してつくられていることは明らかである。既存の建物は、古い基準で建てられていたり、建設後の劣化によって、性能の種類によっては、新築の基準を満たさないものがある。中でも耐震安全性は、現在の規準になる前の建物が大量に存在することが指摘されている。そして、阪神・淡路大震災で明らかなように、ひとたび大きな地震が起こると、多くの人命が失われ、経済的な損失も厖大になることが予測されている。

そこで、阪神・淡路大震災の教訓をもとに、平成7（1995）年10月「建築物の耐震改修の促進に関する法律（耐震改修促進法）」が定められた。そこには、国、地方公共団体および国民は、建築物の地震に対する安全性の向上を図るよう努める義務を負う、と述べている。

耐震補強工法の種類

耐震改修の構法は、新築の建物と同様にいくつかの手法がある。大きくは、耐震、制震、免震に分けられる。耐震は、筋かいや壁を補強して強度を高め、地震に抵抗する方法である。制震は、振動のエネルギーを吸収して、応答変形を小さくする方法である。また、免震は、免震層を設け、上部構造に地震力が入力を小さくする方法である。

「耐震」が、最も一般的な構法であることはいうまでもない。ただし、ここではまず、木造住宅の耐震改修と、免震や制震との関係を整理しておく。

耐震改修と免震

木造建物の新築の耐震対策の一つに免震工法がある。建物を鉄骨などの架台で支え、基礎との間にすべり支承・転がり支承などの免震層を設けるものである。前述のように、これによって、建物に入力する地震力を軽減しようというものである。鉄筋コンクリート造の建物では、「レトロフィット」と称して、数多くの事例がある。

免震工法は、地盤の種類によっては不向きな場合があるが、その他にも、木造建物の耐震改修に免震工法を採用するにあたっては、いくつかの留意事項がある。

まず、耐震改修を行うような建物は、壁量が不足するものが多い。これらは一般に固有周期が長い。しかし、免震工法では、建物本体は免震層に比べ、相当に剛い必要がある。

また、現在、戸建住宅に免震を採用しても、大幅に壁量を小さくすることはできないので、壁量も合わせて足りるように増設する必要がある。

また、施工にあたっては、建物ごと持ち上げて架台で支え、新たに免震用の基礎を設けることとなる。

免震工法は、建物の立地や構造の適性を考慮して採用する必要がある。

耐震改修と制震

一方、最近、注目されているのが、制震工法である。新築建物に採用する商品が紹介されて以来、耐震改修用の制震装置が相次いで開発されている。

確かに、免震工法に比べると、制震工法は耐震改修に適している。上部構造だけの改修でよく、施工も比較的容易である。また、費用の面でも、免震に比べると小さな経費でまかなえるものが多い。

さて、現在、開発されている制震装置は、いくつかに分類できる。形態的には、

①柱桁の四隅の接合部近辺に取り付けるもの
②筋かい状に取り付けるもの
③壁パネル一体型

に分けられる。

そして、そこに取り付けられている装置も、

・オイルダンパー系
・摩擦ダンパー系
・ゴム系・プラスチック系

の粘弾性体の3種類に分けられる。※2

これら制震材に求められる条件として、エネルギー吸収能力が高いことは当然として、その性能の、①速度依存性はどうか、②温度依存性はどうか、という2点が重要である。

速度依存性は、例えばオイルダンパー系は、そもそも速度依存性があるダンパーで、地震時の変位速度の関数で性能が発揮されるものである。したがって、耐震には効果が見込めるが、逆に、風圧のように、一方向に長時間にわたって力が加わり続ける場合には効果がないことを理解しておく必要がある。また、それだけでは復元力がないことにも留意する。

温度依存性は、まず、取り付けられる場所の温度を考慮する必要がある。例えば外壁に用いるものの場合、夏場はかなりの高温になり、一方、北海道などの冬はマイナス状態になる。

また、温度依存性は、粘弾性体が発熱することによる温度上昇の影響も確認しておく必要がある。

さらには、耐久性も重要で、ゴムやプラスチック製品の紫外線や水による劣化や、オイルダンパーの油漏れ・錆なども、確認する必要がある。

また、建物に取り付ける場合にも、いくつかの注意点がある。まず、制震装置を設けた壁の剛性が大きい場合には、それが取り付けられている桁・梁などの横架材の強度、水平構面の強度が十分にあるかを確認する必要がある。また、当該壁の剛性が上がることに関して、柱頭柱脚の接合補強の要否も確認しておく必要がある。

耐震改修の計画

次に、耐震改修にあたっての留意事項をまとめる。

まず、建物仕様の問題が挙げられる。既存建物は、詳細な調査を行わなければ、建物の各部の構法が確定しない。特に、構造性能にかかわる壁や接合部の仕様が外観からではわからない。また、たとえ調査でわかったとしても、接合金物が不十分なものも多い。

例えば、合板耐力壁の釘打ち間隔が、所定の間隔よりも広い場合には、耐力壁の強度を単に小さく扱うことで対応できる。しかし、柱頭・柱脚接合部の仕様が現行基準に適合しない場合の評価は容易でない。

壁など耐力要素の荷重変形関係の模式図を、**図1**に示す。破壊の形式を破壊モードと呼ぶが、新築では、**図2**のように、柱頭柱脚の接合部の破壊よりも、壁自体のせん断による破壊が先に起こるように、接合部を選定することとしている。**図1**の荷重変形曲線は、そうした破壊モードの場合を示している。

しかし、既存建物の接合部が貧弱な場合には、柱脚が先に壊れることとなる。このように、破壊モードが変わると、荷重と変形の関係も異なったものとなるが、どのように変わるかの予測は容易でない。

耐力要素の荷重と変形の関係

また、耐震改修で注意しなければならないことの一つに、耐力要素の剛性の問題がある。

改修する建物は、伝統的工法で建てられているものも多いが、改修で採用する工法の多くは、現代的な剛い構法とするケースが多い。

伝統工法は、一般的に柔らかい構造で、初期剛性はないが、大変形時に大きな耐力を発揮するものが多いとされる。実際に、貫接合部は初期剛性は小さいが、変形が大きくなるに従って、荷重は上がり続ける。

このような建物の改修に、例えば、構造用合板の壁を用いると、合板壁に力が集中することになる。単なる強度だけでなく、どのような変形域で耐力を発揮する構造なのかを把握して用いたい。

なお、伝統的構法で多用される土壁は、**図3**のように実際には、比較的小さな変形で最大耐力を示し、それ以後は、急激に耐力が低下する。土壁の靭性は、大きくないことを理解しておく必要がある。

耐震診断と振動測定

木造建物の耐震診断は、（財）日本建築防災協会※3の発行する「木造住宅の耐震診断と補強方法※4」に基づいて行うのが一般的である。

その耐震診断に、振動測定を応用しようという提案がある。耐震性の高い建物は剛性が高く、固有周

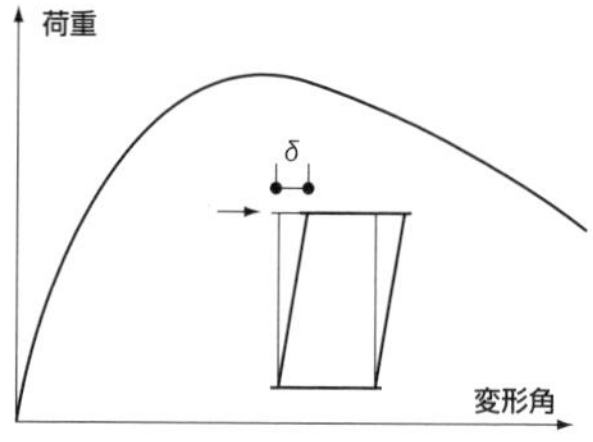

荷重
δ
変形角

図1　耐力壁の荷重変形曲線

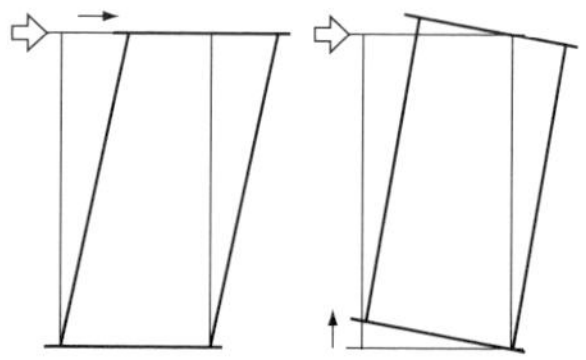

(a) 壁のせん断破壊　(b) 柱脚の引抜け

図2　耐力壁の破壊モード

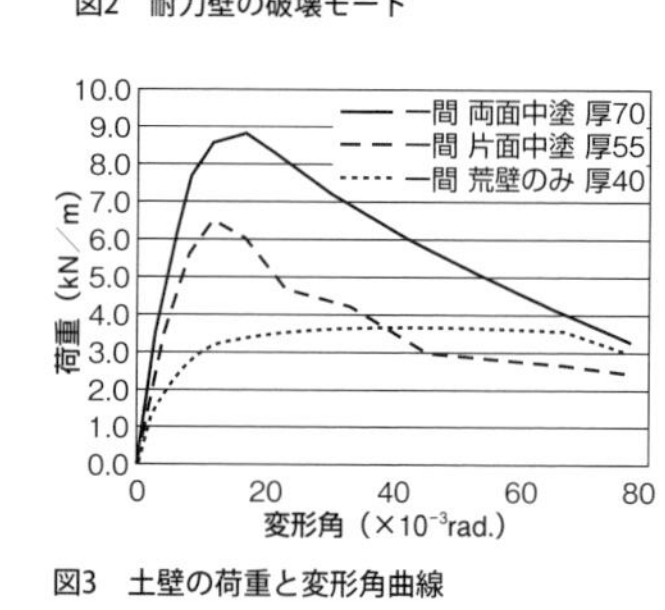

図3　土壁の荷重と変形角曲線

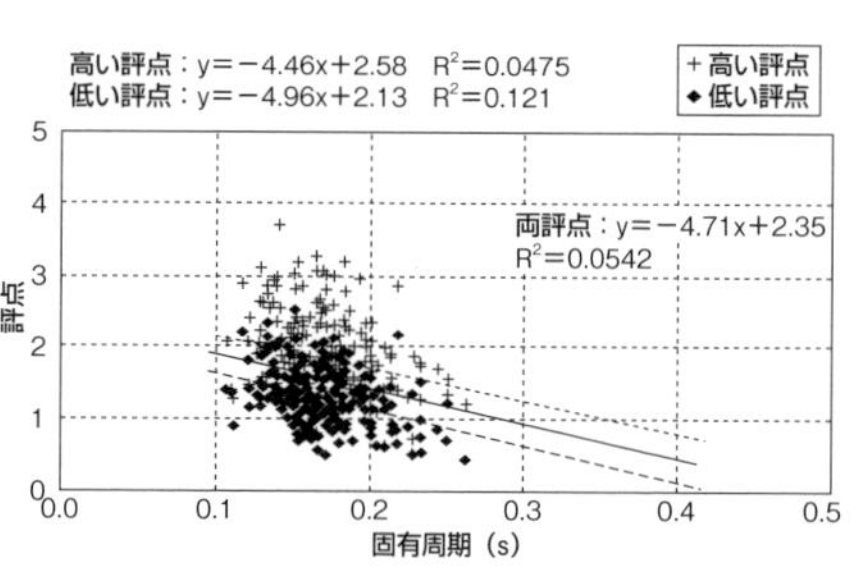

図4　固有周期と耐震診断の評点

期を求めれば、耐震診断ができるのではないかというものである。

図4は、微動測定による固有周期と耐震診断の関係を示している。[※5] 一定の傾向は見られるが、ばらつきが大きく、固有周期だけで、耐震診断を行うことはできないことが示されている。

これは、個々の耐力要素の剛性と強度の関係が一定でないためである。木造建物の壁耐力の評価法に、いわゆる「壁倍率」があるが、これは強度や剛性、靭性などを考慮した総合的な耐力の指標である。単純に剛性とは一致しない。例えば、モルタル外壁は、剛性は高いが耐力の評価は小さい。

ただし、振動測定によって剛さやねじれの傾向を把握することができる。耐震診断のための一つの参考指標として用いることは意味がある。

耐震改修と耐久性

耐震改修では、経年劣化をどのように評価するかも大きな課題である。

そもそも木材の腐蝕の進行程度は、個々の建物による差が非常に大きい。また、調査で何とか劣化の状況を調べたとしても、その強度への影響が定量化しにくい。

前述の耐震診断では、一般診断では、部位の存在点数と劣化部材の合計点数から、低減係数を与えている。

D＝1－(劣化点数／存在点数)

　D：劣化低減係数

建物全体として評価する場合には、このような部位ごとの重み付けで対応するのも現実的な評価法といえる。

一方、劣化が個々の耐力要素の荷重変形関係に、どのように影響するかは容易でない。劣化の仕方により、破壊モードが変わるからである。

このように、既存建物の耐力を詳細に評価しようとすると、むしろ新築よりも課題が多いことがわかる。

モルタル外壁

モルタル塗りは、戸建住宅の代表的な外壁構法である。日本では、都市防火を目的として、戦前からその普及が図られてきた。しかし、初期のモルタル塗り外壁のほとんどは、壁体内結露の対策がなかったことから、腐蝕・蟻害を受けていた。

モルタル塗り壁は、新しいときは、かなりの剛性・耐力を示すことが確認されている。しかし、上記のような耐久性上の問題があることから、耐力壁として認められてこなかったという経緯がある。

一方、現在のいわゆる「通気構法」のものであれば、耐久性の問題は相当改善されているといえる。そうした工法では、仕様が特定され、確実に施工できれば、耐力要素としての位置付けも可能であろう。

筋かいと合板壁

耐震改修の工法は、(財)日本建築防災協会が認定を行っている。そして、自治体が耐震改修に補助を行う場合で、特殊な工法の場合には、これらの認定取得を条件とする場合も増えている。ここでは、代表的な工法について、その要点をまとめる。

筋かいは、近代の現代の軸組構法の主要な耐震要素で、耐震改修でも多用されている。

筋かいの構造的な特徴は、圧縮と引張で効き方が異なっていることである。圧縮は、初期変形では、土台などの横架材のめり込みで性能が決定され、変形が大きくなってからは、座屈が決定要因となる。ただし、座屈は、せっこうボードなどの面材を併用することである程度は抑制することができる。

一方、引張は、筋かい端部金物などの引張に対する性能で決定されるが、1981年のいわゆる新耐震設計法以前は、2-N90程度の接合がほとんどであった。

構造用合板を用いる改修は、経費が小さく、かつ効果が安定しているので、壁の改変あるいは増設が可能な場合は、最も推奨できる構法の一つといえる。

構造用合板壁の構造的な特徴は、釘接合のため、施工のばらつきが小さいことである。特殊な技能を必要とせず、釘の大きさや間隔で性能を調整することも可能である。また、荷重と変形の関係も、剛性・強度・変形性能ともに安定したループを描く。外壁面に直張りすれば、柱頭・柱脚の接合に対する補強効果も期待できる。

なお、近年は、構造用合板のような面材の接合に、木ネジ（ビスと呼ぶこともある）が多用されているが、この木ネジの長さが小さくなる傾向がある。ネジ長さの小さいものは、変形能力が小さい傾向があるので、建物全体の変形性能を考慮して釘・ネジなどを決定したい。

接合部

接合部の補強は、耐震改修の具体的な実施例では最も多いケースであろう。

また、比較的簡易な方法であるため、悪質な業者が多いのもこの部位である。床下や小屋裏に金物を取り付けて高額な代金を請求する例が多い。多くの書籍で、「木造住宅の耐震性確保の第1は壁の量」と記述されているが、一般には浸透していないようである。一般的な建物では、まず壁量を確保して、それが確実に性能を発揮するように接合を補強すると考えるべきである。

さて、接合部補強は、その役割の大きさから、三つに分けることができる。

第一は、引抜けやずれを防止するための補強金物である。もともと木造の継手・仕口は、材同士が勘合されているので、「抜けなければ、ほぞなどでせん断性能は確保できるはず」という観点に立つ補強である。主として、「引き抜けないための金物補強」で、現在の補強金物の多くは、このタイプである。

第二は、金物で鉛直荷重も負担しようとするものである。もちろん、前述の第1の機能も備えている。ほぞなどの材自身の性能では性能が不足するという立場に立つものである。

第三は、接合部で、モーメント抵抗の性能も持たせようとするもので、方杖タイプのものなどがある。

この第三のタイプは、板厚の大きい立派な金物が多いが、柱が曲げで破壊しないように注意しなければならない。

水平構面

近年、新築の建物の設計でも、水平構面の重要性が高まっている。耐震改修では、床の強度・剛性の小さい建物が多いので、なおさらである。

特に重要なのは、構造用合板などの耐力壁を追加した場合である。古い建物にこのような剛性の高い壁を追加しても、床面に力を伝達する能力がないと、床が部分的に変形して、建物全体の変形は小さくならないことが考えられる。また、耐力壁を取り付けた部分に力が集中して損傷するなど、逆効果となることもあり得る。

床の強度・剛性を確保する最も効果的な方法は、構造用合板を張ることである。併せて、接合部の外れを防止する補強を施すことで、相当の効果が期待できる。

基礎の改修

基礎の改修は、容易でない。本格的な改修には、土台から持ち上げて、改修することになるからである。不可能ではないが、費用が大きくなる。

鉄筋コンクリートの基礎で、ひび割れが入っているようなものは、ひび割れをエポキシで充填するなどの改修がある。

無筋コンクリート造の基礎の場合には、基礎立ち上がりの側面に、アラミド繊維などを貼る構法が提案されている。アラミド繊維は、鉄筋コンクリート造建物の柱の補強などにも用いられている材料で、引張強度が非常に大きい。そこで、基礎立ち上がりの側面に、主筋の代わりにしようというものである。しかし、基礎は、曲げ性能だけでなく、せん断の性能も必要である。それらの繊維質の材料は、せん断の補強効果は小さいので、別途、せん断補強の機構を用意する必要がある。

耐震改修と地盤

建物の地震被害が地盤の影響を受けることは、いまさら指摘する必要もないであろう。近年の地震でも、そうした被害例が報告されている。現在の建築基準法は、地震時の揺れの大きさは、地域係数Zで考慮することとされている。しかし、この係数は、地域ごとの長期的な地震の活動度を考慮したものである。敷地の地盤情報や、傾斜地といった地形条件の設計への取り込みは、設計者に任されている。近年の地盤情報の整備状況を考慮すれば、よりきめ細かく地盤情報を設計に取り入れることも可能なのではないだろうか。

例えば、内閣府から、１㎞メッシュの「揺れやすさ」が示されている。そして、より小さな単位で「揺れやすさ」を整備するように求めている。こうした情報をもとに、設計にあたっての地震力の大きさを設定するのも、一つの方法であろう。

なお、傾斜地などの地形情報は、例えば地盤崩壊というように、地震動の大きさによる被害とは別の被害形態となることが多い。地形条件は、単に地震力を割り増すのではなく、擁壁や地盤改良、基礎の形式といった別の解決策も必要である。

まとめ

建築基準法は、その適用範囲を新築と限ってはいないが、主として新築建物を想定してつくられている。しかし、建物の長寿命化が求められる現在にあっては、今後、既存建物の改修が建築行為に占める割合が大きくなっていくことは間違いない。既存建物の改修にかかわる評価法・設計法の整備が求められている。

※１　その後、耐震改修促進法は改正され「２０２５年までに、耐震性が不十分な住宅をおおむね解消する」と、目標も変更している。
※２　最近は、金属の塑性時の履歴エネルギー吸収能力も活かした「金属塑性系」も増えている。
※３　現在は一般社団法人
※４　日本建築防災協会：木造住宅の耐震診断と補強方法、２００４年７月
※５　田端・大橋：微動測定とその耐震診断への応用の可能性、日本建築学会構造系論文集、２００７年６月

初出：建築技術2012年8月号

09——木造住宅の耐震性——耐震改修のすすめ

東北地方太平洋沖地震

2011年の東北地方太平洋沖地震では、甚大な被害を生じた。中でも木造建物では、津波によって大量の住宅が流され、多くの死者を生じた。木造関係者として、残念でならない。謹んでお悔やみを申し上げたい。地震から生命・財産を護るための最大の防御は、住宅を耐震化することである。

ここでは、木造住宅の耐震補強の重要性と、震度、入力地震動の関係を考察する。

木造住宅の耐震性

東北地方太平洋沖地震が、従来であれば三つ以上の地震に分かれるような広い震源域であったことから、各地で従来の地震による想定震度・被害予測の見直しが行われている。そして、それによると、多くの地域で、従来の震度を大幅に上まわる揺れが予想されるとされ、耐震改修の重要性が改めて指摘されている。木造住宅の耐震性を論じるときに、まず、建設年代によって、その耐震性能が大きく異なることを忘れてはならない。

当たり前のことではあるが、実は、このことを理解していない建築関係者は多い。しかも、構造関係者でも状況は変わらない。例えば、1995年の阪神・淡路大震災の際に、神戸市では木造住宅の大きな被害を受けた地域が、東西に帯状に分布していた。そこで、「この下に隠れた活断層があるに違いない」との発言もあった。しかし、筆者は異なった感想をもった。「その帯は、古い時代に建てられた木造住宅の分布に違いない」。構造の専門家といえども、専門外の構造には疎いのが現状である。

また、地域による差も大きい。後述するように、都市部の住宅では早くから耐震性の高い構法が普及するが、地方ではかなり遅れて普及することが知られている。

また、住宅をつくる業者による差も大きい。軸組構法は、ツーバイフォー構法のようには、仕様が細かくは定まっていない。そこで、業者によって、建てられる住宅の構法が大きく異なっている。これが、軸組構法の開発を促進してきた面もあるが、一方で、出来上がる住宅の性能に、大きなばらつきがあるのも事実である。

いずれにしても、木造住宅の耐震性を、一律と考えるのは間違っている。

高い耐震性能

そして、現代の木造住宅の耐震性能は、一般的には相当に高い。最大耐力は、ベースシア係数で0・8〜1・0に達する建物も少なくない。実物大の振動台実験などで、実証済みである。

今回の地震でも、例えば、**写真1**は石巻市で被災した住宅である。津波により1階部分は大きくえぐられているが、倒壊せずに残っている。これだけの「片持ち」状態で崩壊しないのも不思議だが、この状態で、本震以降の大きな0余震にも耐えたというのだから驚きである。木造住宅は、重さに比して耐震性能が高いことが理解できるであろう。

もう一つ、この地震において、木造住宅の耐震性を象徴するような被害を示す。**写真2**である。[※1] この住宅は、津波を受け、べた基礎ごと浮き上がって移動し、隣の建物にぶつかって止まったというものである。昔の住宅であれば、上部構造が崩壊したであろうことは容易に想像できる。現代住宅の多くは、省エネ対策や防犯などの理由により、開口部が小さくなっている。特に、今回の被災地域は、寒冷な気候から、西南日本の住宅ほど開口は大きくない。そうした建物では、壁が多く、気密性が高い。また、床下換気口のない工法も一般化していることから、**写真2**のような被害になったと推定できる。

❶津波で被災した木造住宅（石巻市）

❷津波で浮き上がって移動した住宅

震度階と木造住宅の被害

ここで、誤解している向きも多いので、震度階と木造の被害を整理しておきたい。

耐震講習などで受ける質問に、「木造住宅は、震度いくつまで大丈夫か」、あるいは「震度7でも大丈夫ですか」というものがある。これは、実は、簡単には答えられない質問なのである。

気象庁の震度階は、阪神・淡路大震災までは、人間が決めていた。したがって、それまでの震度7は、ばらつきがあり、宝塚市付近の被害は、同じ震度7でも、東灘など他の地域に比べると被害の程度はかなり軽い。

兵庫県南部地震の翌年、1996年に、震度階は改訂されて、現在の計測震度になった。震度5強、5弱、6強、6弱が追加されたのは、このときである。そして、その際、従来の震度7の下の方（震度7は上限がないため）の揺れは、震度6強に入ることになった。つまり、同じ震度7でも、阪神・淡路大震災以前と現在では違うのである。まず、このことを理解しておく必要がある。こうした内容は、月刊「建築技術」でも北村二郎氏が詳しく指摘している。[※2]

そして、震度7の揺れは、簡単には観測されない大きな揺れとなった。その後、震度7が観測されたのは、新潟県中越地震のK-NET川口をはじめとして数えるほどしかない。兵庫県南部地震の、強烈な地震動として有名な「JMA神戸」も「JR鷹取」も震度6強である。2011年の東北地方太平洋沖地震でも、震度7は1か所でしか観測されていない。

建築基準法と震度階

一方、建築基準法が、建物に求めている耐震性能は、どのくらいかといえば、「震度6弱から震度6強の下の方」程度といってもよいだろう。前述のように、JMA神戸やJR鷹取は震度6強であるが、建築基準法の想定する大地震よりも大きいというのが、構造関係者の一般的な見方だからである。事実、振動台実験で、建築基準法ぎりぎりの性能につくった建物にそれらの地震動を加えると、倒壊してしまうのである。つまり、建築基準法は、震度7に耐えうるような性能は求めていないのである。

木造住宅の軽さと雑壁

ところで、この木造住宅の耐震性と震度階の関係をわかりにくくしているのは、気象庁の震度階の解説である。これを**表1**に示す。[※3]

これによると、「耐震性の高い木造建物」は、震度7でも「稀に傾くことがある」と記されているだけである。一体、どういうことであろうか。

ポイントは、「木造住宅の軽さ」と「雑壁」である。

先の**写真1**を見れば、その理由を理解できるであろう。現代的な木造住宅の単位面積当たりの重量は、

表1　震度階と木造住宅

震度階級	耐震性が高い木造建物（住宅）	耐震性が低い木造建物（住宅）
5弱	—	壁などに軽微なひび割れ・亀裂がみられることがある
5強	—	壁などにひび割れ・亀裂がみられることがある
6弱	壁などに軽微なひび割れ・亀裂がみられることがある	壁などに軽微なひび割れ・亀裂がみられることがある 壁などのひび割れ・亀裂が多くなる 壁などに大きなひび割れ・亀裂が入ることがある 瓦が落下したり，建物が傾いたりすることがある。倒れるものもある
6強	壁などにひび割れ・亀裂がみられることがある	壁などに大きなひび割れ・亀裂が入るものが多くなる 傾くものや，倒れるものが多くなる
7	壁などのひび割れ・亀裂が多くなる 稀に傾くことがある	傾くものや，倒れるものがさらに多くなる

表2　震度階の解説（人の体感・行動）

震度階級	人の体感・行動
5弱	大半の人が，恐怖を覚え，物につかまりたいと感じる
5強	大半の人が，物につかまらないと歩くことが難しいなど，行動に支障を感じる
6弱	立っていることが困難になる
6強	立っていることができず，はわないと動くことができない。揺れにほんろうされ，動くこともできず，飛ばされることもある
7	

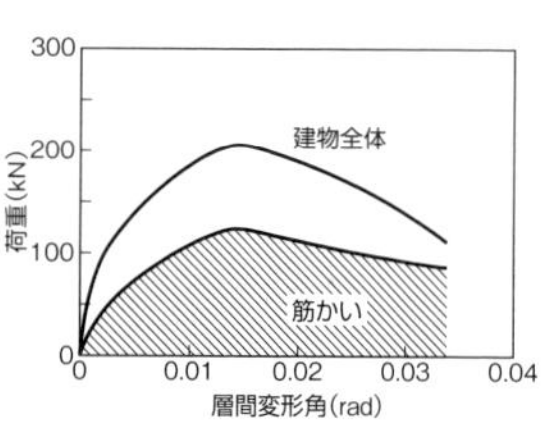

図1　建物の保有する耐力の割合の例

鉄筋コンクリート造よりもはるかに軽い。したがって、地震力の絶対値が小さい。

一方、存在する耐力は、いわゆる無開口壁の耐力壁に加えて「無開口の雑壁」、そして「垂れ壁・腰壁」が追加される。この耐力壁以外の耐力が、大きな余力となっている。

阪神・淡路大震災以降、実物大の住宅を用いた振動実験が数多く行われた。その結果、現代の木造住宅の多くは、耐力壁の負担している割合は、**図1**のように建物全体の耐力の50～60％で、残りは、いわゆる雑壁などが負担していることが明らかになった。雑壁が、非常に大きな割合を占めていることがわかるであろう。雑壁がたくさん入っている住宅は、それだけ余裕があるということである。

そして、必要耐力が比較的小さいので、壁が多いと、たちまち耐力の余裕度を引き上げてくれるのである。

例えば、40坪程度の木造住宅の場合、1階階高の中間より上の重さは250kN程度であろう。その1階部分の地震力は50kN程度となる。壁倍率2・5の構造用合板壁は、1mで約5kNの許容耐力があるので、10mあれば足りることになる。そして、その最大耐力は、許容耐力と最大耐力の比、および安全率を考慮すると、120～150kN程度が期待できる。そして、現代住宅で開口が少ない場合には、先の「無開口雑壁と垂れ壁・腰壁」で、最大耐力が100kNくらいあるであろう。合計すれば、200～250kNくらいになる。絶対値で、それだけの最大耐力があり、しかも一般に靭性も高いので、震度7でも「希に傾くことがある」程度になるのである。

震度階との付き合い方

ところで、震度階は、もともと「揺れの体感の度合い」を示すのには適しているといわれている。これを**表2**に示す。しかし、建物の被害とは、必ずしも一致しない。話をさらに複雑にしているのは、同じ震度7でも、建物を破壊・倒壊させる力が、地震動によって大きな差があることである。2011年の東北地方太平洋沖地震でも、宮城県栗原市で震度7を計測したが、大きな被害は生じていない。もちろん、そこは特に強い建物ばかりの地域ということではない。また、過去の地震でも、「震度に比して被害が小さい」という報告がなされたこともある。気象庁の**表1**の解説でも、「注3」として、「木造建物の被害は、地震の際の地震動の周期や継続時間によって異なる。平成20年（2008年）岩手・宮城内陸地震のように、震度に比べ建物被害が少ない事例もある。」と述べている。

震度は同じでも地震動の周期特性や継続時間によって、建物の被害に大きな差が生じるのである。震度と被害の関係は、全体の傾向は合っているが、詳細には、「震度と木造住宅の被害は比例しない」のである。一般の人は「震度階＝建物被害の程度」と捉えがちだが、必ずしもそうではない。震度階とはその程度のもの、揺れの目安だと見ておくのが妥当である。

地震入力の議論を始めよう

まとめると、建築基準法の求める耐震性能では、阪神・淡路大震災などにおける激震地域の揺れに耐えることができない。一方、実際の建物は、性能にばらつきが大きい。強いものは震度7でも大破もしないが、弱いものは、震度6強の下の方でも倒れるものもあり得る。それが木造住宅と震度の関係である。

そして、一般の人は、「震度が建物の被害の程度を示すことができる」と思っているが、実態はそうでもない。揺れによっては、同じ震度7でも、ごく普通の地域でも被害が小さい場合がある。

これでは、一般の人はもとより、建築関係者でもなかなか理解できないであろう。

建築基準法と入力地震動のレベルの関係、地震動と被害の関係、そして被害をどのような指標で表すか。地震入力のことを、改めて議論すべきときがきている。

木造住宅の耐震補強

さて、前述したように、一般的な現代住宅の耐震性は高い。しかし、もちろん、木造住宅がすべて安心とはならない。**表1**にもある「耐震性が低い木造建物」が、大量にあるからである。そして、これらの既存の建物の耐震性能を上げることが求められている。今後の地震における木造住宅の被害を少なくするために最も重要なのは、既存建物の耐震性能を上げることである。耐震診断・耐震補強の意義がここにある。

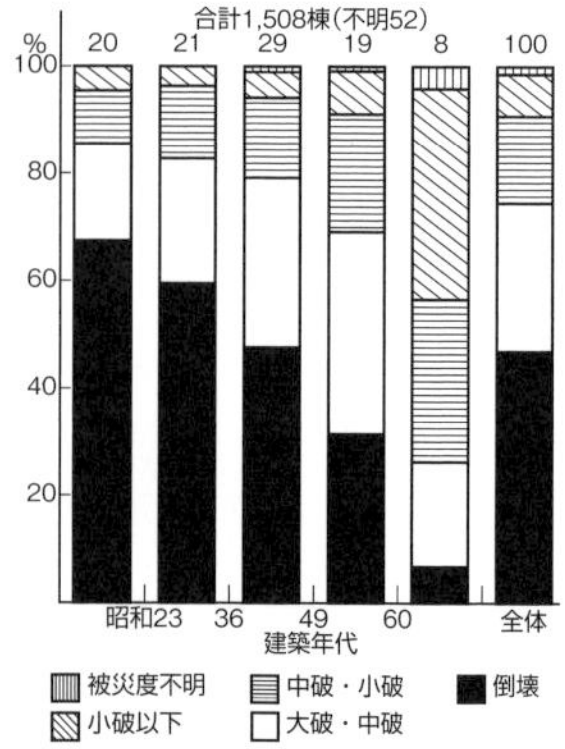

改めて、**図2**を見てみよう。これは、阪神・淡路大震災における、東灘区西部の2階建住宅の被害を示している。[※4] 昭和60（1985）年以降に建設された住宅の倒壊率は7％であるのに対して、昭和23（1948）年以前の住宅は約68％である。明らかに、建設年代が古い建物に被害が多い。

これらの補強すべき建物を、ここでは、大きく二

図2　2階建住宅の建設年代別の被害割合

つに分けることにしよう。第一は、比較的壁は多いが、強度の小さい壁でできているものである。都市部の住宅に多い。第二は、壁がそもそも少ないもので、農家型の住宅に多い。

内装下地の強度アップを

第一の「壁は多いが、強度の小さい壁でできている建物」は、比較的、耐震補強の選択肢も広い。さまざまな工法が提案されている。例えば、先の**写真1、2**もそのヒントとなる。つまり、比較的壁のある住宅の場合は、現在ある壁を強化できれば、相当の耐力を確保できる。そのために、内装下地の石膏ボードを利用して耐震性能を上げることを提唱したい。

昭和50（1975）年代以降の住宅の内装下地は、ほとんどの住宅に石膏ボードが使われている。石膏ボード壁は、もともと非耐力扱いなので、一般に、釘も長さ25㎜程度と貧弱で、かつ20～30㎝間隔と、「石膏ボードが留まっていればよい」程度にしか打たれてこなかった。

しかし、石膏ボードは、所定の釘（GN40など）を15㎝間隔、四周打ちすれば、壁倍率1・0程度を負担できる耐力壁になりうるものである。そして、別項で述べるように、壁の耐力は、釘打ち間隔に比例するので、もっと沢山の釘を打てば、実質的な耐力を、さらに上げることができる。内装のビニルクロスの仕上を剝がして、現れた石こうボードを、GN40の釘を7・5～10㎝間隔で打てばよい。できれば、桁まで到達させたいが、天井の下までであっても、しないよりはいい。この方法は、既存のボードに、釘を増し打ちするだけである。これを実行するだけで、相当に耐力を向上できるはずである。

もちろん、壁の耐力が上がれば、柱脚など接合部の補強も必要になる。上記の工事と併せて、壁周辺の接合部の補強をすることが望ましい。しかし、壁だけの補強でもしないよりははるかにいい。改修と併せて行ってもよいし、本格的な改修までの対策としても有効である。

壁の少ない建物の補強

問題は、第二の壁の少ないタイプである。しかも、この種の建物は、一般に、建物重量が重いものが多いので、さらにやっかいである。比較的、固有周期も長いので、地震動によっては、震度6強以下でも、倒壊する可能性も高い。

こうした建物は、まず、何とか壁を増やしたい。特に面材の壁は耐力を高めやすく、施工者によるばらつきも小さい。壁を増やすのが最良であるが、どうしてもできないときには、さまざまに提案されている耐震補強工法、あるいはそれを併用して採用するしかない。

自分の生命は自分で護る

大震災ともなると、救助もすぐには来てくれない。自分の生命は自分で護ると考えなければならない。現状では、耐震改修は必ずしも多くはないが、一方で、設備的改修や断熱改修はたくさん行われている。これらのリフォームと併せて行えば、経費の節約にもなる。何としても、木造住宅の被害を削減しなければならない。

※1　スモリ工業㈱提供
※2　北村二郎：建築基準法の抜本的見直しのために、建築技術2011年1月号〜5月号
※3　気象庁HPより
※4　村上雅英：3・3東灘西部地区全数調査、平成7年阪神・淡路大震災木造住宅等震災調査報告書、日本住宅・木材技術センター、1995年10月

Ⅳ. 木造住宅に係る制度

2000年は、木造建築の法制度の大きな転換点であった。建築基準法が改正され、また、いわゆる品確法も制定された。建築基準法の改正は、「性能規定化」が唱えられ、設計の自由度が上がるとの期待が高かったが、ふたを開けてみると、仕様規定が細かくなったものも多かった。

木造分野の仕様規定では、阪神・淡路大震災における分析をもとに、①基礎の有筋化、②四分割法の導入による偏心の確認、③筋かい・柱頭柱脚接合部の仕様強化、などが追加された。これにより、とにかく兵庫県南部地震程度の地震で倒壊しない仕様が提示できたことの意味は大きい。この効果は、後の2016年の熊本地震で証明されることになる。

一方、品確法の性能表示では、耐震・耐風・耐積雪などについて、基準法レベルを等級1として、その上の性能レベルが設定された。新築の住宅の性能レベルが、基準法レベルを上回ってきていることの現れでもある。木造の耐震等級に関しては、①基準法と異なる壁量設計、②床倍率の導入による床構面耐力の検定、などが新設された。

「最低基準」を示す基準法と、その上の性能を定義する性能表示とは、役割も異なっているが、壁量設計の内容が異なっているなど、全体として整合は次の課題として残された。

初出：建築技術2000年10月号

10――建築基準法施行令・品確法の概要

改正建築基準法・施行令に関連する告示が2000年5月31日に発表され、6月1日から施行された。木造建物関係でも多くの規定が改められた。構造計算の枠組みが整備され、また、いわゆる「仕様規定」の充実が図られた。

一方、同年7月19日、「住宅の品質確保の促進等に関する法律」の性能表示関連告示が明らかになった。そこでは、具体的な評価法が必要なことから、木造住宅における新しい構造設計の手法も示されている。

ここでは、その概要と意義をまとめる。

施行令改正の概要

今回の基準法改正は、全体の枠組みに大きな変更はなかった。「性能規定化」という言葉で代表されたが、基準法全体が性能規定化されたわけではなかった。性能規定の考え方を取り入れた新しい検証法、限界耐力計算が加えられたが、それは、構造計算の一つの選択肢として加えられたに留まった。この計算を行うことによって、従来、大臣認定を必要としたような構法も、認定が不要となったが、従来の構造計算は、おおむねそのまま残された。従来の構造計算についても若干の改正は加えられたが、それらは内容を充実させたと見るのが適切であろう。

木質構造に関わる部分は、構造計算する場合に関わる部分と、「仕様」で建てる場合に関わる部分の二つに分けることができる。

以下、順に見ていくことにする。

構造計算する場合

構造計算する場合に関わる改正は、①計算ルートの整備、②荷重外力の改訂、③許容応力度の変更の三つに集約できる。

計算ルートの整備

前述のように、今回の施行令で、新しく限界耐力計算という計算ルートが設けられた。

構造計画
仕様規定
新ルート
限界耐力計算
耐久性仕様
荷重・外力
建物
現行ルート
許容応力度計算
保有耐力計算
補足仕様
一定規模以下の建物
仕様
その他の検証方法・仕様
民間の検証方法・仕様
その他

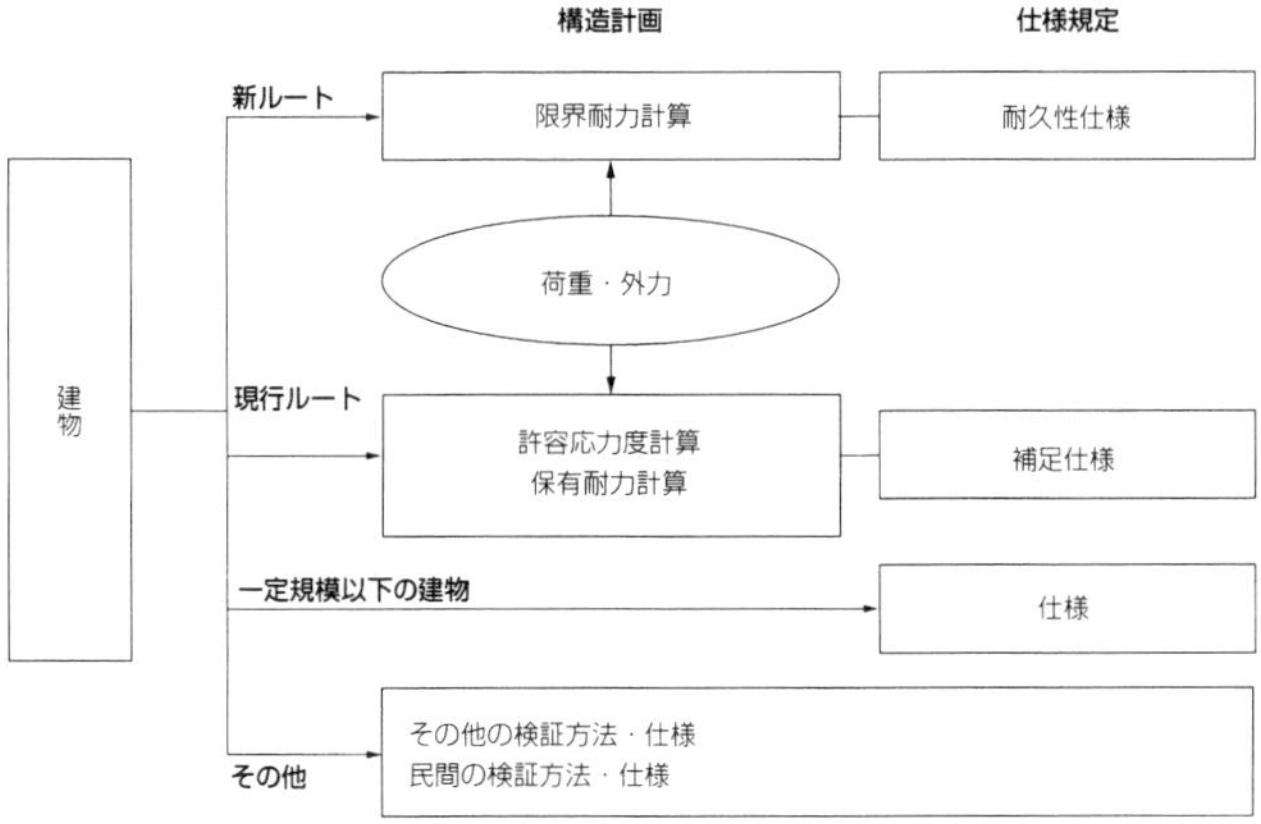

図1　計算ルートの整備

もちろん、このルートは木造建物も、採用することができる。

しかし、現状はこのルートを採用する例はほとんどない。というのは、この計算では地震や暴風積雪に対して、安全限界の検討も行うが、そのためには部材、接合部などの終局耐力が必要となるからである。そうしたデータが、現状では十分には揃っていない。

ところで、告示で示された限界耐力計算の詳細は、性能規定化という主旨から見ると、いくつかの部分が固定的すぎるのではないだろうか。

例えば、建物の固有周期はこの手法では入力の大きさを決める決定的な要素であるが、木造建物は、保有耐力設計の際にも用いられた0・03hをそのまま組み込んでいる。構造形式の多様な木造建物を一律、そのように扱うのは無理があるように思われる。構造形式ごとに定めるのが相応しい。例えば、木造の場合は剛性の高い接着パネル工法も、剛性の低い柱梁構造も同じ式を用いることになるからである。

荷重・外力

風荷重は大きく変更された。その内容は、日本建築学会が「建築物荷重指針・同解説」としてまとめていたものを、一部修正して採用している。

基準風速と係数を掛け合わせて求めるものである。係数には、平均風速と瞬間風速の比率、地表面の粗さによる減速効果、高さ方向の分布係数、建物形状による風力係数、などが含まれる。

また、大きな変更点の一つに、これまで全国一律であった風速を、地震と同じようにそれぞれの地域ごとに値を定めたことである。具体的には50年の再現期間として、平均風速を設定したとされる。

この改正によって、従来の$60\sqrt{h}$で求まる値とを比較すると、低層建物では地表面粗度区分がⅢでよいことから、平均風速38m／秒までの範囲では$60\sqrt{h}$を上まわることはないようである。

ただし、壁量設計で求められている耐力壁の量よりはかなり多くなる。壁量設計では$40\sqrt{h}$により求められている、とされるからである。

許容応力度と荷重継続

限界耐力計算の整備に合わせて、木質系材料の許容応力度の扱い方が変更された。大別すると、①許容応力度の表記方法の変更、②荷重継続との関係で許容応力度の扱いを変更、の2点である。

許容応力度の表記法の変更は、これまで許容応力度を直接表記していたのを、基準強度をまず与え、それから許容応力度を求めることとしたものである。

これは、基準強度を用いる限界耐力計算を念頭においたものである。基準法の目標は人命を守ることであり、その検証には大地震や極めて稀に生じる耐風、積雪に対して検討が必要である。この表記法には、許容応力度計算は終局時の性能を間接的に検証するための計算法という位置付けが示されている。

また、荷重継続との関係で許容応力度の値が変更されている。木材は、従来、短期の許容応力度は長期の2倍であったが、今回は**表1**に示すように、2：1.1に変更された。長期が1.1に変更されたのは、建物の耐用年数を50年と定めたことによる。

表1　荷重継続と木材の許容応力度

荷重継続時間	木材の許容応力度
長期	1.10/3×基準強度 F
長期積雪	長期許容×1.3＝1.43/3×基準強度 F
短期積雪	短期許容×0.8＝1.60/3×基準強度 F
短期	2.00/3×基準強度 F

また、積雪の扱いが大きく変更された。従来、積雪は多雪区域では長期扱い、それ以外では短期扱いとされた。しかし、それぞれが3か月、3日相当とされ、基準強度の1・43／3、1・6／3の値を採用することとなった。

これによって、多雪区域では許容値が上がることになり有利になるが、積雪短期地域では木材の許容値を下げなければならない。従来よりも、断面が大きくなる可能性がある。

なお、外力が「短期」「長期」の概念でできているため、許容応力度もそれをもとに割り増し、割り引きしているが、以上のように、荷重継続の観点からは「短期」「長期」という2本立てでは不十分で、改める時期にきているといえるだろう。

仕様規定による場合

今回の施行令の改正で、仕様規定は大幅に充実したものとなった。木造建物の「仕様」は、細部に渡って手直しされた。改訂の大きな変更点は次の三つである。

①基礎仕様の特定
②耐力壁配置の規定
③継手・仕口の特定

上記のうち、①基礎仕様の特定は令38条に記述があり、その他は令第3章3節に記述されている。いずれもこれまでの施行令では、仕様の内容を詳細には定めていなかった部分である。

仕様規定の改訂内容については別項で詳述するので、ここでは項目を挙げるにとどめる。

ところで、これらの改正の条文を見ていくと、一つの傾向があることに気づく。ここでは、仕様規定改正の傾向を整理することにする。

改正の傾向

木造の仕様は令40条から述べているが、これまでの条文には、多くの場合、「ただし、構造計算又は実験により、構造耐力上安全であることが確められた場合においては、この限りでない。」という、但し書きが加えられていた。

しかし、今回の改正ではこうした部分はほとんどの場合、「建設大臣の定める基準に従った構造計算によって構造耐力上安全であることが確かめられた場合においては、この限りでない」と変更されている。また、45条本文や46条表1に示されている筋かいの必要寸法などの記述の後に、これまでは「又はこれと同等以上の耐力を有する筋交いを入れた軸組」というように、同等の記述が見られた。しかし、今回の改正では、この部分は削除されている。

これらからわかるように、内容が特定されていない「計算」や「実験」は削除され、「建設大臣の定める基準に従った構造計算」に従うこととされた。すなわち、告示によって、その同等を検討する手法を特定している。より厳密性を高めたといえる。

また、これまで構造計算を行うと壁量が増えるという逆転現象が生じていた。[※1] 今回の改正では一般的な構法としての「仕様」を定めているが、それはやや厳しめに定められている。これに対して、構造計算など詳細な検討を行えば、むしろ諸々の仕様が緩和できる方向につくられている。計算によらないものは安全側に厳しく仕様を定め、計算によって確認されたものは緩和するという「構造計算重視」が示されたといえる。

仕様規定と構造計算

構造計算を必要とする建物の種類は、基準法6条および20条で定めている。2階建までの木造住宅、いわゆる「4号建築物」は構造計算が求められていなかったが、一昨年の基準法改正でもその枠組みは変わらなかった。

前述のように、今回の施行令の改正で、構造計算で安全性を確保していくことが大きな方針として打ち出されている。そうであれば、21世紀を迎えようとしている今日、「全ての建物は構造計算によって安全性を確認する」ことを、むしろ原則としてもよかったのではないかと思われる。そして、木造や組積造などに採用されている壁量設計を、構造計算の簡易手法と位置付けることも可能だったのでないだろうか。

ほとんどの戸建住宅が採用しているいわゆる壁量設計は、現状では「仕様」の中に入っており、施行令にいう「構造計算」ではなく、「仕様」の一部と位置付けられている。

基準法は「仕様」を定めるところから始まっているために、計算が補助的な位置付けであるが、その関係が逆になってもよいのである。

また、仕様規定には、構造計算を行うことで、その仕様を外すことができるという条文がしばしばでてくる。特に、構造性能の根幹である壁量の部分にも、構造計算によりそれを外すことができるという規定がある。

壁量設計と構造計算

令46条の2項という規定がある。この条文は、集成材などの材料を用い、建設大臣が定める構造計算を行えば、壁量を満たさなくてもよい、という条文である。これまで、大断面の集成材に適用されてきたものであるが、今回の改正では大断面でなくても、この条文が適用できることになった。

そこで、早速、この条文を適用して、軸組として構造計算を行うことで壁量を満たさないルートを採用しようとしているところがある。

従来、このシステムは大臣認定を受けて建てていたのである。しかし、今後は許容応力度計算と層間変形角を求めることで建築できることとなった。

どの構法なのかが重要

これらの例を見てみると、今後は、開発した建物がどの構法として法律を適用するか、が重要であることがわかる。

逆にいえば、法律の側は構法の定義が重要で、例えばツーバイフォー構法は、その告示第9によれば、耐久性以外はほとんどすべてを適用除外とすることができる。換言すれば、ほとんどの木質系構造をツーバイフォー構法として、設計が可能である。ツーバイフォー構法としてのよりどころは、告示の前文しかないのである。告示前文には「枠材に合板を釘で打ち付けた構造」との記述があり、これにより範囲を限定しているにすぎない。

しかし、軸組構法は令3章3節そのものであり、そこには「この節の規定は、木造の建築物又は木造と組石造その他の構造とを併用する建築物の木造の構造部分に適用する。」とされ、構法の定義がない。どの構法に相当するかの判断は、建築主事が行うことになる。

建築基準法の地震に対する目標は、大地震時に建物が倒壊しないことである。中地震に対する許容応力度計算でよいものは、併せて守らなければならない各種の仕様を満足していることで、一定以上の靭性を確保できることがわかっている必要がある。

46条2項を適用する場合でも、壁量以外の仕様規定は守らなければならない。しかし、そうした建物がすべて靭性が高いとは限らない。特に、ラーメン構造などは、挙動が大きく異なっている。

適用に当たっては、建物は十分な靭性が確保できるかどうかを確認する必要があるのではないだろうか。その意味で、新しい構法が次々と開発されている今日こそ、旧法38条のような個別に検討するルートが必要と思われるのである。

品確法の概要

次に、品確法・性能表示に移ろう。いわゆる品確法は、正式には「住宅の品質確保の促進等に関する法律」という。瑕疵保証、紛争処理と並んで、性能表示はその柱の一つである。住宅の諸性能を基本的に等級で示そうとするものである。

そのうち、構造安定性能は**表2**のように六つの項目について表示することとなっている。

評価の基準は、原則的に建築基準法の要求する外力のレベルを等級1とし、外力のレベルを何倍か、たとえば地震では、1・25倍の外力レベルに対して設計されているものを等級2と呼ぶ。**表3**に各性能項目と、その外力レベルの関係を示した。

表2　性能表示の構造安定に関する表示項目

表示項目	表示方法
①耐震等級（構造躯体の倒壊防止）	等級1～3
②耐震等級（構造躯体の損傷防止）	等級1～3
③耐風等級（構造躯体の倒壊・損傷防止）	等級1～2
④耐積雪等級（構造躯体の倒壊・損傷防止）	等級1～2
⑤地盤または杭の許容支持力とその設定方法	許容支持力：○○kN/m^2 地盤調査方法：○○○○式
⑥基礎の構造方法と形式	○○○造○○○基礎

表3　性能表示の外力レベル

表示事項	等級	外力の大きさ
①耐震等級 （構造躯体の倒壊防止）	等級3	基準法大地震レベルの1.5倍（C_0=1.5）
	等級2	基準法大地震レベルの1.25倍（C_0=1.25）
	等級1	基準法大地震レベル（C_0=1.0）
②耐震等級 （構造躯体の損傷防止）	等級3	基準法中地震レベルの1.5倍（C_0=0.3）
	等級2	基準法中地震レベルの1.25倍（C_0=0.25）
	等級1	基準法中地震レベル（C_0=0.2）
③耐風等級 （構造躯体の倒壊・損傷防止）	等級2	（倒壊）基準法レベルの1.6倍×1.2倍
		（倒壊）基準法レベルの1.2倍
	等級1	（倒壊）基準法レベルの1.6倍
		（倒壊）基準法レベル
④耐積雪等級 （構造躯体の倒壊・損傷防止）	等級2	（倒壊）基準法レベルの1.4倍×1.2倍
		（倒壊）基準法レベルの1.2倍
	等級1	（倒壊）基準法レベルの1.4倍
		（倒壊）基準法レベル

構造計算する場合

その評価方法は、建築基準法で構造計算を要求されている建物は構造計算によって評価し、いわゆる「仕様」に従って建てているものは、「仕様」による評価方法を採用するのが原則である。したがって、軸組構法で構造計算による場合の、具体的な方法は以下の二つである。[※2]

①許容応力度計算
②限界耐力計算

個別に限界耐力計算を行うケースは、現実的にはほとんどないと考えられるので、当面、構造計算による場合というのは許容応力度計算による場合を意味している。[※3] 品確法における構造計算は、評価法に定めるように、荷重・外力をそれぞれ割り増して計算を行えばよい。

ところで、一般に、木造住宅の許容応力度計算は、建設省（当時）が監修し、㈶日本住宅・木材技術センターが編集した「3階建て木造住宅の構造設計と防火設計の手引き」がテキストとなっている。

しかし、この中に示されている構造計算項目は今や不十分である。この本では一般に、今回、品確法・性能表示で定めた床倍率や接合部倍率に相当する部分の詳細計算は行われないからである。現在、計算内容の改訂が検討されている。[※4]

いわゆる「仕様」による場合

仕様によって確認する方法は、今回、著しく充実した。

水平力に対する評価方法は、原則的に壁量によっている。必要壁量と有効壁量を比較することで判定される。その意味で、方法自体は基準法と同様である。しかし、壁量だけでなく、その他の仕様も詳細な検討を求めている。詳細は別項に譲るが、品確法では、基準法の仕様に以下の4点を追加している。

①品確法・新壁量
②耐力壁線間隔
③床倍率
④接合部倍率

壁量は、基準法壁量と品確法壁量の二つが併存することから、当分の間は混乱するだろう。「型式性能認定」を取得する場合には、壁量のような簡便な仕様でチェックすることになるが、個別に評価する場合には、基準法壁量と品確法壁量の両者を確認することになる。

改正施行令・品確法の意義

今回、木造の「仕様」が細かくなったことで、従米よりは構法としてのまとまりが取れてきたと思われる。しかし、これらの「仕様」を外れるものは、途端に限界耐力により計算しなければならない。

そこで、46条2項を拡張して適用していくことが可能性として広がったが、今後どこまで広く適用できるかは不明である。また、ツーバイフォー構法が、基準法改正前に告示改正されていたことから、改正施行令の軸組構法と必ずしも整合が取れていない。例えば、ツーバイフォー構法は、告示第9によって、仕様を外した場合には保有耐力設計が求められており、限界耐力計算のルートは実質上存在しない。また、以上のように、これまで定性的な表現しかなかった「仕様」のいくつかは、改正でより詳細な記述に変更された。その意味では、今回の改正は性能規定化を目指したが、木造に関しては従来の方が性能規定的であったといえなくもない。この基準法の改正が20世紀最後の改正に相応しいかといえば、木質構造にとっては、やや中途に終わった感がある。しかし、一方、品確法・性能表示ではしがらみがないだけ、基準法の問題点の多くを修正する方向でまとめられたといえる。

全体像は、基準法壁量と品確法壁量が並立するなど、過渡的な状態となったが、今は21世紀を目前にした過渡期である。その意味では、現在に相応しいといえるかも知れない。

※1　この逆転現象は、現在も解消されていない。
※2　法律上、ルート3の保有水平耐力計算もあるが、木造軸組工法では、高さが31mを超えないと、このルートは必要とされない。
※3　その後、主に伝統的木造住宅を対象として、手引き書が作成されたことから、限界耐力計算によって建てられたものも増えている。
※4　この後、（財）日本住宅・木材技術センターにより「木造軸組工法住宅の許容応力度設計」いわゆるグレー本としてまとめられた。

初出：建築技術2000年10月号

11──2000年改正仕様規定の概説

2000年の基準法改正は、「性能規定」という言葉で代表されたが、全体の枠組みに大きな変更はなく、必ずしも全体が性能規定化されたわけではなかった。具体的な内容が時代に合わせて整備されたと、見るのが適切であろう。木造軸組構法についても同様で、枠組みに変化はない。

木造に関わる部分は、構造計算に関わる部分と「仕様」に関する部分の二つに分けることができる。

ここでは、施行令改正の内容のうち、住宅を「仕様」に従って建てる場合、すなわち、いわゆる壁量設計を行っている場合の変更点を見てみる。また、併せて品確法・性能表示での仕様を述べる。

仕様規定の改訂

木造建物の「仕様」は、細部に渡って手直しされたが、改正の大きな変更点は、次の三つである。[※1]

①基礎仕様の特定
②耐力壁配置の規定
③接合部の特定

いずれも、旧法では「仕様」が特定されておらず、定性的な記述に留まっていた部分である。

一方、品確法・性能表示では、これ以外にも、④耐力壁線の規定、⑤床倍率の規定、⑥接合部倍率の規定、などが追加されている。順次見ていこう。

基礎仕様の特定

基礎の仕様は、令第38条に規定されている。したがって、これは木造に限った仕様ではなく、各構造共通の仕様として改訂されたものである。

なお、基礎の仕様は基準法と品確法では差がない。品確法は基礎の仕様を明示することを求めているだけである。[※2]

まず、地耐力に応じて選択できる基礎の形式を指定している。**表1**のような構造形式から選択することを定めている。ちなみに、告示では、SI単位で記述されている。

地耐力との組合せで選択できる構造形式の関係を定めているが、その内容自体は、特に新しいものはない。従来でも常識的に考えられてきた関係が整理されたと、考えることができる。

ただし、地耐力との関係で整理したことで、実質的に建物を建設する際には、毎回、地耐力を測定するということが定められたことになる。この意義は大きい。

基礎形式と仕様

告示は、続いて基礎杭の構造、べた基礎の構造、布基礎の構造を定めている。

基礎杭は、①鋼管杭、②遠心鉄筋コンクリート杭、および③場所打ち杭について、その仕様を定めている。木造住宅の場合には、一般に杭を打つことは少ないが、例えば鋼管杭では肉厚6㎜以上で杭直径の1／100以上、などと規定している。

一方、べた基礎の構造については、断面の寸法や最低の配筋を定めている。ただし、基本的には金融公庫仕様書程度のもので、これまでよりも著しい変更を必要とするものではない。

ここで問題となるのは、べた基礎スラブの配筋を、ダブル配筋とすべきかどうかという点であろう。構造技術者は、構造的に有効に働かせるにはダブル配筋が必要であるという。一方、実務関係者は、ダブル配筋するにはコンクリートの厚が200㎜以上必要となり、コンクリート自重が大きくなり、却って不同沈下を起こしやすくなるという指摘がある。

その点、今回の告示はダブル配筋を規定していない。シングル配筋でも可としている。

布基礎の仕様については、基礎底盤の幅と、断面寸法および配筋を定めている。

基礎底盤の幅は**表2**の値以上とし、その断面や配筋の最低量を定めている。

表1　地耐力と基礎の構造

地耐力	選べる基礎の構造
2 t/m^{2}未満	基礎杭
2 t/m^{2}以上3 t/m^{2}未満	基礎杭またはべた基礎
3 t/m^{2}以上	基礎杭，べた基礎または布基礎

表2　地耐力と布基礎底盤の幅

地耐力	平屋	2階建	3階建
3 t/m^{2}以上5 t/m^{2}未満	30 cm以上	45 cm以上	60 cm以上
5 t/m^{2}以上7 t/m^{2}未満	24 cm以上	36 cm以上	45 cm以上
7 t/m^{2}以上	18 cm以上	24 cm以上	30 cm以上

表3　品確法の地震に対する壁率（等級2の場合）（cm/m^2）

		一般地域	多雪区域		
			1 m	1～2 m	2 m
平屋	軽い屋根	$18Z$	$34Z$	直線補間	$50Z$
	重い屋根	$25Z$	$42Z$		$58Z$
2階建の1階	軽い屋根	$45K_1Z$	$(45K_1+17)Z$		$(45K_1+33)Z$
	重い屋根	$58K_1Z$	$(58K_1+17)Z$		$(58K_1+33)Z$
2階建の2階	軽い屋根	$18K_1Z$	$34K_2Z$		$50K_2Z$
	重い屋根	$25K_1Z$	$42K_2Z$		$58K_2Z$

$K_1=0.4+0.6Rf$　$K_2=1.3+0.07/Rf$　Rf＝2階床面積/1階床面積　Z＝地域係数

表4　品確法の風に対する壁率（等級2）（cm/m^2）

基準風速	30	32	34	36	38	40	42
見つけ面積に乗ずる数値	53	60	67	76	84	93	103

表5　品確法で耐力壁と同等に見込める雑壁

軸組の条件	倍率
構造用合板，パーティクルボード，石膏ボード 壁の高さ36 cm以上 柱間2 m以下で両側が壁	60%×（壁高さ／横架材間距離）
木摺 高さ36 cm以上	0.5×（壁高さ／横架材間距離）

この基礎底盤の幅も、金融公庫（当時）仕様書に記載の寸法とおおむね変更がない。また、断面や配筋も同様である。その点で、大きな混乱はないであろう。

ただし、建物全体の構造計画的な面から見ると、不十分な点も残った。例えば、べた基礎の立ち上がりを設けるルールや、布基礎を設けるルールが定められていない。基礎の断面や配筋は負担面積との関係で決まるものであるから、配置のルールを定める必要があったのではないだろうか。

また、アンカーボルトに関する記述がほとんどない。建物を固定する重要部分であるだけに、より細かく記述してもよかったと思われる。

必要壁量

施行令の壁量設計における必要壁量は変更がなかった。阪神・淡路大震災でも1981年の新耐震設計法で建てられた住宅には、大きな被害はないと総括されており、必要壁量を変更しなければならない理由がなかったということであろう。しかし、例えば、ツーバイフォー構法では設定されている、多雪区域の壁量割り増しがないなど、いくつかの問題点も残ったままである。

一方、品確法・性能表示において**表3**および**表4**のような、新しい壁率が提案されている。「新壁量」と呼ばれることがある。こちらでは、いくつかの改良が加えられている。

①多雪区域の壁率の設定
②地域係数の導入
③部分2階の考慮
④上階の応答増幅を考慮

また、風に対する壁率では、改正された風荷重に基づいた壁率を定めている。

耐力壁強度の評価

耐力壁の強度（倍率）の評価法も、今回、見直しがなされた。最大のポイントは、倍率1・0がこれまで130kgf／mを基準としていたが、これを200kgf／mに改めたことである。同時に、雑壁などが建物全体の1／3を負担するとしてきたのを廃止した。構造計算と壁量設計の整合を図ったものである。

この見直しにより、これから開発される面材は、従来よりはやや小さい数値の倍率となろう。なお、すでに倍率を取得しているものの扱いは、今後の検討課題である。整合を図るためには、どこかの時点で見直しが必要となる。筋かいも同様で、新しい評価法では、三つ割筋かいの壁倍率はやや小さくなるといわれる。

また、品確法の新壁量では、耐力要素と見なす部分についても変更を加えている。実際の建物の耐力は、基準法上の耐力壁に加えて、**表5**のようにいわゆる雑壁も等価的に倍率を与えている。

左右されることが、しばしば指摘されてきた。実態に即した方法に変更されたといえる。

これによって、住宅を品確法に基づいて性能表示する建物では、基準法の壁量と品確法の新壁量という、二重の必要壁量・壁耐力の評価が必要になる。浸透するまでは混乱が予想される。

しかし、以上のように、基準法上の壁量は問題を残したままとなったが、性能表示を行う建物が大部分を占めることになれば、実質的には、壁量の全面改定といえる。

耐力壁線間隔

また、品確法・性能表示では、これまで軸組構法では用いられていなかった「耐力壁線」という概念を定義し、その最大間隔を決めている。耐力壁線の概念を導入したことは、今後の構造計画のルールづくりに重要な役割を果たすであろう。例えば、前述の布基礎の配置を耐力壁線と関係づけるなどが考えられる。

耐力壁線の間隔をどれくらい大きくできるかは、水平構面の剛性による。軸組構法の水平剛性は、ツーバイフォー構法に比べると、劣るものも少なくない。今回、設定された最大8ｍ、靭性の高い耐力壁を用いた場合の12ｍという数値は、ツーバイフォー構法の告示を意識したものであろう。

耐力壁配置の規定

いわゆる耐力壁の配置については、従来、「釣り合いよく配置する」という定性的な記述に留まっていた。今回、施行令告示によって、その配置に一定のルールが設けられた。なお、品確法・性能表示では、基準法のルールを満足することが条件となっている。

偏心の確認の方法には、二つの方法がある。
①壁量による方法（四分割法）
②偏心率を計算して０・３以下
仕様に従って設計する場合には、原則的に「①壁量による方法」を採用することになる。四分割法とも呼ばれる。その内容は、以下のとおりである（**図１**）。
①方向ごとに両端から１／４の部分の壁量を計算して、その充足率が１・０以上であること。

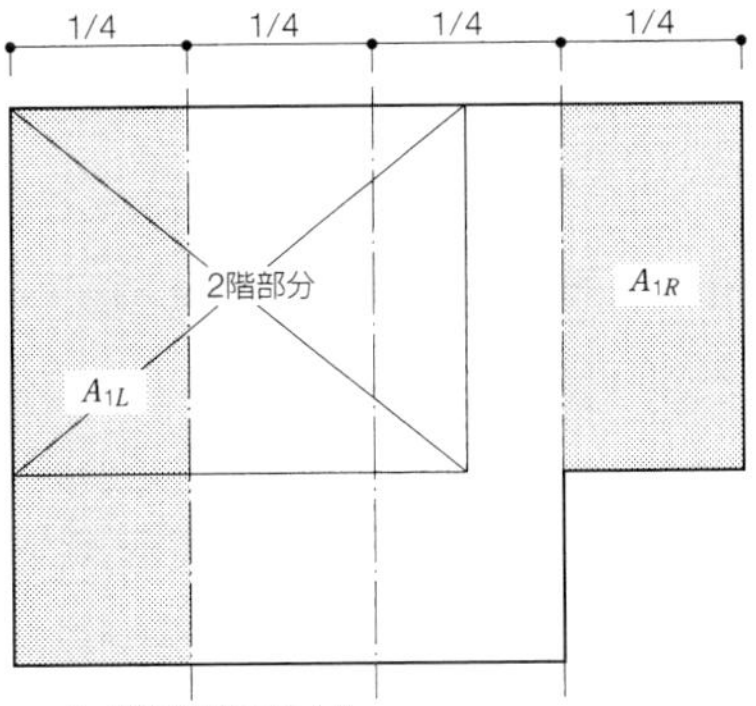

1/4 1/4 1/4 1/4

2階部分

A_{1R}

A_{1L}

A_{1L}部分の壁充足率≧1.0
かつ
A_{1R}部分の壁充足率≧1.0
または

$$0.5 \leqq \frac{A_{1L}\text{部分の壁充足率}}{A_{1R}\text{部分の壁充足率}} \leqq 2.0$$

注）A_{1L}は2階建の1階部分として充足率を求める
　　A_{1R}は平屋として充足率を求める

図1　四分割法の概要

②①を満足できない場合、その充足率の比が0・5～2・0に入っていること。

もちろん、前提条件として、平面全体としての壁量を満足している必要がある。また、充足率の比が0・5～2・0という設定は、結果的に偏心率が0・3程度以内に収まるように設定されている。

構造計算の保有耐力設計における偏心率は0・15以内を目安とし、これを超えると実質的な補強が求められている。ここで設定した偏心率0・3以内という数値は、戸建住宅の実際の間取りを考慮して、現実的に判断したものと考えられる。

ちなみに、ツーバイフォー構法では、

①開口部は耐力壁線の3／4以内
②耐力壁線相互の間隔は8m以内
③耐力壁線に囲まれる面積は60m^{2}以内

などの規定があり、これによって偏心を防いできた。そこで、ツーバイフォー構法では、これを守ることで、上記の規定と同等との見方がある。しかし、上記のルールが同等か、一度、検討してみる必要があろう。

なお、ツーバイフォー構法では、告示第9を適用する場合には、保有耐力計算が必要となるが、その場合、前述のように偏心率が0・15を超えると割り増しが求められている。

床倍率

また、品確法・性能表示では、水平構面の剛性を考慮して、床倍率という概念を導入した。

地震に対しての必要床倍率は、

$\Delta Q_N = \alpha \cdot C_E \cdot l$

ΔQ_N：必要床倍率

α：耐力壁の上下関係で決まる係数

C_E：地震必要壁量／200　l：耐力壁線間隔

また、暴風に対しては、

$\Delta Q_N = \alpha \cdot C_W \cdot l$

ΔQ_N：必要床倍率

α：耐力壁の上下関係で決まる係数

C_W：風必要壁量×0.014（2階建の1階は0.028）

l：耐力壁線間隔

これに対して、実際の床倍率を**表6**のように定めている。

これは、耐力壁線の項で説明したように、吹抜や上下階の耐力壁線にずれがある場合には、床の水平剛性が問題となるためで、建物の平面形状から最低限の床剛性を定めたものである。

表6　床倍率の例

床組・屋根の構造方法	下地の構造	留め付け方法	倍率
12 mm以上の構造用合板，または構造用パネル	根太@340 mm以下	N50 @150 mm以下	1.0
	根太@340 mm以下 渡りあご1/2以下	N50 @150 mm以下	1.6
	根太@340 mm以下 根太落とし込み	N50 @150 mm以下	2.0
24 mm以上の構造用合板	梁，小梁@1,000 mm以下	N75　4周に @150 mm以下	3.0
		N75　1方向に @150 mm以下	1.2
厚12 mm以上，幅180 mm以上の板	根太@340 mm以下	N50 @150 mm以下	0.3
90 mm角以上の火打ち		平均1本以上／3.3 m²	0.3
9 mm以上の構造用合板，または構造用パネル	垂木	N50 @150 mm以下	0.5

こうした構造計画的な項目が追加されたのは、壁量設計が成り立つ条件を整理したものである。すなわち、壁量設計は、壁の量が建物の性能を決定することを意味している。これは、その建物が、最終的には耐力壁で壊れることを意味している。一方、性能表示では外力の大きさが基準法レベルよりも大きくなるので、壁以外の部分で壊れないように担保しておく必要があるためである。

接合部の特定

接合部も従来の施行令では「存在応力を伝えるように緊結しなければならない（第47条）」という、定性的な記述に留まっていた。今回の改正で、この部分も「建設大臣が定める構造方法」によることとされ、告示が発表された。

しかし、今回の告示で示された接合部は、
①筋かいの端部仕口
②耐力壁脇の柱の柱頭・柱脚の仕口
に限られ、その他の接合部は従来のままの表現が用いられている。基準法で詳細が定められた接合部は上記の2項目のみである。

一方、品確法ではより詳細な仕様を定めている。構造計画的な要素も含めて、接合部倍率という新しい概念を導入している。基準法上の要求と品確法での要求に違いがあるので、混乱しないようにしなければならない。

筋かいの端部接合は、筋かいの倍率に応じて設定されている。内容は、金融公庫（当時）仕様書の内容を文章化したものである。特に、金物は日本住宅・木材技術センターのZマーク金物を念頭に記述されており、釘の本数や板厚などはそのまま同じである。

なお、この筋かいの接合をはじめとして、接合の仕様に関しては、「又はこれらと同等以上の引張り耐力を有する接合方法」と「同等」を認めている。日本住宅・木材技術センターが行っているZマーク金物の同等認定がこれに相当すると考えられる。

耐力壁脇の柱の接合も、筋かいの倍率に応じて設定されている。内容は、金融公庫（当時）仕様書の仕様の内容を文章化したものである。
①最上階か否か
②出隅か否か
最上階かどうかは、引抜き力の大きさと同時に、上階からの鉛直荷重による押さえ込みの有無を考慮したものである。また、出隅か否かは、出隅は引抜き力が大きくなることを考慮したものである。

なお、この接合の仕様に関しても同等を認めている。

接合部倍率

品確法・性能表示では、水平構面の剛性を確保することに加えて、接合部の強度性能を確保するために、接合部の要求性能もまとめた。基準法では、筋かいの端部と耐力壁両側の柱の引抜きに対する接合を定めている。品確法では、さらに床構面を構成する梁・胴差しなどの接合部を定めている。

また、問題の生じやすい部位には接合部倍率を定めて、一定以上の強度を有する接合部を求めている。

$T=0.185\times\Delta Q_E\times l$

T：必要接合部倍率

ΔQ_E：存在床倍率

l：耐力壁線間隔

実際の接合部倍率を**表7**のように定めた。

この規定も、床倍率同様、最終的には壁で壊れるように、それ以外の部位の強度を確保しておくためである。

表7　接合部倍率の例

継手・仕口の種類	留め付け方	倍率
長ほぞ	込み栓打ち	0.7
CP-T金物，またはVP金物		1.0
腰掛け蟻掛け，または大入れ蟻掛け	羽子板ボルト締め	1.9
腰掛け蟻掛け，または大入れ蟻がけ	羽子板ボルト2本締め	3.0

まとめ

今回、木造の「仕様」が細かくなった。仕様をこのように詳細な記述しなければならなくなったことは、逆にいえば、軸組構法の各部の仕様が、多様化していることを意味している。誰もが当然のことは規則として定める必要がないわけで、記述しなければならないほど、多様化が進んできたといえる。

今回、木造の「仕様」が細かくなったことで、3章3節のイメージする構法は、従来よりは具体的になってきたと思われる。

このように、仕様を定めるということは、具体的な構法を決めることであるが、施行令は、単に材料の点から分類している。しかし、構法開発が活発な今日、仕様を詰めれば詰めるほど、これらの仕様から外れるものが多くなるというジレンマに陥ることになろう。

※1　厳密には、「基礎」は木造の仕様規定（第3節）の外にある。

※2　詳しくは、品確法では、構造計算によって作成されたスパンを参照して、仕様を選定することを求めている。

初出：建築技術2001年6月号

12——品確法の構造設計とその意義

品確法が始まって一年、いよいよ性能表示が本格的に始動しようとしている。軸組構法でも、申請するものが徐々に増えてきている。一方で、それに伴って、基準の適用にあたって、どのように解釈すればよいのか、いろいろな課題がでてきている。

ここでは、全体にかかわる項目や、品確法評価基準の位置付け、意義をまとめる。

「仕様規定」と「構造計算」の関係

まず、「仕様規定」と「構造計算」の関係を整理しておこう。この二つの関係が整理されていないための混乱も多いようである。

品確法の評価基準によると、木造軸組構法建物の評価方法には、三つのルートがある。①限界耐力計算による方法、②許容応力度計算による方法、そして、③いわゆる「仕様規定」による方法、である。①限界耐力計算による方法は、まだ手法が確立していないことから、当面このルートを採用するものはないと考えられる。

問題は、②と③である。特に基準法の設計ルートとの関係が整理されていない。当面、基準法上の設計ルートと品確法上の設計ルートは同じと想定されており、品確法の告示にも、そのように記述されている。しかし、基準法で仕様規定を適用するものは、品確法上も必ず仕様規定に基づいた評価方法を採用しなければならないか、という点は未整理である。基準法上は、2階建までの住宅は、仕様規定によることが定められており、構造材が集成材などでない限り、構造計算による設計ルートはない。しかし、既存の3階建構造計算法を2階建品確法に適用したいという要望は多い。

後述するように、基準法は計算重視の方向が示されており、それは低層建物にも当てはまる。もちろん、基準法上も、構造計算による方法が適用できるようになるのがわかりやすい。しかし、将来的に、品確法だけでも許容応力度設計を使ってよいことになれば、許容応力度設計法が大いに普及するであろう。

施行令改正項目と品確法評価項目

次に、建築基準法仕様と品確法仕様の関係を再度、確認しておこう。

基準法で付け加えられた項目は、四つである。①基礎の仕様の特定、②筋かい端部接合の特定、③耐力壁両脇の柱の接合、そして、④4分割法による偏心の確認、である。

品確法評価法では、さらに、①雑壁を考慮した新壁量規定、②耐力壁線間距離の制限、③床倍率の規定、そして④接合部倍率の規定、が追加されている。

基準法は何を改正したか

これら、構造性能の基準は、やはり、兵庫県南部地震を念頭につくられている。兵庫県南部地震の被害調査の結果、筋かい端部の接合方法や、耐力壁両側の柱には大きな引抜き力が生じ、それを改良する必要があることを、多くの研究者が指摘した。基礎も同様に、鉄筋のないものに大きな被害を生じていることが報告されている。

基準法の改正された項目は、従来の施行令の問題点とされるうち、優先度の高い、効果の大きい項目を修正したといってよいだろう。本来、品確法で追加されている項目はすべて入れておきたいところである。それが入らないのは、基準法が最低基準を示しているためで、基準法の限界といえる。

「仕様規定」で定めていること

その意味で、新たに追加された分を含めても、仕様規定と呼ぶには現在の施行令は各部構造で定まっていない部分は多い。しかし、そもそも建築基準法の施行令で述べられていることは、土台の設置、柱の小径の規定、接合部の補強、など、いわば「注意事項」に当たる。つまり、誰もが当然行うべき内容については改めて規定する必要はなく、歴史的にも「仕様規定」は、問題の起こりそうな項目に絞って、注意すべき内容を記述している。

したがって、そこに記述されていないことは、自由であるという解釈は間違いといえる。

構造計算と整合させた品確法

仕様の充実と併せて、一昨年の基準法施行令の改正では、構造計算を重視する方針が示された。しかし、施行令の仕様規定は、必ずしも計算に基づいた仕様に統一されなかった。

一方、品確法の仕様は、「仕様規定」ではあっても、できるだけ構造計算との整合が図られている。その意味では、基準法の示した構造計算重視の方針を木造住宅について具体的に示したのが品確法の評価方法といえる。例えば、新壁量の規定はその例で、鉄筋コンクリート造などの構造計算で考慮されている動的な要因なども、できるだけ忠実に取り入れている。

その意味でも、品確法の評価法の多くが、次の基準法設計法に引き継がれていくものと考えられる。ただし、品確法の評価法に示された方法は、設計法としては一つの例に過ぎない。もろろん、設計法として完成したわけでもない。

浮き上がりを考慮した柱脚の設計

例えば、柱脚の設計は、現在は、とにかく壁が壊れるまで柱脚は壊れないようにする、という思想でつくられている。実際には、それは完全には貫かれていないのであるが、そうした設計の原則を示し、接合部の仕様を定めている。そのために、柱脚の金物は従来よりも厳しくなっている。しかし、柱脚が浮き上がりを許し、それを考慮したような設計法の開発はこれからである。

また、伝統的な構造物では、木材のめり込み性能を利用した貫構造や、柱の傾斜復元力を利用した構造などがある。これらの設計への取り入れもこれからである。

壁倍率は基準値の変更を

また、計算と連動という意味では、品確法用には別の倍率のシステムを採用してもよかったのではないだろうか。現在、壁倍率の評価法が変わったために、耐力壁の倍率の整合が取れないものがある。また、品確法では、雑壁を評価しているなど基準法と異なっているので、現状でも壁量設計は「二度手間」になっている。同じ倍率システムを採用する必要はないのである。

例えば、現在の壁倍率は、倍率1・0の基準が1・96kN／mであるが、これを1・00kN／mとしたらどうだろう。具体的には、壁や床の倍率をすべて現在の2倍とし、必要壁量も2倍する。その方がいろいろな場面で、どのような条件の下で設計しているのかわかりやすくなる。壁倍率は○○kN／mの単位を外しただけの数値となり、壁強さが把握しやすい。また、必要壁量は2倍になるので、2階建の1階でも120㎝などとなるが、それは、そのままm^2当たりの必要耐力が1・20kN（約120kgf）であることを示すことになる。

もちろん、現在の壁倍率でも換算すれば可能だが、一般にそのようには意識しない。強さを考えながら設計や開発をするためには、提案の方がわかりやすいであろう。

要求性能水準が上がった

基準法・品確法が構造計算と整合することを目指した結果、以前に比べると接合部などの仕様は厳しくなった。しかし、これは、二つの側面を持っている。

第一は、兵庫県南部地震以降、住宅に対する構造的な要求水準が上がったということである。特に、基準法改正や性能表示を経て、その傾向は一層明らかになった。兵庫県南部地震の揺れは、基準法を守っていても、ぎりぎりの設計の場合、倒壊してもおかしくはなかった。しかし、大部分の住宅は、軽微な被害に留まった。そこで、兵庫県南部地震でも倒壊しない性能が当然と受け止められるようになったことである。

伝統的構法の対応

しかも、性能表示制度では、それを相当の精度で確認できなければならない。これは、自由に設計し、自由に構法を変化させてきた軸組構法にとっては、大きな課題となった。従来のままのつくり方が、そうした新しい要求水準に適合しているのか、正確にはわからないからである。

特に、伝統的構法は、今回の品確法で厳しい対応を迫られている。当面例示された仕様には、伝統的な構法はほとんど含まれていない。伝統構法も、今までとは違った発想が必要である。つまり、伝統的構法も性能を表示できる時代になったという見方もできる。

今や、建物の性能がわからなくてもよい、という建築主はいない。そうした時代に、「伝統的な構法を守るために性能表示制度はいらない」という主張は本末転倒といわざるを得ない。逆に、積極的にデータをつくって示していくことが求められている。そして、現在はそれも可能である。

大地震でも倒壊しない「仕様」

第二は、第一のコメントに対する回答でもあるが、厳しくはなったけれど、今ようやく、「このルールに従って建てれば大地震で倒壊しない」ということを自信をもっていえる仕様ができた、ということではなかろうか。

鉄筋コンクリート造では、新耐震設計法の施行された昭和56年以降とそれ以前の建物では、耐震性に差があるということが暗黙のうちに了解されている。将来、木造住宅については、「2001年以降に建てられた建物なら大丈夫」といわれる時代が来ることになるのではないだろうか。

今後、品確法の仕様に従って建てられた住宅は、よほどの狭小建物や法律違反でない限り、基準法の想定する大地震でも倒壊することは考えられない。品確法仕様の評価はさまざまであるが、「まず、確実に大地震で倒れない仕様をつくったらこのようになった」と捉えるのが適切であろう。改良していくのはこれからである。

初出：建築技術2006年10月号

13——木造軸組住宅の構造計算のルート

木造建物の建築基準法上のルートは、いわゆる「壁量設計ルート」と「許容応力度計算のルート」が代表的である。しかし、2000年の法律改正で新たに追加された限界耐力計算は、実は木造で多くの事例がある。

また、さらに性能表示を行う場合には、基準法と同じ「仕様規定」でも、追加で検討する項目がある。ここでは、木造建物の構造設計のルートをまとめる。**図1**に、具体的な計算ルートを示した。

基準法・施行令と構造計算

建築基準法（以下、法）では、法6条で建築確認の必要な建物を規定している。そして、法20条の2で「設計図書の作成にあたっては、構造計算によって、その構造が安全であることを確かめなければならない」建物を指定している。ここで、3階建の木造は構造計算が必要とされ、2階建で延床面積が500m²以下、最高高さ13m以下・軒の高さ9m以下の建物は、構造計算が免除されている。令8節で述べてられている「構造計算」は、一般の2階建までの木造住宅では求められていない。

ちなみに、それらの建物は、法6条の4号に該当することから、「4号建築物」と呼ばれている。

次に、法20条に「建築物は、自重、積載荷重、積雪、風圧、土圧及び水圧並びに地震その他の震動及び衝撃に対して安全な構造でなければならない」と述べている。そして、36条に「建築物の安全上必要な構造方法及び構造計算の方法（中略）は、政令で定める」としている。「必要な構造方法」がいわゆる「仕様」であり、「構造計算の方法」が許容応力度計算や限界耐力計算に相当する。

次に、施行令（以下、令）の3章に構造強度がまとめられている。この令3章は、1、2節で構造設計や耐久性の原則を述べた後、3節から7節まで構造種別に「構造方法」を述べている。そして、8節に「構造計算」が記されている。

3節から7節までは、構造種別ごとに、原則的にすべての建物がいずれかの節を守らなくてはならない。3節が木造である。

一方、具体的な構造計算の手法は、8節に述べられている。許容応力度計算や保有水平耐力の計算が

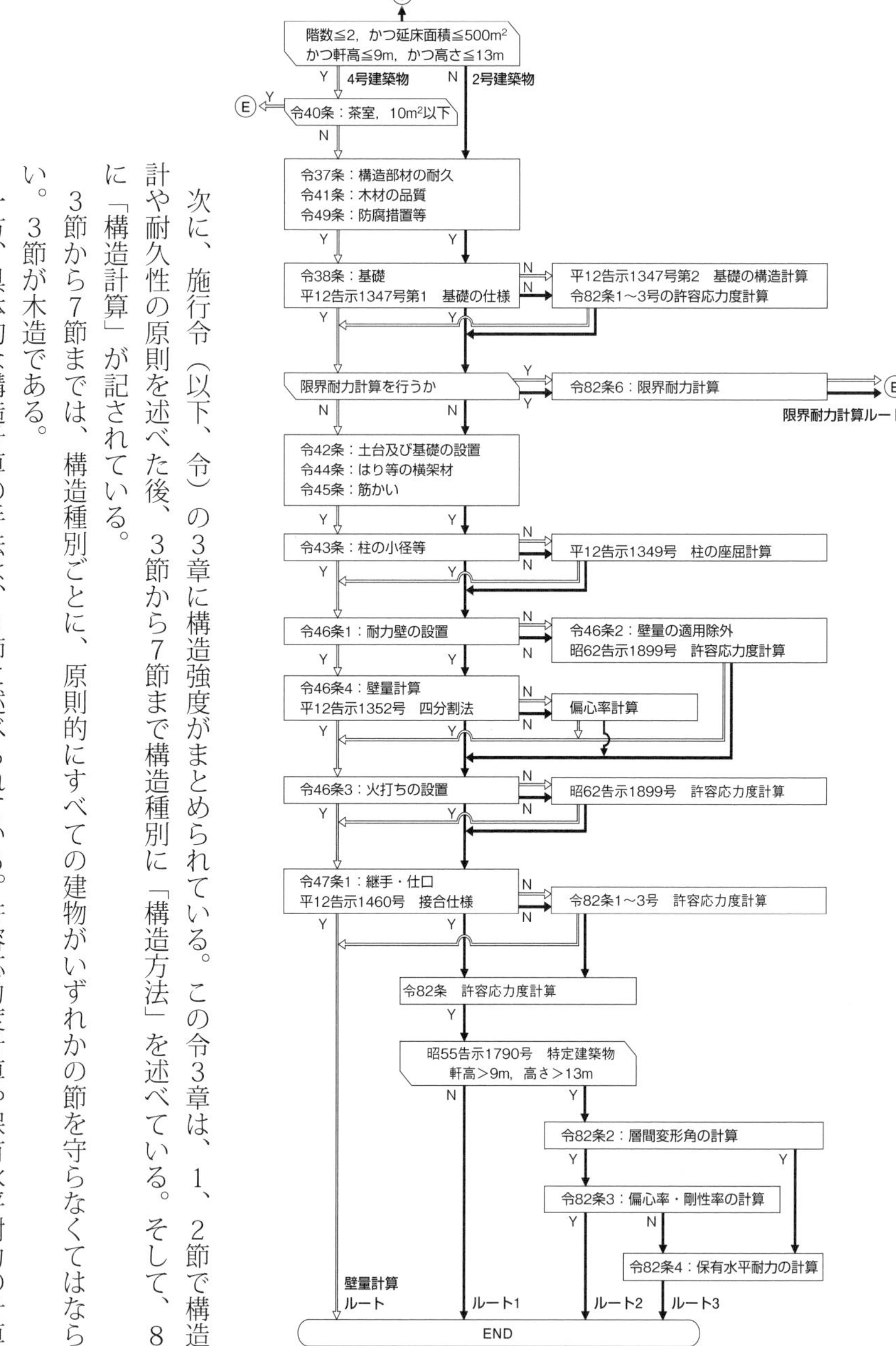

図1　構造設計のルート

ここに含まれる。限界耐力計算もここに追加されている。

つまり、2階建までの木造住宅は3節の木造の仕様を守ればよく、3階建は、3節に加えて8節の構造計算を行うことになる。

3節の仕様規定による場合と構造計算を行う場合に分けて見てみよう。

いわゆる「仕様」による場合

4号建築物である軸組構法の木造住宅は、令3章3節の木造の「仕様」によって建てることになる。水平力に対する設計の中心である耐力壁の量は、令46条4項の必要壁量を満足しなければならない。もし、主要な構造部材が、集成材等の材料で構成されている場合には、令46条2項の規定を使って、所定の構造計算（許容応力度計算と層間変形角の確認）を行えば、壁量を満足する必要はない。この令46条2項は、軸組構法を構造計算に誘導していく条項といえる。

ただし、令46条2項で許容応力度計算をすることによって外れる仕様は、1項の壁量だけであるから、フロー図でもわかるように、継手・仕口その他の3節の規定は、遵守しなければならない。

一方、品確法・性能表示における評価方法は、基本的に基準法の計算ルートに対応して作成されているので、4号建築物は基準法と同じように、仕様による方法がある。性能表示でどのような内容を検討しなければならないかは、別項で詳述しているので省略する。

基準法で、令46条2項を採用している場合には、同様に許容応力度計算において、荷重・外力を等級に応じて大きくして構造計算すればよい。ただし、壁量以外の仕様は、基準法と同様に守らなければならない。

構造計算をする場合

構造計算を行う場合のルートにはいくつかの選択肢がある。

まず、許容応力度計算である。許容応力度計算を行うものの範囲は、前述のとおりである。住宅でいえば、3階建や500㎡を超えるものなどである。また、前述のように、集成材等で令46条2項を適用したものも、実質的にこのルートになる。

また、許容応力度計算で性能表示を行う場合には、その外力レベルを等級に応じて大きくすればよい。

保有水平耐力の計算

鉄筋コンクリート造などでは、ルート3と呼ばれる「保有水平耐力の計算」のルートを採用するものが多い。木造では、一般的な用途の建築物の場合、31m超の特定建築物の場合にこのルートとなる。このフローからも、前項で述べたように、ルート2は許容応力度計算と一体となるべきものであることがわかるであろう。

保有水平耐力の計算を行うには、建物の構造特性係数がD_S必要となる。近年、木造建物の耐力壁の荷重変形関係の整理が進んで、それらの累加から、層としての荷重変形関係を求め、構造特性係数D_Sを求めることが定着してきている。木造建物で、ルート3の建物が増えても対応できる時代が来ている。

限界耐力計算

もう一つの選択肢は、限界耐力計算を行う場合である。木造建物も、3章3節に定められている各種の仕様から外れ、許容応力度計算で対応できない建物は、限界耐力計算を行うことになる。

2000年の法律改正直後には、木造で限界耐力計算を用いるものは、プレファブ住宅の型式認定を除くと、あまりないと予想されていた。しかし、伝統構法を中心に、木造建物での利用が増えている。法律に規定された限界耐力計算は、構造躯体の応答を中心としたことのみが規定されている。接合部や水平構面など、躯体の応答を担保する各部構造の設計を十分に行うことが肝要である。

まとめ

木造建物の設計ルートが整備されて、他の構造と同じように、さまざまな設計ルートが選択できる状態が生まれている。

一方で、近年の実物大振動実験の報告によると、壁量設計による住宅は、実質的に非常に高い耐震性を有することが示されている。

設計ルートの選択にあたっては、それぞれのルートの特徴を理解する必要がある。そして、各ルートで総合的に見て、どのような性能の建物が実現するのかを見極められる能力が求められる。以前にも増して、構造設計の重要性が増しているといえる。また、法律はすべてを記述してはいない。行間を尊重する姿勢が重要である。

初出：建築技術2009年10月号

14——長期優良住宅制度の概要と役割

2009年6月、「長期優良住宅の普及の促進に関する法律」（以下、長期優良住宅普及促進法）が施行された。いわゆる「長期優良住宅」の制度が、いよいよ動き出した。この制度は、「スクラップ・アンド・ビルトから、ストック重視へ」の転換を図る住宅政策の切り札といってもよいだろう。税制優遇の効果もあり、滑り出しは順調のようである。この制度を中心に、長寿命な住宅のあり方、つくり方を考えてみる。

長期優良住宅とは

まず、「長期優良住宅」をまとめておこう。「長期優良住宅」とは、「長期優良住宅普及促進法にもとづいて、行政庁から認定を受けた住宅」のことである。具体的には、長期使用のための基準を満たすように建築し、かつ、長期にわたる維持保全計画を作成しなければならない。そして、その住宅には、維持保全計画に沿って、点検および補修・更新の義務が課され、また、その記録の作成保管が義務づけられている。

建築に際しては、まず、一定以上の規模が求められている。原則的に、戸建住宅は75m²以上、共同住宅は1戸当たり55m²以上である。いずれも「長期優良」というからには、一人世帯を想定しても、この程度の大きさは必要ということであろう。

加えて、備えていなければならない性能の基準は、大きく三つに分けられる。①劣化対策や耐震性、維持管理容易性のように、建物が物理的に備えていなければならない性能、②可変性のように、社会的な変化に対応できる性能、③省エネルギー性能、バリアフリー性能のように、資産価値を高める性能。そして、それらの評価基準の多くは、いわゆる「品確法・性能表示」の性能表示制度がベースとなっている。長期使用の観点から、必要な項目を選択し、また、内容を追加・充実したものである。

劣化対策

性能表示の劣化対策の等級3が求められている。性能表示の劣化対策等級3は「3世代以上（75〜90年）」の耐用性を想定している。すなわち、100年弱に対しては、この劣化対策等級3で、対応済みということになる。そこで、「長期優良住宅」では、追加で、構造種類別に以下のような仕様・性能を求めている。

木造の劣化対策

木造の追加項目は、以下の3項目である。①床下空間ごとに点検口を設けること、②小屋裏空間ごとに点検口を設けること、③床下空間の有効高さを330㎜以上とすること。ただし、浴室の床下など、やむを得ない場合で点検が可能な場合には、それ以下でもよい。

たしかに、小屋裏と床下は、これまで劣化が頻発する箇所でありながら、放置される傾向があった部位である。

ところで、これらの追加の内容は、物理的な性能ではなく、「劣化事象を点検できること」に主眼がおかれていることが特徴的である。現在建設されている構法は、適切に維持していけば、物理的には、長期の使用に耐える性能があると見なしているともいえる。

耐震性

耐震性能は、性能表示の評価基準を利用する場合は、「耐震等級2以上」が求められている。

また、構造計算を行う場合で、限界耐力計算による場合には、設定した安全限界変形角の75％の変形角で基準を満たすよう設計することが求められている。

例えば、木造住宅の場合には、建物の安全限界変形を1／30とした場合には、長期優良住宅とするためには1／40 rad以下となるように設計することになる。

これは、耐震等級2が、基準法レベルの1・25倍の性能を有するということなので、おおむねその比率に近い数値を乗じたものといえる。

維持管理・更新の容易性／可変性

維持管理・更新の容易性は、同様に、性能表示の等級3を求めている。すなわち、①専用配管がコンクリート内に埋め込まれていないこと、②点検のための開口が設けられていること、などが求められている。

また、可変性は、戸建住宅には特に項目は設定されていないが、共同住宅と長屋については、躯体天井高さが2，650㎜以上が求められている。この基準は、木造住宅に限らず、実現にあたってはハードルとなる可能性がある。

省エネルギー対策・バリアフリー

前述のように、社会資産としての価値を高める項目に、省エネルギー対策とバリアフリーがある。省エネルギー対策の性能としては、性能表示の等級4を求めている。これは、いわゆる次世代省エネ基準に相当するものである。ただし、別項で述べているように、両者で異なっている部分もあるので、注意が必要である。

バリアフリーの対策も同様に性能表示を参照して、共同住宅には等級3を求めている。

「長期優良住宅」の基準に、省エネやバリアフリーの基準が入ったのは、結局、それらの性能が低いものはいずれ建替えが必要になり、長期の使用に耐えないという判断によるものである。

評価項目

さて、建物自身に求められる性能項目は以上であるが、もちろん、建物を長期にわたって使い続けて行くために、以上の項目で十分というわけにはいかない。同じ木造であっても、具体的な構法によって、性能項目に軽重ができるのは当然といえる。

また、立地の社会的な条件や地理的な条件によっても、補足的に条件を設定することはあり得る。それらを、適切に維持保全計画に盛り込むことが重要である。

厳密にいえば、個々の建物と地域の条件はさまざまで、性能項目は、建物1棟ごとに考えるべきものといってもよいであろう。

その意味では、以上の項目と内容は、長期に使うための最低限の基準ということもできる。

維持保全計画

「維持管理」が重要なのは、今さら解説を要しないであろう。

「長期優良住宅」では、点検の項目と時期が計画されており、必要な場合には補修を行い、また、それを記録する仕組みが整っていることが条件とされている。たとえば、点検の時期は、10年以内に設定することなどが求められている。

前述のように、一般的には、現代の構法は、適切に点検・更新していけば、十分に長期の使用に耐える性能を有している。それは、取り壊されている住宅のほとんどが、物理的な耐久性の問題ではなく、社会的な理由によるという実態が示している。

実際、長持ちしてきた住宅が、むしろ経済活動の低迷する地域に多い。日本は、これから人口減少とともに経済も縮小するとの見方も多い。そうなれば否応なしに、日本の住宅は長持ちさせなければならない時代がやってくる。そのとき、残っている住宅が、十分な性能を有したものであるように、今のうちに性能を高めておくというのもこの制度の一つの側面といえるだろう。

長期優良住宅と伝統的構法

伝統的構法の「長期優良住宅」への対応が見えてこない。伝統的構法は、そもそも長期にわたって使用されてきたという実績から、高い耐久性のヒントがあるとされた。

しかし、伝統的構法は、性能表示制度の利用実績も少ないことでもわかるように、今回の長期優良住宅の適用は難しいことが予想される。今回の制度が、性能表示を最大限に活用した制度になっているうえに、省エネの基準なども盛り込まれているからだ。

長期優良住宅には、同時に、地球環境を意識した二酸化炭素の排出削減や町並み景観などの視点もある。伝統的構法を、長期優良住宅のなかでどのように位置づけるか、議論が必要であろう。

長期優良住宅と性能表示

さて、2000年にまとめられた性能表示制度は、個々の性能の評価法としてまとめられている。今回の長期優良住宅の制度は、それを、どのように組み合わせて運用していくかのモデルを提示したものとも考えることができる。

とすれば、長期的には、たとえば自治体によって、地域の事情を勘案して、違った組合せで運用することも可能であろう。

いずれにしても、建物が、基準法を守るレベルから、それより上位の性能をどのように設定するかの時代に入ったことが明確になったといえる。

例えば、構造性能では、建築基準法を満たす程度では、阪神・淡路大震災の揺れでは、倒壊の可能性も否定できない。しかし、最低基準である建築基準法を変えることは容易でない。長期優良住宅の制度によって、実態として、ほとんどの建物が「耐震等級2以上」になれば、実質的に底上げが図られたことになる。

長期優良住宅と四号特例の廃止

また、一連の建築関連法律の見直しのなかで、小規模住宅のいわゆる「四号特例」の廃止が予定されていた。しかし、まだ実行されないでいる。ただし、長期優良住宅の申請求められる図書の整備を通して、実質的には、特例廃止と同様の効果も見込むことができる。また同時に、廃止の下地を整えることにもなるだろう。

まとめ

長期優良住宅の制度は、長い目で見れば、家を長持ちさせる考え方を浸透させる効果が見込める。また、確実に品質を確保する仕組みの構築にも役立つといえる。

長期優良住宅の制度を、質の高い住宅の普及に活かしていくのはこれからである。

V. 木造住宅・木造建築の構造性能の考え方

本章は五つの項で構成されており、木材から保有耐力計算、木造ラーメン構造まで、それぞれの項で、木造建築の構造の考え方を整理している。

まず、木材とはどのような構造材料なのかを改めて整理している。有機材料である木材は、異方性、含水率による強度特性への影響など、特徴的な力学的特徴を有している。そして、それらによって引き起こされる性能のばらつきを改めて把握しておきたい。

次に、壁量設計を中心とした仕様規定、および許容応力度設計の位置付け、具体的な内容などを紹介している。木造住宅の許容応力度計算は、そのプログラムが開発されたことから、急速に普及することとなった。近年、その普及は加速しており、木造住宅も「構造計算」の時代に入ることになる。

次に、木造建築の靭性と保有耐力設計について、現状と考え方を整理している。そもそも1981年のいわゆる新耐震基準のときから建物には靭性を踏まえた保有耐力で大地震に対処することが求められている。非住宅・中大規模の木造建築が増えており、いよいよ木造建築も、その設計法を整備するときがきている。

初出：建築技術2015年5月号

❶ 木材
15 —— 木質系材料の本質を知る

設計者が、初めて木造建築を手がけるときに戸惑うことは多岐にわたる。木材の強度のばらつき、クリープ、たわみ、耐火性、耐久性、そして、材料調達などである。

ここでは、各項目の概要と、知っておきたい、基本的な点について記述することとする。

心材は弱いか

第一は、心材と辺材の強さに関することである。建築関係者には、心材は色も黒いし固そうだということで、「心材の方が強い」と思っている人は少なくない。しかし、実際は、中心部は弱いらしい。

木材工業ハンドブックには、**図1**のような例が示されている。[※1] この図によると、樹はかなり合理的で、掘っ立て柱と同様に、曲げモーメントが加わったときに圧縮・引張の応力の大きくなるところの密度が高くなっている。つまり、木材は外周の密度が大きく、内部の密度は小さい。すなわち、外周の強度が高い。また、曲げモーメントが大きくなる根元に近いほど、密度が高いというのも理にかなっている。

ちなみに、樹に曲げモーメントを加える外力は、風である。

また、**図2**は、節の位置を模式的に示したものである。[※2] どの高さを想定するかにもよるが、根元近くでは、内部に節が多い。つまり内部は強度が低くなる。

以上の二つの理由により、木材は、内部の方が強度は小さいのである。

一方で、心材は、腐りにくく蟻害にも強いことが知られている。前述の建築関係者が考える「心材は強い」は、「耐久性が高い」ことを意味している。耐久性と強度の話が混乱しているのである。

曲げのひずみ分布

また、木材には、引張と圧縮の他に、「曲げ」の基準強度がある。力学的に、曲げは、引張と圧縮で説明できるので、それらの強度が同じであれば曲げの強度は不要で、実際、鋼には曲げの基準強度はない。

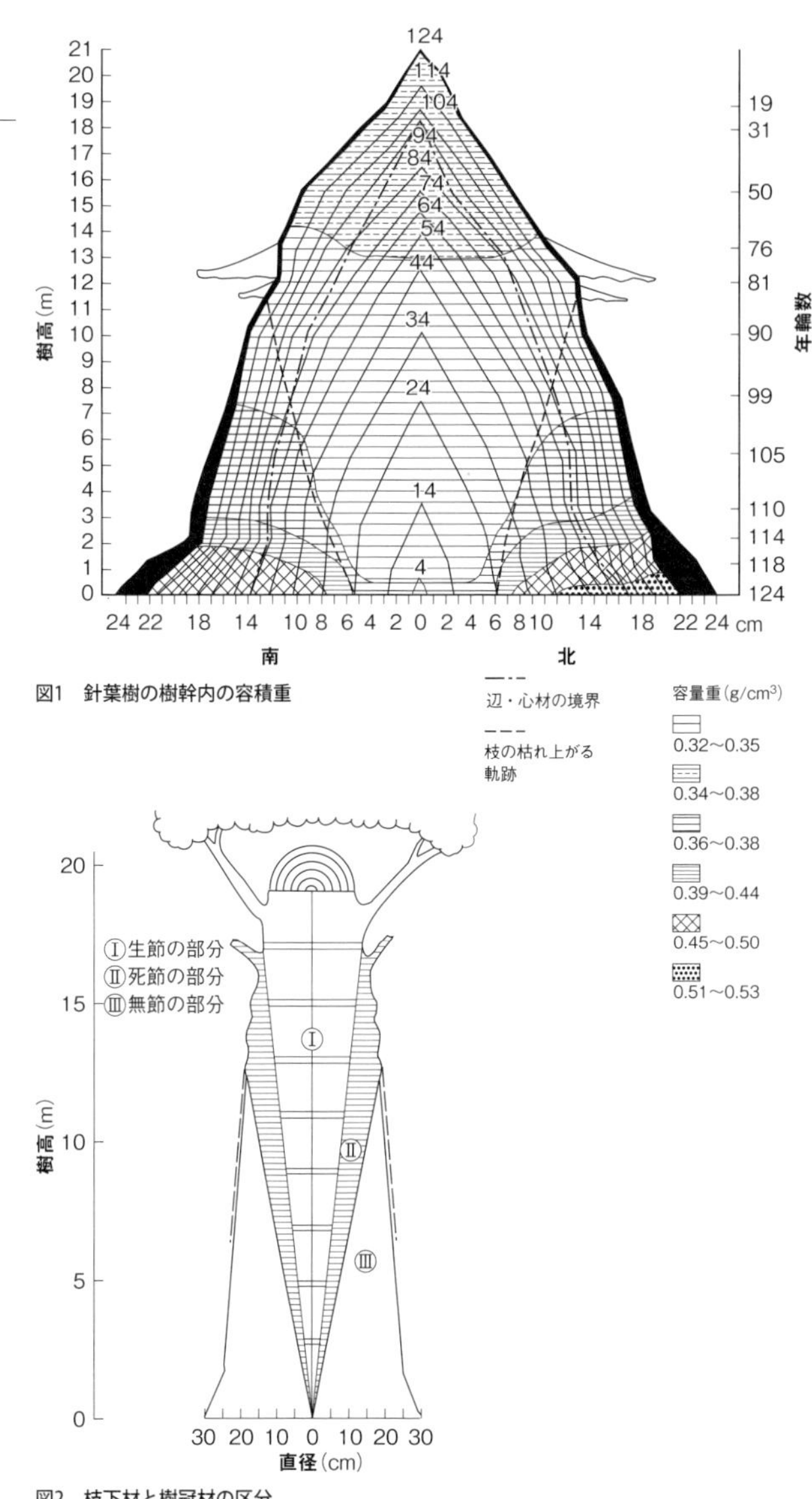

図1　針葉樹の樹幹内の容積重

図2　枝下材と樹冠材の区分

木材関係者には当然のことなのだろうが、建築関係者としては、きちんと説明しておいてほしい。これは、節などの欠点の、曲げや引張、圧縮への影響の仕方が異なるからのようである。

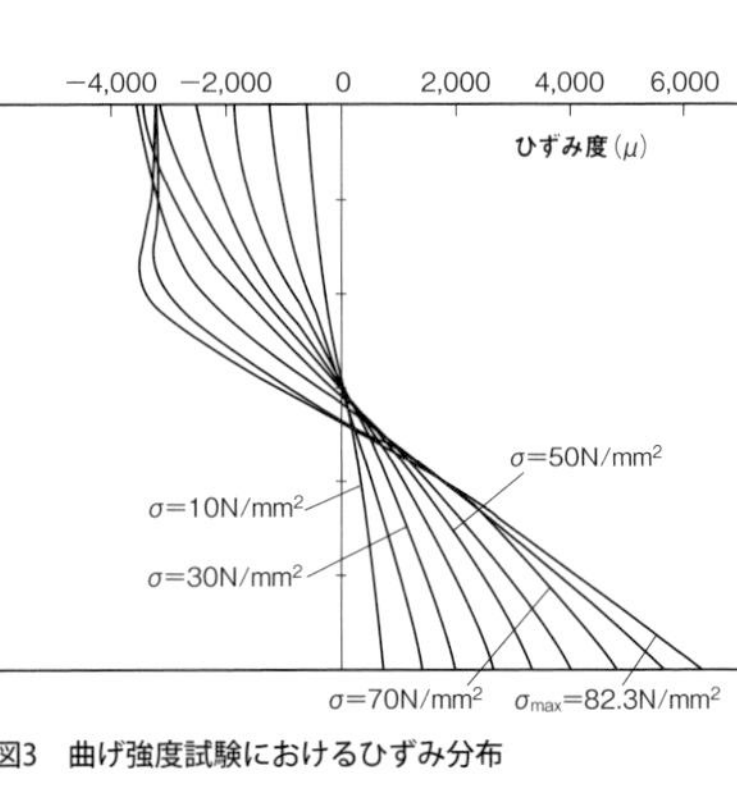

図3　曲げ強度試験におけるひずみ分布

また、これと関連して、木材は、材せいが大きくなると、曲げ性能が断面に比例しなくなる。断面が大きい場合には、低減を加えることが、設計でも定められている。これも、どうしてそのようになるのか、正確に説明してほしいところである。

図3は、木材に曲げを加えたときのひずみの分布を示している。[※3]ひずみが、縁近くでは、比例して大きくはならないことが示されている。弾性力学の前提である「平面保持の仮定」が、詳細には成り立っていないようである。また、最大荷重の近くでは、圧縮側の縁近くのひずみは増加せず、中立軸が下がり、引張側は伸びていくことが示されている。木材が、ミクロフィブリルという、「ヨリ線」の集合体のような構造になっているからであろうか。

ちなみに、「ミクロフィブリル」といわないで、「マイクロファイバー」と英語読みすれば、理解しやすいであろう。ドイツ語読みするのは、木材の学問は、ドイツの影響が強いかららしい。

木材強度のばらつき

次に、木材の強度のばらつきについて見てみよう。**図4**は、スギの曲げヤング係数と曲げ強さとの関係を示している。[※4]「木材の強度はばらつきが大きい」とは知っていても、実際にどの程度ばらつくかを理解している人は少ないのではないだろうか。図によると、強度は15～75N／㎟と、約5倍の差がある。

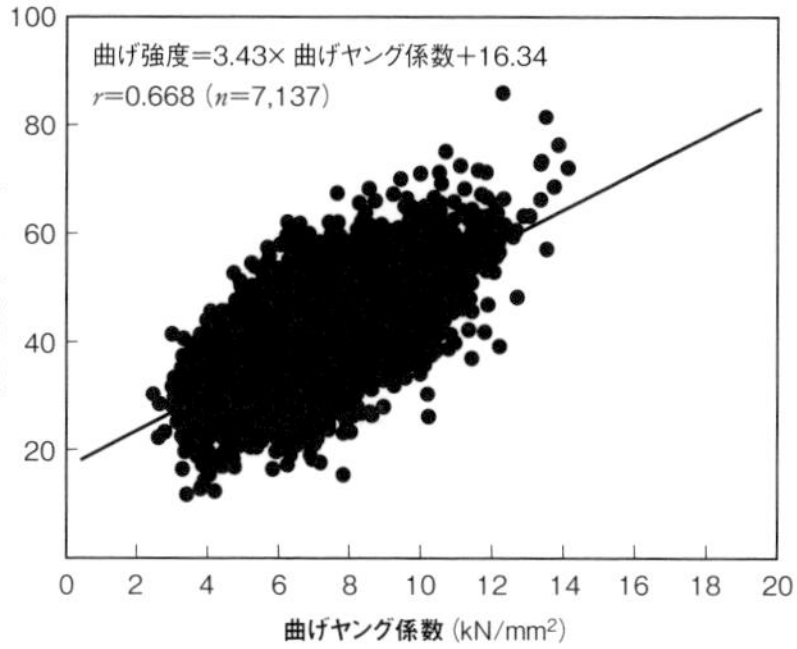

図4　スギの曲げヤング係数と曲げ強さ

同様に、ヤング係数も3～13kN/mm^2まで、約4倍の幅がある。別の表現でいえば、同じヤング係数でも、強度が倍違うことも普通にある、ということを示している。改めてそのばらつきの大きさに驚かされる。木材とは、そういう材料なのである。

そして、これだけばらつきが大きい群を、樹種ごとに同一性能として扱うのは無理があるし、無駄でもあるだろう。強度は、破壊するまで加力しなければ求まらないので、せめて、ヤング係数か密度を1本ずつ測って仕分けしたいと思うのは、建築側のわがままなのだろうか。

例えば、ヤング係数の計測法は、現在では、たわみによる方法や打撃法などが開発されている。かつてほど困難ではないはずである。

木造建築は、一般に、部材ではなく、接合部で破壊する。そのため、従来、部材自体の破壊順序を制御するというような設計は行われてこなかった。しかし、今後、そのような設計をしようとすると、この大きなばらつきは、克服しなければならない課題となるだろう。

ＪＡＳ製材の流通促進

現在、品質の管理されたＪＡＳ製材は20％程度しか流通していないといわれている。

そもそも、建物の構造体に使われる材料の強度がはっきりしない、ということでよいはずがない。「文明国で、構造用に規格のない木材を許している国はない」ともいわれている。

筆者は、この話題のとき、コンクリートを引き合いに出すことにしている。コンクリートは、周知のように、水の量や、どのように打設するかによって、性能はいくらでも変わってしまう。しかも、固まってみないとその強度がわからないという、やっかいな代物である。しかし、コンクリート業界は、テストピースによる検査や、ＪＩＳ工場などの制度を設けて、信頼性を獲得してきた。

それに比べると、木材は、実際に物があるのだから、性能の区分けができないはずはない。

しかし、このことを、木材業界、そして木造建築にかかわる建築業界も、さほど重要だと感じていないようである。その鈍感さが、結果的に、消費者の信頼を失って、集成材に流れる理由の一つになっているのではないだろうか。

例えば、「公共建築物木材利用促進法」に対応して、国土交通省の営繕部がまとめた「木造計画・設計基準」は、構造用の製材には、ＪＡＳ材を用いることを求めている。ところが、一部の県では、ＪＡＳ工場がないため、ＪＡＳ材でなくてもよいという通知を出していると聞く。後ろ向きの姿勢といわざるを得ない。

ちなみに、「ＪＡＳ工場がない」といっても、新たに工場を建てなければならないわけではなく、「格付士」を置けばよいのである。

一方、「ＪＡＳの維持経費が高いから」という言葉もしばしば聞かれる。高い検査料の仕組みが、経営的に弱体化した業界に、二の足を踏ませているのは、容易に想像できる。検査の仕組みも再考するときに来ていると思われる。ＪＡＳの制度ができて40年以上の年月が流れたが、遅々として普及していない。何とかならないのだろうか。

中断面材の規格化と流通の促進

次に、部材の断面を考えてみよう。非住宅用途の建物では、住宅系より大きな断面のものが必要になる。例えば、住宅系では、梁柱の幅・小径は１２０㎜までが主流である。そして、この大きさまでは、見込み生産されており、流通量も多く、価格も比較的安定している。

一方、大断面の集成材は、一品生産で価格も大きく跳ね上がる。その差が大きいことから、何とか住宅用資材を組み合わせて、大型の木造建築を建てようとする設計者も多い。もちろん、それも設計の醍醐味の一つであるが、一方で、大型の断面材だからできるダイナミックな空間もある。小断面材の組合せは、材料費は安いが、接合具や組立手間が大きく、材料費のメリットを帳消ししてしまうこともある。スパンとの関係で、コストを考える必要がある。

いずれにしても、学校や事務所建築などを想定すると、住宅系よりも、梁幅・梁せいの大きいものが必要となる。比較的大きな断面の部材を、住宅資材のような流通を促進することが、全体のコストダウンには重要である。そのためには、部材断面の規格化、集約化が必要となる。これが行われれば、連動して接合金物の規格化も促進されるであろう。業界団体や官庁営繕部などが率先して、誘導していくことが期待される。

クロスラミネイテッドティンバー(CLT)

CLTに関する開発は、バブル状態が続いている。国も相当に力を入れている。普及に向けてのロードマップも提示されている。2013年の末には「直交集成板」という名称で、JAS規格を制定した。

しかし、まだ建築基準法上の基準強度が定まっていないので、構造計算では、時刻歴応答解析が必要となる。[※5] 現在、開発が進められているのは、壁も床もCLTを用いた、いわば全体構法としての設計法である。しかし、最終的には、床など、部位の材料として使われる量の方が大きくなると思われる。できるだけ早く基準強度を設定し、さまざまな使い方を提案してもらうのがよい。

また、パネル状につくる集成材「集成パネル」や、LVB (Laminated Veneer Board)[※6] など、大型の木質パネルがつくれるようになった。今回のCLTのための設計法は、それらも含めた「木質ソリッドパネル構法」の設計法と位置付ければ、応用範囲も広がるだろう。

耐火性能

木造建物の耐火性能は、2時間耐火の時代を迎えようとしている。[※7] 2時間耐火が可能になると、14階建まで可能となる。市街地での多層木造建築が、実現する可能性が出てきた。

木造耐火は、2000年のいわゆる「性能規定化」改正の恩恵を受けた分野の一つである。「性能を満足すれば材料を問わない」ということで、木造の耐火部材の開発が促進された。

耐火性能の検証では、実験方法に課題が残っている。一つは、「載荷加熱試験」の問題である。これは、梁や柱の加熱実験の際に、その断面で支えられる最大の荷重を加えながら加熱しなければならないというものである。確かに、その方が安全側でわかりやすい。しかし、建物での部材の断面は、常に許容される最大の荷重が加わるように設計するわけではない。検定比を小さく、安全に設定する場合には、過大な条件となる。

もう一つは、接合部の性能に関する実験方法が定められていないことである。地震時火災を想定すると、一定の残留層間変形が予想される。ルールを設定する必要があろう。

耐久性

耐久性も、他構造の設計者から見ると、わからないことの多い分野である。

木材は、水分がなければ、腐食に対しても安定した材料である。漏水や結露は建築側の責任であるが、現実的には、それらの対策が完璧な建物は難しい。そこで、腐食を点検できるような設計を心掛ける必要があろう。

また、経年による寸法変化については、繊維方向の収縮は小さいが、それ以外の方向では考慮する必要がある。例えば、ツーバイフォー構法では、壁合板を張るときに、上下階の合板の間に1㎝の隙間を開けている。

紫外線による変色は、意匠設計者としては、注意したい性質である。特に屋外使用での退色の進みは早い。均一に変色していくのであれば、あらかじめ建築主にも説明しておくことができる。塗料であっても、透明のものは、やはり退色を完全に防ぐことはできないようである。紫外線の当たり方にむらができそうな箇所については、注意が必要である。

材料発注の課題

木造建物を普及させるためには、「発注・調達」にも課題がある。

コンクリートや鉄と違って、木材は、発注すれば、すぐに入手できるというものではない。特に、非住宅用の断面の製材は、つくり置きがほとんどない。「木はたくさんある」が、あるのは森にである。そして、伐採から乾燥した製材までには、かなりの時間が必要である。発注してすぐ納入というわけにはいかない。

そして、木材関係者は、ゼネコンのもとでの材料供給ではなく、分離発注を望んでいる。山から供給できる木材を、計画的にまとまって出荷できるからである。しかし一方、設計者は、できるだけ自由に材料を選択したいし、ゼネコンは、納入業者を選択してコストダウンを図るのが重要な仕事の一つである。それぞれの希望する進め方は一致しない。

特に、公共建築の場合、「地域の木材を使う」ケースがほとんどである。その場合、設計者は、木材を「設計の与条件」と見なす心構えが必要である。与えられた木材を如何に有効に活用できるか、能力が問われることになる。また、分離発注すると、結局、木材が余ったり、逆に材料が不足する可能性もある。木材の長期保管も含めて、責任の所在も決めておく必要がある。分離発注は、コストアップになりがちなので、設計だけでなく、管理も重要である。

まとめ

中大規模の木造建築をめぐる動きが活発である。木材業界では、これを機にＪＡＳ製材の流通が増えることが期待される。

一方、建築業界では、これまで木造といえば、専ら住宅を対象としていたが、非住宅の中大規模木造建築も前提とした規基準の体系が必要である。動きを始める時期にきている。

※1、2　改訂4版木材工業ハンドブック、65頁、丸善、2004年3月
※3　杉田和直ほか：木材の曲げ強度試験に於ける寸法効果、より作成
※4　改訂4版木材工業ハンドブック、584頁、丸善、2004年3月
※5　2016年3月に、基準強度と設計法の告示が制定され、自由に設計できるようになった。
※6　ＪＡＳ規格ではＢ種のＬＶＬのこと。
※7　その後、㈱シェルターは3時間耐火も取得した。

初出：建築技術2008年11月号

16 ❷ 壁量設計
木造住宅の仕様規定の課題

2007年6月20日、改正建築基準法が施行され、建築確認の審査が厳格になった。来年10月1日には、瑕疵担保履行法が施行され、すべての新築住宅に履行の担保を確保するための保険などが義務付けられる。さらに、いずれ木造2階建住宅（4号建築物）における確認申請時の特例が廃止され、構造にかかわる設計図書の提出が求められるといわれている[※1]。このように、木造住宅を取り巻く環境は急激に変化しつつある。2000年以降、許容応力度計算は、精力的に整備されてきた。

ここでは、木造住宅の仕様規定について、現状と課題をまとめる。

仕様規定と構造計算

建築基準法施行令の構造規定は、仕様規定と構造計算で構成されている。木造の仕様規定は、施行令第3章3節である。木造が、他の構造と異なるのは、いわゆる「4号建築物」が大部分を占めることである。4号建築物は構造計算を求められていない。すなわち、8節の構造計算を要しない建物が多いということである。このため、第3章3節は、他の構造とは、やや異なった内容が含まれている。

鉄筋コンクリート造などの仕様規定は、かぶり厚や定着長さなど、構造計算の前提が記述されているだけで、構造計画や構造計算に当たる内容はない。それは、鉄筋コンクリート造は原則的にすべての建物に構造計算が求められており、すべての建物に仕様規定と構造計算がセットで適用されるからである。

一方、木造の仕様規定には、耐力壁の量を定めた「必要壁量（令第46条）」に代表されるように、構造計画・構造性能に関わる内容も、具体的に記述されている。これは、構造計算をしない4号建築物のための規定である。このため、例えば構造計算を要する建物で、8節に従って構造計算を行っても、原則的に、令第46条の「必要壁量」を満足しなければならないということになる。この「構造計算」と「仕様規定」の関係に注意する必要がある。

また、第3章3節の仕様規定の中でも、特定の部位の仕様を、仕様規定の範囲を超えたものにしようとすると、構造計算が求められる場合がある。例えば、令第46条第2項は、集成材などの材料を用いて構造計算を行えば、壁量設計をしなくてもよいとする条文であるが、この場合、壁部分の強度だけでなく、建物全体の構造計算が求められている。したがって、「構造計算のルートの建物」は、(ア)そもそも規模が大きいので計算を要するもの、(イ)令第46条第2項などの仕様規定の除外規定を適用するために構造計算するもの、の2種類がある。また、壁配置の片寄りを検証する四分割法や偏心率を適用すべき建物の種類と組み合わせると、さらにルートは複雑になる。

仕様規定と現代構法

ところで、そうした仕様規定は、審査を厳格にしようとすると、大きく二つの課題がある。

第一は、やや古くなった規定が残っていることである。

施行令の仕様規定が最初に定められたのは昭和25(1950)年であるが、現代の木造住宅の構法は、当時と大きく異なっている。もちろん、仕様規定は、何度か改正されているが、現代構法から見ると、あまり意味のないものも残っている。

例えば、建築基準法の仕様規定では、水平構面の剛性を確保するため、火打ち材を設けることを求めている(施行令46条第3項)。しかし、この規定は、かつては主流だった、柱が玉石に載っていて、足固めなどで柱脚をつなぎ、床剛性のない構法に必要な規定といえる。

2階建住宅の場合、火打ち材は1階床、2階床、小屋組に用いることとされている。しかし、現在、それぞれの部位について、火打ち材がなくても水平構面の剛性は確保できている。

例えば、1階床の火打ち材については、べた基礎や布基礎の立ち上がりに、土台をアンカーボルトで緊結している場合、床の剛性は上部架構の構造性能には関係しない。また、2階床は、構造用合板を釘打ちで止めれば、かなり剛性が確保できる。小屋組は、一般に屋根面に構造用合板を用いて、剛性の高い仕様となっている。現代の構法では、性能の上では火打ち材は必ずしも必要でない場合が多い。

しかし、施行令に記述されているので、原則的に省略することはできない。[※2] そして、火打ち材を省略するためには、許容応力度計算を行う必要があるが、その場合の許容応力度計算は、その部分だけでなく、建物全体を計算する必要がある。

第二は、曖昧な表現の規定が多いことである。

例えば、施行令第46条第3項は、小屋組に「振れ止め」を設けることを求めている。しかし、この振れ止めがどういうものかは曖昧で、小屋筋かいを想定する人もいれば、ツーバイフォー構法のようなトラスどうしをつなぐ材と解する人もいる。また、具体的な仕様の記述もないので、どのような大きさの部材を、どのように接合すればよいかは不明である。

仕様規定と型式

以上のように、これまでの仕様規定に、やや現状にそぐわない規定があったり、曖昧な部分がある。これまでは厳格に適用しなかったので、あまり問題とされなかったという面もあるが、これには、他にも、大きく二つの理由が考えられる。

第一は、仕様が多様で一つに決められなかったということである。そして、第二は、設計者・施工者は故意に悪いことはしない、という性善説に立ってできていたためである。

これを、性悪説に立って、詳細な仕様を確認するという方式に改めるには、厖大な作業が必要となる。

例えば、ツーバイフォー構法の仕様は、告示第1540号と第1541号にまとめられているが、その仕様は、部材の断面はもとより、釘打ちの本数まで定めている。軸組構法の第3章3節と比べると、同じ仕様規定でも、詳細さのレベルが揃っていない。ツーバイフォー構法の仕様は、一種の型式のようなものである。

軸組構法も、ツーバイフォー構法なみに詳細な仕様規定を定めるなら、やはり、型式のようなものとなる。その場合、木造軸組構法は、一つの型式では納まりきらないので、複数の型式となる。例えば、旧公庫型、プレカット構法、金物構法、パネル工法、伝統構法などである。しかも、伝統構法自体も複数になるはずである。結局、軸組構法をツーバイフォー構法のレベルで仕様を詰めると、数十の型式となると思われる。

しかし、一方で、軸組構法は、仕様規定の曖昧さの故に、次々と新しい工法開発が行われてきた。近年、普及の著しい根太レス構法やパネル化構法など、時代に合わせて構法を変えてきた。その結果、現代の構法は、仕様規定が生まれた昭和20年代・30年代とは別の構法と呼ぶのが相応しいほどに変貌した。逆に、ツーバイフォー構法は、その枠を広げようという動きがあるが、仕様が詳細に決められているので、臨機の対応には限界がある。

伝統的構法と仕様規定

木造の仕様規定で、最も深刻なのが、いわゆる伝統的構法である。2000年の法律改正以降、伝統的構法は、限界耐力計算によってつくられてきたものが少なくない。しかし、昨年6月以降、これらはほとんどストップ状態にあるといわれる。また、瑕疵担保履行法では、保険の審査基準が必要で、伝統的構法の仕様が整理されなければならない。また、いわゆる200年住宅についても同様で、伝統的構法は、一般に「長持ち」といわれているが、どのような仕様のものであれば、それに該当するかは曖昧である。木材を多用し、日本の林業と結びついてきた伝統的構法は、これからの日本に相応しい構法ともいえる。また、今の仕様規定が、現代の構法と合わない部分があると述べたが、逆説的にいえば、伝統的構法と現在の仕様規定のあいだに乖離が生じたのは、仕様規定の方が時どきの構法の変化に追随して改訂されたためと言い換えることもできる。

現在、構造の分野では、限界耐力計算に基づく、標準設計法・簡易設計法の開発が進められているが、省エネや雨仕舞いのディテールなど、まとめなければならない課題は山積している。伝統的構法の仕様について、まとまった作業が必要である。

まとめ

確かに現状で、施行令第3章3節の仕様規定の遵守について、いくつかの懸念材料がある。

例えば、耐力壁の平面配置の片寄りを確認するための四分割法は、正しく理解していない人も多いと聞く。また、柱頭柱脚の接合部も、中間検査がなくなってから、接合部の金物は付いていないものがあるという噂も聞く。また、構造用合板壁などの面材壁は、釘の種類や間隔が細かく定められているが、「釘は大工持ち」の地域では、細かく監理しないと、間違った釘で打ち付けている可能性がある。性能・品質の確保に関して、新しいあり方が求められている。

そして、前述のように、法律の厳格な適用という動きの中で、現在の仕様規定の問題点も顕在化している。いずれ、抜本的な改正が必要になると思われる。

そのとき、より詳細になるか、定性的な表現にとどまるかは、業界の動きにかかっているといってよいだろう。国が詳細な仕様規定をつくらないで済むようにするためには、業界が、チェックリストを整備するなど、自主的に品質の確保ができるような仕組みをつくることが必要である。業界の前向きな対応が求められている。

※1　4号特例の廃止は実施されていない。
※2　2階床については、省略できる例示の仕様が示されている。

初出：建築技術2006年10月号

❷ 17 壁量設計——木造軸組住宅の構造設計の現状と課題

壁量設計は、昭和25（1950）年の建築基準法施行令制定以来、木造住宅の水平力に対する性能を確保する方法として、その中心的な役割を果たしてきた。それが、非常に大きな効果があったことは改めて説明を要しないであろう。兵庫県南部地震などの過去の地震で実証済みである。

しかし一方で、近年、木造住宅でも構造計算を行うものが増えている。構造計算書偽装事件を経て、その傾向は、一層大きくなっている。

壁量設計の成立の経緯、および現在の問題点については、ここでは省略し、許容応力度設計を中心に、その課題を整理する。

壁量設計と許容応力度計算

まず、壁量設計と許容応力度設計の関係についてまとめておく。

許容応力度設計の基本原則は、「存在応力度≦材料の許容応力度」であるから、地震力でも風圧力でも、耐力そのもので計算することである。つまり、必要耐力も建物側の設計耐力も「kN」単位で扱うことである。

現在、木造住宅用の許容応力度計算の標準的な方法として、㈶日本住宅・木材技術センター発行の「木造軸組工法住宅の許容応力度設計」[※1]がある。しかし、これに準拠したプログラムと称するものの多くは、壁の許容耐力を壁倍率で入力している。そこで、壁倍率が許容応力度計算にそのまま使えるというように誤解している向きがある。

許容応力度計算は、前述のように「kN」単位の物理量であって、壁倍率は、入力にあたって、便宜的に用いているに過ぎない。本来は、許容耐力を、直接「kN」単位で入力すべきものである。

耐力壁の許容耐力と低減係数α

次に、許容応力度計算で用いる壁の許容耐力の値について考えてみる。

前述のように、許容応力度計算に用いる壁の許容耐力は「kN」単位である。壁倍率1・0は、許容耐力で1・96kN／mに相当することから、例えば、倍率2・0の壁の許容耐力は3・92kN／mである。壁倍率は法律または大臣認定で、その耐力が保証されているので、上記のように用いることができる。

一方、壁倍率を取得していない耐力要素も、許容応力度計算では用いることができる。例えば、門型ラーメンなどがそれに当たる。

ただし、信頼性のある根拠が必要である。壁倍率のない耐力要素の強度は、各試験機関に実験を依頼すれば、報告書として得ることができる。そして、この試験機関からの報告書による壁の強度を、そのまま構造計算書に使うものが現れている。

しかし、この手続きには問題がある。というのは、壁倍率の認定の際にはαという低減係数を設けている。この低減係数は、その耐力要素（壁など）が建物の耐用期間中にわたって強度が発現できるか、という観点から、施工性や耐久性などを考慮するものである。そこで、認定された壁倍率は、実験値を単に壁倍率に変換した値よりも小さくなっている。

しかし、各試験機関からの試験報告書には、一般に低減係数αを乗じる前の基準値が記載されているだけである。したがって、基本的には、この値をそのまま実施の設計で用いることはできない。すなわち、上記αに相当する低減をどのように設定するかは、設計者と確認申請を受け付けた建築主事に委ねられている。実際には、相当に高度な技術的な判断を求められるものである。

低減係数αの資料には、やや古いが、日本建築学会の「耐震設計における保有耐力と変形性能[※2]」などがある。

許容応力度計算の範囲

ところで、現在の許容応力度計算は、どこまでの計算を取り込むべきか、曖昧なままにきている。具体的に2点を指摘したい。

第一点は、偏心の計算である。許容応力度計算を条文どおりに読んでいくと、許容応力度計算では、偏心率の計算は不要のように見える。しかし、現在では、偏心割り増しを行うことが当然のようになっている。

また、許容応力度計算とは、偏心を考慮した応力状態に対して、「存在応力≦材料の許容値」を確認することであるという解釈もある。偏心率計算は、許容応力度計算のレベルでも行うことが望ましいのは間違いなく、許容応力度計算の一環に位置付けるべきである。

第二は、第一の点とも関係する内容であるが、構造計算のルートにおける、いわゆるルート2の内容を許容応力度計算で取り込むべきということである。

周知のように、ルート2は、1981年の新耐震設計法において取り入れられたものである。新耐震設計法は、十勝沖地震被害などの反省から、終局時の靭性確保を主眼として改正された。しかし、ルート2の内容を見てみると、偏心率と剛性率を確認するだけで、ルート3の保有水平耐力の検討のような具体的な手続きがあるわけではない。剛性率と偏心率が一定範囲内に納まっているからこそ、ルート3、すなわち保有水平耐力を確認しなくてよいという意味ではないだろうか。※3

耐力壁の剛性と偏心計算

剛性率と偏心率の計算には、壁の剛性が必要である。

現在、軸組構法では、「壁量を満足したときに、建物が1／120radを満足する（ツーバイフォー構法の場合は1／150rad）」という解釈のもとに、壁倍率を剛性の指標としても用いているものがほとんどである。しかし、周知のように、石膏ボードなどの面材は、壁倍率が決定されたときの変形が、1／120radよりも小さい。また、近年、例えば門型ラーメンのように、剛性の低い部材を取り込んだ構造も増えている。今後、耐力壁は、許容耐力だけでなく、剛性ももつようになるのが望ましい。

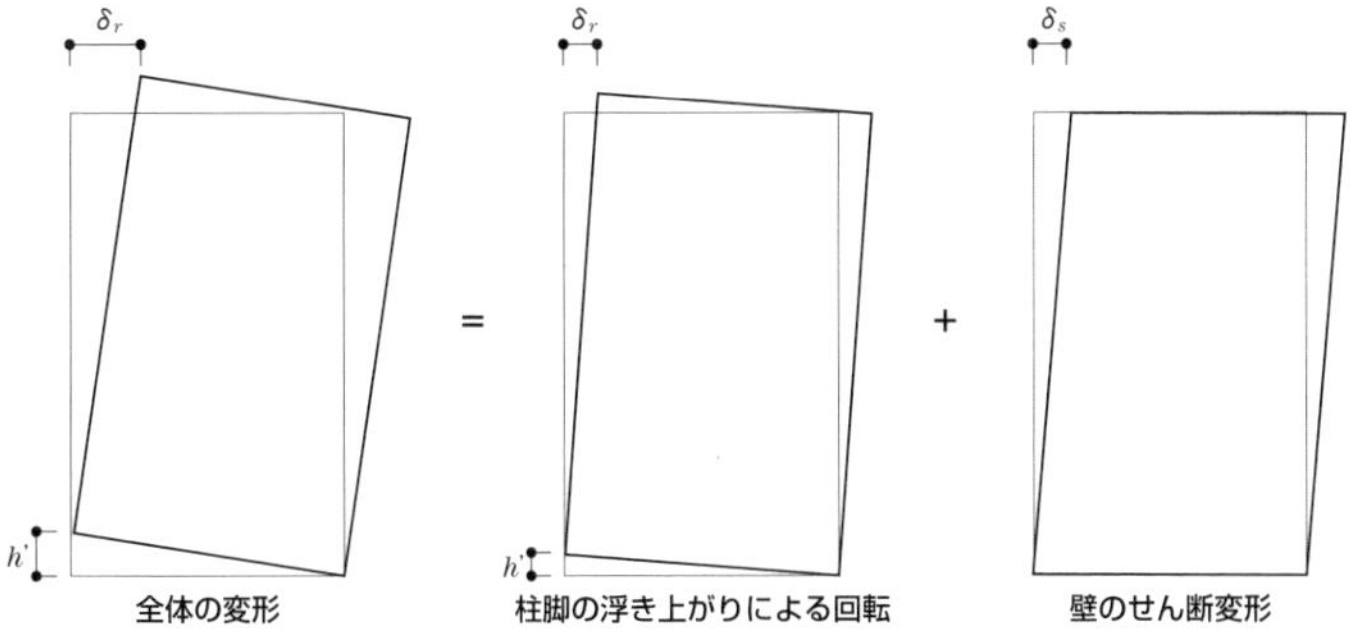

δ_r δ_r δ_s h' h'
全体の変形 ＝ 柱脚の浮き上がりによる回転 ＋ 壁のせん断変形

図1　壁の変形

接合部の許容耐力

次に、接合部の許容値について考えてみよう。

現在、接合部の許容耐力の誘導は、以下の二つの項目のうち、小さい方を用いることとなっている。

①降伏耐力P_y
②最大耐力の2／3

これについて、3点の注意事項を述べる。

第一は、変形に注意しなければならないということである。上記の各項目には、変形の項目が抜けている。梁受け金物や柱脚金物について、適切な変形制限を設けるべきである。

例えば、柱脚の引抜け防止金物には、許容耐力時の変形が8㎜というようなものも現れている。壁の変形は、**図1**のように引抜きによる回転変形と壁のせん断変形の合計で示される。8㎜といえば、壁長が910㎜とすると、8／910≒1／114である。つまり、柱脚の引抜けによる壁の回転変形だけで、1／114radに達してしまうことになる。

第二は、板厚の薄い金物の試験法に関するものである。例えば、変形制限を3㎜とするという案がある。

い金物が普及しつつある。近年は1㎜に満たないステンレス製も増えている。この種の金物は、薄いために、引きちぎられるように破壊することが懸念される。そこで、柱が傾いた状態で引張が加わることを想定して、鉛直方向の引抜きだけでなく、斜め方向への試験も行うことが望ましい。また、ステンレスとはいえ、厚みが小さい場合には、耐久性の試験も行うのが望ましい。

第三は、その耐久性に関することである。金物の強度試験の報告書では、耐久性は考慮されていない。耐久性は、施行令でも第37条で独立して規定されており、強度とは別途確認する必要がある。そして、耐久性によって強度の劣化が懸念される場合は、試験結果の値を低減して用いるべきものである。ちょうど、前述の、耐力壁の低減係数αと同様の関係である。

まとめ

現在の許容応力度計算は、他にもめり込みの検討や、接合部の複合応力の検定方法など、曖昧な部分が残っている。

しかし、前述のように、一般の建築主は「木造住宅でも構造計算されている」と考えている人が増えている。コンピュータソフトの普及で、構造計算も容易になっており、構造計算が一般化していくことは間違いない。

※1　最新の版は、(公財)日本住宅・木材技術センター：木造軸組工法住宅の許容応力度設計（2017年版）

※2　日本建築学会：耐震設計における保有耐力と変形性能、1981年

※3　現在では、ルート2は「許容応力度等計算」と呼ばれている。内容に相応しい呼称といえる。

初出：建築技術2008年11月号

❸ 構造計算

18 ――木造住宅の構造計算の考え方

木造住宅の構造計算は、いわゆる許容応力度等計算と、限界耐力計算、時刻歴応答計算、などがある。最も一般的なのは、もちろん許容応力度等計算である。ここでは、許容応力度等計算を前提にまとめる。

耐力壁形式

軸組構法住宅は、柱や梁などの軸部材と合板などの面部材、そして、それらをつなぐ接合部から成っている。水平抵抗要素は、筋かいが主であったが、近年は構造用合板などの面材を用いるものが増えている。これらはいずれも、いわゆる「耐力壁形式」の構造を構成している。

ここでいう「耐力壁形式」とは、柱と梁桁で鉛直荷重を支え、耐力壁で水平力のみを負担する構造形式をいう。ここで重要なのは、鉛直荷重を支える軸組から、耐力壁の水平せん断性能を独立して扱っていることである。この結果、建物の水平耐力は、耐力壁の強さを累加することで算定できるので便利である。ちなみに、ツーバイフォー構法は、柱のない構造であるから、耐力壁には鉛直荷重を支える能力も求められる。

そして、構造計算では、耐力壁は構面単位でその耐力が足りているかを検討している。したがって、許容応力度計算というよりは、「許容耐力設計」を行っていることになる。他構造の計算を行っている技術者から、木造がわかりにくいとして、指摘される点の一つが、この検定の方法である。

許容応力度計算は、「部材の材料の許容応力度≧部材に生じる応力度」であるから、応力度のレベル、すなわち、単位面積当たりの応力まで求めて検定するのが原則である。しかし、その計算法は、ラーメン構造のような柱梁の部材断面を検定する計算には相応しいが、木造の耐力壁の計算には向いていない。

その理由は、木造の鉛直構面（耐力壁）が、壁単位で強度や剛性が評価されており、単位面積当たりのレベルまで分解しないためである。耐力壁には、筋かいや面材があり、また、面材の種類も多い。そして、それぞれに複数の破壊モードがあるので、結局、耐力壁としての破壊モードは、種類が非常に多い。そのため現状では、壁単位で扱うのが合理的である。

また、例えば、許容応力度ということで、地震力を釘の応力まで分解しようとすると、以下のように、四つの階層が存在する。

①各階の地震力
②各鉛直構面の分担地震力
③各壁の負担する力
④釘1本の負担する力

しかも、釘1本当たりの応力まで分解したとしても、まだ「単位面積当たり」にならない。そして、①を②に分配するには、②の剛性が必要で、②③も、③④も同様である。応力度までの階層が非常に深い。しかも、木造は、一つの建物にいくつかの種類の壁が混在して用いられるのが一般的である。その途中段階で検定する方が、実務的なのである。

耐力壁形式の前提

この「耐力壁形式」では、前述の荷重負担の仮定が満足されるように、各部の設計を行わなければならない。例えば、柱や横架材の中間に曲げが加わるような場合には、それが構造性能に影響しないことを確認しておく必要がある。また、耐力壁端柱の柱頭柱脚接合部が、耐力壁よりも先に破壊しないこと、つまり、接合部より先に壁が壊れることが必要である。壁の耐力で、水平耐力が決定されるということは、「壁で壊れる設計」でなければならない。なお、柱頭柱脚接合部については、再度、後述する。

また、床などの水平構面が、耐力壁に比べて十分に剛いことも必要である。個々の壁の耐力を合計することで、建物の耐力とするためには、水平構面が先に破壊してはならない。また、耐力壁が、平面的にも立面的にも、おおむね均等に配置されていることも必要である。

以上のような前提条件が満たされない場合には、単純に、耐力壁の強さを累加することで、建物の水平耐力を推定することはできない。

耐力壁の種類と特徴

筋かいは、圧縮は座屈、引張は接合金物の引抜けなどで終局強度が決定される。断面が45×90㎜程度の一般的な筋かいは、圧縮では1／60 rad程度で座屈し、一気に荷重が負担できなくなる。ただし、一般的な住宅で用いる場合には、石膏ボードなどの面材で座屈が抑制されるので、座屈する変形角はもっと大きくなる。

引張は、筋かい金物の引張性能に依存している。一般に、徐々に引き抜ける弾性的な挙動である。

なお、一般的に、ルート2の構造物にブレースを用いる場合の構造計算では、β割り増しと呼ばれる割り増しが規定されている。しかし、耐力壁形式の木造筋かいは、その耐力を評価する際に靭性が考慮されているので、β割り増しは必要ないという意見がある。[※1]

水平荷重による面材耐力壁の終局耐力は、一般に、面材自体のせん断と釘接合部の耐力の小さい方で決定される。そして、一般的な耐力壁の仕様は、耐力が釘接合部で決定されるように、釘の大きさ・間隔などが定められている。したがって、一般に、面材耐力壁の靭性は、釘と面材のすべり特性に依存している。

そこで、釘の長さは、靭性に決定的に影響があるが、近年、短い木ねじ（ビスと呼ぶことが多い）の接合具を用いるものが増えている。こうした壁には、終局変位が1／30 radに満たないものも現れている。建物全体を、そのような構造方針で設計するのであればよいが、他の靭性の高い壁と併用する際には、注意しなければならない。

構造用合板などの耐力壁は1／60〜1／45 radで最大耐力に達するが、同じ面材でも、石膏ボードは、1／200〜1／150 radで最大耐力に達する。石膏ボードなどの無機系の面材は、一般に、初期剛性が高く、比較的小さい変形角で最大耐力を示す。また、最大荷重を示した後の荷重の低下が大きい。

一方、土壁や板壁・格子組壁など、伝統的な建物に多く使われる耐力要素がある。これらは、従来、ねばり強いといわれてきた。しかし、実験によると、すべてがねばり強いとはいえないので、注意が必要である。土壁は、初期剛性が高く、1／120〜1／60 radで最大耐力を示す。しかし、その後は、急激に耐力が低下し、変形能力はむしろ小さい。

耐力要素の加算

前述のように、耐力壁形式の木造住宅では、耐力壁の荷重変形関係の累加により、層の荷重変形曲線を求めることができるとしている。

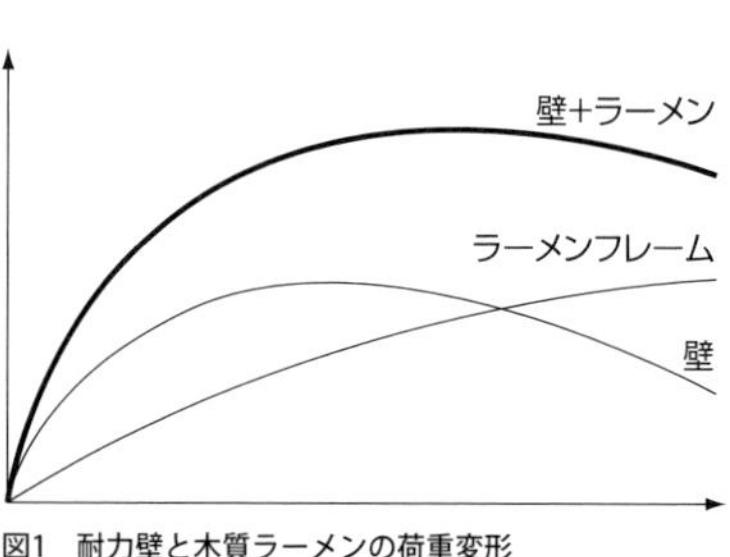

図1　耐力壁と木質ラーメンの荷重変形

加算の具体的な方法は二つである。第一は、壁ごとに完全弾塑性処理をして特性値を求めておき、それを壁の量に応じて合算する方法である。一般的には、この方法がとられている。この場合には、壁ごとに求めた許容耐力の合計値が、層の耐力と一致するか検討しておくのが望ましい。例えば、**図1**のように、ラーメンフレームでは、耐力壁とラーメンフレームを別々に完全弾塑性処理した耐力の合計値と、耐力要素の荷重変形曲線を累加して作成した層の荷重変形関係から求まる耐力は一致しない。

第二は、代表的な変位ごとの強度を整理しておいて、そのまま累加して、層の荷重変形関係を求める方法である。限界耐力計算を行う際には、この方が便利である。

保有水平耐力計算

構造特性係数D_Sは、保有水平耐力の計算の根幹をなす概念である。これは、いわば「必要耐力壁の量の係数」であるから、設計にも決定的な影響がある。木造住宅の場合、D_Sは0・4前後を示すとされ、例えば、令第46条の壁量は、D_Sが0・4程度を想定しているとされている。[※2]

ところで、構造特性係数D_Sは、本来、層単位の概念であるが、木造では、壁ごとに完全弾塑性処理をして、許容せん断耐力を求めている。これを「壁D_S」と呼ぶことがある。

木造の壁の完全弾塑性モデルの作成方法は、**図2**のようである。[※3]具体的な手順は、「木造軸組工法住宅の許容応力度設計」（日本住宅・木材技術センター）などを参照されたい。このモデル化の方法は、本来、許容耐力を求めるための手順であるが、その中の終局耐力は、層でいえば、保有水平耐力に相当している。終局変形は、最大耐力の80％まで低下したとき、とされている。

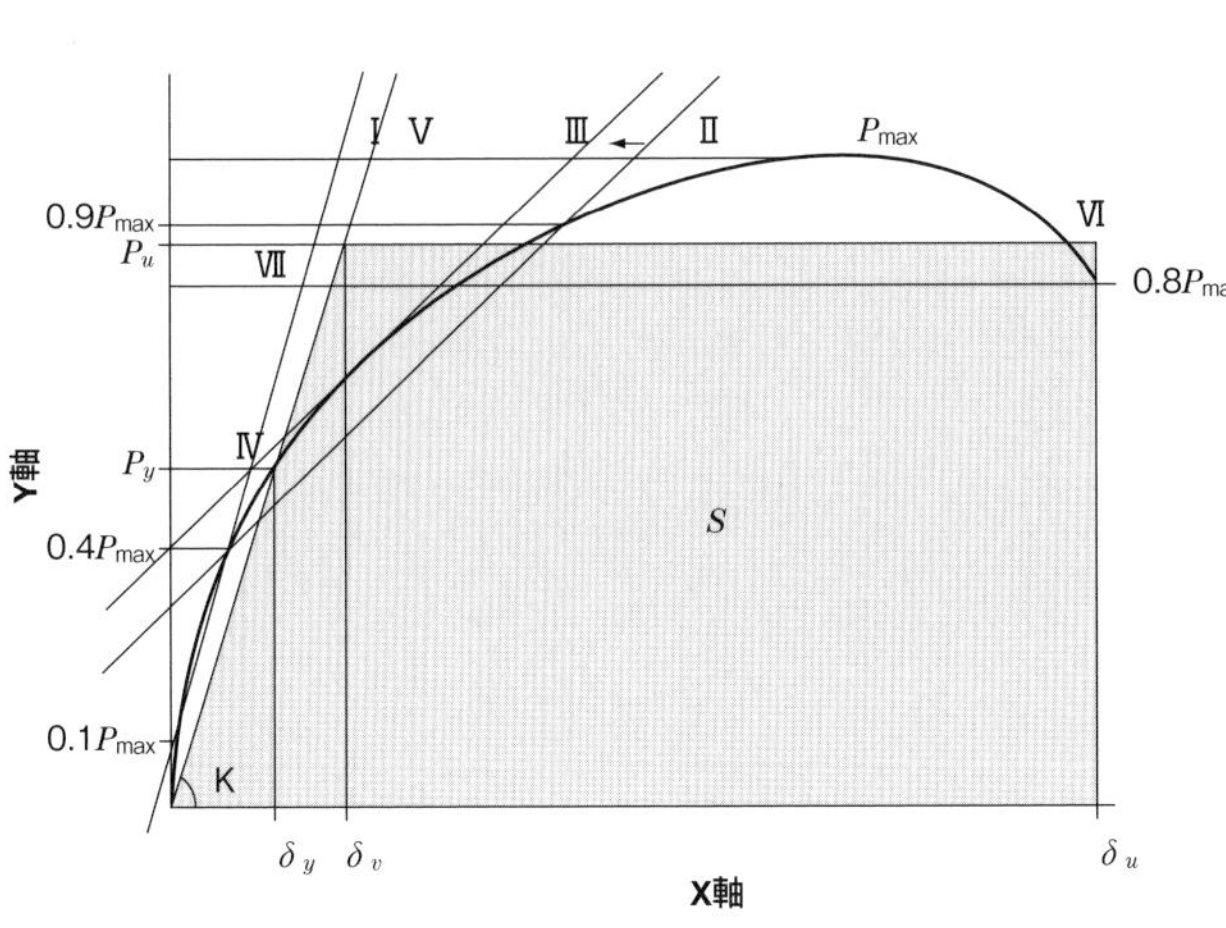

図2　壁の荷重変形曲線の完全弾塑性モデル

壁の許容耐力

住宅規模の木造建物の鉛直構面の負担水平力は、それぞれの鉛直構面の剛性が、階全体の剛性に占める割合に応じて分担するというものである。すなわち、剛床仮定を採用していることがわかる。これに、ねじれ補正係数を乗じて、必要な耐力を算定している。この分担水平力に対し、鉛直構面の耐力要素（耐力壁など）の合計が上まわっていることを確認する。

耐力壁の許容耐力は、①大臣認定を受けた壁倍率を許容耐力に換算する方法、②実験による方法、そして、③面材と釘のすべり特性の関係から算定する方法、の三つの方法がある。

壁倍率は、4号建築物などの小規模建物で壁量設計を行う場合の壁の強度を示す指標である。壁倍率1・0は、許容耐力で1・96㎾／mに相当することから、壁倍率から換算して、耐力壁の許容耐力を求めることができる。性能表示で定義されている「準耐力壁」も同様である。

また、実験による場合は、以下のように算定している。1間（けん）（多くの地域では1，820㎜）の実際の壁を製作し、土台を固定しておく。そして、桁の片側にジャッキを取り付け、押し引きの繰り返し荷重を加え、加えられた荷重と変位の関係を求める。その荷重と壁の傾斜角（頂部の変位を傾斜に換算したもの）の関係から、壁の許容耐力は算定される。

壁の許容耐力は、**図3**のように求められる。図中のカーブは、押し引き繰り返し加力の荷重と傾斜のグラフから、第1象限を取り出して、その包絡線を描いたものである。壁の短期基準せん断力P_0は、以下のように求める。

P_0＝min（a, b, c, d）

P_0：短期基準せん断力（kN）　a：降伏耐力P_y

b：終局耐力P_u×(0.2/D_S)（注：$D_S=\sqrt{1/2\mu-1}$）　c：最大荷重P_{max}の2/3

d：特定変形時の耐力（柱脚固定式：見かけのせん断変形角1/120rad、

タイロッド式：真のせん断変形角1/150rad)

壁許容耐力＝P_0×α/L

α：低減係数　L：壁長さ（m）

aは、降伏耐力で、中地震に対して材料を弾性範囲で扱うことを意味している。bは、靭性を考慮した数値で、中地震に対する性能を確保することで、大地震時の性能を担保するものである。cは、最大荷重に対して一定の安全率（ここでは1・5倍）を確保するための数値である。dは、特定変形時の耐力で、最低限の剛性を確保するための数値である。それぞれの求め方も定義されている。

a～dは、3体の試験体の平均値にばらつき係数を乗じた値をいう。以前はばらつき係数として3／4を採用していたが、2000年以降は、正規分布と仮定したときの75％信頼水準の50％下限値を用いている。すなわち、おおむね平均値に近い値を用いることとなった。これは、耐力壁は、建物の中にたくさん配置されるので、平均値に近い性能を発揮するとの考えに基づいている。

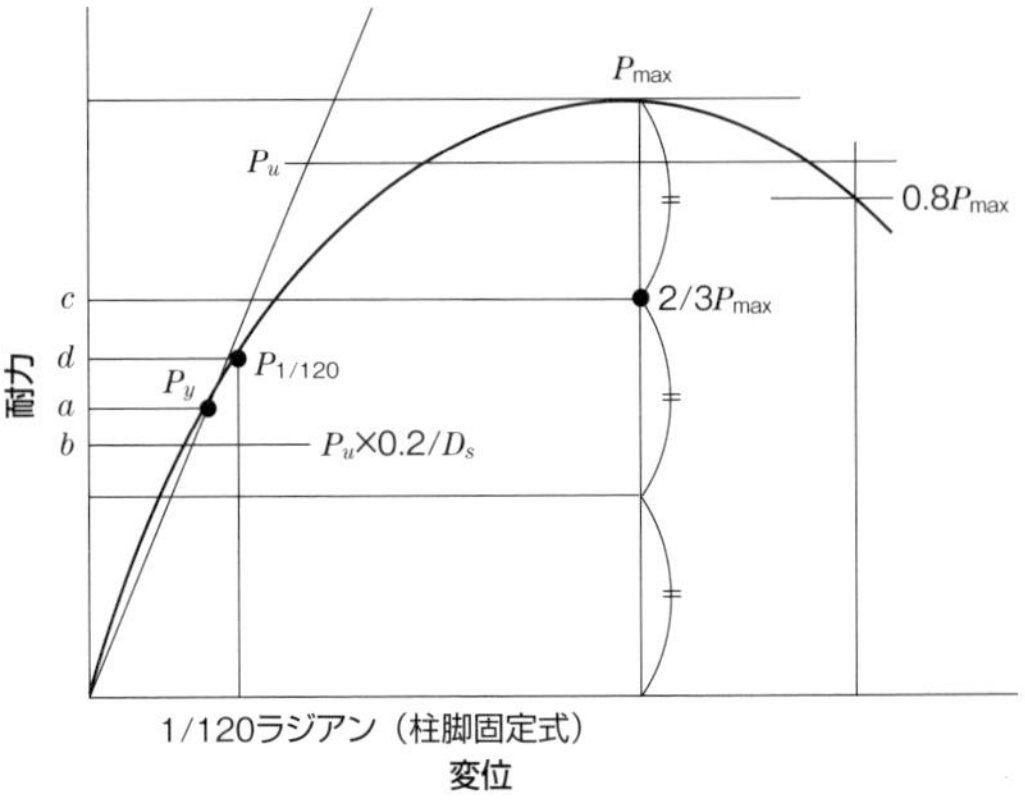

図3　耐力壁の許容耐力の算定

短期基準せん断耐力は、a～dのうち最も小さい値をとる。すなわち、強度、剛性、変形性能などの指標から求められる値のうち最小値を用いている、すなわち、安全側に設定されていることがわかる。

また、面材耐力壁の許容応力度を、釘のすべり特性から算定する方法がある。

この方法で求まるのは、釘接合部の耐力で決定される耐力壁の耐力である。前述のように、耐力壁の許容耐力は、特定変形角による特性値など、四つの指標の最小値を用いることとされている。面材以外のモードにより壁の耐力が決定されるようなものには使用できないので、注意が必要である。例えば、極端に釘間隔が小さく、面材自体が破壊するような場合には適用できない。

壁の平面配置の規定

建築基準法では、一般的な木造建物には、偏心率は0・3以下と定められている。なお、木造建物のうち、4号建築物には、壁の平面的な配置の簡易な検証方法として、いわゆる「四分割法」が定められている。

偏心がある場合には、ねじれて変形が大きくなる側は、負担する水平力が剛性の比率よりも大きくなる。この関係を**図4**に示す[※4]。この割り増しの比率を表す係数が、ねじれ補正係数である。各通りは、ねじれ補正係数を乗じた負担せん断力に対して、耐力が足りているかを検定する。

偏心率の計算には、壁などの剛性が必要である。偏心率の計算で注意すべきことは、壁の剛性を評価する標として、耐力の指標である壁倍を用いているものが多いということである。

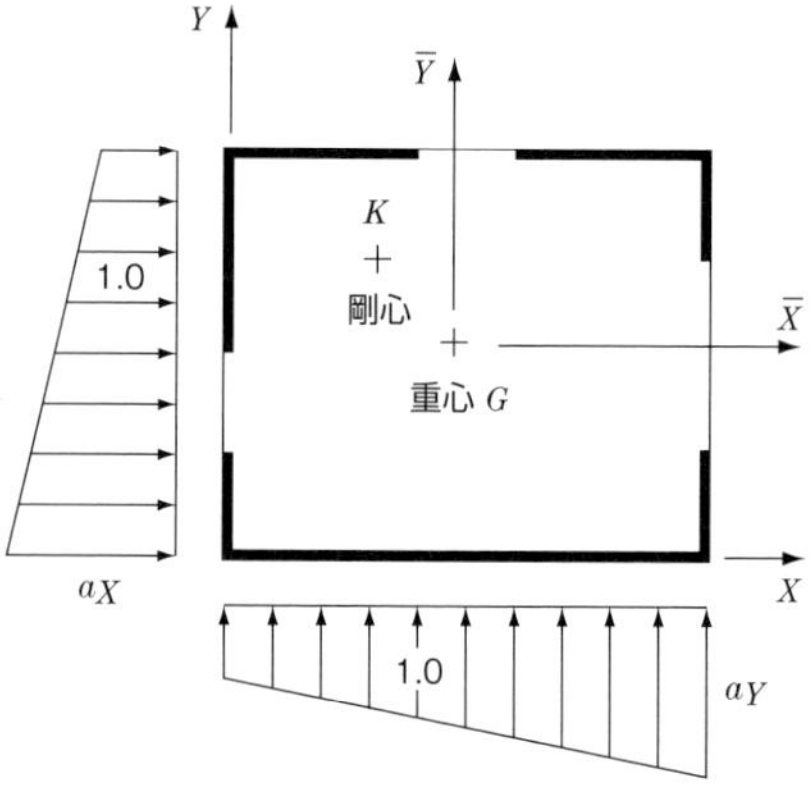

図4　ねじれ補正係数

そもそも壁倍率は、壁量設計で用いるもので、許容応力度計算などの構造計算では用いるべきでないが、強度と剛性は別である。本来、偏心率や四分割法の算定には、剛性を用いるべきである。許容耐力が同じでも、変形しやすい壁と変形しにくい壁がある。構造用合板や石膏ボードなどの壁は剛性が高い。一方、筋かいや門型のラーメンフレームなどは、一般的に剛性が小さい。

しかし、それぞれの壁の剛性に関する情報は十分とはいえない。現在、以下のような剛性を採用するのが一般的である。

・面材系の耐力壁
剛性 K（N/rad）
＝150×許容せん断耐力（N）
・その他の筋かいなどの耐力壁
剛性 K（N/rad）
＝120×許容せん断耐力（N）

今後、耐力壁は、仕様ごとに、許容耐力だけでなく、剛性の情報ももつようになるのが望ましい。

接合金物の許容耐力

次に、接合部の考え方を整理してみよう。耐力壁形式の木造住宅には大量の接合部がある。これが木造軸組構法の特徴の一つで、また、従来、詳細な構造計算を困難にしてきた理由の一つでもある。梁受け金物のように、鋼板を加工した部材と釘などの接合具で構成された接合金物は、それ全体で、耐力の許容値が設定されている。そして、多くは、実験で許容値が算出されている。

現在、接合部の基準強度は、実験で得られた荷重と変形の関係から、以下の二つの項目のうち、小さい方を用いて算出することとされている。

①降伏耐力 P_y
②最大耐力の2／3

ここで、降伏耐力の算定手順は、耐力壁の場合と同じである。

このような、実験から求められる基準強度については、注意が必要である。まず、変形に注意しなければならないということである。上記の検討項目には、変形に関する項目がない。変形が影響しそうな部位の金物では、基準強度の算定時に、適切な変形制限を設けるのがよい。例えば、耐力壁の変形は、198頁の**図1**に示すように引抜きによる回転変形と壁のせん断変形の合計で示される。柱脚の引抜け防止金物の変形が大きいと、壁が回転して、壁のせん断耐力算定の前提が崩れてしまうことになる。

第二は、接合金物の耐久性の問題で、構造性能とは別途に確認しておく必要がある。

柱頭柱脚接合部の引抜き力

耐力壁形式の軸組構法住宅で、特に注意して設計しなければならない接合部は3種類である。①筋かい端部、②柱頭・柱脚、③横架材、の接合部である。中でも、水平荷重時に重要な、①筋かい端部と②柱頭・柱脚の仕様は、建築基準法の仕様規定でも具体的に定められている。③横架材の接合部は、基準法の仕様規定では具体的な仕様はないが、性能表示では確認することとされている。

柱頭・柱脚接合部の引抜き力を求める標準的な算定法は、以下のとおりである。

$$T_K=\Sigma_i=k^n\ \{|(Q_{ai左}\times H_i/L_{i左})-(Q_{ai右}\times H_i/L_{i右})|\times B_i\}-N_k$$

T_K：柱の引抜き力

$Q_{ai左}$：柱の左にある壁の許容せん断耐力　　$Q_{ai右}$：柱の右にある壁の許容せん断耐力

L_i：上記の壁の長さ　　H_i：i階の壁の高さ

B_i：横架材や床による拘束効果を表す係数。出隅の柱は0.8、それ以外は0.5

N_k：柱にかかる鉛直荷重による押さえ込み力

この計算法は、以下のような考え方に基づいている。

①壁端柱の引抜き力は耐力壁の強さによって決定される

②横架材や床の拘束によって低減される

③直上の柱や壁の荷重により相殺される

ところで、この計算法は、実は、「柱頭・柱脚接合部に発生する引抜き力」を算定しているわけではないので、注意が必要である。「柱頭・柱脚接合部が保有すべき引抜き性能」を算定しているのである。式を注意してみればわかるように、T_Kは耐力壁の許容せん断耐力から求まり、壁量に余裕があっても小さくならない。存在応力による算定ではないのである。この算定方法にも、戸惑う人が多いようである。

しかし、これは、木造の耐力壁の設計の前提となる重要な概念なので、正しく理解しておく必要がある。耐力壁は**図3**で示したように、降伏後の靭性で大地震時の性能を担保している。耐力壁の量に余裕があるからといって、柱脚金物の性能を落とすと、大地震時には、耐力壁が降伏する前に柱脚金物が壊れ、耐力壁は**図3**のような挙動でなくなる。つまり、想定した壁の耐力が得られなくなってしまうのである。

水平構面の検定

次に、水平構面をまとめる。

建築基準法の仕様規定には、床の強度・剛性に関する規定は少ない。わずかに、火打ち材を設けること、という規定があるだけである。しかし、水平構面の強度の重要性は、近年、特に高まっている。その理由として、
①「壁量設計」や「偏心の確認」は、床が剛であることを前提としていること
②許容耐力の大きな壁が用いられるようになって、相対的に床が弱くなってきていること
③大きな吹抜を設ける住宅が増えたこと
④さまざまな仕様の床が用いられるようになったが、その耐力の差が大きいこと
などがある。

床の強度は、性能表示や許容応力度設計では、計算で確認することが求められる。壁量設計では、具体的な計算は求められていないが、性能表示と同様な考え方で確認するか、あるいは、構造用合板を張って床の剛性を確保するように心掛ける、などの対応が必要である。

許容応力度設計の場合、構面（壁線）ごとに力を算出する。

図6において、i通りとj通りに挟まれる水平構面（ij床面）のせん断力は、以下の式で求める。※3

Q_{ij}＝｜Q_i＋W/2｜

Q_{ji}＝｜Q_i－W/2｜

Q_{ij}：ij床面のi通り側のせん断力

Q_{ji}：ij床面のj通り側のせん断力

Q_i：i通りまで（i通り上を含む）の不釣り合いせん断力

W：ij床面に等分布で加わる荷重の合計

木造建物の許容応力度計算において、水平構面は、構造力学の「単純梁」「片持ち梁」のように扱っている。**図5**下のように、床面を一本の横架材に置き換え、床に加わる水平力を鉛直方向に書き換えて考える。上階の壁からの力を集中荷重に、風圧力や自重による地震力は分布荷重に置き換えて考える。

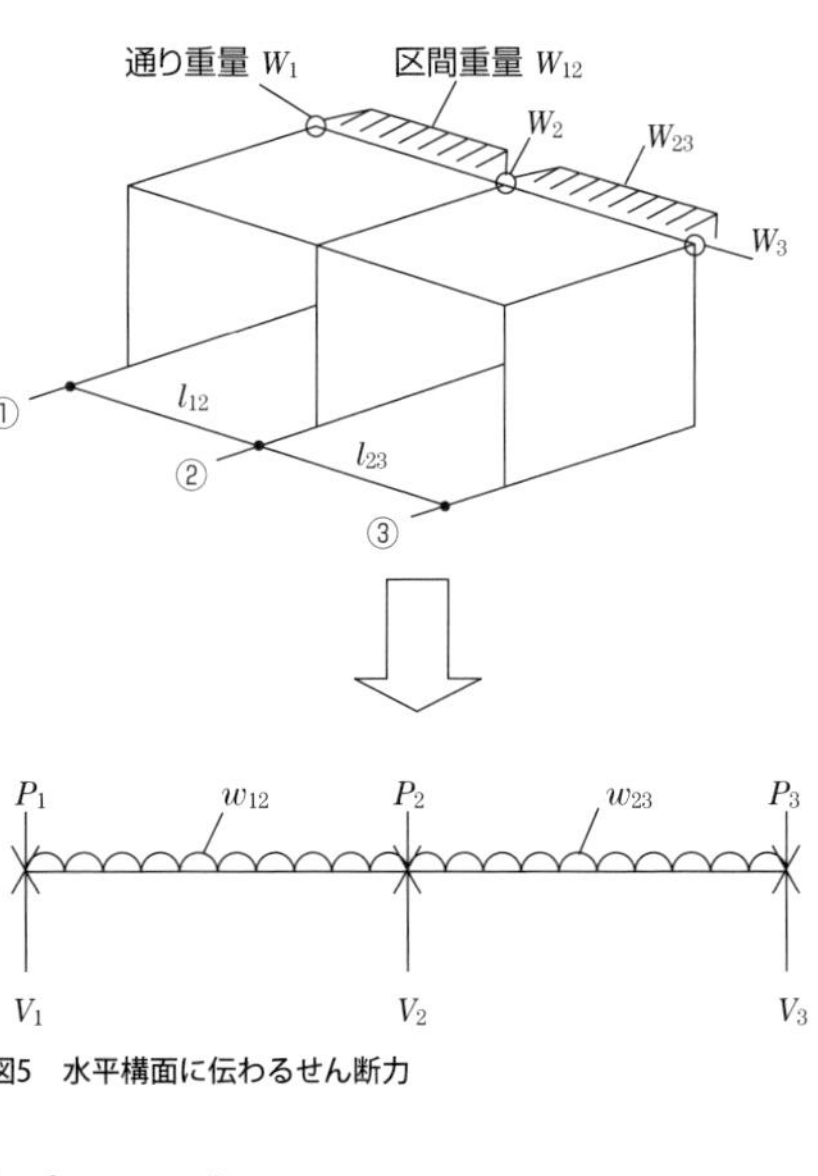

図5　水平構面に伝わるせん断力

そして、上式の「i通りまで（i通り上を含む）の不釣り合いせん断力」とは、せん断力図で順に、通り上の荷重や床面のせん断力を、i通りまで合計したものである。そして、残ったせん断力をここでは「不釣り合いせん断力」と呼ぶ。i通りからj通りへ伝えないといけないせん断力のことである。

また、等分布で加わる荷重は、地震力の場合は、区間の床荷重にその階の層せん断力係数、およびij通りのねじれ補正係数を乗じたものである。一方、暴風時は区間に加わる風圧力にij通りのねじれ補正係数を乗じたものである。

水平構面のせん断力は、「i通りまでの不釣り合いせん断力」と「i通りj通り間に加わる荷重」を足し合わせたものである。これと、ij床面の許容せん断耐力を比較して、後者が上まわっていることを確認する。

水平構面の強度の考え方

面材で構成される水平構面の強度の考え方は、原則的に耐力壁と同じである。水平構面の仕様によって、そのせん断耐力（および床倍率）は決まっている。その留め付け方で決定される。床構面の耐力を決定するための実験は、２０００年以降、壁の面内せん断実験と同様の実験方法によって決定する方式に変更された。また、耐力壁と同様に、計算で求める方法も提案されている。また、屋根面も、床と同じように水平構面として扱う。勾配がある場合には、その勾配を考慮して耐力・剛性を低減して構造計算に取り入れる。

垂木が軒先の軒桁に留まっているところでは、従来は吹上げ防止に注目して金物を選択してきたが、今後は、せん断方向の力にどれだけ耐えられるかという視点も必要である。

まとめ

誌面の都合で、耐力壁や柱頭柱脚接合部など、許容応力度設計の基本的な考え方のみをまとめた。許容応力度計算法を解説した日本住宅・木材技術センターの書籍は、現在、改訂中である。[※5] ここで解説したような基本的な部分に変更はないが、より現実的に対応できるように改良が加えられる予定である。

※１　構造計算で筋かいの断面検定をするような場合には、β割り増しが必要とされている。
※２　日本建築学会：建築耐震設計における保有耐力と変形性能、１９８１年６月
※３　日本住宅・木材技術センター：木造軸組工法住宅の許容応力度設計、２００１年12月（最新版は２０１７年版）
※４　１９９８年枠組み壁工法建築物構造計算指針、日本ツーバイフォー建築協会、１９９８年10月、最新版は２０１８年版
※５　「木造軸組工法住宅の許容応力度設計（２０１７年版）」が最新の版である。

初出：建築技術２００７年５月号

19 ❸ 構造計算

木質ラーメン構法の設計

木質のラーメン構造が注目されている。従来、木質ラーメン構造は、事務所ビルなどの大型の木造を対象として開発されてきた。その断面は、短辺が１５０～３００㎜と大きく、一品生産を前提としていた。しかし、近年、一般住宅用の木質ラーメン架構の開発が盛んに行われている。車庫一体型の住宅や店舗併用住宅など、従来からの、壁を配置しにくい間取りの建物に加えて、最近では、一般の住宅でも、大きなスパン、大きな開口のものが増えている。高性能な木質ラーメン架構への期待が高まっている。それらは、部材も短辺が１２０㎜程度の、いわゆる住宅用の部材を用いているのが特徴である。現在、20を超える木質ラーメンのシステムがある。

しかし、木質ラーメンの構造性能に関する設計方法は、確立しているとは言い難い。[※1] ここでは、木質ラーメン架構の構造設計に関する要点を考察する。

木質ラーメン構造の分類

まず、ここで、現在の住宅用の木質ラーメン構造と呼ばれているものを、構造的な観点から、大きく以下の三つに分けておく。

- Ａ型：ラーメンフレームが鉛直荷重と水平荷重を負担するもの
  - Ａ１型：建物に加わる水平力の大部分をラーメンフレームで負担するもの
  - Ａ２型：建物に加わる水平力の大部分は、面材などの耐力壁で負担し、ラーメンフレームは補助的に用いるもの

・B型：軸組構造の面内に嵌め込んで用い、ラーメンフレーム自体は鉛直荷重を負担しないもの

ラーメンフレームと一般の耐力壁が、構造的に、決定的に異なっているのは、ラーメンフレームは、それ自体が水平荷重と鉛直荷重を同時に負担していることである。したがって、後述するような、フレームの耐力を壁倍率に換算して用いるだけの方法では、許容応力度計算をしたことにはならないので注意しなければならない。

なお、ラーメン架構自体の構造性能からみれば、A1型とA2型を分ける必要はない。構造計画的な観点から分けたものである。また、後述するように、B型は一定の条件を満足すれば、一般の耐力壁と同様に扱うことも可能である。

構造計算のルート

次に、木質ラーメンを用いた場合の計算のルートを整理しておく（138頁**図1**）

木造建物は、建築基準法・施行令第3章3節の、いわゆる仕様規定を守る必要がある。耐力壁の量を定めている、いわゆる壁量設計は、この仕様規定の中に位置付けられている。また、延床面積500m²超または軒高9m超または最高高さ13m超、あるいは3階建以上の場合には、併せて構造計算が求められている。

壁量設計は、必要壁量と壁倍率の組合せから成り立っているが、ここで対象とするラーメンフレームには壁倍率はない。したがって、壁量設計だけに準拠する場合には、ラーメンフレームを用いることはできない。木質ラーメン構造は、構造計算ルートでのみ、用いることができる。

木造建物を、本格的に構造計算で建てるようになったのは昭和62（1987）年である。この年、準防火地域に木造3階建が建てられるようになった。前述のように、3階建には構造計算が求められることから、最初の構造計算法が整備された。日本住宅・木材技術センターのいわゆる「水色本」と呼ばれたものである。併せて、木造の体育館などの大空間を実現するために、2階建以下でも、構造計算する

ことによって壁量設計を免除する制度ができた。施行令第46条2項の条文である。これが、現在、2階建以下の木造の「構造計算ルート」と呼ばれるものである。2階建以下の住宅用木質ラーメン構造は、このルートに準拠して計算されることになる。

なお、このルートは第46条2項に従って建物全体を構造計算しても、再び、仕様規定に戻るようになっている。したがって、壁量以外の条文は、それぞれに、「構造計算による」というような「ただし書き」がない限り、その仕様規定を守る必要がある。

また、もちろん、平成12(2000)年に追加された限界耐力計算によって建てることも可能である。ただし、現在、木質ラーメンをこの計算法で設計する例はほとんどないので、ここでは一般的な許容応力度計算について述べる。

構造計算の現状

さて、建築家と構造事務所が、個別の建物を木質ラーメンで設計する場合には、汎用の任意形状立体解析のプログラムを用いて応力解析し、部材・接合部の応力を求めるのが一般的である。そして、日本建築学会「木質構造設計規準・同解説」や日本建築センター「大断面木造建築物設計マニュアル」などを参照して、その部材・接合部の検定を行っている。この場合、建物が適切にモデル化されているかが最も重要であるが、上記の規準書には変形に関する情報は少ないので、算出された変形が実態と合わない可能性がある。少なくとも、接合部の回転剛性を求める実験は行うべきである。一般には、実験から接合部の回転剛性を求め、半剛節として、先のプログラムを適用するものが多い。この場合、ラーメンフレームの回転剛性は考慮されているが、むしろ、一般耐力壁のモデル化が単純なピン接合としている場合が多く、全体としては、変形が小さく算出される傾向がある。

もう一つの方法は、日本住宅・木材技術センター「木造軸組工法住宅の許容応力度設計法」に準拠するもので、フレーム実験から求めた耐力を壁倍率に変換して用いている。特に近年の住宅用ラーメンフレームの計算に、この方法を用いているものが多い。しかし、そもそも「壁倍率」という用語は仕様規定での用語で、許容応力度計算で用いるべきでない。また、同書には木質ラーメン構造の考え方は紹介されているが、単純に壁倍率に換算してよいという記述はない。[※2] 前述のように、部材・接合部の曲げ・せん断などの検討を行わないと、許容応力度計算をしたことにはならないので注意しなければならない。

構造検討の原則

ここでは、前述のように木質ラーメンの許容応力度計算を述べる。

許容応力度設計は、「存在応力が部材の許容応力度を上まわらないこと」を確認することであるが、木質ラーメン構造の許容応力度設計に当たっては、架構の剛性と靭性を考慮した設計を行うことを原則としたい。これは、法律が、「大地震時に倒壊を防ぐ」と、終局時の性能を目標においているためである。また、現代の木質構造は、4号建築物に適用する壁量設計であっても、剛性と靭性を考慮した設計になっている。より高度な設計を求められる木質ラーメンの設計は、当然、終局状態も考慮して設計すべきである。単に、長期・短期の許容耐力の検討だけでは不十分である。

許容応力度計算

さて、具体的な検討項目を見ていこう。許容応力度設計における確認事項の第一は、許容応力度計算の原則に従って、「部材・接合部に生じる応力度が、許容応力度以下であることを確認すること」である。

前述のように、ラーメン構造は、耐力壁と違って、鉛直荷重と水平荷重を同時に受ける骨組である。したがって、部材と接合部について、個々の応力（曲げモーメント、せん断力、軸力）およびその組合せについて、その部材の存在応力度が、材料の許容応力度以下であることを確認する必要がある。

すなわち、以下の各種の応力と変形を確認する必要がある。もちろん下まわっていることが明らかな応力については、省略することもできよう。

- 部材：長期曲げモーメント、長期せん断力、長期軸力（引張、圧縮）およびその組合せ
  短期曲げモーメント、短期せん断力、短期軸力（引張、圧縮）およびその組合せ
  長期たわみ、短期たわみ
- 接合部：長期曲げモーメント、長期せん断力、長期軸力（引張、圧縮）およびその組合せ
  短期曲げモーメント、短期せん断力、短期軸力（引張、圧縮）およびその組合せ
  （長期変形）、（短期変形）

実は、この内容は、鉄骨構造や鉄筋コンクリート構造の許容応力度計算においては、当然の検討内容である。木造の場合には、「水平抵抗要素は耐力壁（壁倍率）」という発想が定着しているために、前述のような「壁倍率換算」という方法が行われてきた。

さて、以上のように考えると、ラーメンフレームは接合部ごとに、許容曲げモーメント、許容せん断耐力、許容引張耐力、（場合によっては、許容圧縮耐力も）を有していなければならない。解析や実験では、それぞれの許容値が求まるようにする必要がある。そして、原則からいえば、接合部・部材の許容応力度計算がなされていれば、ラーメンフレームとしての許容値がなくても設計は可能である。前述の汎用立体解析プログラムを用いる場合が、その代表的な例といえる。

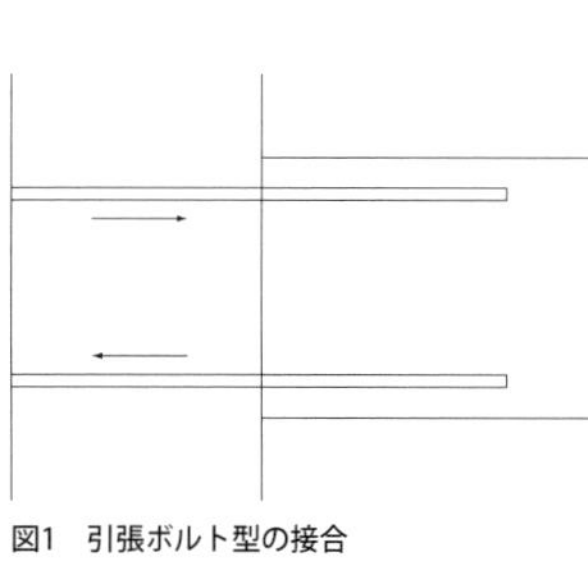
図1　引張ボルト型の接合

ただし、前述のA２型のように、耐力壁と組み合わせる建物では、ラーメンフレームに許容値を設定する方が、計算が容易になって便利な場合も多い。したがって、そのような設計法を組み立ててもよい。ただし、重要なことは、接合部・部材の許容応

力の検討を外すことはできないということである。なお、こうした方法を、ここでは仮に「フレーム耐力型」と呼ぶこととする。

なお、ここでいう接合部には、パネルゾーンの強度の検討も含まれる。例えば**図1**のように、引張ボルト／圧縮ボルトで構成された接合部の場合には、そのボルトまわりの許容耐力だけでなく、いわゆるパネルゾーンの強度の検討も必要となる。一般に、パネルゾーンの破壊よりも、ボルトの接合など破壊が先に起こるので、検討しないものがほとんどであるが、ボルト部の強度が大きくなると、パネルゾーン部分の木材の強度の確認が必要になる。[※3]

ラーメンフレームの応力負担

また、フレーム耐力型の設計で、ラーメンフレームや耐力壁が許容耐力以下であることを確認する際には、それら鉛直構面の剛性に比例して応力を分担させることが必要である。

一般に、ラーメンフレームは剛性が小さいので、一般の耐力壁と同様の方法で許容耐力を求めると、1／120 rad変形時の耐力で決定されることが多い。一方、構造用合板などの一般の耐力壁は、その許容耐力は、降伏強度や靭性を考慮した強度などで決定されており、その時の変形角は1／200 rad以下になるものも多い。したがって、ラーメンフレームは許容耐力に比べて剛性が低いため、ラーメンフレームと一般耐力壁を併用すると、耐力壁に力が集中し、ラーメンフレームの負担は小さくなる。以上のように、それぞれの剛性が異なるので、水平力の分担割合を算定する際には、それぞれの剛性の違いを考慮する必要がある。

しかし、前述の「木造軸組工法住宅の許容応力度設計」に準拠したと称するプログラムのほとんどは、強度と剛性を分けて入力することができない。これからは、ラーメンフレームはもとより、一般的な耐力壁についても、耐力だけでなく剛性の値も設定することが望ましい。

なお、一般の耐力壁やラーメンフレームの剛性を実験から求める場合には、75％信頼水準の50％下限

値でよいと思われる。[※4]

接合部の許容値の設定

一方、部材・接合部の許容値を設定する際には、原則的に95%下側の耐力を用いる。前述のように、ラーメン構造は骨組構造であるので、部材、接合部の許容耐力は下限値を用いるべきである。耐力壁構造は、軸組によって鉛直荷重は支えられており、それとは独立して、面材などが水平耐力を負担している。すなわち、耐力壁が壊れても、鉛直荷重の支持能力が期待できる。この前提および剛床仮定の下で、多数配置されている耐力壁は平均値に近い性能を発揮することから、50%下側の許容値を用いてよいこととされている。しかし、ラーメンフレームにはこの条件は当てはまらない。実験から接合部の許容値を求める場合には、原則的に95%下側の許容値を用いる必要がある。

なお、接合部の耐力について、メカニズム上、曲げモーメントを独立して分解でき、かつ、鉛直荷重の支持能力と無関係の場合には、曲げモーメントの許容値を50%下側の許容値を用いることも可能であろう。

断面算定と複合応力

また、部材・接合部の断面算定にあたっては、他の構造と同様に、複合応力を考慮して断面の算定を行う必要がある。したがって、接合部は、それぞれの応力に対応して、できるだけ独立したメカニズムを有するのが望ましい。例えば、ラーメンフレームの柱梁接合部は、水平力が加わったときに、曲げとせん断力（軸力も）が同時に作用する。残念ながら、この部分の複合応力に対する検討方法はまだ確立していない。例えば、柱勝ちの接合の場合には、梁端部にせん断だぼや鋼板などの、せん断力を負担する仕組みが設けられていると、構造的にはわかりやすい。

ただし、やむを得ない場合は、例えば、以下のように扱うことも考えられる。[※5]

部材の断面検討に当たっては、軸力と曲げモーメントは、縁応力度の加算による以下の検定式を適用する。

$$(\sigma_b/f_b)+(\sigma_t/f_t)\leqq 1.0 \quad (1)$$

$$(\sigma_b/f_b)+(\sigma_c/f_c)\leqq 1.0 \quad (2)$$

ここで、σ_b：曲げ応力度、f_b：許容曲げ応力度

f_t：引張応力度、f_t：許容引張応力度

σ_c：圧縮応力度、f_c：許容圧縮応力度

部材のせん断力と曲げモーメントの複合応力は、暫定的に、以下の式を用いてもよいと考えられる。この式は、応力の種類が異なっているので、単に総合的に余裕度を表したものである。

$$(\sigma_b/f_b)+(\sigma_s/f_s)\leqq 1.0 \quad (3)$$

ここで、σ_s：せん断応力度、f_s：許容せん断応力度

接合部については、合わせ梁型のように木部材どうしの接合なのか、柱勝ちなのか、梁勝ちなのかによって、検討する必要のある組合せを設定しなければならない。例えば、上記の部材の場合と同様に、以下のような式を適用するのも一つの方法である。

- 曲げモーメントと引張軸力

$$(M_d/M_a)+(N_{td}/N_{ta})\leqq 1.0 \quad (4)$$

- 曲げモーメントと圧縮軸力

$$(M_d/M_a)+(N_{cd}/N_{ca})\leqq 1.0 \quad (5)$$

- 曲げモーメントとせん断力

$$(M_d/M_a)+(Q_d/Q_a)\leqq 1.0 \quad (6)$$

ここで、Mは曲げモーメント、Nは軸力、添え字dは存在応力、添え字aは許容を示す。

また、式（6）については、式（7）を用いてもよい。

$$(M_d / M_a) + ((Q_d - Q_{ma}) / Q_a) \leqq 1.0 \qquad (7)$$

ここで、Q_{ma}：接合部の実験において許容曲げモーメント決定時に加わっていたせん断力

例えば、柱勝ちの梁端部は、短期荷重時に、曲げモーメントとせん断力を同時に受ける。梁端部の曲げモーメントに対する許容値は、**図2**のような、逆T型の実験から求めることが多い。この場合、加えた荷重の大きさだけのせん断力も加わっている。すなわち、この実験から求めた曲げモーメントの許容値は、せん断力も加わった状態で設定していることになる。そこで、曲げモーメントの許容値設定時に加わっていた分のせん断力は除外してもよいとしたのが、上記式(7)である。

なお、柱梁接合部には、同時に軸力も加わっており、厳密にいえば、軸力・曲げモーメント・せん断力の三つの力の複合になる。メカニズムを検討し、必要であれば、複合応力を検討する。

例えば、ラーメンフレームの柱脚接合部は、特に多層になった場合には、引抜きの力が生じることがある。この場合は、**図3**のように、曲げモーメント、せん断力、引抜き力の三つを同時に受けることを考えなければならない。前述のように、この部分には、せん断力や引抜き力を負担するメカニズムを独立して設けるのが望ましい。

以上のように見てくると、ラーメンフレームの許容耐力のみを算定して、一般的な耐力壁と同じように扱うことができるのは、ラーメンフレームが鉛直荷重を負担しないB型のみであることがわかる。※6

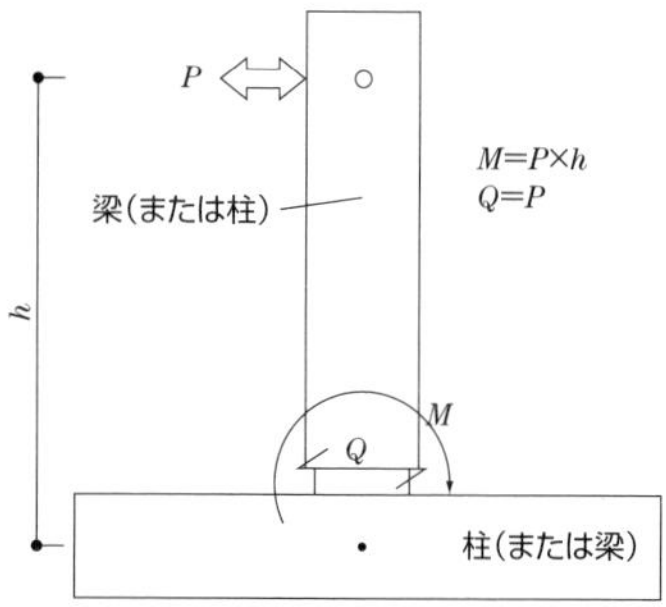

図2　逆T型の曲げモーメント試験

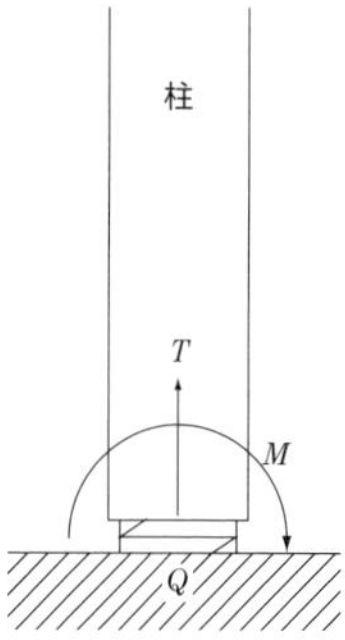

図3　柱脚に生じる力

隣接・上載する部材からの応力

また、ラーメンフレームの部材・接合部に生じる応力の算定にあたっては、隣接・上載する壁や柱などからの応力を考慮する必要がある。すなわち、梁の場合には、梁上部の耐力壁から加わる力を考慮する。また、柱の場合には、直上の柱や、連続する壁から伝達される引抜き力、圧縮力を算入する必要がある。

そこで、一般的なラーメンフレームに加わる曲げモーメントは、**図4**のように①床常時荷重、②柱常時荷重、③柱臨時荷重、④臨時水平力の4種類が考えられる。したがって、ラーメンフレームの接合部は、その短期の許容曲げモーメントから①〜③の鉛直荷重による接合部モーメントを差し引いた範囲で、水平力による曲げモーメント（④）を負担することができることになる。せん断力、軸力についても同様である。前述の壁倍率の換算を行う計算法では、こうした検討を行っていないものも見られる。

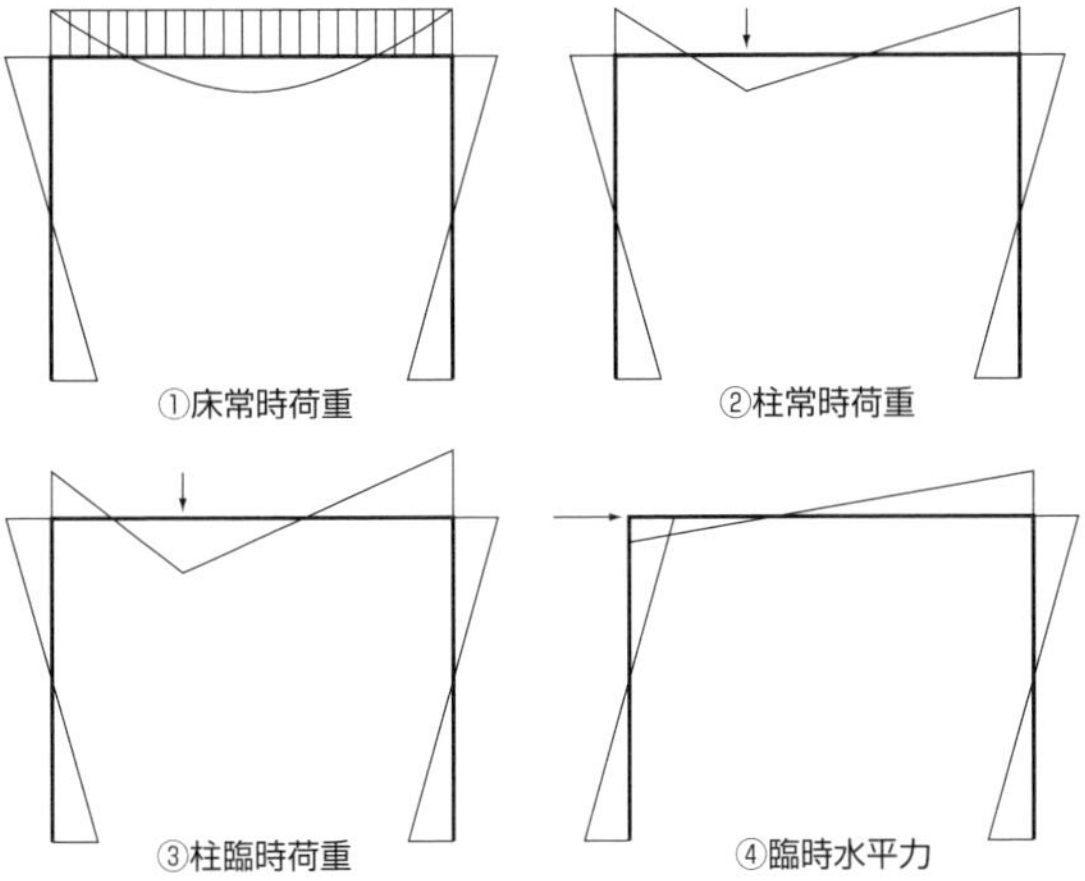

図4　ラーメンフレームに加わる力

層の必要保有耐力

また、フレーム耐力型の計算を行う場合で、ラーメンフレームの許容耐力を定める際には、層としての荷重変形関係が必要保有耐力を有するように、フレームの許容耐力などを定めるのが望ましい。

「構造検討の原則」でも述べたように、建物の靭性を考慮した検討を行うべきである。すなわち、保有水平耐力の検討を行うのが望ましい。ところで、その保有水平耐力計算におけるD_Sの考え方は層としての保有水平耐力を要求するものである。ラーメンフレームは、前述のように初期剛性が小さく、徐々に耐力が上がっていく。一方、構造用合板などの耐力壁は1／60～1／45radで最大耐力に達する。両者は、荷重変形関係が大きく異なっている。これら異なった荷重変形関係の耐力要素が併存する場合にも、最終的に層としての保有水平耐力が必要保有耐力を満足する必要がある。**図5**のようにＡ２型のラーメンフレームでは、耐力壁とラーメンフレームを別々に完全弾塑性処理した耐力の合計値と、耐力要素の荷重変形曲線を累加して作成した層の荷重変形関係から求めた耐力とは一致しないので注意する。

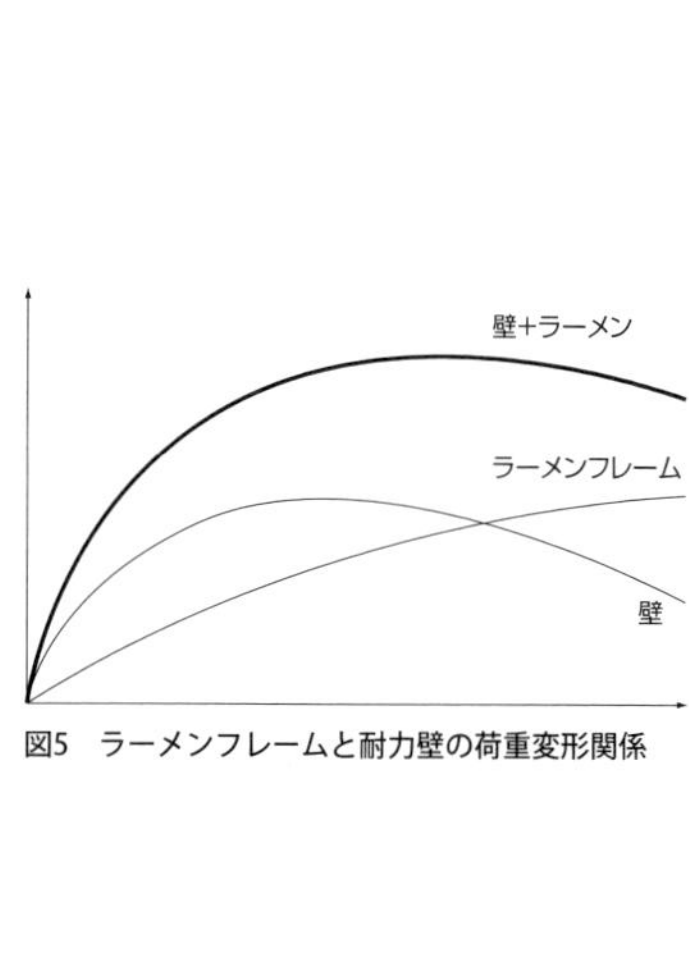

図5　ラーメンフレームと耐力壁の荷重変形関係

層間変形角

次に、地震時の変形について考えてみよう。ラーメンフレームを用いた場合の中地震時の層間変形角は、少なくとも１／１５０rad以下、できれば１／２００rad以下となるように設計したい。

一般的な耐力壁は、その許容耐力を求めるときの特性値の一つに、「特定変形角における耐力」として、見かけの変形で１／１２０radが設定されている。そこで、一般に、軸組工法の耐力壁は、許容耐力時に１／１２０rad変形すると見なす場合が多い。また、こうしたルールがあるために、実際の木造住宅が、中地震（C_0＝０・２）の水平力が加わったときに、１／１２０radまで変形すると勘違いしている人も多い。しかし、①内外装の雑壁が剛性に大きく寄与していること、②耐力壁に1／120radよりも小さい変形で許容値が決まっているものが多いこと、③壁量に余裕のあるものが多いこと、などによって、実際の建物の剛性は非常に高い。特に①の効果が、大きいことがわかっている。内装下地の石膏ボードは非耐力であるが、剛性が高い。また、外装のモルタルも同様である。実大の実験によると、中地震相当の水平荷重時の層間変形角は1／350～1／500radである。これは、前述の1／120rad変形と比べると、剛性が数倍高いことを意味している。

一方、ラーメン構造、特にA1型のラーメン構造は、いわゆる雑壁がほとんどない架構となることが想定される。つまり、ラーメンフレームの剛性が、そのまま建物全体の剛性となる可能性が高い。例えば、中地震（C_0＝0・2）の外力で1／120radの変形を生じる一層建物は、固有周期が0・8秒程度となる。一般の建物は、2階建の場合には0・2～0・3秒程度で、これらと比べて著しく剛性が低い。居住性などの振動障害が懸念される。ラーメンフレームの性能を、実験や解析で決定する場合には、その剛性は1／120radよりも小さい変形を設定すべきである。

以上より、ラーメンフレームを用いた構造（特に、A1型のラーメン構造）では、中地震時の層間変形角は、少なくとも1／150rad以下、できれば1／200rad以下に納まるように設計する。

偏心率の計算

現在の許容応力度計算では、必ずしも耐力要素の偏心の確認は求められていない。しかし、前述の「軸組工法木造住宅の許容応力度設計」でも偏心率の計算は入っており、現状でも、ほとんどの建物で偏心率の計算は行われている。また、新しい構造計算の規定では、明文化されるようである。

偏心率の計算にあたっては、ラーメンフレームと一般壁の剛性の違いに注意する。前述のように、一般に、ラーメンフレームは剛性が小さいので、許容耐力は1／120radで決定される可能性がある。一方、構造用合板などの一般の耐力壁は、その許容耐力は、降伏強度や靭性を考慮した強度などで決定されている。偏心率の計算に当たっては、それぞれの剛性の違いを考慮する必要がある。

水平構面の検討

木造建物の構造設計において、水平構面の役割が大きくなっている。床の強度が壁に比べて相対的に低くなってきていることや、大きな吹抜の建物が増えているためである。また、周知のように、壁量設計や偏心率計算は、剛床が前提となっている。

ところで、ラーメンフレームを一般的な耐力壁構造の建物に組み込まれて用いる場合には、前述のように、それらの荷重変形関係はかなり異なっている。いわば、混構造のようなものである。そこで、水平構面の検討においては、許容耐力時のみでなく、終局時の構面負担割合も検討するのが望ましい。

前述のように、ラーメンフレームは、初期の剛性は低いが、逆に大変形時には相当の強度を発揮するのが一般的である。すなわち、初期の負担割合は、合板耐力壁などの方が大きく、大変形時にはラーメンフレームの負担割合が相当大きくなる。水平構面を流れるせん断力も、許容耐力時と終局時で大きく異なる可能性がある。そこで、水平構面の検定では、許容耐力時のみでなく、終局時の負担割合における検討も行いたい。もちろん、この場合の床面の強度は、終局強度でよい。

※1　住宅用ラーメンの考え方をまとめたものに、日本住宅・木材技術センターの「2016年版木造ラーメンの評価方法・構造設計の手引き」がある。
※2　同書は、基本的にラーメン構造は対象としていない。
※3　近年の木造ラーメン開発では、ボルトなどの引張部材を先行降伏させる設計が行われている。
※4　前述の「木造ラーメンの評価方法・構造設計の手引き」では、建物全体の水平力に占める木造ラーメンの割合によって、下限値を設定する方法が示されている。
※5　複合応力の検討式については、二乗のべき乗数による方法も提案されている。
※6　前述の「木造ラーメンの評価方法・構造設計の手引き」では、A型についての扱い方も記述している。

初出：建築技術2018年6月号

20 ❹ 木造建築の靱性設計――木造の保有水平耐力計算の可能性

中大規模木造の隆盛

木造建築の規模の概念が大きく変わりつつある。10年ほど前までは、木造といえば、住宅規模を指していた。昭和60年代の3階建の解禁や、燃え代設計の導入などによる大スパン木造の建設はあったものの、いわゆる先端の建築家の多くは、木造に目を向けることは少なかった。しかし、現在では、意匠系の雑誌でも、木造建築の掲載されない号はなく、むしろ、木造特集が組まれることも少なくない。中大規模木造への注目はますます高まりをみせている。例えば、床面積では**写真1**のような10，000m²近いものもつくられ、高さ方向では**写真2**の純木造5階建が建設中で、7階建、10階建も視野に入っている。今や、「木造建築は小規模なもの」という概念はなくなった。また、高耐力の構造要素と並行して、耐火技術の開発も進められており、3時間耐火の認定を取得したところも現れている。防火的にも、木造建築の規模上の制約はなくなりつつある。

そうした木造建築の構造面はどうだろうか。規模が大きくなれば、それに相応しい構造的な検討が必要となるが、軸組構造に関するルート3に相当する設計法はまだ整備されていない。もちろん、まったく検討されてこなかったわけではない。木造建築のルート3保有水平耐力設計のための資料をまとめたものとして、日本建築学会の「建築耐震設計における保有耐力と変形性能」（1999年）がある。同書は、名前のとおり、保有耐力と変形性能に関する既往の知見をまとめたもので、いわば、「保有水平耐力計算法」の前段階の資料と位置付けられるものである。構面などの水平加力実験をまとめ、塑性後の挙

❶延床面積9,700m^{2}の老人施設

❷木造5階建の建方中

動を紹介している。

しかし、その後、情報の収集は続けられたものの、「保有水平耐力計算法」自体は編纂されていない。やはり、従来、木造建築が規模の小さいものが多く、具体的な需要がなかったことが影響している。

設計ルートと保有水平耐力計算の必要性

現状の設計ルートでは、ルート3、すなわち保有水平耐力計算は31ｍを超えないと必須とはならない。そのため、現状の法的な設計ルートから見ると、保有水平耐力計算法はほとんど必要とされない。しかし、このままなくてよいわけではない。以下に理由を記す。

第一は、前述のように、木造建築の規模が大きくなってきており、現行法の下でも、保有水平耐力計算をすべき規模に近くなってきていることである。規模が大きくなれば、それ相応の精度、信頼性のある設計法による必要がある。

第二に、建築基準法の大地震に対する目標は倒壊を防いで人命を護ることであるから、本来、すべての建物が、それを確認する手続きが求められている。したがって、ルート3を省略できるのは、許容応力度等計算でも、十分に耐力、または靭性が確保できることが明らかな場合ということになる。例えば、鉄筋コンクリート造であれば、従来の許容応力度等計算で実現できる建物も、終局強度と靭性が確保できるような手続きと実績により、小規模な建物は保有水平耐力計算を省略できるとしている。しかし、木造建築の構造形式は多様で、ブレース構造もあれば、アーチもある、木質ラーメンもあるという状態で、それらの倒壊メカニズムの解析も十分とはいえない。したがって、靭性がどの程度確保されているかも、十分に整理されているとはいいがたい。

1981年の新耐震設計法制定の際には、木造建築もその構造特性係数D_Sが決められたが、聞くところによると、十分なデータがない中で鉄骨造の考え方を参考にしながら、「工学的判断」で定めたともいわれている。実物件がほとんどなかった中で決めなければならなかったので、仕方がないともいえる。

第三には、保有水平耐力計算法を整備すれば、仕様規定ルートやルート1計算で、適用除外の道を増やせる可能性が増すということである。ツーバイフォー工法では、その告示の第十にそうした規定があり、より高度な計算をすれば仕様規定を外せる範囲が広がる構成になっている。軸組工法もそうなるべきである。

第四には、すでに評価機関では、多くの場合で、靭性が確保されているかの確認が行われているということである。前述のように、木造建物の靭性は建物の構造形式ごとにさまざまである。個別・システムの評定を受けようとすれば、ほとんどの場合、靭性をどのように確保しているかが審査される。それは、たとえ、法規上の設計がルート1であっても同様である。評価委員の多くは、その必要性を認識している。

大断面木造の靭性

次に、主要な木造建築の靭性についての現状を簡潔にまとめておく。

集成材による2ヒンジや3ヒンジのアーチ構造は、一般に構造形式が明解なので、検討課題も比較的明確である。荷重と変形の関係はおおむね大変形まで弾性的に挙動し、接合部の破壊で終局に至るものが多い。後述する耐力壁構造のような弾塑性の挙動を示さない。これは、水平荷重時の初期の変形が部材の曲げ変形によって生じており、また、接合部の荷重変形関係も初期には弾性的な挙動を示すためである。初期から、徐々に剛性が下がっていく曲線を描く。このため、一般に、D_Sを検討すると大きくなるものが多い。

木質ラーメン構造の靭性

多層木造の発達は目を見張るものがある。前述のように、7階建や10階建も視野に入ってきた。そうした多層木造で、期待が大きいのが木質ラーメン構造である。木質ラーメン構造の荷重変形関係は、その接合のメカニズムによって異なっている。

主流は、合わせ梁ボルト接合や鋼板挿入ドリフトピン接合など、曲げ降伏型の接合部を用いて、ヨーロッパ型降伏理論（E. Y. T.）で降伏耐力を求める接合である。これらは、従来、ルート1の設計で、許容耐力を求めるにとどまっていたが、近年は、靭性の検討が行われている。これらの接合は、局所的に見れば、鋼棒の木材への支圧と鋼材の曲げによって荷重変形関係が決定されるので、初期剛性が高く、徐々に剛性が落ちていくカーブとなる。

一方、引張ボルトを有するモーメント抵抗接合も、近年、鋼材の引張降伏で靭性を確保するものが増えている。鉄筋挿入接着工法（GIR工法）も、従来は付着破壊で耐力が決定し、靭性が小さかったが、ボルト降伏のメカニズムを付与したものが現れている。その他、鋼板の曲げで降伏させて、靭性を確保する接合などがある。

面材耐力壁の靭性

面材耐力壁の水平荷重による終局耐力は、一般に、面材自体のせん断と釘接合部の耐力の小さい方で決定される。ただし、面材が薄い場合には、面外座屈などで決定されることもある。

そして、一般的な耐力壁の仕様は、耐力が釘接合部で決定されるように、釘の大きさ・間隔などが定められている。したがって、一般に、面材耐力壁の靭性は釘と面材のすべり特性に依存している。そのため、釘の長さは靭性に決定的に影響があるが、近年、短い木ねじ（ビスと呼ぶことが多い）の接合具を用いるものが増えている。こうした壁には、終局変位が1／30 radに満たないものもある。建物全体をそのような構造方針で設計するのであればよいが、他の靭性の高い壁と併用する際には、注意しなければならない。

構造用合板などの耐力壁は1／60～1／45 radで最大耐力に達するが、同じ面材でも、石膏ボードは1／200～1／150 radで最大耐力に達する。石膏ボードなどの無機系の面材は、一般に初期剛性が高く、比較的小さい変形角で最大耐力を示す。また、最大荷重を示した後の荷重の低下が大きいとされている。

筋かい耐力壁の靭性

筋かいは、圧縮は座屈、引張は接合金物の引抜けなどで終局強度が決定される。断面が小さい45×90㎜程度の住宅用の筋かいは、圧縮では1／60 rad程度で座屈し、一気に荷重が負担できなくなる。ただし、石膏ボードなどの面材が張られている場合は、座屈が抑制されるので、座屈する変形角はもっと大きくなる。近年は、中大規模木造に向けて、筋かい断面の大きなものが増えている。それらでは、圧縮座屈はさせず、接合部の引張剛性と同じ剛性が圧縮側にもあるとするものが多い。そのため、筋かい端部を面タッチさせないディテールとすることもある。

引張は、筋かい金物の引張性能に依存している。大型の建物の筋かい端部は、鋼板挿入ドリフトピン接合が多い。これらは、前述のE.Y.T.に基づく建築学会式で設計される。所定の径長比を確保している場合には、靭性が確保されるとしている。

なお、鋼板をビス止めした筋かい金物は、一般に徐々に引き抜ける弾性的な挙動である。

保有水平耐力計算の概要と木造建築での考え方

さて、大地震時に建物の倒壊を防ぐためには、建物の降伏後の挙動を設計法に取り込む必要があるが、現在、一般的な方法は三つある。保有水平耐力計算と限界耐力計算、そして時刻歴応答計算が最も精確に建物の性能を評価できるとされているが、履歴特性や減衰の設定などに高度な判断が必要なことから、大臣認定が必要とされている。

そのため、現在、一般的な設計者が使える、塑性領域を考慮した設計法としては、保有水平耐力計算と限界耐力計算ということになる。

保有水平耐力計算は、**図1**のような、エネルギー等価の考え方を基本としている。大地震は、弾性応答で層せん断力係数C_o＝1・0を基本とし、塑性率の大きい（粘り強い）建物は、終局耐力自体は小さくてもよいというものである。中地震C_o＝0・2に比べ、大地震は、応答加速度で5倍、エネルギーで25倍を意味する。保有水平耐力計算は、基準となる応答値を設定し、振動特性係数などでそれを修正するという手法になっている。建物の応答値を定めたところに特徴がある。繰り返しの地震動を、単調加力のようにエネルギー等価に置き換えるところに課題がある。

構造特性係数D_Sは、保有水平耐力の計算の根幹をなす概念である。木造住宅の場合、D_Sは0・4前後を示すとされ、例えば、令46条の壁量は、D_Sが0・4程度を想定しているとされている。ところで、構造特性係数D_Sは、本来、層単位の概念であるが、木造では、壁ごとに完全弾塑性処理をして、許容せん断耐力を求めている。これを「壁D_S」と呼ぶことがある。木造の壁の完全弾塑性モデルの作成方法は、**図2**のようである。具体的な手順は、「木造軸組工法住宅の許容応力度設計」（日本住宅・木材技術センター）などを参照されたい。このモデル化の方法は、本来、許容耐力を求めるための手順であるが、その中の終局耐力は、層でいえば、保有水平耐力に相当している。終局変形は、最大耐力の80％まで低下したとき、とされている。

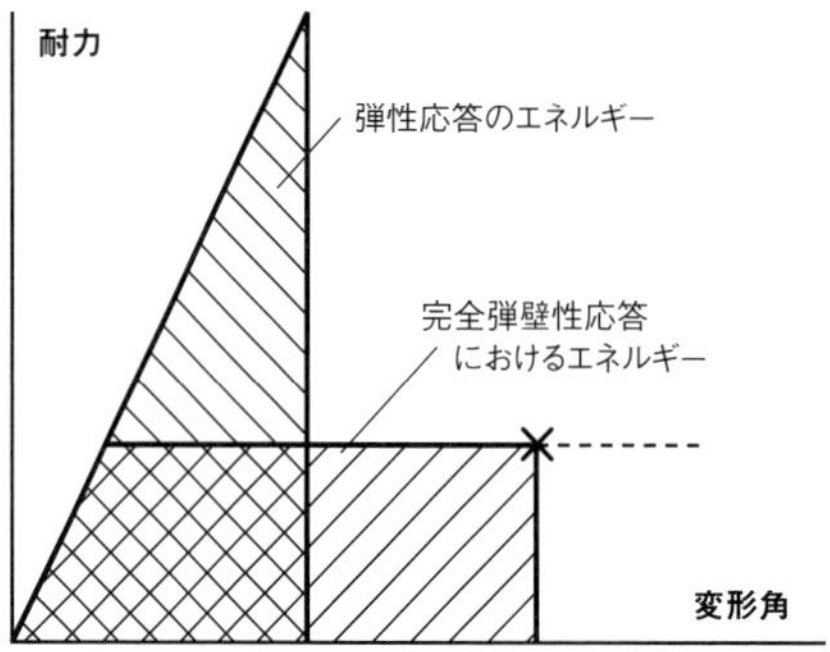

図1　エネルギー等価の考え方

耐力要素の加算

木造建物で使うことのできる耐力壁は多様で、降伏変位が異なるものも多い。そこで、荷重変形関係が異なる耐力壁が一つの層に混在する場合には評価のルールが必要となる。ところで、耐力壁形式の建物は、軸組で鉛直荷重を支え、筋かいや面材耐力壁で水平力に抵抗するという、役割分担を前提としている。そこで、耐力壁形式の木造建物では、耐力壁の荷重変形関係の単純な累加により、層の荷重変形曲線を求めることができるとしている。

加算の具体的な方法は二つある。第一は、代表的な変位ごとの強度を整理しておいて、そのまま累加して、層の荷重変形関係を求める方法である。限界耐力計算を行う際には、この方が便利である。保有水平耐力計算に利用するのであれば、最後に、完全弾塑性処理して、保有水平耐力を求めればよい。

第二は、壁ごとに完全弾塑性処理をして特性値を求めておき、それを壁の量に応じて合算する方法で

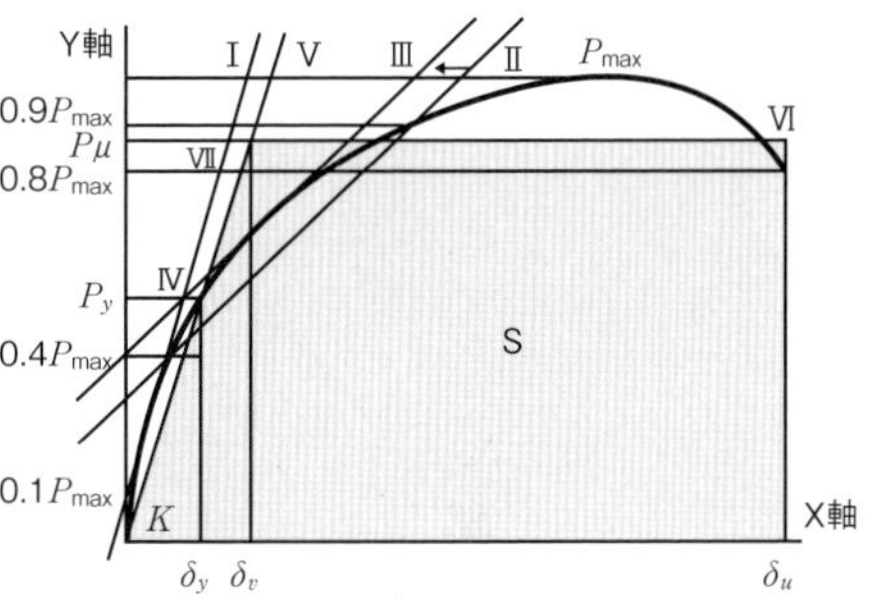

図2　完全弾塑性モデル化

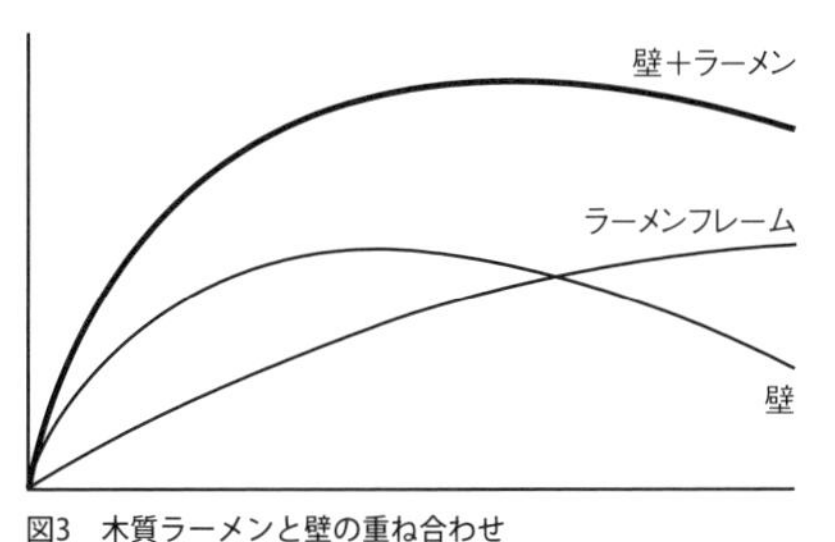

図3　木質ラーメンと壁の重ね合わせ

ある。この場合には、壁ごとに求めた許容耐力の合計値が、層の耐力と一致するか検討しておくのが望ましい。例えば、ラーメンを含む架構では、**図3**のように耐力壁とラーメンフレームを別々に完全弾塑性処理した耐力の合計値と、荷重変形曲線を累加して作成した層の荷重変形関係から求まる保有耐力は一致しないので、注意が必要である。

具体的には、例えば、ツーバイフォー工法では、以下のように扱うこととしている。ツーバイフォー工法は、構成する壁の基準となる降伏変形を1／200rad程度と想定している。これよりも降伏変位の小さい壁の組合せの場合には、**図4(a)**のように、1／200radの割線で降伏変位を定めることとしている。無機系面材の多くはこうしたものが多い。また、逆に、降伏変位が1／200radよりも大きい場合には、**図4(b)**のように、降伏変位の大きい方に合わせて割線で降伏変位を設定する。

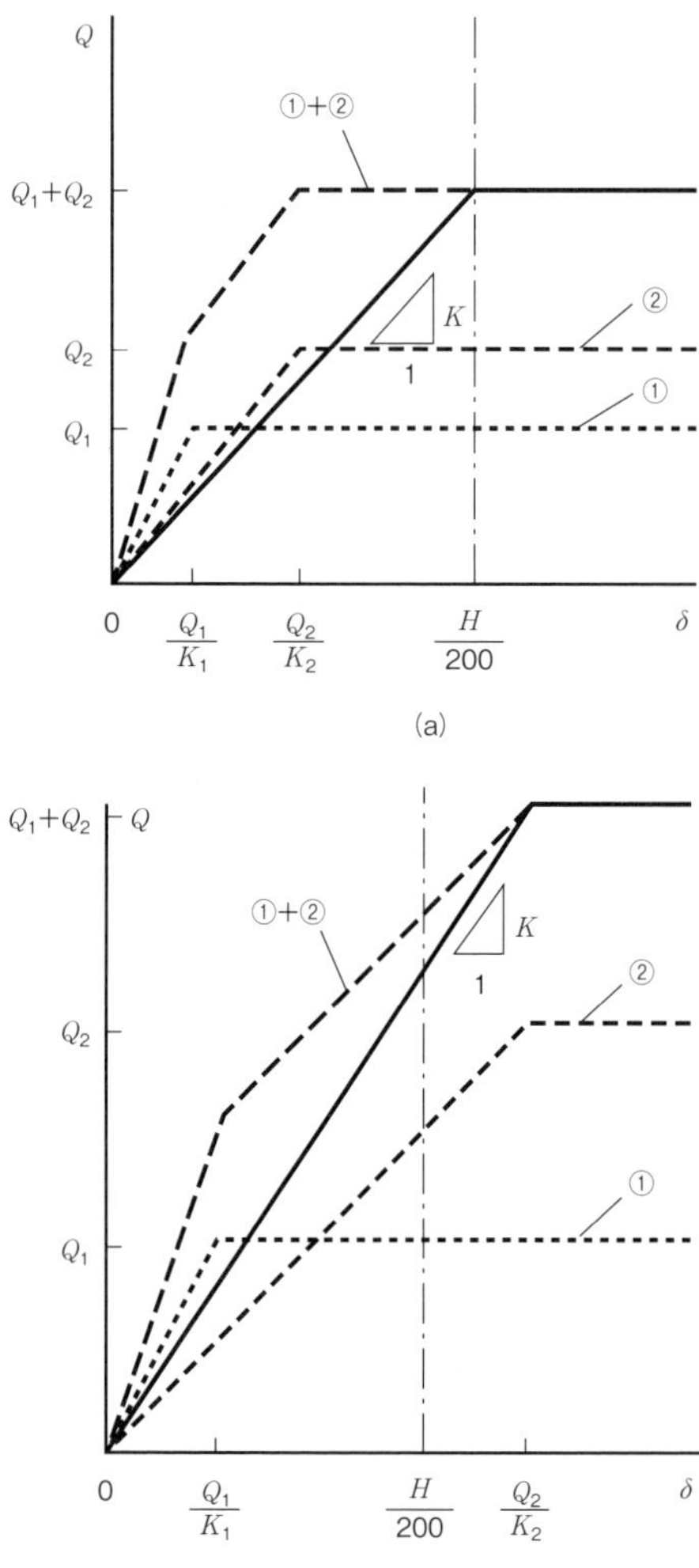

図4　ツーバイフォー工法の降伏変位の設定

限界耐力計算の概要と木造建築での考え方

一方、限界耐力計算は、図5のような等価線形化法という考え方を基本としている。これは名前のとおり塑性領域にある応答値を、等価な1質点系の弾性応答で求めようとするものである。弾性応答で推定するので、重要なのは、質量と剛性および減衰ということになる。多層構造を1質点に集約したり、繰り返しの履歴を減衰だけで表現するなど、大胆な割り切りがある。

限界耐力計算では、まず、各層の荷重変形関係と減衰が必要となる。多くの場合、層の荷重変形関係は、壁の荷重変形関係を累加して求める。降伏変位と同様に、終局変位が異なっている壁の荷重変形関係を足し合わせる場合にも、注意が必要である。例えば、面材耐力壁で、面材が単に外れるのであればよいが、開口脇の柱が折れないかなどを検討しておく必要がある。また、壁単独の荷重変形関係には、P–Δ 効果が含まれていないことにも注意する

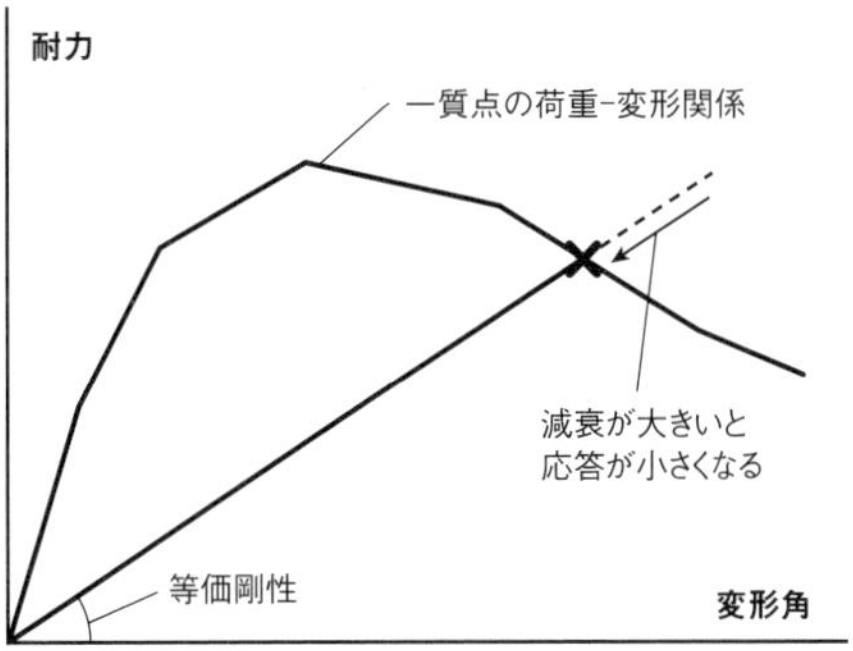

図5　等価線形化法の考え方

まとめ

木造建物も大型の建物が増え、靭性設計が求められている。保有耐力計算法を整備すれば、仕様規定などを外す道も広がるであろう。一方、塑性領域を対象とする二つの設計法は、いずれも相当に粗い手法であることが理解できたであろう。実地震動は繰り返しの揺れであり、建物は変形が進むと徐々に耐力も弱っていく。減衰性状も変化する。挙動を的確に理解して、利用する必要がある。

VI・実大振動台実験

兵庫県南部地震があった1995年の年末、当時、香川県多度津町に設置されていた振動台で、木造住宅5棟の実物大振動台実験が行われた。建築基準法の想定する以上の大地震動を入力した、事実上、最初の実物大振動台実験であった。

木造住宅は、実物の建物を実際に観測された地震動を加えることができる。したがって、これ以上の性能検証の方法はない。そして、得られる情報も多い。また、何よりもビジュアルなので、一般の人にもわかりやすい。この実験を契機として、現在までに数十棟の実物大の振動台実験が行われた。この分野の研究は、日本の独壇場といってよいだろう。

そして、最初は「兵庫県南部地震で観測された地震動でも、壊れないことを証明する」ことが目的のものが多かったが、徐々に、目的を絞った実験が行われるようになる。例えば、3階建住宅、あるいは、接合部の性能を検証する実験、耐力壁量を変えてその影響を見る実験などである。そして、実施した住宅メーカーは自らの住宅の性能に自信を深めていく。

本章では、振動台実験の意義、および振動台実験から得られる情報と、その活用法などをまとめる。

初出：建築技術2007年8月号

21——振動台実験を読み解くための基礎知識

近年の木造建物の耐震研究では、実物大の振動台実験を行うことが増えている。ここでは、耐震改修と、これらの実験を読み解くための基礎知識をまとめる。

振動台実験と地震動

近年の戸建住宅の研究では、しばしば実物大の振動台実験が行われる。振動台実験は、直接的かつ最もわかりやすい検証方法といえる。

地震や台風のように、外部から建物に加わる力を外力という。この外力によって、建物に生じる現象を応答と呼ぶ。例えば、応答加速度、応答速度、応答変位などである。

また、「地震」は、兵庫県南部地震のようにさまざまな自然現象の総体をいうので、その中で観測された個々の揺れの記録を地震動と呼んでいる。地震動は、一つとして同じものはない。地震動の振動特性を表す代表的な方法に、応答スペクトルがある。応答スペクトルは、1質点系の弾性応答を減衰ごとに結んだものである。**図1**に応答スペクトルの作成手順を、**図2**に加速度応答スペクトルの例を示す[※1]。もちろん、実際の建物は、1質点ではなく多質点である。また、木造は、比較的小さい変形から弾塑性の挙動を示す。したがって、この加速度応答スペクトルによって、精確な応答加速度を求めることはできないが、一定の傾向を把握することができる。

ちなみに、2000年の法律改正で、追加された限界耐力計算法は、多層建物でも1質点の建物に見立てて応答を求め、それをもう一度各階に変換する方法である。

地震動の種類

ところで、兵庫県南部地震による被害を阪神・淡路大震災という。ちなみに、関東大震災も被害の名称で、地震は関東地震である。

兵庫県南部地震で観測された地震動のうち、最も有名なのは、神戸市中央区の神戸海洋気象台で観測された、いわゆる神戸海洋気象台波（略してＪＭＡ神戸波などと呼ぶこともある）である。これは、気

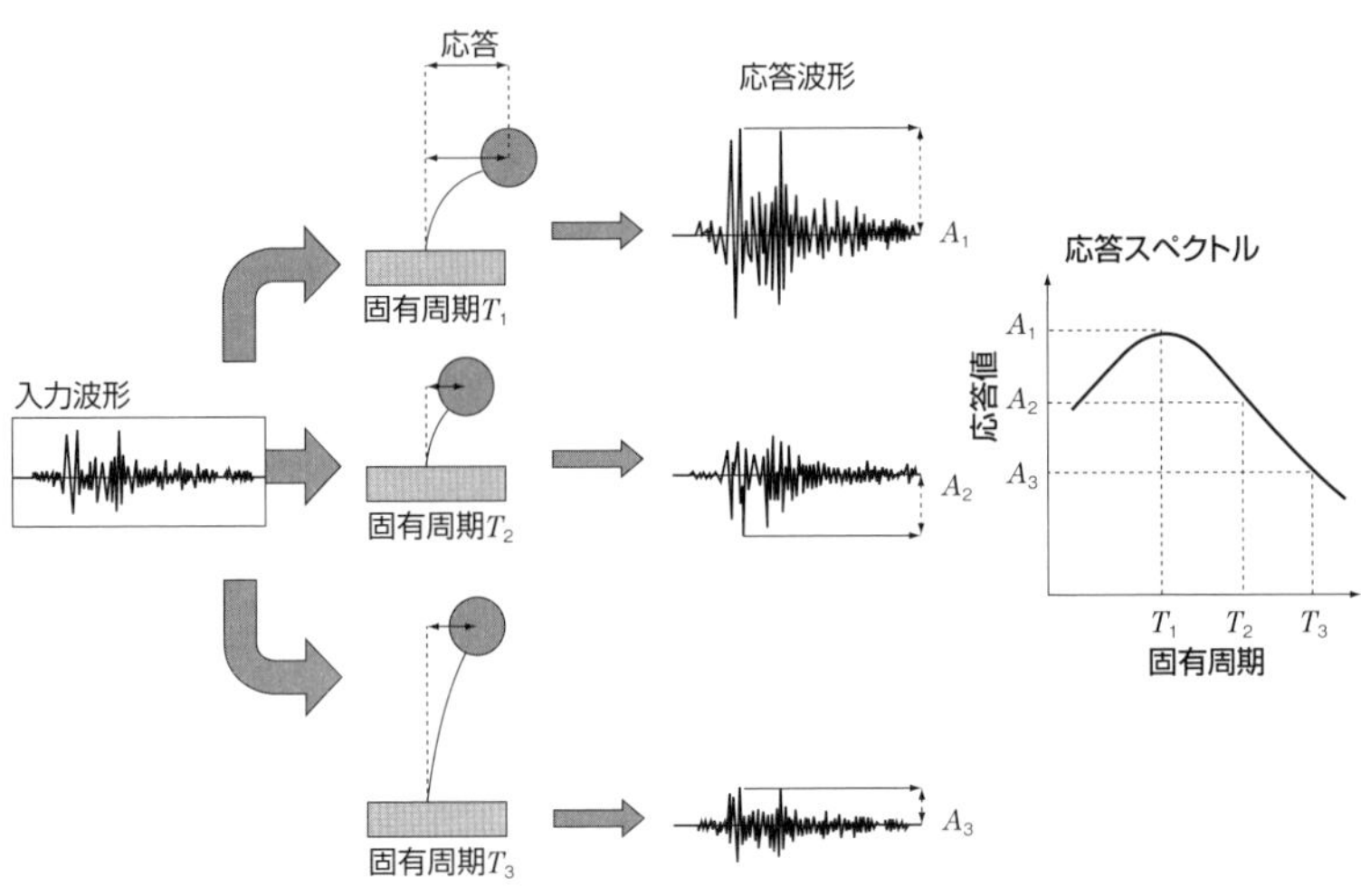

図1　応答スペクトルの作成手順

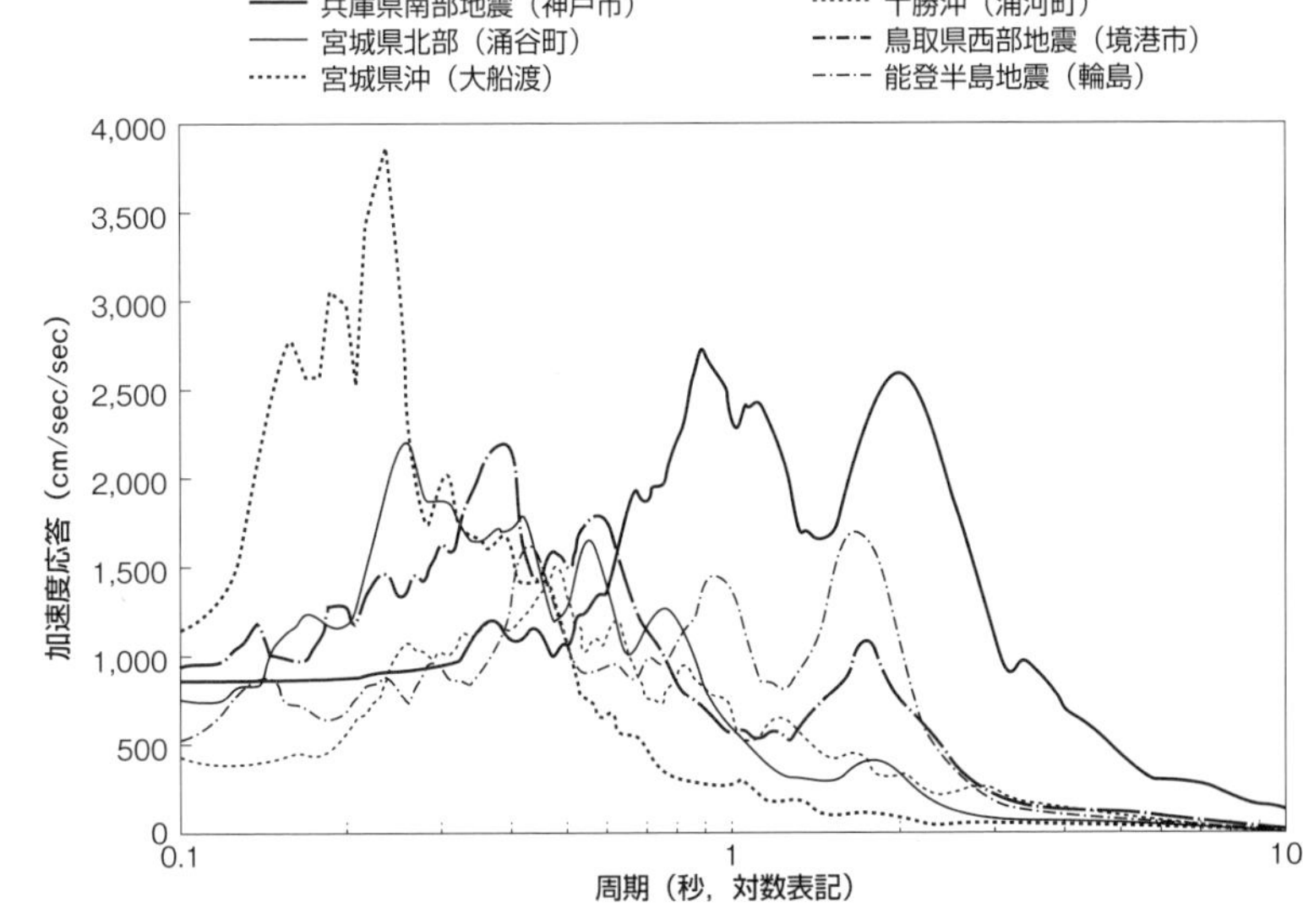

図2　加速度応答スペクトルの例

象台の置かれた丘陵地の上で観測されたもので、実際には、付近の木造建物の被害はそれほど大きくはない。木造建物の被害が特に大きかった東灘区などの地震動そのものでないことに、注意する必要がある。また、兵庫県南部地震以前には、アメリカで記録されたＥＬ－ＣＥＮＴＲＯ波などが、超高層ビルなどの設計に用いられてきた。兵庫県南部地震以後は、特に木造住宅の振動実験では、巨大地震相当の代表的な地震動として、この神戸海洋気象台波を用いることが多い。

なお、実際の地震動は、個々の特徴があるので、周期に片寄りのない、標準的な地震動を用いることがある。その代表的なものに、日本建築センターのまとめた地震動がある。これを、「センター波（ＢＣＪ波と呼ぶこともある）」と呼び、レベルⅠと、より大きな地震を想定したレベルⅡがある。ただし、センター波は、①水平１成分なため、３次元加振に用いることはできない。②人工地震波なので、実際にこのような地震動はない、などに注意する必要がある。

自由振動実験と固有周期

実大の振動台実験では、実地震動の加振に併せて、自由振動加振やスウィープ試験が行われる。自由振動試験は、瞬間的に建物に振動を加え、減衰していく自由振動波形を収集するものである。また、スウィープ試験は、30gal程度の正弦波で、周波数を変化させて、建物の共振特性を把握するものである。これらから、建物の卓越振動数、減衰定数などを求めることができる。これを、実地震動の加振前に行うのは、①建物の初期値を記録すること、②事前に想定した剛性どおりになっているかを確認するため、③応答スペクトルと照合して、どの程度の応答になるかを予測するため、などが目的である。

また、実地震動を加えた後にも、建物の剛性低下や、次の加振のための情報として、上記の振動特性を把握するための加振を行う。

一般的な木造住宅の、完成状態の一次の固有振動数は５～７Hzである。加振を重ねるたびに、剛性が低下していく。ちなみに、１質点系の周期は、以下の式で定義されている。

$$T=2\pi\sqrt{\frac{m}{k}}$$

ここで、T：周期　m：質量　k：剛性

したがって、周期が2倍になると、剛性が1／4になったことを意味している。また、木造建物は、小さい変形時から非線形の荷重変形関係を有しているので、振幅の大きさにより、周期は異なっている。例えば、常時微動は、微小変形時を計測しているので、大きな振動数が求まる傾向がある。常時微動の、一般的な住宅の一次振動数は6～8Hzである。[※2]

地盤の加速度と応答加速度

ところで、振動台実験では、入力した地盤の加速度と、建物で生じた応答加速度を混同することがあるので、注意が必要である。耐力壁などが負担する地震力は、応答加速度の方である。地震力は、「応答加速度×質量」で定義され、例えば、免震構造は、免震層を設けることで、建物の上部構造の応答加速度が小さくなるので、地震力が小さくなる。

また、加速度と速度の関係についても注意が必要である。近年、地震の破壊力を加速度の大きさではなく、速度で表現する例が増えている。前述したように、地震力は、応答加速度と質量の積で求められるが、最大加速度は、数十秒の揺れのうちの一瞬に過ぎない。現在、地震動記録も、実験での観測も、多くは１００Hzで行われている。つまり、例えば「１，５００galの応答加速度」といっても、１／１００秒間に過ぎない。

一方、速度は加速度の積分であるから、長い時間（といっても、実際には約0・1秒という時間だが）、大きな力が加え続けられたことを意味している。速度の方が、破壊力を適切に表しているといわれるのはこのためである。

加振のレベル

さて、地震の大きさは、どの程度を目安とすればよいであろうか。

以前は、建物の耐用期間中に数回は遭遇する可能性のある地震を中地震と呼び、80～１００galとしていた。また、耐用期間中に、一度遭遇するかしないかという地震を大地震と呼び、その大きさは３００～４００galといわれた。しかし、今日では、単純に加速度だけの表示は行われない。それは、まず、近年

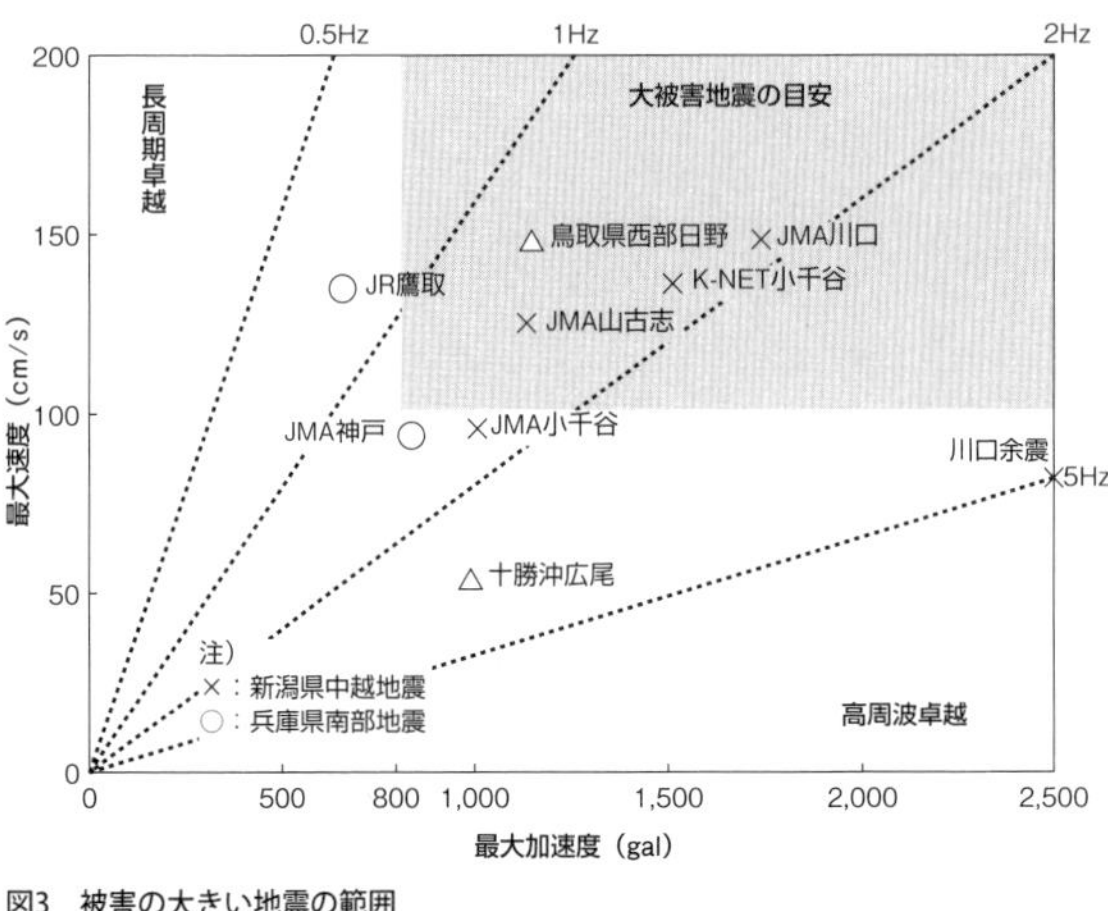

図3　被害の大きい地震の範囲

の地震観測で、直下型地震の震央（震源の真上の地上）付近の加速度は、非常に大きいことがわかってきたことが挙げられる。前述の神戸海洋気象台波のNS方向の最大加速度は818galである。また、新潟県中越地震では1，300galを超える加速度が観測されている。

第二は、前述したように、地震の破壊力が、加速度だけでは表現でないことがわかってきたからである。ちなみに、気象庁の発表する震度は、加速度や速度などを組み合わせた式になっている。

被害が大きい地震の範囲を示すものとして、**図3**が使われることがある。[※3] 最大加速度と最大速度の両方が大きいと、大被害を生じるというもので、比較的、わかりやすい整理法といえる。近年の振動台実験では、原波を1・5倍や2・0倍に大きくして入力する例も見られるが、そういう地震動は、実際には観測されていないことも忘れてはならない。

層せん断力係数C_0

それでは、建築基準法では、地震時に建物に加わる地震力の大きさは、どの程度を想定しているのであろうか。

図4のように、ある階が支えている重量に対するその階の地震力の比率を層せん断力係数C_iという。特に地上階の係数をベースシア係数C_0と呼ぶ。ここでは、地震力の求め方は、紙面の都合で省略するが、建築基準法は、前述したように、中地震と大地震の2種類の地震を想定している。中地震のC_0は0・2

以上、大地震は1・0以上を求めている。

したがって、大地震は、支えている重さと同じ大きさの地震力を想定していることになる。しかし、建築基準法は、大地震に対しては、「倒壊を防いで、人命を護る」ことを目標としていることから、靭性のある建物は、降伏後も終局変位まで変形してもよいとしている。その弾性応答の耐力に対して、終局耐力が何割あればよいかを示す係数が、構造特性係数D_Sで、以下の式で表される。その概念を**図5**に示す。

$$D_S=\frac{1}{\sqrt{2\mu-1}}$$

ここで、μ：塑性率

結局、大地震に対する実際の終局耐力は、ベースシア係数で、$1・0\times D_S＝D_S$、の値以上あればよいことになる。一般的な木造住宅のD_sは、0・35〜0・4といわれている。

振動実験では、前述のように、応答加速度と質量を乗じることによって、建物に加わった地震力を求めることができる。

$$F_i=\Sigma\ ((\alpha_i/g)\times m_i)$$

ここで、

F_i：i層に加わった地震力

α_i：i層の応答加速度

g：重力加速度

m_i：i層の質量

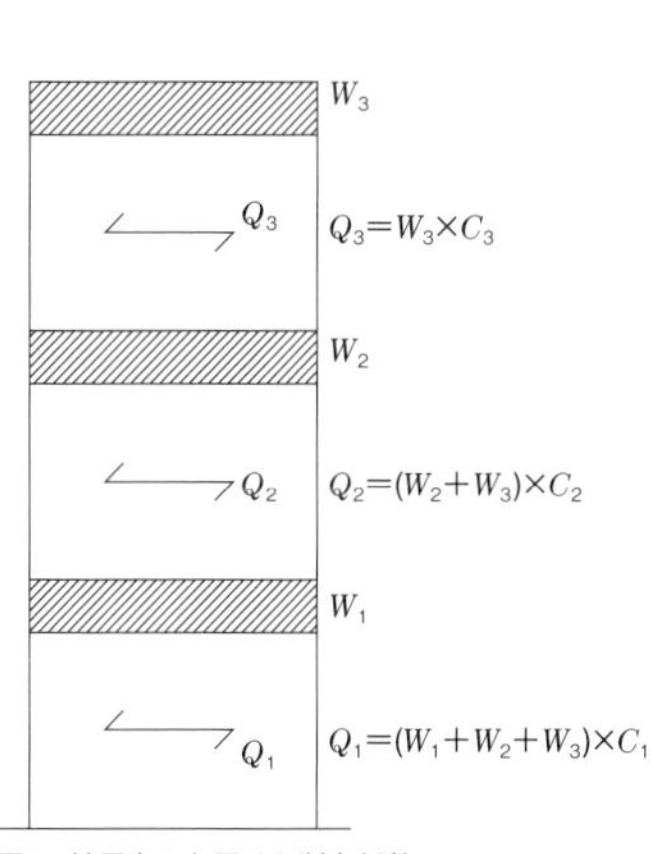

図4　地震力Qiと層せん断力係数Ci

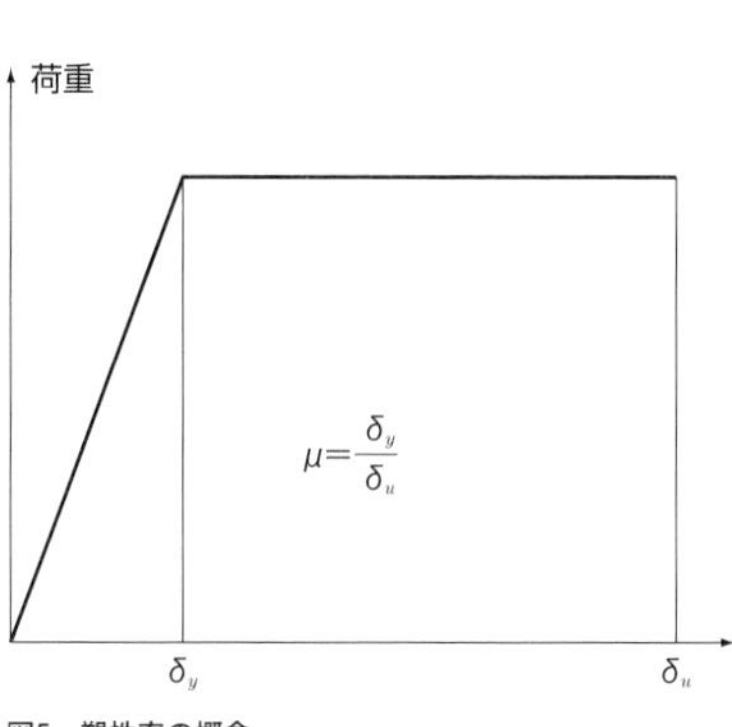

図5　塑性率の概念

この値は、同時に、その建物がどれだけの力に耐えたかも示している。つまり、建物の強さを読み取ることができる。この加えられた地震力は、層せん断力係数で表示することが多い。

層間変形角

応答変位は、上階床の下階床に対する水平変位で求められる。これを建物の階高で、除した層間変形角で表すことが多い。層間変形角は、建物がどれだけ傾いたかを示している。簡潔にいえば、「どれだけ壊れたか」を示している。

木造建物の強度と層間変形角の関係は、おおむね**図6**のように表すことができる。一般的に1／120 radまでは、概ね弾性的に挙動することから、中地震時には、1／120 radまで変形してよいとする設計が行われている。これを超えると、徐々にカーブは寝てきて、1／60〜1／45 radで最大耐力を示す。その後、1／30 rad程度までは最大耐力と同じかやや下回る程度の耐力を示す。そして、その後、徐々に耐力を下げ、最終的な倒壊は数分の1といわれている。

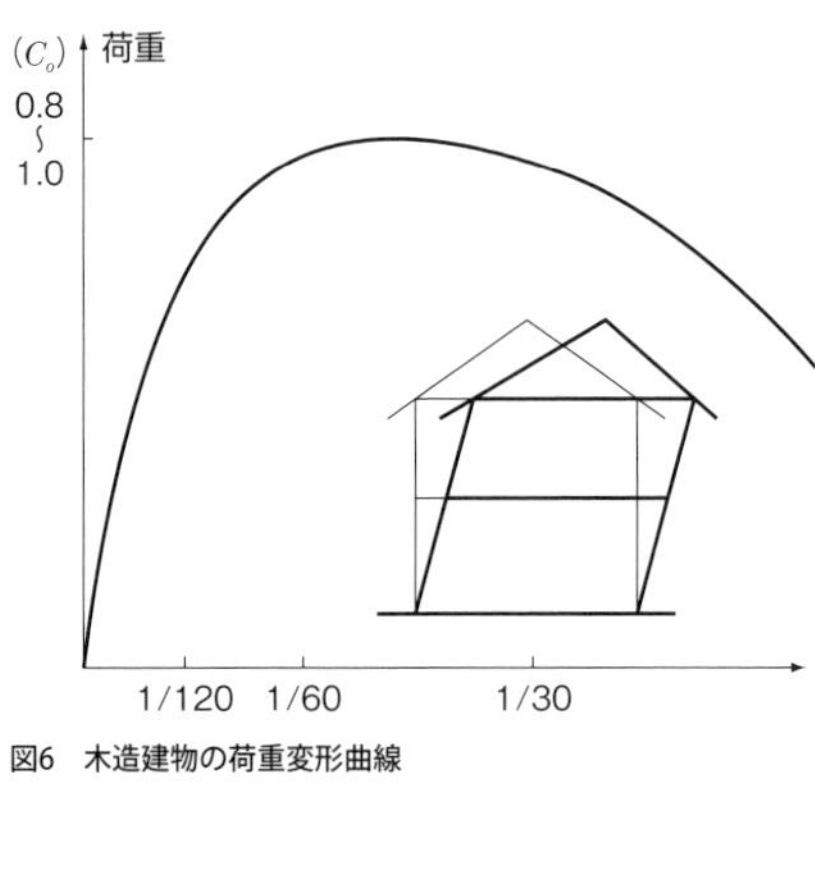

図6　木造建物の荷重変形曲線

なお、木造建物の安全限界変位として、1／30 radを採用することが多い[※4]。したがって、実験で応答変位が1／45 radを超えるような場合、最大耐力に達したことを示し、1／30 radを超えると、設計上の安全限界を超えたこととなる。ただし、実際の倒壊までには、**図6**のように余裕がある。

耐力壁と雑壁

近年の住宅を対象とした振動実験によると、最大耐力は、ベースシア係数で0・8〜1・0の強度を示すものが多い。現代の住宅が、如何に強くできているかが理解できよう。

これは、木造住宅は、いわゆる雑壁の負担する割合が大きいためである。そうしたことが振動台実験などからわかってきたことから、２０００年のいわゆる品確法・性能表示では、準耐力壁という概念が設けられた。これは、基準法上は雑壁扱いの壁のうち、一定以上の仕様のものに、等価な壁倍率を与えるものである。

一方で、直下型地震の震央（震源の直上）付近は、建築基準法のいわゆる大地震よりも大きいことがわかっている。地震も想定よりは大きいが、建物も設計耐力以上に余力があることがわかった、ということである。基準法の求めるぎりぎりの性能の建物では、神戸海洋気象台波では、倒れてしまうことがわかっている。

まとめ

建築基準法は、その適用範囲を新築と限ってはいないが、主として新築建物を想定してつくられている。しかし、「ストック社会へ」といわれている今日、既存建物の改修が建築行為に占める割合が大きくなっていくことは間違いない。既存建物の改修に関わる評価法・設計法の整備が求められている。

※1　気象庁ホームページより
※2　現代の住宅は、更に剛くなって、10Hz以上を示すものも少なくない。
※3　(一財)建材試験センター資料
※4　２０００年の法改正で取り入れられた限界耐力設計法において、木造建築の安全限界変位の目安として、1／30 radが示されたことによる。ただし、耐力壁の強度を決めるための評価法では原則的に1／15 radまで加力することとされている。そのため、安全限界変位も1／15 radまで想定するものも増えている。

註　初出の冒頭部分を一部削除している。また、初出での特集は耐震改修のため「まとめ」では、既存建物について言及している。

初出：建築技術2006年4月号

22——実大振動台実験と木造住宅

1995年の阪神・淡路大震災以降、木造住宅の実大の振動実験が数多く実施されている。そして、実験の目的も、当初の「大地震でも倒れないことの証明」から、より具体的な目的をもった実験へと変わってきている。振動実験から何がわかったのか、そして、それは設計法とどのような関係にあるのかをまとめる。

実物大の振動実験

1995年12月から翌年の1月にかけて、香川県多度津町の（財）原子力発電技術機構で、合計5棟の軸組構法住宅の実物大振動実験が行われた（**写真1**）。阪神・淡路大震災以降の初めての実物大の実験で、これを契機として、実物規模の振動実験が次々と行われるようになった。

もちろん、実物大振動実験はこれが初めてではない。しかし、兵庫県南部地震以前の実験では、入力した加速度や振幅が非常に小さいレベルに留まっていた。やはり、この実験が、大地震を対象とした本格的な実物大実験の最初と見てよいであろう。

それから現在までに、日本建築学会に報告された

❶多度津実験A棟

ものだけでも約30棟、その他のものも含めると50棟前後の実大振動台実験が行われたと思われる。阪神・淡路大震災以前から考えると、まさに隔世の感がある。

さて、前述のように、木造建物の実物大振動実験の目的は少しずつ変化してきた。その流れとわかったことを辿ってみよう。

強度の確認する時期

1995年末の多度津実験からしばらくの間は、阪神・淡路大震災級の地震に対して、木造建物が倒壊しないことを検証するという目的で、実験が行われた。

したがって、そこで用いられた入力地震動は、兵庫県南部地震で観測された神戸海洋気象台波（以下、JMA神戸波と呼ぶ）が中心となった。それまで構造物の応答解析などには、エルセントロ波やタフト波などが、強震記録の代表的なものとして用いられてきたが、実大振動台実験ではそれらは補助的に用いられた。

そして、現代の木造建物は、期待どおりの性能を有していることが確認された。標準的な間取り・壁量であれば、JMA神戸波に対して、1／60～1／30rad程度の最大応答変位に留まった。また、内壁の石膏ボードは、一部損傷するものの、残留変形はほとんどない、というのが多くの結果であった。

そして、「JMA神戸原波では倒壊しない」ことが確信となると、より破壊力があるとされる地震動を用いたり、JMA神戸波を1・5倍あるいは2倍に増幅させた大きな加速度で入力するものも現れた。前者の入力地震動には、兵庫県南部地震のJR鷹取波、新潟県中越地震の小千谷波、予想される東海地震で生じるとされる想定東海波などが用いられた。

特殊な構法・他構法への拡がり

阪神・淡路大震災で、軸組構法住宅が大きな被害を受けたことから、初期の振動台実験は、軸組構法住宅のメーカーによるものが多かった。

しかし、軸組構法は、住宅メーカーによって、少しずつ各部構法が異なっていることから、それぞれの住宅メーカーが振動実験を行うようになる。オリジナルの接合金物を用いたもの、門型のラーメンフレームを組み込んだもの、壁をパネル化したものなどである。また、軸組構法系でも、３階建建物による実験や、木質ラーメン構造の実験、伝統構法の実験などが行われた。

また、軸組構法以外の構法にも、徐々に拡がっていった。接着パネル構造の木質プレファブ、ユニット式のツーバイフォー構法などの実験が行われている。

目的を絞った実験

前述のように、初期の振動実験で、現代の木造住宅はＪＭＡ神戸波程度の揺れに対しては、倒壊しないことが確認された。そこで、その後の実験では、倒壊するかしないかということは、実験の目的ではなくなっていく。そして、より具体的な目的をもった実験へと変わっていった。

例えば、

①損傷の内容を正確に確認する実験
②柱脚の引抜きを検証する実験
③損傷を受けた後に耐震改修を行って、その効果を検証する実験
④加振を繰り返し、余震に対する性能を検証する実験
⑤偏心率を大きくしてねじれ挙動を検証する実験

などが行われた。

免震実験

また、耐震構造の実験と併行して、免震構造の実験も行われた。

免震構造は、阪神・淡路大震災の後、その優れた特性が注目されたが、それは戸建住宅にも及び、積極的に免震構造を採用する住宅メーカーが現れた。現在では、大手の住宅メーカーはいずれも免震構造の商品をもっている。阪神・淡路大震災以降、現在までに、約2,０００棟が建設されたといわれる。

免震構造の振動実験では、まず、免震状態の実験を行い、次に免震装置を取り外して、一般の耐震構造として実験を行うという手順が多く見られた。そして、実験の結果、ＪＭＡ神戸波程度の入力に対して、各階の応答が２５０gal程度に留まることを確認した。この応答加速度は、本棚のように極端に縦長

のものを除けば、家具の転倒も防ぐことができることを意味している。もちろん、建物への入力が小さいことから、構造体の損傷も小さい。

また、最近では、制震構造の実験も行われ、注目されている。

振動実験の学術的意味

実物規模で、振動実験を行うことのメリットは計り知れない。

まず、文字どおり実際の地震動に対する性能・挙動が、実物大で検証・把握できることである。各階の応答だけでなく、各部にセンサーを取り付けることで、接合部などの挙動も同時に計測することができる。

これまでの静的な実験あるいは部分実験は、すべてこの実物大建物の実地震における挙動を推し量るためのものである。

次に、各種の耐震設計法を、実物かつ実際の地震動で検証できることが挙げられる。鉄筋コンクリート造などの重量・大型の建物は、実物で検証することはできない[※1]。部分実験を積み重ねて、設計法を構築している。木造建物は、比較的小規模で、かつ軽量であることから、実物の建物で実験が可能である。そこで、設計法の精度を直接的に検証することが可能である。たとえば、建築基準法を満足する建物が、どのような性能を有しているのかも明らかになる。

ちなみに、その結果、建築基準法をぎりぎりで満足した程度の性能では、兵庫県南部地震のような大きな揺れでは、倒壊する可能性があることが明らかになった。この点については後述する。

振動実験でわかったこと

ここで、振動実験でわかったことをまとめる。

まず、現代の一般的な住宅は、大きな耐震性を有しており、ＪＭＡ神戸波程度の揺れでは、倒壊しないことが明らかになったことは、前述したとおりである。

次に、静的加力実験と動的加力実験、すなわち、振動実験時の挙動の違いがわかってきた。振動実験結果の考察では、単独の壁の実験データと実大建物の振動実験結果の比較検証が行われている。これは、壁の荷重変形曲線を合算することで、建物の荷重変形曲線が推定できるとしているからである。

そして、振動実験による荷重変形曲線は、壁の合算値よりも耐力が大きいことがわかってきた。この動的な加力の影響は、特に大変形領域での耐力が大きい。つまり、ねばり強いことが示された。この点は、今後何らかのかたちで、設計法へ反映されることが期待される。

柱に生じる引抜き力

次に、阪神・淡路大震災で、指摘された問題点の一つに、柱脚の補強問題がある。この部分の応力は、実験の結果、やはり従来の接合補強方法では、柱が引き抜けるほどの引張力が働いていることが示された。瞬間的には、30～50㎾の力が生じていることが確認された。

一方、ごく最近の研究では、合板を用いた耐力壁では、合板が柱に加わる引張力を軽減する役割も果たしていることがわかってきた。合板の大壁の耐力壁では、合板の上下は、横架材（土台と桁など）に直接釘打ちされているためである。

また、この場合、柱に生じる引抜き力は、柱頭と柱脚で同じでないこともわかってきた。

また、柱脚の引抜き力は、上部構造からの鉛直力で相殺されるが、床面による押さえ効果は、これまで考えられてきた値よりも大きいという報告もある。これらも、今後、新しい算定法が提案されることが期待される。

なお、現代の木造住宅では、合板壁を釘打ちするものがかなりの割合を占めるが、振動実験では、パンチング（釘が抜けずに、釘の頭部が合板にめり込んで、合板に孔があくように壊れる現象）が起こりやすくなることも報告されている。

ねじれの評価法

ねじれの影響について、許容応力度設計では、建物にねじれが予想されるときには、ねじれ補正係数で、ねじれの大きい側の耐力を確認することとしている。

ねじれは、これまで8畳間程度の大きさの試験体を用いた振動実験が精力的に行われた（**写真2**）。その部分実験によると、周期性のある正弦波などでは、大きくねじれが増幅することが示されている。一

❷ねじれのための振動実験

方、実地震動はランダムな波形であるため、正弦波ほどのねじれは生じないとされる。

なお、ＪＭＡ神戸波のような、直下型の地震動は、大きな揺れは数波であるが、海洋型の地震では継続時間が長いなど、検討すべき要因は多い。実物大の規模で検証することが期待される。

長期的には、建物の並進方向の応答と同じように扱うことが必要ではないだろうか。すなわち、ねじれ補正係数は、偏心率、ねじれ周期、そして地盤の卓越振動数の関数で、決定されるべきものであろう。

阪神・淡路大震災の揺れ

ここで、現在の設計法と住宅の耐震性の関係を考察する。

まず、甚大な被害をもたらした阪神・淡路大震災の地震の揺れを見てみよう。

兵庫県南部地震で記録された地震動として代表的なものに、前述のＪＭＡ神戸波がある。神戸市中央区にある海洋気象台に設置された地震計で記録された揺れである。そして、この波でさえ８００galを超えていた。「この波でさえ」と書いたのは、この地震動の記録された神戸海洋気象台の周辺では、それほど被害は多くなかったからである。そこに比べるとはるかに被害の大きかった神戸市東灘区などは、一体どんな揺れだったのだろうと思わざるを得ない。

ところで、この８００galという数値は、建築基準法にいう「大地震」とどのような関係にあるのだろうか。建築基準法は、大地震を、建物が建っている期間中に一度あるかないかの稀な地震とし、その大きさはおおむね３００～４００gal程度の地動を想定しているとされてきた。

とすると、兵庫県南部地震の８００galは、加速度の大きさで2倍以上である。阪神・淡路大震災の揺れは、建築基準法の想定する大地震よりもかなり大きかったのである。したがって、もし、建築基準法をぎりぎりに満足するように建てられた住宅は、倒れてもおかしくなかった。

以上の2点をまとめてみよう。阪神・淡路大震災の揺れは、それまでの大地震の想定を超えるような大きな揺れであった。にもかかわらず、現代の木造住宅は、大きな被害を被ることがなかった。そこで、疑問が生まれる。「なぜ、建築基準法を守っただけの住宅が壊れなかったのか。」

実大振動台実験

阪神・淡路大震災と同じ年の暮れ、前述の実大の木造住宅の振動台実験が行われた。一般的な仕様の木造住宅に、ＪＭＡ神戸波が直接加えられた。加速度は８１８gal、振幅は約20㎝である。

ＪＭＡ神戸波が加えられた瞬間、建物は大きく揺れ、屋根の瓦は一部落下した。しかし、建物は大きく損傷することはなく、加振後の観察では、残留する傾きもほとんど見られなかった。現代的な住宅は、阪神・淡路大震災で観察されたとおりの優れた耐震性能を示した。

また、建物に取り付けられた計測器により、柱脚には瞬間的に30kN以上の引抜き力が加わっていたこと、また、建物には１，３００～２，０００galという非常に大きな加速度が生じていたこと、などがわかった。

この結果と、建築基準法の求める耐震性とは、どのような関係にあるのだろうか。建築基準法によると、木造住宅の備えるべき保有耐力は、建物の自重の40％程度の地震力に相当する。例えば、３００kNの住宅なら１２０kNである。しかし、振動台実験では、自重の80～１００％、つまり約３００kNの強度があることが示された。すなわち、建築基準法は、８００galもの地盤入力は想定していないが、一方で、建物自身も、建築基準法の求める強度以上に大きな余力を有している、という奇妙な関係が成り立っていることがわかった。その理由は何なのだろう。

現代木造住宅の強度と設計法

前述のように、木造住宅の耐震性能は、地震に抵抗する筋かいなど（これを耐力壁と呼ぶ）の入った

❸耐力壁の実験

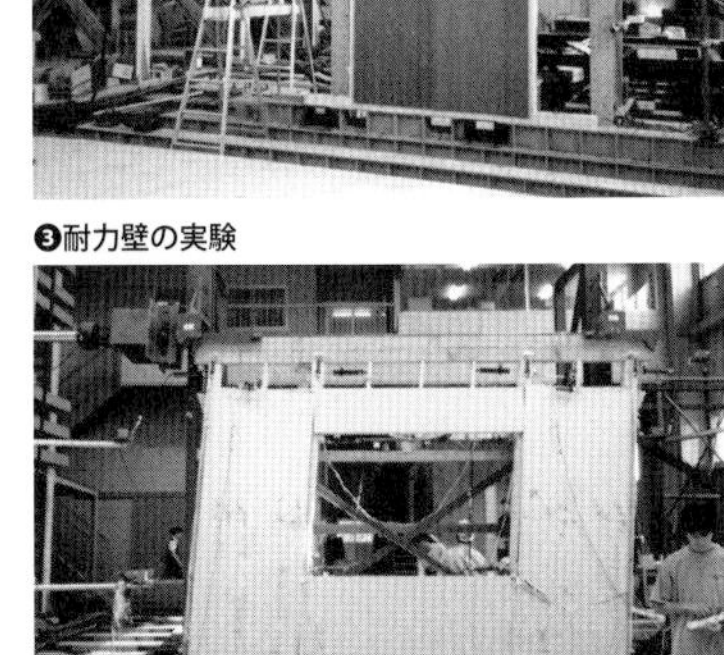

❹内部壁の実験

壁の耐力の足し算で求められるとしてきた（**写真3**）。この耐力壁の合計耐力が、建築基準法の求める耐力を上まわるように設計している。

そして、上記の振動台実験や壁の実験から、実際の建物が予想以上に強かったのは、耐力壁とは扱っていない壁（これを雑壁という）が、大きな耐力を有していたためであることがわかった。外壁のサイディングや、内壁の石膏ボードなどのことである。一般的な住宅の場合、建物全体の耐力の40～50％を、これらの内外壁（雑壁）が負担していたのである（**写真4**）。

つまり、実際の建物は、耐力壁を合計した強さの2倍近い実力がある。そこで、阪神・淡路大震災の揺れにも耐えられたのである。

望まれる耐震性能

兵庫県南部地震以降、住宅の構造性能に関する要求水準は確実に上がっている。阪神・淡路大震災で、現代住宅の多くが軽微な被害に留まったことから、「建築基準法を守った建物は大きな被害はなかった」と総括された。しかし逆にいえば、このときから、建築基準法自体にも、阪神・淡路大震災級の揺れでも倒壊しない性能を求められることとなったのではなかろうか。一般の住宅購入者は「建築基準法を守れば、阪神・淡路大震災級の地震でも、大きな被害は生じない」と受け取ったはずである。しかし、前述のように、建築基準法は、兵庫県南部地震のような揺れを想定していない。建築基準法の担保する性能と、住宅購入者の求める性能は乖離してきている。

前述のように、建築基準法は、最低の基準を示しているに過ぎない。住宅購入者の要求に応えるためには、建築基準法の1・5倍程度の強度を確保することを勧めたい。

といっても、壁量を現在の1・5倍を入れなければならないということではない。現在は、評価されないいわゆる雑壁などを含めた評価で、1・5倍程度の性能を確実に確保したいという意味である。前述のように、現在建てられている住宅は、実態としては多くがそれを満足している。

振動実験と設計法

振動実験では、直接的に設計法の検証ができるが、またそれは、設計法に反映できることを意味している。振動実験の結果を受けて、現在の設計法に対して、例えば、以下のような内容が期待できる。

①各種設計法における各層へのせん断力の算定方法
②耐力壁などの鉛直構面の動的性能を考慮した評価方法
③設計におけるねじれの評価方法
④柱頭・柱脚の引抜き力の算定方法
⑤動的な挙動を考慮した接合部強度算定法
⑥必要床耐力の算定法

また、前述した、基準法の1・5倍の性能を確保するためには、現在の法律の枠組みから見ると、実務的には、2段階の確認がよいと思われる。まず、建築基準法を満足しなければならない。それに加えて、いわゆる雑壁を含めた耐力で、基準法の1・5倍程度の性能を確認する、というものである。後者は、法律には義務付られていないので、自主的な行為となる。

現時点で、この後者に対応した設計法は提案されていないが、例えば、日本建築防災協会がまとめた『木造住宅の耐震診断と補強方法』に示された診断法などが参考になる。[※2]

まとめ

２０００年の法律改正により、新たに限界耐力計算法が加わった。また、２００５年９月にはエネルギー法による計算法も加わり、計算の選択肢が増えている。しかし、これらを一言で表せば、構造躯体の層せん断力係数をどのようにして求めるか、が示されているだけである。

これらの設計法がどのような精度をもっているかは、振動台実験によって検証されていくであろう。しかし、住宅は3階程度であるから、どの方法を用いても、各階の層せん断力係数は、大きくは違わないはずである。したがって、高度な設計法を駆使して計算するのもよいが、それよりも、基本的な入力のレベルをどの程度に設定するのかという設計方針が、より重要であることを忘れてはならない。

幸か不幸か、木造住宅は、詳細な設計がなされてこなかったために、現在は、大きな余力をもった建物が建てられている。これからは、詳細な検討が可能なだけに、入力のレベルをどのように設定するかが重要になる。

また、住宅メーカーの振動台実験は、宣伝の材料として行われているものが多い。しかし、動機はなんであれ、実験によって、大量の貴重なデータが得られていることは間違いない。現在は、実験データを蓄積している段階であるが、これらのデータの分析が進むにつれて、前述のような項目について、新しい計算法が提案されるであろう。今、振動台実験は、一種のブームとなっているが、その評価は、それらの設計法への活かし方にかかっている。

※1　兵庫県三木市にできたE-ディフェンスで初めて、５階建の鉄筋コンクリート造建物の実大の実験が可能になった。

※2　木造住宅の耐震診断と補強方法、日本建築防災協会、２００４年７月。また、いわゆる品確法の性能表示の評価方法基準などが参考になる。

初出：建築技術２００６年４月号

23——多度津振動台における軸組構法木造住宅の実験

１９９５年12月から翌年の1月にかけて、香川県多度津町の㈶原子力発電技術機構多度津試験場で、合計５棟の木造軸組構法住宅の実物大振動実験が行われた（以下、多度津実験と呼ぶ）。この実験は、同年1月の兵庫県南部地震を受けて実施されたもので、その後の戸建住宅の実物大振動台実験の先駆けと位置付けられる。また、その後、静加力試験や解析などとの照合も行われた。一連の流れをまとめる。

実物レベルの五つの検討手法

木造住宅の実験と解析の関係は、**図1**のように表すことができる。接合部などの部位・部材レベルでの解析や実験などの情報は、上の実物大レベルの静的な解析に用いられる。

一方、上の実物大規模の検討手法として、縦軸に動的、静的を置き、横軸に実験と解析を置く。実験には、振動台実験などの動的な実験と静的な実験がある。また、解析にも、時刻歴応答解析などの動的な解析と、増分解析などの静的な解析とがある。そして、疑似動的実験がその中間に位置付けられる。同一の建物に対して、この五つの手法すべてで検討してみたのは、おそらくこの多度津A棟が最初であろう。以下、それぞれの手法と、結果の概要、および相互の関係をまとめる。

振動台実験

多度津実験では、合計5棟の建物が実験に供されたが、そのうち一般に公開されたのは研究用の2棟で、それぞれA棟、B棟と呼ぶ。**写真1**、**2**にそれぞれの外観を示した。

A棟は、実験後の解析を考慮して、田の字型の単純な間取りである。B棟は、現実的な間取りで、既

❶A棟試験体

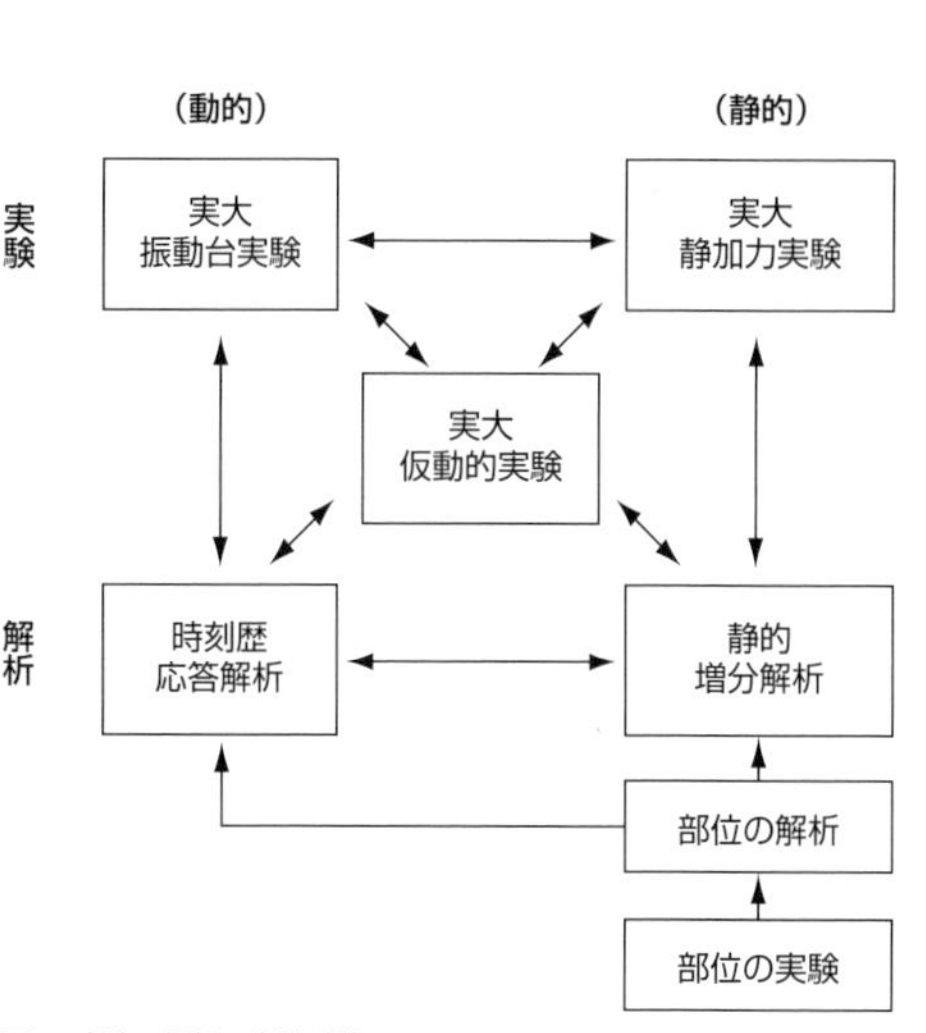

図1　木造の解析・実験手法

存の典型的なプランを想定してつくられた。それぞれの各部の仕様は、金融公庫（当時）仕様書程度を目安とした。以下、A棟について述べる。

加振には、主に、兵庫県南部地震の際に神戸海洋気象台で観測された地震動記録（以下、神戸海洋波と呼ぶ）の原波を用いた。ただし、多度津の振動台は、水平1成分と鉛直成分を同時に加えることができる。そこで、それぞれの波のNS成分およびUD成分を、X方向およびZ方向の2方向に加えた。

試験体は、外壁などが仕上がった状態では、大きな被害が生じないことが予想された。そこで、徐々に仕上げの壁を取り去るなどの条件によって、実験にフェーズを設けた。

A棟には三つのフェーズがある。

フェーズ1は**写真1**に示すように、外装にサイディング、内装に石膏ボードを施し、筋かい壁量を基準法の1・5倍としたものである。強度の点では、完成した状態と同じと見なせる。

ここで壁量を1・5倍としたのは、当時の基準法の必要壁量が、必要水平耐力の2／3を耐力壁が負担するとの前提でできていたためで、その逆数分を配置し、後述するフェーズ3のときに、建築基準法ぎりぎりの耐力となるようにしたものである。

❷B棟試験体

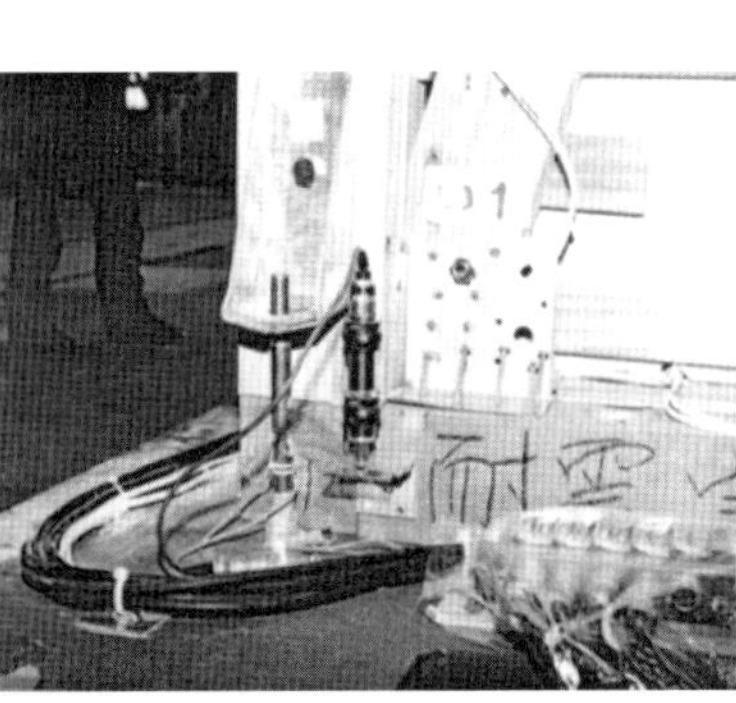

❸A棟フェーズ２

神戸海洋波の加振では、補強しなかった棟瓦が落下した。外壁サイディングは、損傷は見られなかったが、内装の石膏ボードに割れが生じた。また、窓やドアなどの開口部の隅角部３か所にひび割れが入った。また、加振後の残留変形は１／１，０００rad程度と小さいものであった。

阪神・淡路大震災という未曾有の被害を生じた地震動に対して、大きな損傷がなかったこと、これがまず、この実験の最大の成果といえる。

第二は、非常に大きな加速度を生じることがわかったことである。２階床で１，４００gal、小屋組で１，７００galの応答を示した。入力が８００gal以上という大きな加速度だったことから、学術的には予想されたことではあるが、ベースシア係数で１・0を超える水平力が生じていた。直下型地震の入力は非常に大きいこと、と同時に、現代的な木造住宅の耐力は非常に大きいことが示された。

また、加振中の柱脚に生じた引抜き力は、柱によっては40kN近い引抜き力が生じていたことがわかった。**写真３**にその例を示す。ここが弱点になっていたことは、阪神・淡路大震災の被害調査でも指摘されたことで、２０００年の法律改正時に、この部分の補強方法が強化されたのは承知のとおりである。

また、残留変形が非常に小さかったことが、明らかになったことも大きな成果である。地震後の建物の被災度を判定する際には、残留変形の大きさが指標とされてきたが、多くの木造建物は、ある一定の

❹外装サイディングを撤去した状態

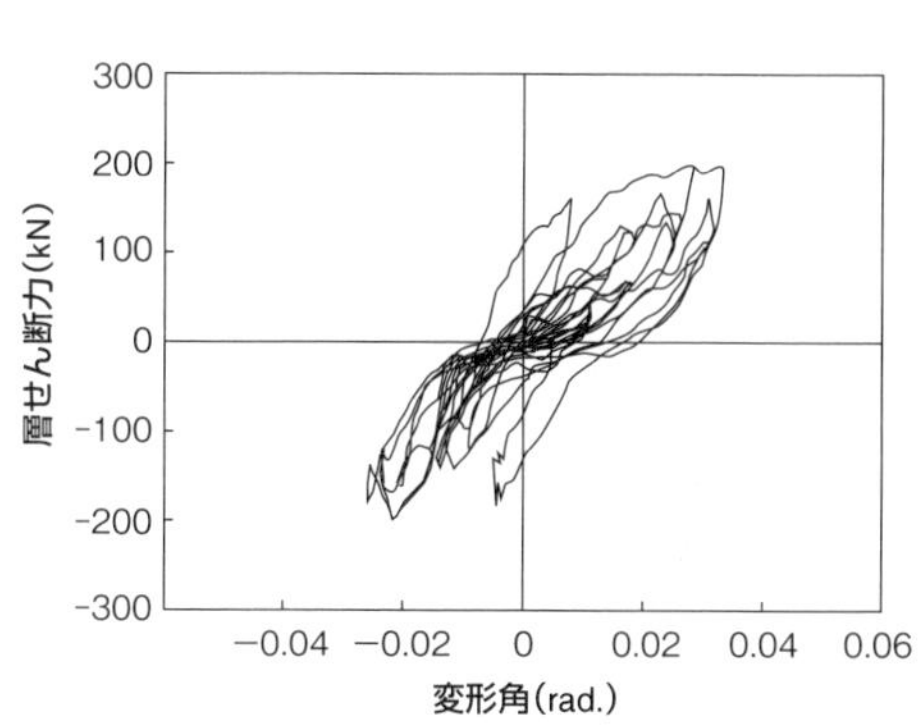

図2　フェーズ1の荷重変形曲線

変形までは、ほとんど残留しないことが明らかになった。この成果は、被災後の調査法にも反映された[※1]。

一方、**図2**は、そのときの荷重変形曲線を示している。これによると、建物は振動の最中には、1／35 rad程度まで変形していた。残留変形は小さかったが、やはりかなりの層間変形を生じていたことも確認された。

フェーズ2は、フェーズ1の後、外装サイディングを撤去した状態で、再び神戸海洋波を入力した。これを**写真4**に示す。損傷がさらに進んだが、詳細な内容は、誌面の都合で省略する。

そのフェーズ2から、すべての内装石膏ボードを撤去し、筋かいのみの状態としたのがフェーズ3である。前述のように、この状態は基準法ぎりぎりの耐力ということになる。フェーズ3も同様に、神戸海洋波を入力した。

その結果、試験体は倒壊同様の大きな損傷を受けた。筋かいの座屈、筋かい金物の引抜け、通し柱の曲げ破壊など損傷は多岐にわたった。加振方向の南北面では、筋かいの破損が、1階は14本中10本、2階は8本すべてに及んだ。さらに、四隅の通し柱が2階床レベルで4本とも曲げ破壊を生じた。

建物は倒壊を免れた。そこで一応、「建築基準法を満足した建物は、倒壊はしなかった」との結論が得られた。しかし、被害や応答の履歴を見れば、実質的に倒壊したも同然であった。

静的実物大実験

振動台実験を行った翌年、同じ仕様の試験体を用いて、静的な加力実験が行われた。今度は振動実験とは逆に、筋かいのみの状態から、徐々に内装材、外装材を取り付けていくという順序とした。

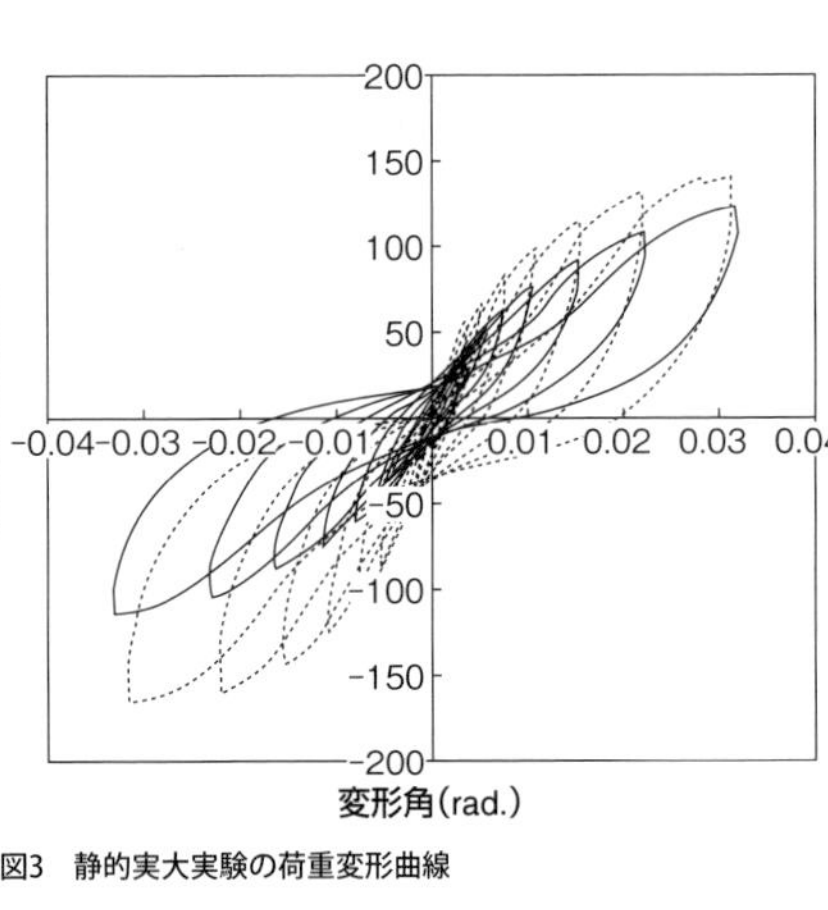

図3　静的実大実験の荷重変形曲線

実験は、2階床レベルにアクチュエーターを取り付け、正負交番の加力とした。このときの実験のうち、多度津実験のフェーズ2に相当する状態の荷重変形曲線を、**図3**に示す。同様に、1／30 radまで加力を行ったフェーズ1状態の実験では、その最大荷重は約180kNであった。これは、ベースシア係数で1.0に相当する。また、全体の曲線の形状は、振動台実験とよく似ていた。また、実験で石膏ボードは、筋かいの座屈止めとしても働いていることも示された。

また、振動台実験のフェーズ3相当の静加力試験では、最大耐力は約80kNで、石膏ボードなどの非耐力壁が建物全体に占める割合が非常に大きいことが示された。

疑似動的実験

静的実大実験を行った後に、同じ軸組を用いて疑似応答実験が行われた。このときの様子を**写真5**に示す。振動台実験のフェーズ1と同じ状態の試験体の、2階床と小屋組レベルにアクチュエーターを取り付けた。そのアクチュエーターの荷重計から得られる建物反力、および変位計のデータをコンピュータに取り込み、応答解析と連動させた。解析は、2質点のせん断モデルで、線形加速度法、Newmarkβ

法である。用いた地震動は、振動台実験と同じ神戸海洋波で、1/100秒刻みの解析である。実験は、約30秒間の地震動を数時間かけて行われた。

図4は、疑似動的実験と振動台実験で観察された壁面のひび割れを示している。ひび割れ箇所は、おおむね同じ場所であるが、振動台実験の方がひび割れの状況が進んでいることがわかる。加力速度の影響で、振動台実験では、一気にひび割れが入ったものと考えられる。

また、**図5**に、実験で得られたベースシア係数と層間変形角の関係を示す。図には、静的な加力実験の包絡線を併せて示している。疑似動的実験の包絡線と、静的加力試験の包絡線は、きれいに一致していることがわかる。

❺疑似動的実験の様子

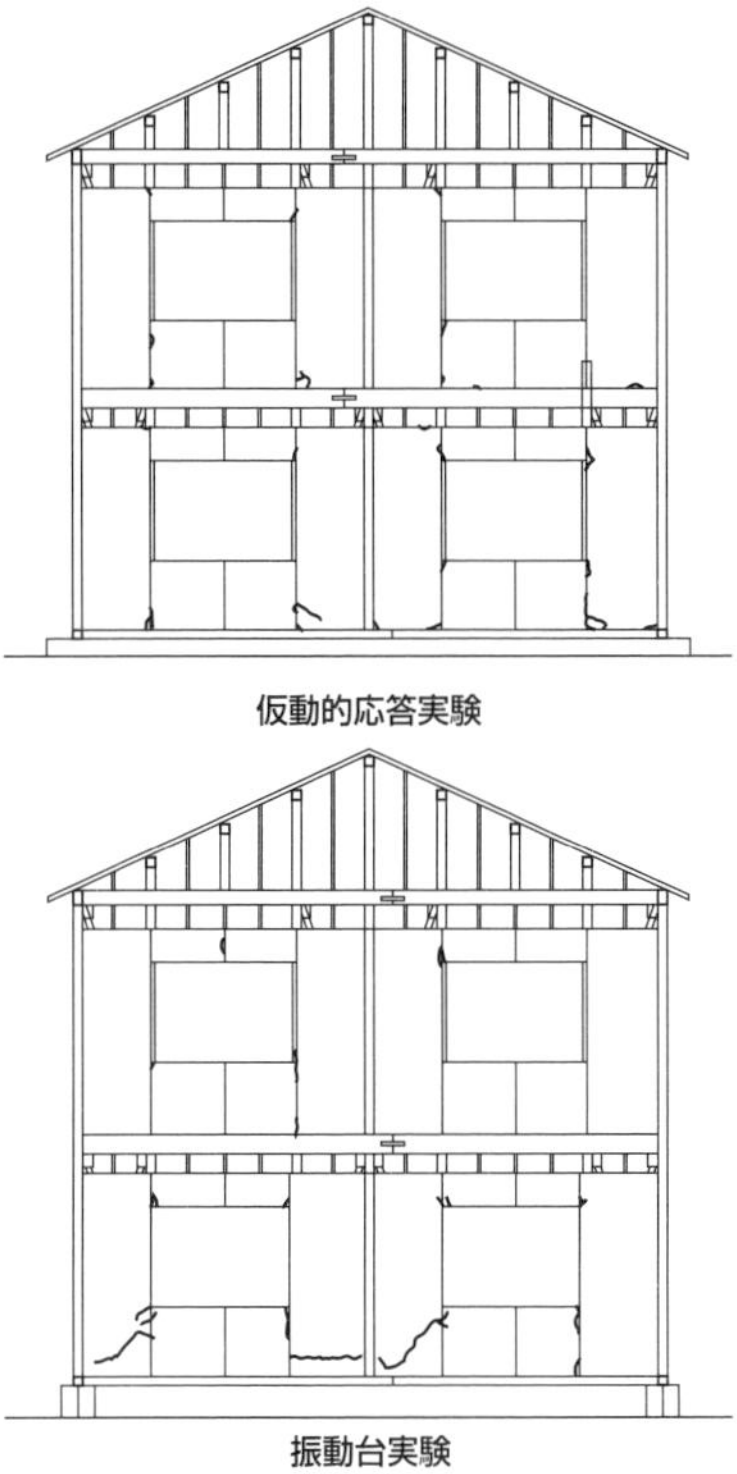

仮動的応答実験

振動台実験

図4　疑似動的実験と振動台実験の石膏ボードひび割れ

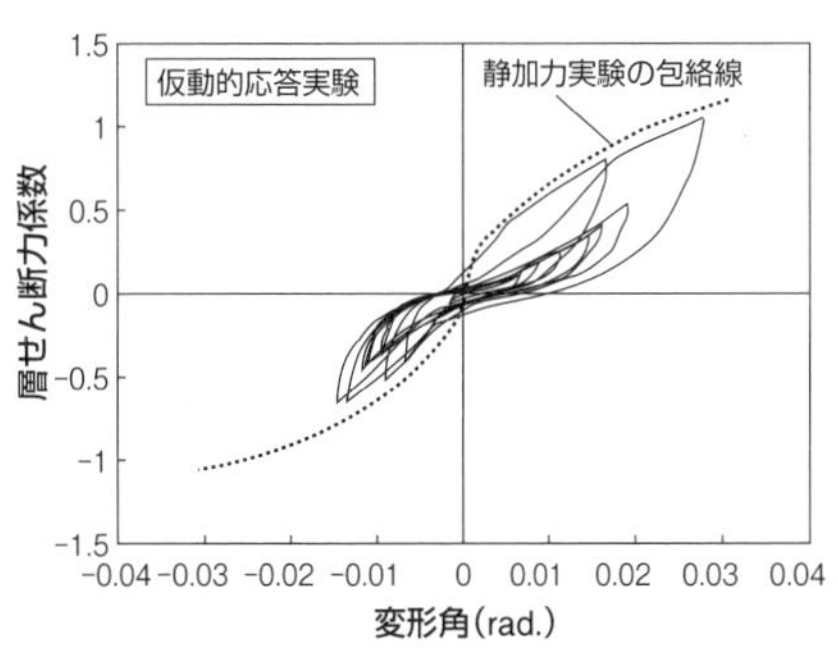

図5　疑似動的実験の荷重変形曲線

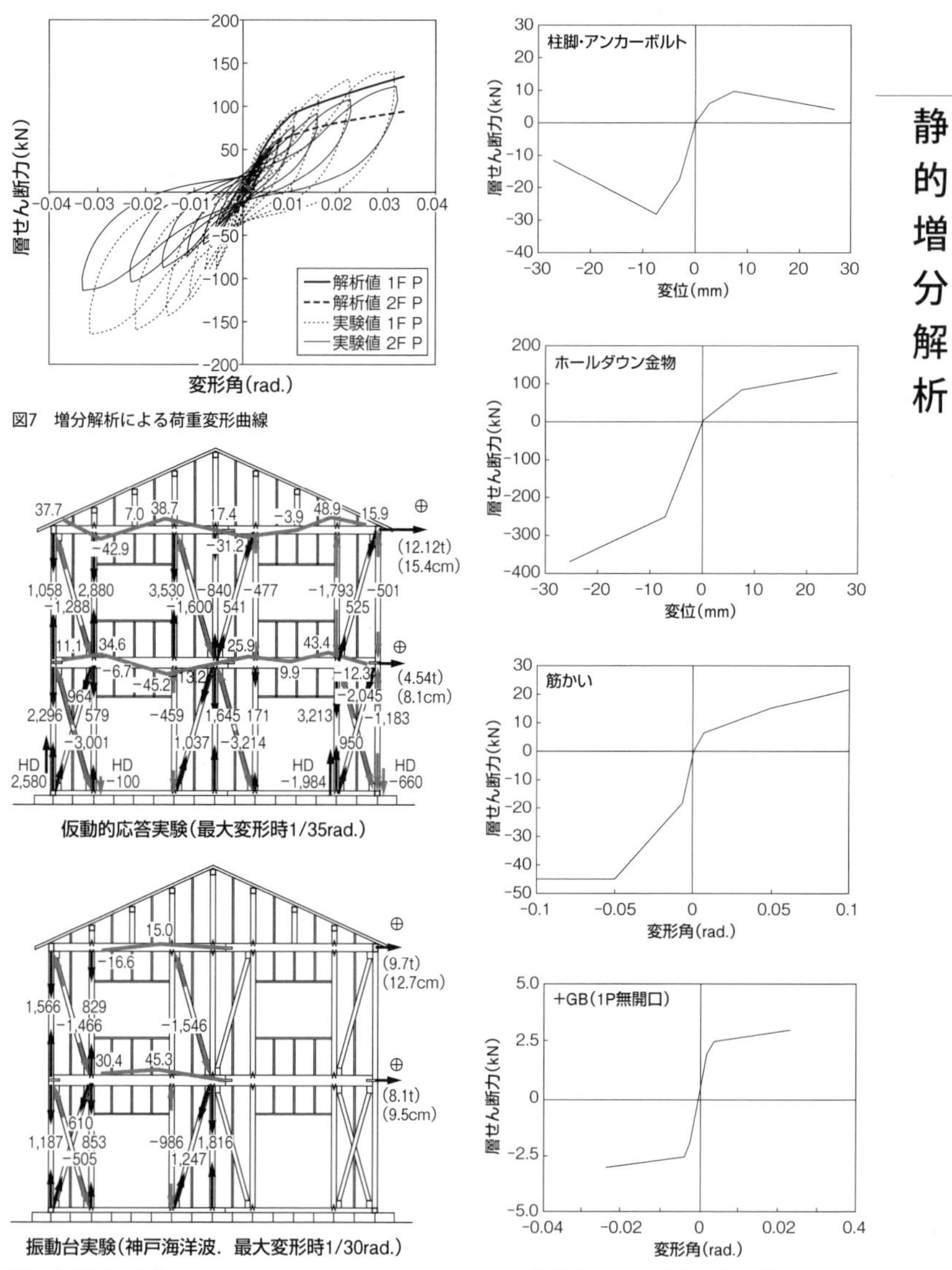

図7　増分解析による荷重変形曲線

図8　各部応力の比較

図6　増分解析に用いた要素モデルの例

次に、静的な増分解析を行った。解析には、個々の部材の他に、4個の接合部の要素モデルが用いられている。部材のヤング係数は、振動実験の際に測定しておいた数値を用いている。用いた接合部の要素モデルは、柱頭・柱脚接合部、筋かい端部接合部、アンカーボルト引抜き、そして、引き寄せ金物の引抜きである。また、石膏ボードなどの壁要素はブレースに置換している。**図6**に用いた要素モデルの例を示す。**図7**に、フェーズ2の荷重と層間変形角の関係を示す。図には、併せて静加力試験の曲線も示している。各階の荷重と変形の関係を、おおむね追跡できていることがわかる。また**図8**は、振動台実験と疑似動的実験の、おおむね同一時刻の各部の値を示している。柱や筋かいの応力を比較してみると、静的解析の方が、大きな値を示すことがわかる。また、静的増分解析は、床による押さえ込みが過小に評価されているために、横架材に生じる曲げ応力も大きくなっている。これらの違いは見られるものの、おおむね全体的な傾向は捉えられていることがわかる。

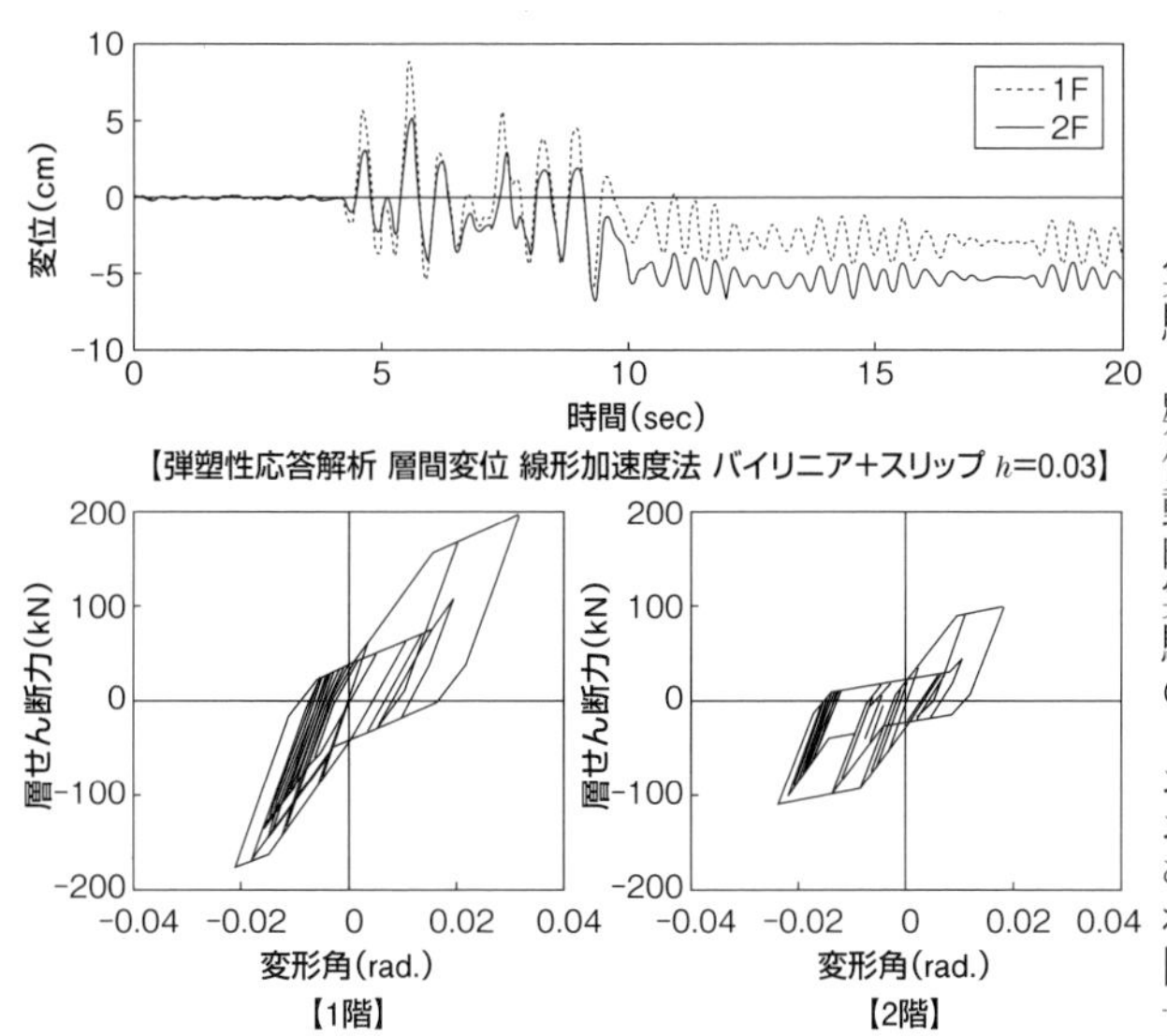

図9 時刻歴応答解析の結果

時刻歴応答解析

最後に、時刻歴応答解析の結果を示す。解析は、前述の疑似動的実験のときと同様に、線形加速度法の解析である。また、復元力モデルは、バイリニアモデルとスリップモデルを並列で足し合わせたものである。それぞれのモデルの勾配は、最終的な荷重変形曲線ができるだけ振動実験のそれと、似た形状になるように定めた。なお、減衰は3％とした。

図9は、応答解析の結果を示している。1階のベースシアと層間変形角の関係を見ると、疑似動的実験の荷重変形曲線とよく似ていることがわかる。また図から、バイリニアモデルとスリップモデルの組合せは、この種の木造住宅の荷重と変形の関係をよく追跡できていることがわかる。

図10はそれぞれ、振動台実験、疑似動的実験、および解析で得られた変位の時刻歴を示している。全体的には、それぞれの時刻歴は似ている。特に、最大応答変位はほとんど同じ値が得られている。ただし、大変形の領域では、応答変位はあまり適合しない。減衰などが、解析と実験で乖離していくためと考えられる。

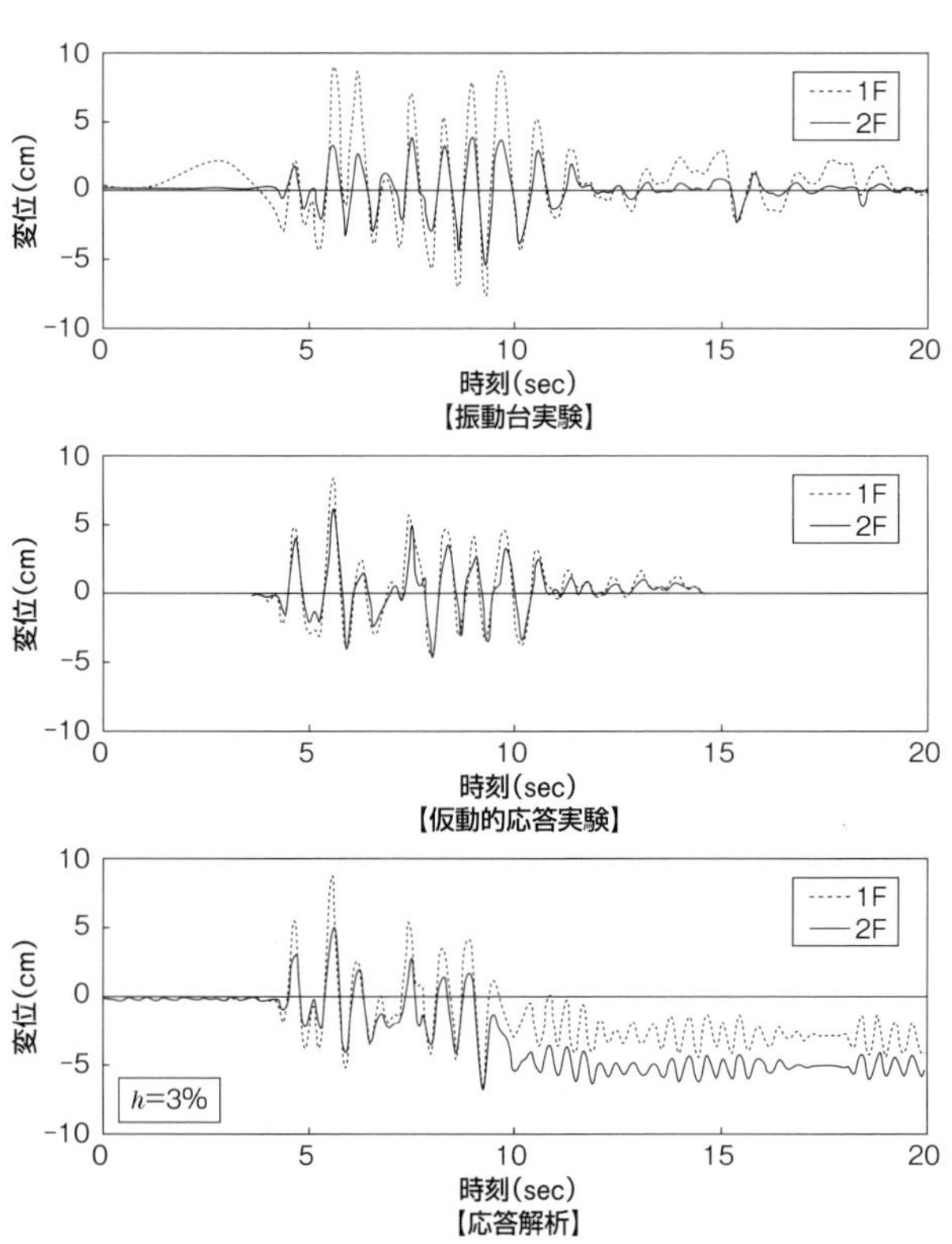

図10　実験と解析の時刻歴の比較

まとめ

以上のように、五つの手法で、実大建物の地震時の性能を検証した。これらから今回の解析では、次のような傾向が見られた。

①振動台実験から、現代の軸組構法住宅は、神戸海洋波のような地震動でも、倒壊しない耐力を有している。

②ただし、いわゆる雑壁の負担している耐力の割合が非常に大きい。

③疑似動的実験から得られた荷重と変形の関係は、振動台実験をおおむね追跡できる。すなわち、疑似動的実験は、木造住宅の動的な挙動をおおむね推定することができる。しかし詳細には、例えば、損傷の程度は、荷重速度の影響で、振動台実験の方がひび割れなどが大きくなる。

④静的な増分解析でも、木造住宅の基本的な性能を推定することができる。ただし、軸材をモデル化しただけでは、部材の応力がやや大きく求まる。

⑤バイリニアモデルとスリップモデルを組み合わせた履歴モデルを用いると、最大耐力程度までは、木造住宅の挙動をおおむね推定することができる。特に、疑似動的実験の荷重変形曲線とよく似ている。ただし、大変形の状態になってからの変位は、あまり適合しない。神戸海洋波のように、最大応答が比較的初期に生じるような振動には有効である。

※1　日本建築防災協会：震災建築物の被災度区分判定基準および復旧技術指針、２００１年９月

※2　Yoshimitsu OHASHI et al. Pseudodaynamic and Shaking Table Tests on a Japanese Wooden House, P. T. E. C 1999

Ⅶ・伝統的木造建築の構造設計

建築基準法施行令第3章第3節が「木造」の仕様を定めた条文である。その内容は、時代が下るにしたがって、徐々に伝統構法から離れていった。そして、伝統構法は杉山英男のいう「大工の木造」として、建築され続けてきた。1980年代まで、ツーバイフォー構法や、筋かいを中心に据えた「エリートの木造」に置き換えようとしていた。この時期、研究者との協力関係が少なかったのは、大変残念といわざるを得ない。

その後、木造建築の見直しが伝統構法にもおよび、研究者も増えてきたころ、2005年11月の構造計算書偽造事件が発生する。そして、国による設計法検討委員会が設置されたが、結果的に、一般的に使えるような伝統構法の設計法は作成されなかった。

そのうちに、建築界は省エネ推進の動きが活発になり、木造住宅にも省エネの義務化が叫ばれるようになる。しかし、伝統的住宅は現代の省エネ基準に適合することが難しいことから、関心はこちらに向くこととなり、構造の問題は棚上げ状態となっていく。結局、誰もが認めるような伝統構法の設計法はまだ、できていない。機会を逸したといってよいだろう。

24

伝統的木造建築の構造特性と計画

初出：建築技術2003年6月号

建長寺の仏殿と法堂の耐力推定

まず、社寺建築の水平耐力がどの程度かを推定した例を紹介しよう。東京大学の腰原幹雄は、鎌倉の建長寺の仏殿と法堂の保有耐力を求めた。[※1] この二つの建物は、大きさは異なるものの、間取りや構造形式がよく似ている。しかし、関東地震では**写真1**のように、仏殿は完全に倒壊し、法堂は倒壊を逃れた。これが説明できるかというのが目的である。

解析では、貫と柱の仕口を想定し、回転剛性を与えた。また、柱の傾斜復元力も考慮して、**図1**のようにモデル化した。

❶建長寺仏殿の被害

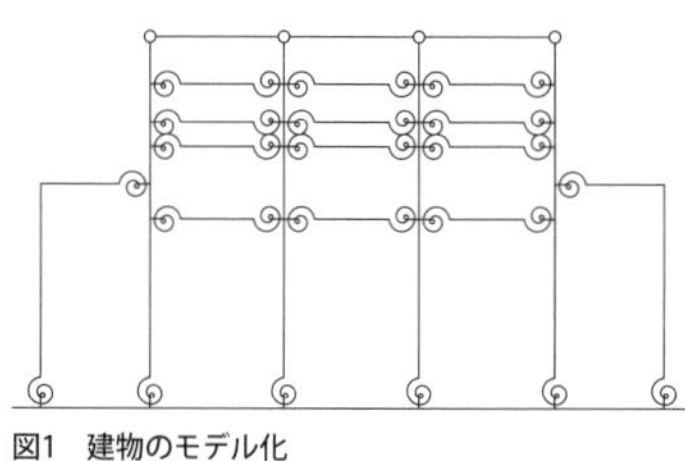

図1　建物のモデル化

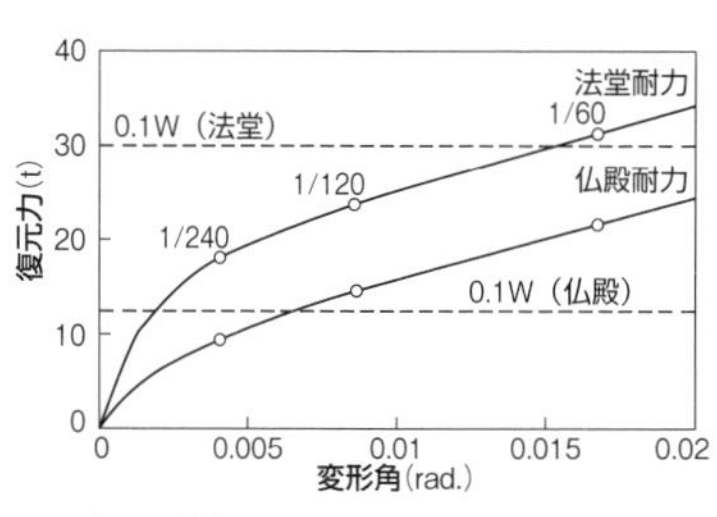

図2　仏殿と法堂の耐力比較

その結果が**図2**である。結果では、逆に仏殿の方が法堂よりも保有水平耐力が大きいという結果となった。上記の部材をモデル化しただけでは、説明できないことがわかる。ただし、いずれにしても、両方とも水平耐力はかなり小さいことがわかる。

伝統的民家の水平耐力

一方、民家はどうであろうか。**図3**は、河合らが茨城県の民家で行った水平加力実験の結果を示している。**写真2**は、そのときの様子を示している。図より、層間変位が最大12㎝で、5t程度の水平耐力があることがわかる。この建物の自重は約20tと推定されており、層せん断力で表すと約0・25程度である。現代の住宅に比べると、遙かに小さい耐力しか保有していない。

❷民家加力風景

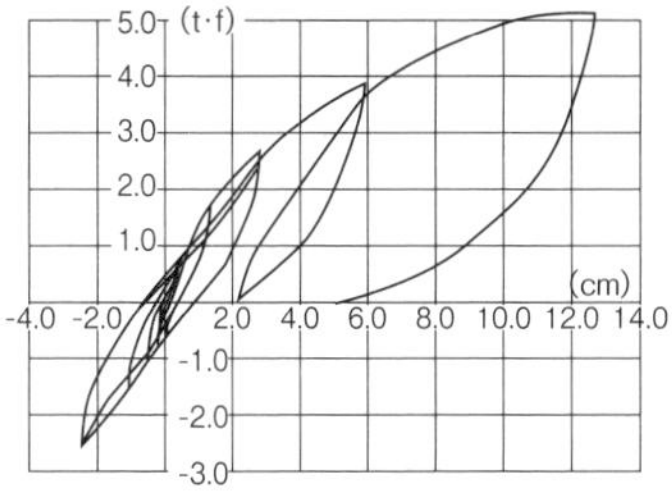

図3 民家の荷重変形曲線

これらからわかることは、伝統構法は、そのまま復元しただけでは、かなり耐力が小さく、大きな地震に対しては強度が不足するだろうということである。

また一方で、このような保有耐力の概念だけではなかなか現代構法と同等に設計するのは困難なので、例えば応答解析手法を使いながら、併せて大きな安全限界を証明していくなど、新たな手法で説明していく必要があることがわかる。

伝統的構造物は柔構造か

また、伝統的な構造物について、よくいわれることに「伝統的な建物は柔構造で剛構造の現代構法とは違う」という意見である。こうした意見には2点指摘しておきたい。

第一は、確かにある種の伝統構法は構造的には柔構造であろう。しかし、伝統的木造建築といっても、構造的にはいろいろな形式がある。用途も規模もさまざまなうえに、時代によっても異なっている。伝統構法すべてが柔構造ではない。例えば、土壁は必ずしも変形能力が大きいわけではない。比較的変形が小さいうちに強度が低下し、大変形時には、自重が大きいので脱落しやすくなる。土壁の構造は柔構造とはいえない。

第二は、剛柔論争をしていた昔と違って、現代の研究的なレベルでは、剛構造と柔構造というような極端な分け方はしていない。確かに、従来の壁倍率の考え方は、剛構造にその出発点があったかもしれない。しかし、現在は建物の挙動を振動問題として捉えることが普及してきている。例えば、すでに設計法として活用されている保有耐力設計や限界耐力設計は、簡素化されているものの振動の応答予測法に基づいている。また、現代の壁量設計は、壁が塑性化した状態も考慮して求めるように改訂されている。

伝統的建物の固有周期

図4は、日本大学の山辺克好や筆者らが住宅の経年と常時微動の固有周期の関係を調べた結果である。これによると、経年が少ない、すなわち新しいものほど固有周期が短くなることがわかる。新しいものでは7～8Hzで、古いものの約半分の周期になっている。剛性でいえば4倍になっていることを意味する。近年の住宅が、いかに剛くなっているかがわかる。

一方、伝統的な建物の周期はどのくらいであろうか。河合や前川らの調査によると、社寺建築の固有振動数は1～2Hzで、平屋のものは2Hz程度が多い。また、民家はほとんどが2～3Hzの間である。

確かに、伝統的な建物の周期は長いものが多い。しかし、柔構造と呼ぶことができるほど、柔らかいかといえば、必ずしもそうとはいえない。

関東地震をはじめとして、軟弱な地盤で昔の木造建物の被害が大きかったことは有名であるが、これは、軟弱な地盤の周期と建物の周期が近いことを意味している。極めて固い地盤に対しては柔構造といえるかもしれないが、一般的な地盤と比べるとそれほど周期は長くない。

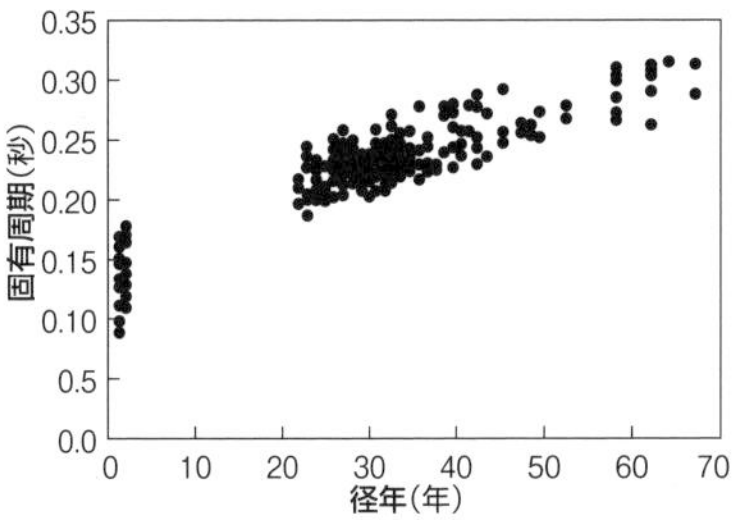

図4　住宅の経年と固有周期

伝統構法と限界耐力計算法

むしろ、伝統構法の特徴は、大変形領域での靭性にあると考える。大変形領域でも強度が落ちないことが最大の特徴である。

ところで、平成12年の基準法改正は、性能規定化といわれ、木造建物でいえば、耐久性の項を除くと、限界耐力計算を行えば、各種の仕様規定は適用除外となった。しかし、現実には、伝統的な構造の建物には大きなハードルが待っている。それは、損傷限界状態における変形を原則１／２００rad以内に収めなければならない、という条文が残っているのである。

厳密にいえば、許容応力度計算を行うことによって、構造体については、１／２００radを越えることができるが、仕上材などは、それを行っても１／１２０radが上限である。したがって、実質的に損傷限界を１／１２０rad以上に設定することはできない。

そもそも限界耐力計算は、性能規定化として導入された方法である。建物の挙動が把握でき、各部がそのように設計されていれば、損傷限界や安全限界を自由に設定してよいはずである。前述のような条文が残っているのは、伝統木造から見れば、中途半端な感は否めない。木造建物の耐力壁の強度は、昭和56年のいわゆる新耐震設計法までは、1／60 radで決定されていた。伝統的な構法では、損傷限界を1／120 radを上まわって設定することも可能であろう。※2

伝統的建築の自重と必要耐力

次に、構造計画に関わる問題を個別に見ていこう。

まず、伝統的な建物は一般の木造建物よりも、自重が大きくなる可能性がある。典型的な例は阪神大震災における土壁や土葺き瓦屋根建物の被害事例である。社寺建築は、間取り上、壁が少ないものが多いので、須磨寺の客殿や、**写真3**に示す東灘区の神社など、多くの建物が大きな被害を受けた。

設計では、そうした建物の重さを考慮して、必要耐力・壁量を十分に確保しなければならない。重いことで、「土葺き瓦屋根は止めてしまえ」というような短絡的な議論があったが、これは設計を放棄しているようなものである。例えば、壁量設計でいえば、教条的に、施行令46条の壁量を確保すればよいと考えるのは間違いである。

❸倒壊した神社

❹土壁の損傷

土壁と貫

兵庫県南部地震では、土壁の建物では、2階建の1階が潰れているものも多かった。例えば、**写真4**はその例で、2階の壁面部分(土壁)が見えている。管柱はたくさん入っているものの筋かいはない。貫が2段入った土壁で壁面が構成されている。

貫の段数は、関西では2、3段、関東では5段が普通である。そのため、関東の人の中に、「関西では貫の数が少ないために被害が大きかった」という人がいた。しかし、こうした土壁の建物の強弱を貫の数だけで論じるのは間違っている。ある関西の職人の話によると、関西ではもともと貫で構造をもたせようとは思っておらず、貫はあくまでも土壁を周りの軸組から外れないようにする役割であり、構造性能は壁（土壁）でもたせようとしている、という。

構造的に有効な貫とそうでない壁を軸組の面内に留めておくだけの貫は、まったく断面も異なるはずである。これらは峻別されなければならない。

小壁と柱の折損

また、小壁の脇の柱が折れる例が多い。兵庫県南部地震でも、長田神社の絵殿には、**写真5**のように、小壁下位置の柱に曲げ破壊が見られた。この建物は、まったく壁がなく、柱と小壁で構成されていた。このように、柱が破損した例は他にもたくさん見られた。

このような構造では、土壁の強さと周辺軸組材の強さには適度なバランスが必要である。壁があまり強いと、柱が曲げで折れるおそれがある。柱が折れる前に土壁がせん断で壊れるような壁と柱の強度のバランスが、昔の大型の建物には備わっていたようである。壁の強度が上がっている今日では、柱の径が重要性を増している。

❺長田神社絵殿の柱の折れ

❻倒れかかっている神社内部

また、小壁が外れかかっている例も多い。柱と鴨居の接合は、貧弱なものが多いので、簡単に外れている。

傾斜復元力

柱の傾斜復元力について、簡潔にまとめる。

傾斜復元力は、ある一定の変形までは、建物の変形を元に戻す働きがある。そこで、阪神・淡路大震災でも、木造建物は、**写真6**のように、いわゆるP-Δ効果で倒壊するような大被害と、ほとんど被害がないように見える建物とに分かれた。後者は、傾斜復元力のおかげで残留変形が非常に小さく留まった。この性質を設計に適切に取り込むには、やはり振動解析などの大変形領域での挙動を考慮した設計法による必要があろう。

実物大の実験によると、その傾斜復元力は、それほど大きいものではない。前述の建長寺の耐力推定でも、傾斜復元力は、変形が大きくなると効果がなくなっていく。このような、変形と復元力の関係を把握して使う必要がある。

板壁

板壁も伝統建築で多用される壁構法である。板を釘打ちする場合には、現代の面材の考え方と同じであるが、近年、落とし込み壁など、釘打ちでない構法の実験が行われている。

板を釘打ちする場合には、現代の面材ほど大きくない単位で釘打ちすることが多い。これは、合板面材の応用問題であり、板幅が小さく、周辺2辺にしか釘打ちしない場合には、強度が小さいであろうことは容易に想像できる。

一方、落とし込み板では、周辺の隙間が埋まるまでの変形はほとんど耐力を負担できない。すべり状

❼板壁の加力実験

態である。次に、面材が周辺軸組にめり込んで剛性強度を発揮する。しかし、板幅が小さいほど、すべってしまうことは幾何学的にも理解できる。壁は、大きな面のものでない限り、一般的に初期剛性が小さい。そこで、強度・剛性を向上させるために、板厚が大きい場合には、だぼなどのせん断部材を入れることも増えている。**写真7**はその実験である。これらの性能は、釘などの評価と同じ手法で性能が確認されてきている。落とし板壁では、板壁の大きさと、周辺の隙間の制御が強度に決定的な要因となる。また、同じ主旨で、木材の乾燥収縮にも注意しなければならない。

水平構面

伝統建物では、水平構面の強度や剛性は、ほとんど意識されてこなかったといってよいだろう。負担面積に応じて柱を配置しているので、結果的に柔床で負担面積に応じて壁や柱が配置されていたというところであろう。壁の耐力も小さかったので、相対的に水平構面の強度もそれほどなくても問題にならなかった。**写真8**は、茅葺き屋根の試験体である。

ほとんどの建物が平屋であった昔はよいとしても、2層以上の構造になると、水平構面の重要性は大きくなる。

さらに、現代の建物は、吹抜や傾斜天井など、水平構面の点からは、弱点となりやすい架構が多い。

水平構面と壁は、力学的には向きが変わっただけであるから、壁などの鉛直構面と同様に考えればよい。屋根を含めた伝統構法の水平構面の強度は別項に譲るとして、どうしても剛性の小さい構面を使う場合には、柔床として、負担幅を考慮して耐力壁などを配置することである。この構造計画は、一般的

❽茅葺き屋根試験体

な建物と同じである。剛性を高めるのにわかりやすい方法は、合板を使うことである。合板を張れば、よほど吹抜が多くない限り、剛床と仮定することができよう。

継手と仕口

継手・仕口の強度は、実験的には数多くの研究例がある。ここでは、現代構法と伝統的構法の接合の違いを述べたい。

まず、伝統的構造の基本は、部材は他の部材の上に載せ架けるのが原則だったということである。**写真9**は、かぶと蟻仕口の実験の様子である。例えば、20年前の教科書には、2階建住宅の2階床部分には、台輪という部材があり、桁行の横架材は二重になっていた。

山辺豊彦は、伝統的な構法を、載せ掛けを基本とした「渡り顎構法」と差し鴨居の「民家型構法」に分けている。住宅のように部材が小さいものは載せ掛けの渡り顎構法が、部材の大きな民家などに差し鴨居などの構法が使われてきた。

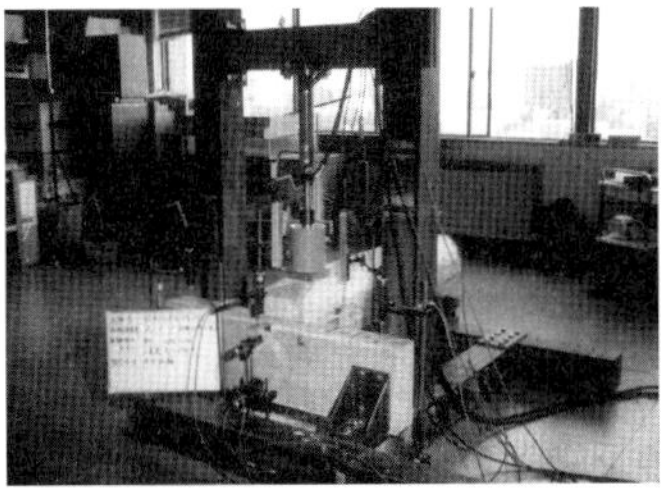

❾かぶと蟻仕口加力試験

一方、現代は、部材は小さいのに部材を上面合わせに納め、胴差しや腰蟻掛けなどの、本来、断面が大きい場合の仕口が多用されている。結果的に「桁行」や「梁間」は、現代では構法上の違いはなくなっている。このような接合では、引張に対する強度が小さいので、補強金物が必要なのは当然のことである。

建物が倒壊するときのきっかけは接合部の外れや折れと考えられる。「金物はゆるんでしまうので意味がない」という意見を耳にすることがある。しかし、建物が大変形して、接合部が外れかかっているようなときには、金物は有効に働くはずで、無駄ではないのである。現代の納め方のままで、金物が不要だという主張には根拠がない。

前述のように、伝統的な構法は大変形時が問題となるので、接合部も、大変形時の挙動が重要になる。少なくとも、接合部が相当の大変形まで外れず、せん断力を負担できなければ、伝統構法は成り立たない。

伝統建築と型式

さて、筆者は、伝統的な建築の普及には、型式から始めるべきだと考えている。しかし、これにも批判は多い。「伝統建築を一つの型式にはめるのは、現代構法で採られた手法と同じで、伝統建築の多様性を殺すものだ」という意見である。

しかし、筆者の考えは違う。層間変形がポイントであることは述べたが、伝統的な手法で建物を構成すると、多くの場合、層間変形の大きな建物になる。それには、大きな変形角に追従できる仕上げ、設備などを用いる必要がある。さもないと、一般の建物がほとんど無傷の中小地震で、伝統構法の建物だけが大きな損傷を起こすことになるであろう。伝統構法の建物は、全体システムであり、部分的に採用するときには、慎重でなければならない。

また、筆者の考える型式は、それですべての伝統構法に枠をはめようとするものではない。前述のように伝統構法は多様であり、そのようなことは不可能である。型式は一つの基本形であり、地域や建物によって異なる構法は、その基本の型式を基に、あるいは別途に新たな型式を取ればよい。伝統構法の型式の一つのプロトタイプにすぎない。

まとめ

伝統的構法は、そもそも現代のように、水平力に対する構造計画というはっきりした概念がなくつくられてきた。そこで、土壁や差し鴨居といった構造要素だけを取り出して評価すると、多くの場合、性能が見劣りする。いずれも、大変形時に大きな耐力を示すためである。このような構造の性能の評価法の再構築が必要である。

架構方式全体を、まとまったシステム（仕組み）として見ないと伝統構法の要素技術も活かせない。伝統的構法を用いた新しい全体システムを構築していくことが必要である。

※1　腰原幹雄：東京大学修士論文、1994年2月

※2　特に、屋根のみを支えている平家の建物では可能であろう。ただし、2階建以上になると、振動障害など居住性上の課題も考慮する必要がある。また、そうした剛性を有する建物の地震時の振動特性も考慮する必要がある。

初出：建築技術2010年12月号

25——伝統的木造建築の設計法構築のために

木造建築の見直しと、日本回帰の流れの中で、伝統的構法による木造建物への関心が高まっている。例えば、現在、毎年一塔ずつ五重塔が建てられているという。日本の歴史始まって以来の五重塔建設ラッシュである。しかも、近年のものはすべて木造である。

しかし、伝統的構法による木造建物はその設計法も未だ整備されていない。

ここでは、国土交通省が設計法の作成のために設置した委員会の検討内容を通して、伝統的構法による木造建物の設計法を考察する。

検討委員会

委員会は、国土交通省の補助により、平成20（2008）年度から3年間の予定で、伝統的木造住宅の設計法を作成するために設置された。きっかけは、構造計算書偽装事件を受けての審査の厳格化によって、伝統木造が建たなくなったためとされる。

設計法をつくることを最終的な目的としているので、もちろん設計法の検討が行われた(設計法部会。当時は、タスクチームと呼んでいた。以下同じ)。また、同時に、設計法構築に関連して、いくつかの調査・研究などが行われた。

①実大の震動台実験や静加力実験、およびその要素実験を行って、実物の伝統的住宅の性能を検証すること（実験検証部会）

②伝統的構法で使いたい接合部や壁・床などの要素の実験を行って、設計法で用いる許容耐力ほかの特

性値をつくること（要素実験部会）
③震動台実験や柱脚を固定しない場合の挙動などを解析すること（解析部会）
④未乾燥材の性能や背割りの影響など、伝統的構法に特有な材料問題を検討すること（材料部会）
⑤全国の伝統的構法の分類を行って設計法の資料とすること（構法部会）
などである。

関連する施策

また、このプロジェクトとは別途に、国土交通省などによって、各地域の木造構法の促進のための補助制度や、伝統構法で図書省略を取得できるような仕組みがつくられた。また、（公財）日本住宅・木材技術センターは、軸組構法住宅用のデータベースに、伝統的構法の接合部などのデータベースを追加して、設計で使えるようにした。

伝統的な構法に関して、過去に、このように多面的、総合的な政策がとられたことはなく、画期的なことであった。

平成20（2008）年度の内容

平成20（2008）年度は、設計法部会は、設計法の枠組みを検討した。設計法は、詳細設計法と簡易設計法の2本立てとすることとし、それぞれの課題をまとめた。

実験検証部会は、独立行政法人防災科学技術研究所と共同で、E-ディフェンスで、伝統的構法で建てられた実大の住宅2棟の性能検証実験を行った。2棟の試験体は、「都市近郊型」と「地域型」で、具体の仕様は、実務者からの提案が採用された。ちなみに、柱脚は、2棟とも水平方向は移動させないが、上下方向には動く仕様とした。

また、解析部会は、振動台実験でどのような応答を示すか、事前予測の地震応答解析を実施した。解析は、複数の研究者が並行して行ったが、結果は、神戸海洋気象台波（JMA神戸波）を加えると、かなりの被害を免れないというものであった。

また、要素実験部会は、実務者に対するアンケートを行って、伝統的構法で使いたい接合部や壁・床などの部位要素を募集した。また、いくつかの要素については、先行して実験を行った。

また、構法部会は、全国の実務者にアンケートして、いわゆる伝統構法の住宅は、現在、どのようにつくられているか、また、可能であれば、どのような構法としたいか、などを分析した。

また、材料部会は、未然乾燥材の性能や、乾燥方法と部材の干割れなどを調査した。

平成21（2009）年度の内容

平成21年度には、設計法部会は、柔床の場合の設計法の検討など、設計法の要点となる項目について、具体的な詰めを行っていた。

また、実験検証部会は、独立行政法人建築研究所と共同で、前年度の振動台実験での試験棟と同じ仕様だが、土壁のない軸組試験体の静加力実験を実施した。これは、軸組だけでどの程度の耐力を負担できるかを検証するものである。また、並行して、各地の試験研究所・大学に委託して、実験棟の要素実験を実施した。

また、解析部会は、過去の地震被害における柱脚移動の調査や、柱脚を固定しない場合の挙動の解析を始めた。

また、要素実験部会は、これも、各地の試験研究所・大学に委託して、前年度に実施した「使いたい伝統的要素アンケート」から、試験体を整理して、実験を進めた。

また、構法部会は、前年度のアンケートをさらに深める意味で、各地域の架構法の分類を進めた。

また、材料部会は、背割れの強度への影響やケヤキの許容値、節の接合部耐力への影響など、伝統的構法に特有な問題を、実験的に検証しつつあった。

委員会の中断

3年計画で始まったが、2年目の2009年は、上記のような検討作業が徐々に成果が上がってきて、これから設計法の詳細を検討する段階であった。しかし、2009年11月の国会でこの事業が取り上げ

られ、委員会は中断された。そして、結局、委員会は2010年3月末で終了となった。[※1]
委員会は以上のような経緯で終了したが、設計法の枠組みと、基礎的な研究は、多くの成果を上げた。

伝統構法と仕様規定

さて、木造建物のいわゆる「仕様規定」は、施行令の第3章第3節である。それが「伝統的構法にそぐわない」ので、限界耐力計算で設計することになった、といわれている。

まず、その仕様規定について考えてみよう。

仕様規定は、昭和25（1950）年にできてから、幾度かの改訂を経て現在に至っている。確かにその内容は、多くは現代構法を想定したものになっている。しかし、では何故、そのような条文に変えたのかも考えてみる必要があろう。「現代構法を普及させるため」と捉えるのは、一面しか見ない、片寄った見方である。当時の構法に問題があったから修正したのである。

例えば、令第46条第3項に「火打ちを入れなければならない」という条文がある。この条文は、今や1階の床に関してはほとんど意味がない。現代構法では、土台は基礎の立ち上がりにアンカーボルトで止め付けられているので、動きようがない。この条文は、昔の基礎のない時代の建物が、地震時に足元がばらばらになって、大被害の原因になった経験から追加されたものと思われる。事実、日本海中部地震（1983年）などの調査で、そのような建物がいくつも報告されている。この条文は、当時の構法にこそ必要な条文だったのである。

つまり、現在の仕様規定には、昔の構法の問題点を解決すべく追加したものの、そのままになっており、今や現代構法にも相応しくない、という項目も含まれている。現在の仕様規定は「伝統的構法にそぐわない」というよりは、「伝統的構法用の仕様が足されてこなかった」という言い方が相応しい。

そして、その場合「では、これから足せばよい」という考え方もあろう。しかし、建物は一つの「システム」であるから、今や、伝統的構法と現代構法を同じ仕様規定で包含するのは難しいと思われる。

伝統的構法用の新しい仕様規定をつくるべきだと考える。

伝統構法と限界耐力計算

ともかく2000年以降、伝統的構法は、限界耐力計算で建てられてきた。このように木造でたくさん利用されるとは、この法律をつくった人も想像していなかったと思われる。

ところで、伝統木造の実務者の間には、限界耐力計算は簡単にできると考えている人が多い。入所したての所員に計算させているところもあると聞く。

しかし、限界耐力計算とは何かを正しく理解している人が、木造関係者にそんなにたくさんいるとは思われない。限界耐力計算は、等価線形化法という手法を用いているが、その言葉を知らない人が多いし、等価線形化法の原理や、告示の手法のどこにどのくらいの安全率が設定されているのかわかる人はほとんどいない。そのために、「限界耐力計算で、柱脚移動建物の設計をすればよい」などと発言する人が出てくる。現在の限界耐力計算で、柱脚が移動する建物の設計はできない。

また、限界耐力計算の告示は、躯体の層の計算方法しか記述されていない。各部の検討方法は、設計者に任されているのである。一方、許容応力度計算は、具体的に何をどのように検討すればよいかが、長い時間をかけてまとめられてきた。そのため、今、その内容に異を唱える人は少ない。しかし、限界耐力計算にはそれがない。

限界耐力計算は、非常に自由度の高い計算法である。したがって、それだけ高度な判断を要する難しい計算法である。自由度が高いことを悪用して、自分の都合のよいように解釈する人がいるからこそ、3年前の法律改正があったわけである。簡単にできると思っている人は、設計法の主旨を正しく理解していないと思われる。

伝統構法の耐震性能

また、ここで整理しておきたいのは、伝統木造の実務関係者は、実は「柱脚固定の伝統的構法では、耐震性の高い建物はつくれない」と思っている人が多いことである。それは誤っている。

確かに、過去の伝統的構法の建物は、耐震性が低いものが多いのは事実である。しかし、一定のルールを守れば、伝統的木造でも十分に耐震性の高いものをつくることはできる。

例えば、2年前のE-ディフェンスの震動台実験では、伝統的構法でも建築基準法の性能を満たすものができることを証明した。それにもかかわらず、できないと思っている人が多い。

筆者は、柱脚を固定した設計法は可能なので、まず、それをつくるべきだ、と言い続けてきた。

E-ディフェンスの結果

ところで、実務者が「耐震性の高い建物はできない」と想定する理由の一つに、E-ディフェンス実験のA棟の結果があるように思われる。A棟は、最終加振のJR鷹取で倒壊状態となり、21㎝角の大黒柱が細い柱のように曲げ破壊した。あの映像は、実務関係者に衝撃を与えたらしい。

しかし、あの最後の実験は終局状態を確認するための実験である。研究者の多くは、あの結果に驚きはない。JR鷹取の破壊力の大きさと、振動特性による挙動の違いを改めて感じたはずである。

石場建ての構法

いわゆる石場建ては、委員会でも議論の中心となった。

ところで石場建てにこれほど注目する理由の一つは、柱脚固定では現代構法並みの強度は実現できないため、石場建てに救いを求めているという面もあるらしい。その認識が誤っているのは、前述のとおりである。

そもそもいわゆる「免震構造」は、すべることを前提とした構法であるから、すべることで入力・被害を軽減できる場合があることは理解できる。しかし、石場建てを議論する前に、まず、上部構造の設計法の確立が先である。免震構造を設計するのに、上部構造の設計法ができていないというのでは話にならない。伝統的構法は、まだ上部構造の設計法もできていない。

石場建ての可能性については、ここでは改めて記載はしないが、残念ながら短期間に作成できる設計法ではない。

伝統的構法の設計法

一方、土壁や板壁、差鴨居、接合部などの伝統的構法の各耐力要素の研究は、ここ数年、精力的に行われてきた。もちろん、これら以外にも大量の研究が行われてきたし、現在も行われつつある。

そして、それらの成果を受けて、日本建築学会の「伝統的木造建築物構造設計法小委員会」（主査：河合直人）によって、「伝統的木造建築物構造設計指針・同解説」のまとめの作業が進められている。[※2]

木造建物の安全限界変形

また、限界耐力計算における安全限界変形についても、実務者からは批判が多い。

2007年の改正で、木造建物の安全限界変形は原則的に1／30 radと定められた。面材の種類によっては、終局変形が1／30 radに達しないものもあるので、木造建物の「標準的な安全限界変形」として、1／30 radとしたのはそれほど外れた値だとは思われない。

そして、この安全限界変形は、別途の検証があれば、1／30 radを超えて設定することも可能とされているので、伝統的構法も何らかの確かな根拠があれば設定可能である。

いわゆる関西版のマニュアル[※3]には、いくつかの耐力要素について1／15 radまでの荷重変形関係が示されている。しかし、その壁の荷重と変形の関係を担保する接合部の性能の確認方法などの記述が不足している。限界耐力計算に限らないが、壁の荷重と変形の関係が建物の中で確実に発揮されなければ、計算の前提が崩れてしまうことになる。安全限界を1／15 radに設定できるという根拠が必要である。そこで、前の委員会では、その根拠をつくることを目的として、全国の試験場で要素実験を行った。

まとめ

日本建築学会のHPに、漫画「美味しんぼ」への反論が掲載されている。昭和34（1959）年に、日本建築学会は木造建築禁止決議をしたが、本意は「木造建築全般の禁止を一律に求めたものではない」という。しかし、その後の学会の動きを見れば、木造建築の普及には、まったく消極的、否定的だったことは明らかである。

このことは、現代の私たちに、時代に流されることの怖さを教えてくれる。日本建築学会は、当時も、時流に流されて木造禁止決議をしたが、今また、世の風潮に対応して言い訳を書かざるを得なかった。

今、伝統木造も、その耐震性に疑問を呈するだけで、「日本の文化を大事だと思わないのか」と批判される。大変、危険な傾向といわなければならない。伝統的構法は、これからの地球環境時代の木造建築に多くのヒントを与えてくれる。適切に再評価すべきである。しかし、その性能、特に耐震性は、科学の問題として、冷静に捉えなければならない。

※1　2010年4月、新たな陣容で再度、委員会が設置され、その後3年間実施された。
※2　2013年2月に、日本建築学会「限界耐力計算による伝統的木造建築物構造計算指針・同解説」として出版された。
※3　「伝統構法を生かす木造耐震設計マニュアル――限界耐力計算による耐震設計・耐震補強設計法」2003年、学芸出版社

26 ―― 伝統的構法と設計

初出：建築技術2011年2月号

伝統的木造建築の構造性能を議論するときに注意しなければならないのは、伝統的木造建築を一律に扱ってはいけないということである。体系的な分析が進んでいないために生じている混乱であるが、伝統的木造建築といっても、構造的にはいろいろな形式がある。

伝統的構造は一つではない

例えば、社寺と民家は分けて考えるべきである。また、民家でも、農家と町家は、使われている構造要素が違うので同列に扱うことはできない。例えば、壁要素も、土壁と板壁は構造的な挙動は大きく異なっている。土壁の荷重変形曲線は、初期の剛性は高いが、大変形になると強度は急激に低下する。一般に、「伝統構法は粘り強い」といわれているが、必ずしもそうとは限らない。土壁は、靭性が高いとはいえない。一方、板壁は初期剛性は小さいが、徐々に強度が増し、大変形領域でも強度は落ちない。一般に、貫も同様な挙動を示す。

また、例えば、社寺建築などで規模の大きいものは、それだけでスケール効果がある。柱の傾斜復元の性能は、柱の小径が決定的に関係している。また、建物の固有振動数も異なり、倒壊に至る絶対的な変形量も違う。構造性能を語るときに、規模の違いも考慮しなければならない。

また、住宅でいえば、実務者のいう「伝統構法による住宅」は、昔の大地主などの家を指している場合が多い。しかし、それらの家は、当時の一般庶民の住宅より遙かに高価な家である。今でいえば、何億円もするような家である。そうした家は、性能が高くて当然である。例えば、今、何億円もかけた住宅が簡単に地震で倒れて納得する人はいないであろう。一般庶民の住宅と、大金持ちの住宅を、同列に語るのは間違っている。

これまで、伝統的な木造建築を一律に扱ってきたことで、極端に短絡的な評価、例えば「伝統建築は強い」とか、あるいは逆に「弱い」といった評価がなされてきた。現代建築にも地震に強いものもあれば、弱いものもあるように、伝統建築にも強いものも弱いものもあるのは当然のことである。

伝統構法の要素技術と全体構法

伝統的構法に明確な定義はない。ここでは、伝統的な要素技術を用いた構法、またはそれらを組み合わせた建物全体の構法と定義しよう。例えば、貫や土壁、柱の傾斜復元などは要素技術にあたる。また、各地に残る「民家」のように、それらを組み合わせたものが全体構法である。

そして、土壁のように不十分なものもあるが、近年の研究で、各要素技術の性能については、かなりの知見が得られている。後述するように、それらの耐力の重ね合わせでも、おおむね建物全体の耐力を推定することができる。

伝統構法は「総持ち」ともいわれ、要素の耐力の合計よりも、架構全体で高い構造性能を発揮するといわれてきた。しかし、この余力は、現代構法の余力と大差はないといってよいであろう。むしろ「総持ち」は、大変形時の変形能力を指しているようである。

伝統的要素技術とは何か

次に、伝統的な要素技術とは何であろうか。これは、そもそも伝統的といっても、いつの時代を指すかは人によってさまざまである。また、今は「伝統的」と見なす構法も、実はそれほど古くないものも多い。そこで、ここではいわゆる現代軸組構法では用いられていないもの、という程度にゆるやかに定義しておく。

実は、筆者は「伝統構法」や「伝統的構法」という言葉は、あまり使いたくない。「伝統」には、「過去のもので、現在は使われないもの」というニュアンスが多分に含まれているからである。構造的には、伝統的構法と現代構法を区別する必要はなく、一つの技術である。それぞれに耐震性に優れたものもあれば、劣るものもある。優れた構造方法はこれからも使うべきである。歴史的な経緯や研究の進展の度合いなどの諸々の理由により、まだ詳細には解明できていないというだけであろう。

伝統構法と性能

次に、伝統的建築と性能について整理しておきたい。

「伝統的な構法を用いるためには、建物の性能は現代構法よりも緩くてよい」という意見がある。端的にいえば、「伝統的構法なんだから性能は我慢しよう」というものである。しかし、筆者はこうした意見には賛同しない。

伝統構法を用いていても、現代の要求性能に応えられるものでなければ、受け入れられないであろう。情緒的な文化論、文明論だけでは、かたちは残っても実用の世界では残らない。伝統構法も、それを正面から受け止めないといけない。

また、性能について、もう1点、考えておかなければならないのは、建物に対する要求性能が以前より格段に上がっていることである。耐震性能でいえば、兵庫県南部地震程度でも壊れない住宅を求めている。伝統的な構法を使っても、性能を落としてはならないし、少なくとも構造性能に関しては、それを実現することは可能である。与えられた課題は、どのように伝統を踏まえた「現代の」住宅をつくるかである。

設計能力を高めよう

神戸市東灘区に文豪谷崎潤一郎の旧居がある。倚松庵（いしょうあん）という。谷崎潤一郎は、日本建築にも造詣が深く、名作『陰翳礼讃』を著した作家としても知られている。その住宅であるから一部洋間もあるが、**写真1**に示すように日本風の建物そのものである。この建物は、兵庫県南部地震でも被害はほとんどなかった。付近に多くの大破・倒壊の建物がある中でである。

❶倚松庵

実は、この建物は1990年に同じ区内から移築されたものである。移築にあたって、間取りなどは変更していないものの、構造用合板で補強されている。そのため、大きな被害を免れた。しかし、構造用合板で補強されていることは、説明を受けなければまったく気づくことはない。

多くの伝統木造の実務者が、今の法律では日本的な建物は設計しにくいという。特に開放的な間取りができない、という声を聞く。しかし、素人の建築主には「この建物は開放的だと感じられる」が、実は要所に壁が入っている、というように設計するのが設計者の役割ではないか。筆者は、日本建築を望む建築主のほとんどの希望は、設計の工夫で実現することができるはずと考えている。

伝統的構法の設計法

前項の国土交通省が設置した委員会では、実物大の振動台実験を実施した。振動台実験に供した建物は、上部構造に関しては現在の伝統的構法の標準的な構法といってよいだろう。そして、その建物の要素実験の累加で、±20％程度の精度で、実物の性能は推定できることが示された。これは、要素耐力を累加するという簡易設計法の可能性を示すものである。

ただし、この要素実験は、ほとんど実物と同じ試験体を再現して実験している。したがって、逆に「同じものをつくっても、累加では±20％も違う」という見方もできる。一般に、個別の耐力要素の設計にも誤差があるのが普通なので、設計した建物の図書上の耐力と実物の耐力には、さらに大きな差が生じる可能性がある。

伝統木造に限らず、現在の設計法の精度は、残念ながら、その程度と考えるべきである。そこで、許容応力度設計などには、材料強度から応力解析まで、いくつかの段階で安全率が設定されている。そのため、建築基準法ぎりぎりの設計しかしていない建物でも、基準法の大地震以上の破壊力をもつといわれる兵庫県南部地震で壊れなかったのである。

伝統的構法の建物は、構造性能のばらつきが大きいことが予想される。材料のばらつきに加え、加工精度にも依存するためである。伝統的構法を建てられるようにするためには、構造設計法に加えて、施工マニュアルも併せて整備する必要がある。

まとめ

伝統的な構法は、さまざまに現代的な意味での優位点を備えている。有害なゴミを出さない、有害な物質がでないなどは、将来的にも重要な意味をもっている。むしろこれからの構法といってよいであろう。そして、構造的にも、伝統的な構法は、木材の優れた特性を利用している可能性がある。これから木造の構造を豊かなものにしてくれるに違いない。

註　本稿は、建築技術２００３年６月号掲載文に加筆、再構成したものである。

初出：建築技術2010年12月号

27――いわゆる「石場建て」について

「石場建て」とは、**写真1**のように、礎石の上に柱を直接に建てる構法のことで、伝統的木造を語るときにしばしば引用される柱脚の構法である。数寄屋建築などでは、ごつごつした自然石に合わせて、柱部を加工することも行われることがある。この方法は「ひかりつけ」と呼ばれる。

「石場建て」は、「大地震時には、柱脚が礎石からすべって、地震の入力が低減され、建物の上部構造の破壊を防ぐ効果、すなわち、一種の免震的な効果がある」といわれている。ここでは、この問題を考えてみる。

「石場建て」だけが伝統ではない

❶「石場建て」の柱脚

ここでは、「石場建て」の設計法をつくるための、技術的な課題を考察したものであるが、その前に、2点述べておかなければならい。

第一は、伝統的構法における「石場建て」の位置付けについてである。伝統的構法の擁護論者には、「石場建てでなければ伝統的構法ではない」かのごとく発言する人も多い。しかし、伝統的構法は、差鴨居や貫などの軸組要素、土壁や板壁などの壁要素、継手仕口などの接合部、礎石・版築などの基礎・地盤の構法など、構造体を対象としても多くの耐力要素から構成されており、柱脚の納まりだけが伝統的構法の要素ではない。

また、柱脚の納まりをとっても、城や小規模な神社には土台がある。また、江戸の町家の多くにも土台があったことはよく知られている。土台は、戦後の建築基準法が強制したものばかりではなく、土台自体も伝統的構法の一つである。「石場建て」の伝統的な構法における位置付けを、歴史的に正しく整理すべきである。

上部構造の設計法確立が先

第二は、ここでは、基本的に「石場建ての設計法を作成するのは簡単ではない」ということを述べるが、石場建ての設計法をつくるためにも、まず上部構造の設計法の確立が先だということである。伝統的構法は、未だ上部構造の設計法も確立してない。免震構造の設計では、上部構造の剛性がかなりの精度で設計できることが条件になっている。「石場建て」の設計法確立のためにも、まず、上部構造の、精度よい設計法をつくらなければならない。

「柱脚がすべる」設計

現在、石場建てを実現する方法として、二つの方法が検討されている。一つは、大地震時にはすべることを前提にした設計法である。そして、もう一つは、柱脚はすべらないものとして限界耐力計算で設計しようとするものである。

大地震時にはすべることを前提にした設計法は、「石場建て」を主張する実務者が最も期待している設計法であろう。これは、いわゆる免震構法の一種である。ゴムや転がりなどの支承をもつ現代的な免震構法の簡易版と位置づけることができる。

図1のような免震構法は、1970年代に精力的に開発が行われ、技術的には1980年代には完成したといわれている。そして、現在、免震構法で建物を設計するには、時刻歴応答計算が求められてい

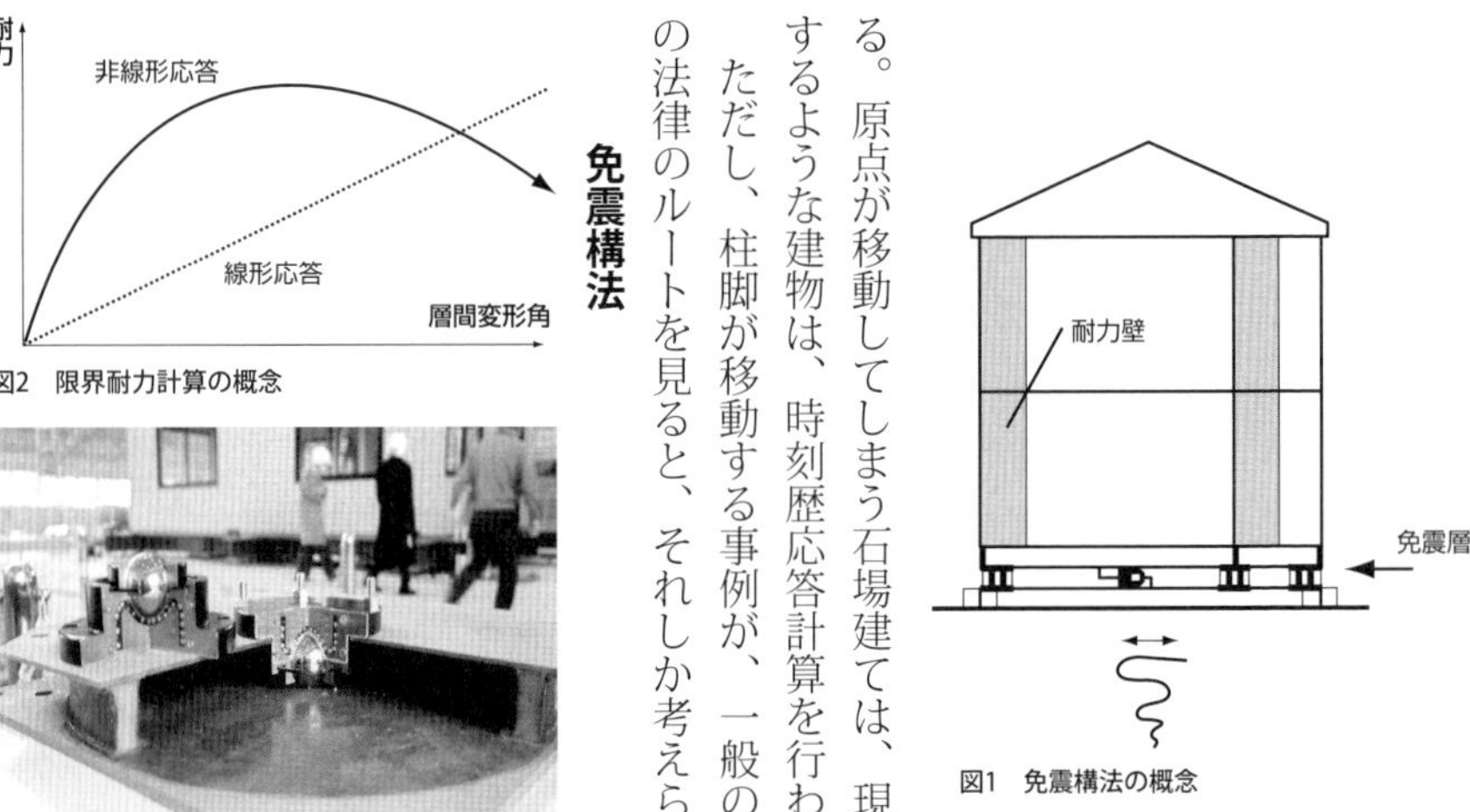

図1　免震構法の概念

図2　限界耐力計算の概念

❷転がり支承の例

る。誤解している向きもあるが、2000年以降、伝統的構法に使われてきた限界耐力計算では、石場建てで柱脚移動する建物の設計を行うことはできない。これは、理解しておかなければならない。

「限界耐力計算」で、柱脚移動の設計はできない

限界耐力計算は、等価線形化法という手法を用いている。**図2**のように、等価線形化法は、非線形の応答を減衰のある弾性応答で予測しようとする方法で、原点に向かう復元力があることを前提としている。原点が移動してしまう石場建ては、現在の限界耐力計算では適用できない。現状では、柱脚が移動するような建物は、時刻歴応答計算を行わなければならない。

ただし、柱脚が移動する事例が、一般の建物で建てられたことがあるかどうかは、不明である。現状の法律のルートを見ると、それしか考えられないということである。

免震構法

ところで、免震構法は、一般に摩擦係数が非常に小さい支承装置を前提としている。**写真2**のような転がり支承の免震の場合、摩擦係数はほとんどゼロである。石場建ての摩擦係数は、0・35〜0・45と見ている研究者が多いが、現状の免震の支承装置で、そのように大きな摩擦係数のものはない。また、一般に、免震構造の場合、免震層よりも上部構造は何倍も剛くしておくのが一般的である。低層の建物では、上部構造を1質点と見なし、免震層に変形を

集中させることが行われるが、その解析の精度を高めるためにも上部構造の剛性を高めておくためである。

そして、既存の免震構法のように摩擦係数が小さいものでも、上部構造の耐力を非免震よりも下げてよいということにはならず、むしろ、柱脚が固定のときよりも剛性を高めるのが一般的である。

したがって、石場建てのように、摩擦係数が0・35〜0・45というように大きい場合には、解析は非常に難しくなる。摩擦係数がそのように高いと、「(柔らかくて変形を集中させる) 免震層」とは呼べなくなり、上部構造を1質点として計算することはできなくなるからである。

多質点の応答解析が必要

したがって、この方法では、多質点での応答解析を行って、柱脚がすべり出す応答加速度を、かなりの精度で予測できなければならない。柱脚の移動は、応答加速度が大きくなって、多質点での水平力が、摩擦を超えるときに発生する。

そして、この方法では、伝統的構法の実務者が望むような、柔らかい上部構造での設計は、非常に難しくなることは間違いない。多質点で柱脚の移動量を推定することはかなり難しいが、そもそも柱脚固定でも、柔らかい上部構造の大変形時の挙動の精度は悪い。これを組み合わせるというのだから、格段に、解析の精度は悪くなると考えるべきである。そして、それを避けるために、上部構造を一定以上に剛くすることが求められることは間違いない。

しかも、現在、時刻歴応答解析は、1棟ごとの大臣認定が必要である。もし、これを簡易に「壁量設計」のように運用するためには、「型式」か「施行規則1条の3、図書省略」の大臣認定を取得するか、あるいは、新たに告示などをつくって「技術基準」にまとめるしか方法がない。

簡易に設計するには

そして、そのような、いわゆる「システム認定」にまとめるには、いずれの場合にも、膨大な量の解析が必要となる。柱脚の摩擦係数に加えて、建物の重さ、各階の荷重—変形関係の組合せ、そして、地盤特性を考慮した地震波形の種類と大きさ、それらをパラメータとした解析が必要である。組合せは、掛け算なので、たちまち数千の単位にふくれ上がってしまう。

しかも、それでも質点系の場合である。各階の床面は剛床で一体となっていなければならない。したがって、例えば、通り庭をもつ町家のような建物を設計することはできない。また、スギ板釘打ち程度の床面では、剛性が足りない。柔床で、通りごとに質点を与えることとなれば、組合せは、さらにその乗算になる。とりあえず、階は一体の質点系から始めなければならないことが理解できるであろう。

すべって脱落した場合

そして、それらが正確に推定できたとしても、すべって、礎石から落ちたときの挙動が推定できないと設計法とはいえない。もちろん、これについては、落ちないだけの大きな礎石を使えばよいという意見がある。免震構法に相応しい大きな礎石を許容するのであればよいが、これまでの大きさの礎石では小さすぎることは明らかである。

第一の方法のまとめ

まとめると、この方法は、地震応答解析のルートが必要である。個別に設計することは不可能ではないが、その場合でも大臣認定が必要となる。もし、「壁量設計」のように簡便に運用しようとすれば、「型式」のようなシステムが必要となる。その場合、膨大な解析が必要となる。そして、上部構造は、一般に現在の基準法が求める程度以上に剛い必要があり、かつ、剛床で、通りごとにばらばらになるような設計はできない。

「柱脚はすべらない」設計

もう一つの方法は、柱脚と礎石と摩擦により、柱脚はすべらないとして、限界耐力計算で設計しようとする方法である。前述のように、柱脚がすべると限界耐力計算を適用できない。そこで、図3のように、「建物の剛性が相当に低い場合には、柱脚がすべるほどの加速度応答にならない」ことを利用しようという方法である。

しかし、この方法も設計法の作成は簡単ではない。建物が柔らかすぎると倒壊してしまい、剛すぎるとすべってしまう。その隙間を狙って設計しようというものだからである。また、そもそも建物が地震で倒れないくらいの剛さを与えると、今の基準法の求めるくらいの耐力が必要になるという指摘もある。この「隙間」があるのか、ある場合にはどのくらい広いのかは、まだ定量的に示されていない。

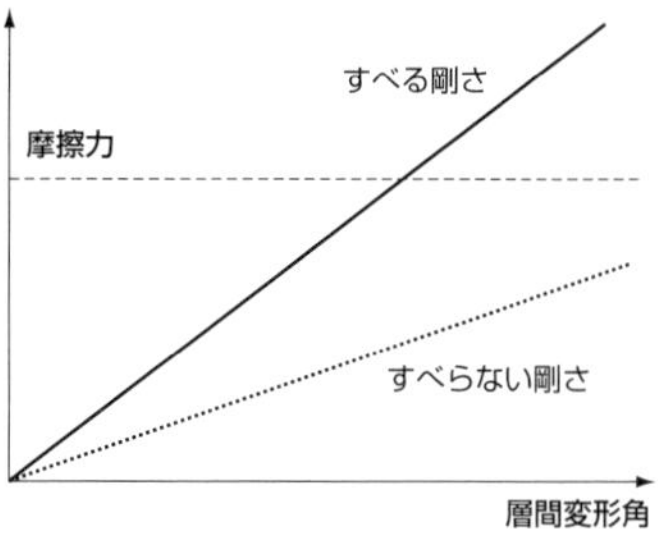

すべる剛さ
摩擦力
すべらない剛さ
層間変形角

図3 限界耐力計算によるすべらない設計の概念

摩擦係数の課題

またこの方法は、摩擦係数が重要な要素である。摩擦係数が小さいと簡単にすべり出してしまうからである。そこで、中には、摩擦係数が0・6くらいあるとして、限界耐力計算を行おうという意見がある。

しかし、いくら伝統構法で建てたいからといって、強引すぎる方法といわざるを得ない。摩擦係数0・6は都合よく解釈しすぎている。先に説明したように、一般的な石場建ての摩擦係数はそこまで大きくはないというのが一般的である。また、設計には安全率を考える必要があるが、摩擦係数を高めに設定することは、そうした安全への基本的な考え方にも反している。

摩擦係数0・6は論外としても、建物が柔らければすべらないという理屈で、設計法としてまとめるには問題点が多すぎる。

まず、前述の摩擦係数の課題がある。摩擦係数には、静止摩擦係数と動摩擦係数があり、一般に後者が小さい。この静止摩擦係数から動摩擦係数への挙動が複雑なので、応答解析では一つの摩擦係数を用いることが多い。これをどの値を用いるのが適切か、実験や解析で検証することが必要である。

耐力壁を「これ以上剛くない評価」

第二は、この設計法では、建物が剛すぎると（簡単にいえば、強すぎると）すべってしまうので、剛くつくってはいけないということである。

したがって、例えば、耐力壁について、**図4**のように「これ以上は剛くない」というような数値を定めておかなければならない。耐力壁の評価は、今までは平均値あるいは「これよりは弱くない」という値を求めてきたので、壁や軸組などの評価をすべてやり直さなければならない。膨大な実験をし直さなければならない。

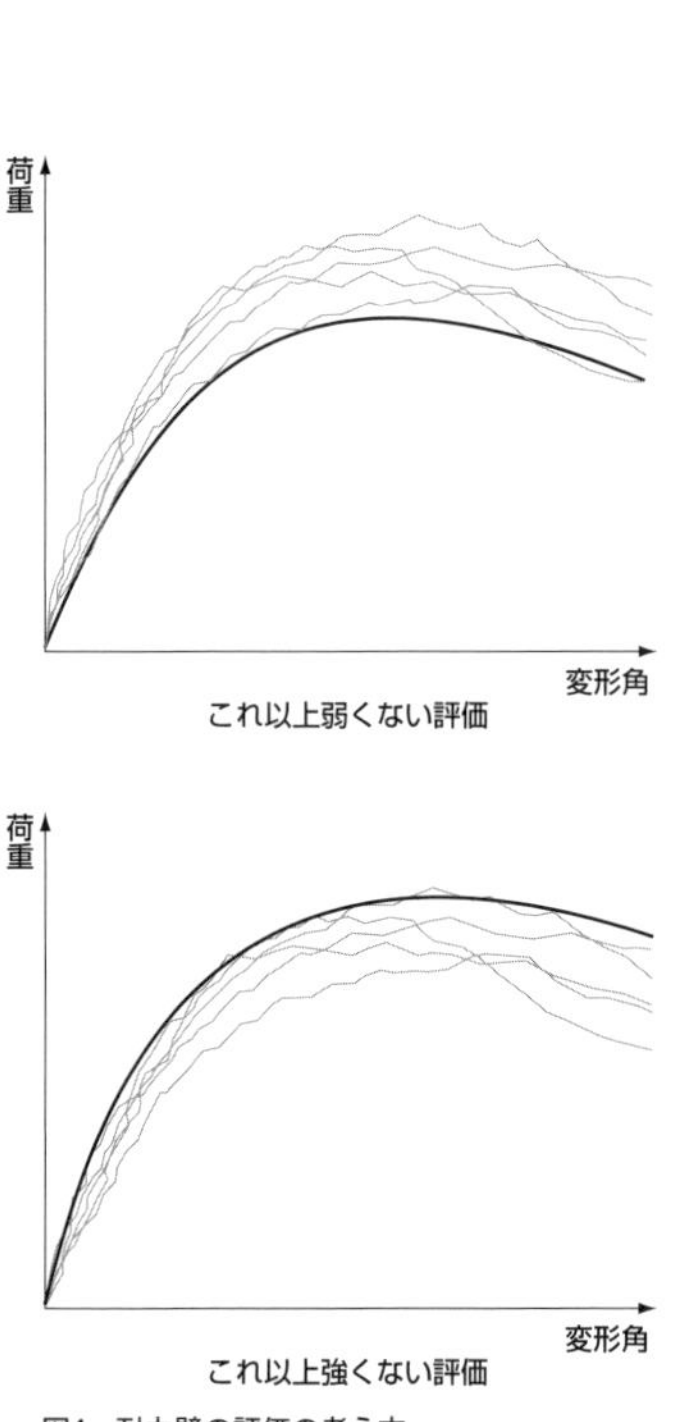

図4　耐力壁の評価の考え方

また、後述するように、土壁や板壁は、構法や施工者によって大きなばらつきがあることがわかっている。とすれば、すべらないためには、現在の品質管理のレベルから見ると、土壁の剛さは、かなり「剛く」見積もっておかなければならない。ところが、剛く見積もっておくと、今度は逆に、実際には柔らかいものが使われる可能性もある。柔らかすぎれば、今度は建物が倒壊してしまうことになる。

このように考えていくと、結局、土壁は、ばらつきが大き過ぎるということになると思われる。

「雑壁」「総持ち」も評価する

第三の問題点は、耐力壁だけでなく、いわゆる雑壁も評価しないといけないという点である。すべるかどうかは、建物全体の剛性・耐力が問題だからである。

一般の建物は、**図5**のように耐力壁以外の部分がかなりの耐力を負担していることが知られている。現代的な住宅の場合、建物の実質耐力の30～50％は、いわゆる雑壁が負担している。そして、この「雑壁」がどの程度負担しているかは、現代構法でも正確には推定できていない。増して、伝統的な構法の負担割合は、ほとんどわかっていない。

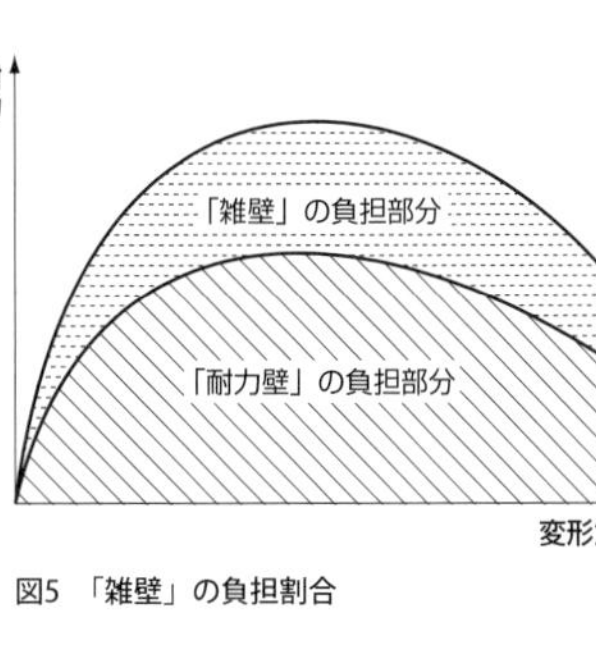

図5　「雑壁」の負担割合

そもそも、伝統的構法には「総持ち」といって、単独の要素の積み上げよりも、建物全体になったときの強さがあると主張する人が多い。この設計法では、「総持ち」も定量的に推定できなければならないし、それが大きければ大きいほど、すべってしまうことになる。

また、例えば、身近な例でいえば、階段の側桁は「巨大な筋かい」である。この2本の巨大な筋かいが圧縮側に働いた場合、土壁の何倍もの剛性がある。これまでは、これらはすべて「強くなるように」働いていたので問題とならなかったが、「強くつくってはいけない設計」では、正確に評価できなければならない。

さらに、第四には、柔床の場合、構面単位ですべるかどうかを判定しなければならない。重さや剛性が構面単位で正確に推定でき、かつ柔床の影響も考慮して、判定する必要がある。例えば、前述の町家の「通り庭」は、ある構面だけがすべると「股裂き」になる。これを防ぐには、床構面を一体として、剛床としなければならない。

居住振動問題など

第五には、柔らかくつくることで、居住振動の問題が起きないか、検討しておく必要がある。もともと伝統構法のほとんどは平屋建で、2階建は限られていた。例えば、層せん断力係数0・2の外力で、

1／120rad変形する1質点の建物の周期は0・8秒に近い。建物が本当にこの周期で揺れると、たちまち、クレームである。実際の建物は、前述の雑壁などがあるので、これよりも遙かに剛い。だから、クレームは生じないのである。しかし、この設計法は「剛くつくってはいけない」設計なので、ふらふらの建物になる可能性がある。

施工の品質管理の問題

そして、以上の各項目にも増して問題なのは、現状では、実際の現場で、所定の性能を管理できないということである。筆者は「石場建て」の設計法を構築するにあたって、最大の課題となるのは、この問題だと予想している。

例えば、**写真3**は土壁の実験風景であるが、土壁は地域の構法や施工者によって剛性が1・5倍くらいは違うのは普通である。また、1P（半間）と2P（1間）で長さあたりの剛性は1・5倍以上違う。真壁と大壁は、また1・5倍以上違う。板壁は、乾燥が進むと、最終的な耐力はそれほど低下しないが、初期剛性は大きく低下する。

このように現状の伝統的構法は、性能のばらつきが大きいことを理解しなければならない。針の穴を通すような設計は、解析上は可能だとしても、現実には、それを満足するような施工管理は不可能といわざるを得ない。これだけのばらつきのまま、「これ以上は強くない」ことが求められるような設計法に当てはめるのは無理がある。

❸土壁の加力実験

限界耐力計算

また、そもそも「限界耐力計算」はその名前が示すように、設計する建物の「耐力」が要求耐力を上まわっていることを確認する計算法である。それを、「耐力が上まわらないことを確認する手法」として使おうとしているわけで、その計算法の成り立ち、精度、適用範囲について十分な検討が必要である。

また、現在の科学でも、地震についてわかっていることは限られている。例えば、10年前までは、長周地震動の問題に気づいていた人は少数であった。減衰性能の高い木造建物ではその影響は小さいと見られているが、地震の特性をすべて分析できているわけではない。剛すぎず、柔らかすぎずの隙間を狙って建てるという設計法で大丈夫か、広範な議論が必要である。

以上のように、この第二の方法は、総じて問題点が多く、短兵急につくるべきではない。

まとめ

それでは、「石場建て」の設計法の実現には、どのような道筋が、考えられるだろうか。まずは、上部構造の設計法と、性能を確保できるような施工の管理法を構築しなければならない。

そして次に、中間段階としては、昨年までの委員会でも扱っていた、基礎からのだぼや、柱脚の土台への長ほぞ差しによって、水平方向は拘束するが上下方向へは浮き上がる、という構法の設計法が考えられる。その次に、柱脚が水平方向への移動も想定した設計法である。

筆者は、「移動可能」な設計法をつくるとすれば、第一の方法を、正攻法で進めるしかないと考えている。この場合、前述のように膨大な解析が必要となるが、実験や解析を地道に行っていくしかない。また、この場合でも建物は、まずは質点系に置き換えることができるような、通りごとにばらばらにならないような構造から始めるしかない。つまり、上部構造は、水平構面も鉛直構面も、相当に剛くつくらないといけない。不可能ではないが、柱脚固定の建物よりも制約の多い設計法になるだろう。

Ⅷ・中大規模木造の隆盛

戦後まもなくは、木造建築が復興を担っていたが、鉄鋼・コンクリート産業が復活する1955年ごろから、田邊平學らにより、木造排斥のキャンペーンが行われた。そして、日本建築学会も1959年木造禁止決議を行って、行政などへ働き掛けを行う。関わったのは、二見秀雄や武藤清ら。構造技術者であれば知らない人はいない大御所である。その結果、木造は公共建築・非住宅の分野から締め出され、その後20年間、大型木造建築の技術は休止状態となった。

木造建築が見直されるようになるのは1980年代で、制度上の見直しは、特に日米貿易摩擦、すなわち外圧の影響が大きかった。1987年、都市部での3階建の解禁と、燃えしろ設計の導入により、大型木造への扉が開かれる。さらに、2000年、木造建築による「耐火建築物」が可能になる。

そして、地球温暖化防止の意識の高まりから、木造建築の役割が見直されるようになる。そして、2010年の「公共建築木材利用促進法」、およびCLT（クロスラミネイテッドティンバー）の導入により、一気に非住宅・中大規模木造の建設が隆盛を迎えている。

また、近年の多層木造の開発の特徴は、日本だけでなく、世界中で同時に行われていることである。また、その設計では、第一線の建築家が関わっていることも1990年代とは異なっている。

初出：建築技術2010年6月号

28——広がる木造建築物の可能性

木造建築が、また新しい段階に入ろうとしている。その動きは、大きく三つに分けることができる。第一は、ビルその他の非住宅分野への拡大である。第二は、木材の特性を活かした新しい架構方式のチャレンジである。そして、第三は、住宅分野の構法の変化である。これらの動きと、今後の展開の行方を考えてみる。

公共建築木材利用促進法

今後の動きで最も注目されるのが、非住宅分野の木造建築である。いわゆる「公共建築木材利用促進法（案）」、正確には、「公共建築物等における木材の利用の促進に関する法律案（仮称）」ができようとしている。[※1] その案には、「国は、（中略）自ら率先してその整備する公共建築物における木材の利用に努めなければならない。」とある。木造建築の関係者は、大きな期待をもって、この法律の行方を見守っている。木造建築物の需要拡大につながるだけでなく、公共建築の多くは、住宅規模ではない。この法律を契機として、非住宅の大型の木造建築物が大きく進展する可能性があるからである。

大中規模の木造建築

また、民間でも、地球温暖化防止のためのCO_2削減の要請の中で、事務所ビルや商業建築の木造化が大きなテーマとなっていくことは間違いない。建設時の床面積当たりのCO_2発生量は、木造建築は鉄筋コンクリート造の2／3程度に収まると考えられているからである。

実際、すでにコンビニエンスストアの木造化などが始まっている。軽量で施工の速い木質構造は、この種の建物に適している。また、従来、鉄筋コンクリート造を主につくってきたゼネコンが木造に目を向ける動きが盛んになってきた。また、後述するように、住宅メーカーが「木造ビル」に進出する動きも見られる。

これから、非住宅の木造建築物は、建築業界全体のテーマになろうとしている。

木質ラーメン構造

その代表的な分野が、木造オフィスビルである。木造を取り入れた本格的なオフィスビルの計画が、いくつか進行している。中層の木造事務所建築を建てる構法として、最も期待が大きいのが木質ラーメン構造である。現在、木質ラーメン構法は住宅を対象として積極的に開発され、日本住宅・木材技術センターなどの評定・認証を受けている。

木質ラーメン構法は、柱脚および柱梁接合部で剛性の高い接合部が必要となる。木造では、これをモーメント抵抗接合と呼んでいる。その構法は、①木材同士を直接に接合するもの、②梁と柱を、ボルトなどで直接につなぐもの、③柱や梁への別々に定着部材を付け、それらを第三の部材で連結するもの、がある。

このうち、①は、柱と梁に継手が必要となる。大型の建物での実施例は少ない。②は、ボルト締めや、異形鉄筋を挿入して接着する構法などがある。後者は、体育館・校舎・公営住宅などで実績を重ねている。大型の木造建築では、この②タイプの実施例が多い。③は、柱や梁への定着部材は工場で取り付けられ、現場施工が比較的容易なのが特徴である。

大径ボルト工法

③のタイプが、現在、住宅用に精力的に開発されている。そして、その多くのシステムで採用されているのが、大径ボルトの工法である。ラージスクリューボルト（LSB）工法と呼ぶこともある。[※2]

これは、一般の全ねじボルトより、大きく、かつ矩形の山をもつ全ねじボルトを用いるもので、このねじ山に合うような先穴をあけておくのが特徴である。

この工法は、最終的に柱の大径ボルトと梁の大径ボルトを接合する部材が必要となるが、その部分の構造はシステムによって異なっている。

そして、一般に、この接続部分で最終的な破壊を生じさせるという設計方針のため、接合部全体としての靭性もこの部分で決定される。

クロスラミナパネル

また、欧州を中心に広がりを見せているのが、クロスラミナパネル[※3]を用いた構法である。E－ディフェンスで7階建の振動台実験が行われたので、記憶している人も多いであろう。
クロスラミナパネルとは、15～30㎜の幅はぎ板を5層～9層程度、順にクロスさせ接着した大型のパネルをいう。例えば、厚90～150㎜、幅2×長さ12ｍなどという厚く大きなパネルである。これを、床壁に用いて組み立てる構法である。構法的には、ちょうどツーバイフォー構法の床壁をそれぞれ1枚のパネルに置き換えたというようなものである。
現在、このパネルは、日本では部材の認証が得られていないが、早急に使えるようになることが望まれる。[※4]
壁パネルは、壁としての利用だけでなく、事務所建築の場合には、壁柱としての利用も想定できる。

壁端の浮き上がる設計法

さて、この構法を日本で利用可能とするためには、壁の片側が浮き上がる設計法の構築が欠かせない。というのは、現在の一般的な耐力壁は、壁端の柱脚は浮き上がらないことを前提としている。壁がせん断変形して壊れていくときの耐力で、壁の耐力を定めているためである。

しかし、クロスラミナパネルを壁に用いた場合、この壁がせん断破壊することは想定しにくい。ロッキングすることになる。その場合、壁端部の接合の設計法の考え方をまとめておかなければならない。

木造建築物の耐火性能

さて、多層のビルを建てる場合、やはり耐火性能は重要課題である。4階建には1時間耐火の性能が要求され、5階建以上には2時間耐火の性能が求められる。

木造の耐火性能については、現在、いくつかの仕様が1時間耐火の認定を取得している。例えば、柱・床・梁・壁を石膏ボードで囲うタイプは、すでに㈳ツーバイフォー建築協会他が取得しており、実施例が増えている。現在は住宅が多いが、事務所建築に広がる可能性がある。

また、内部に鉄骨を用いて、これをベイマツなどの木材で囲むものは、いわゆる日集協（日本集成材工業協同組合）タイプと呼ばれている。

また、木造なので、できれば鉄骨は使いたくないということで、木質部材だけによる耐火1時間の開発も行われている。※5

構造設計の展開

第二は、木質構造で、さまざまな構造形式がチャレンジされるようになったことがある。こうしたことが可能になったのには、大きく二つの理由がある。

第一は、人的な面で、若い構造設計者が、偏見なく木造にも挑戦していることである。

第二は、構造解析プログラムが安価になってきて、シェルなどの複雑な形状、あるいは、弾塑性の増分解析や応答解析などの複雑な解析が、比較的手軽に行えるようになってきたことが挙げられる。

また、めり込みを始めとする接合部などの情報も増えてきて、そうしたプログラムを活用しやすい状況が生まれている。

木造系混構造建築物

ここで、木質構造と他構造との混構造建築物について触れておきたい。混構造建築物は、木材の特性を活かした架構として、重要な選択肢の一つである。しかし現在、この種の建物は、非常に建ちにくい制度になっている。例えば、構造計算のルートは、複雑で、どのような計算を行えばよいのか、解読するのも難しい。

また、比較的小規模でも適合性判定を受けなければならないことも指摘されており、実態として、混構造をあきらめるケースが多く見られる。木質系混構造建物の計算内容の整理は、早急に行われるべきである。

80万戸時代の木造住宅

第三は、住宅メーカーの木造ビルへの進出である。

周知のように、住宅の建設戸数は年間80万戸程度に落ちており、当面、かつてのような建設戸数に回復することは期待できない。そうした中で、120〜130万戸を前提として、工場設備を備えている住宅メーカーは、業態の変革を求められている。

その変革の方向の一つに、木造ビルがある。前述のように、石膏ボード被覆による耐火1時間の取得はできている。4階建は可能である。事務所建築とするには、超高倍率の耐力壁が必要となるが、そうした研究も始められている。

まとめ

以上のように、現在、木造業界には「追い風」が吹いている。しかし、この流れを単に「風」で終わらせてはならない。例えば、木材業界は、木材供給の仕組みやＪＡＳ材の供給など、現代的な業態への脱皮が求められている。また、建築業界も、仕様規定の改定や設計ルートの整理など、木造建物が建設しやすい環境づくりを進めなければならない。

※1　この法律は2010年6月に制定された。

※2　現在では、LSBは一般にラグスクリューボルトの略とされることが多い。

※3　現在では、一般にCLT（Cross Laminated Timber）と呼ぶが、2010年頃には「クロスラミナパネル」といっていた。

※4　この初出の後、2013年に農林水産省により「直交集成板の日本農林規格」が、また、2016年に国土交通省により材料の基準強度および設計規準の告示が定められた。

※5　2010年6月の時点。その後、複数の企業が1時間耐火をはじめとして、2時間、3時間耐火を取得するところも現れている。

初出：建築技術2011年11月号

29――公共建築物等木材利用促進法と中大規模木造

２０１０年10月1日、いわゆる「公共建築物等木材利用促進法」が施行された。これを受けて、国は、「低層の公共建築物は、原則的に、すべて木造としなければならない」という方針を定めた。画期的な内容で、木造・木材関係者の期待は大きい。また、この法律を受けて、国土交通省の官庁営繕部は、新たに『木造計画・設計基準及び同資料』を制定した。これら、国の動きと、木材分野・建築分野の課題をまとめる。

公共建築物木材利用促進法

先の法律は、正確には、「公共建築物等における木材の利用の促進に関する法律」といい、建物の構造体を木質系材料とする「木造化」、内装その他を木質系材料とする「木質化」という二つの概念で、木材の利用を進めることとしている。また、その他にも、備品・消耗品などの木製品の活用、バイオマスの利用にも言及しており、多面的に木材の利用を促進することとしている。

第3条には、「国は、木材の利用の促進に関する施策を総合的に策定し、及び実施するとともに、地方公共団体が実施する木材の利用の促進に関する施策を推進するために必要な助言その他の措置を講ずるよう努めなければならない」と定めている。そして、これを受け、２０１０年10月4日には「低層の公共建築物は、原則的に、すべて木造とする」という方針を定めた。公共建築物は、これまで原則的にすべて鉄筋コンクリート造・鉄骨造であったことを考えると、大きな方向転換といえる。

ここで、「低層の」とは3階建以下をいう。また、建物の用途は、学校、老人ホーム、保育所、病院、運動施設、図書館など、多岐にわたっている。それこそ、「公共建築物」すべてである。

また、国や地方公共団体が直接建設する建物だけでなく、それに準ずるもの、すなわち、国や地方公共団体の補助を受けて建てる建物も対象となる。

木造禁止決議

前述のように、長い間、木造の公共建築は建設されることがなかった。

昭和34（1959）年、日本建築学会は「木造禁止決議」を行い、その後、地方公共団体・関係機関へ木造の排除を働きかける。そうした反木造キャンペーンの結果、さまざまな木造冷遇政策が実施され、大型の建物では木造建物は激減する。集成材を用いた体育館なども、昭和40（1965年）年代にはほとんど建てられなくなる。

この木造の危機を救ったのは、旺盛な住宅需要だった。昭和35（1960）年頃から、日本は「高度成長期」を迎え、住宅の建設戸数が飛躍的に伸びる。木造なしで、膨大な住宅需要に応えることはできない。政策が反映しやすい公共建築や大型の建物では木造は激減するが、民需の住宅で木造がつくり続けられた。

木造建物が本格的に見直されるようになるのは、昭和50（1975年）年代に入ってからである。木造禁止決議から約20年が経っていた。この20年を、木造関係者は「空白の20年」あるいは「失われた20年」と呼ぶことがある。

官庁営繕部『木造計画・設計基準及び同資料』

さて、次に、国土交通省の官庁営繕部が作成した『木造計画・設計基準及び同資料』について考えてみよう。

営繕部の基準は、大きく、設計の際に参照する基準と、工事の際に参照する工事仕様書に分かれている。そして、国が建てる建物全般に対する「設計基準」は以前から存在している。しかし、その内容は鉄筋コンクリート造・鉄骨造を想定してつくられている。そして、木造に関しては、工事の仕様書はあるものの、設計の際に参照する基準はなかった。そこで、木造建物用の「計画・設計」の基準を作成することとなったものである。

また、この基準の適用範囲について、誤解している向きもあるので説明しておきたい。

まず、この基準は、国が建てる建物に適用するもので、地方公共団体へは直接的な拘束力はないということである。ただし、現実には、地方公共団体が独自に基準をつくることは、一般的には難しく、かつその必要性もないので、この基準を参照することが想定されている。

第二には、この基準を参照する場合でも、まず、首長部局が対象となるということである。具体的には、都道府県・市町村の営繕がこれにあたる。そして、例えば、学校の建設は教育委員会が担当で、教育委員会は首長部局ではない。そして、学校を建設する場合には、文部科学省の基準などを優先して参照することになる。その他にも、所轄の省庁が独自に基準をつくっている場合には、そちらが優先されることになる。

また、この基準の作成にあたって、現在の建築基準法の規定を書き換えたり、緩和したりといった内容が盛り込まれると期待した人たちもいるようである。しかし、この基準は、あくまでも建築基準法等の法律の枠内での運用を定めるだけであり、前述のような法解釈や法を超える内容の作成は含まれていない。

さて、「計画・設計基準」の内容は、ここでは検討の過程で明らかになった主要な課題を整理する。

木材分野の課題

公共建築物等木材利用促進法によって、建設されることになる建物は、公営住宅のような住居系の建物だけでないことから、非住宅の建物が増えると期待されている。今後、そうした建物を建設しようとする場合の木材分野と建築分野の課題を簡単にまとめておく。

木材・材料分野の課題のうち、特に重要なのは、以下の三つである。

第一は、ＪＡＳ材・乾燥材の普及・流通である。公共建築は、これからの木造建築の設計のあり方として、手本となるような設計でなければならない。建築界は、性能の規格の確かな材料・部材で設計するように向かっている。そうした業界・社会全体の流れを考慮すれば、公共建築には、ＪＡＳ材・乾燥材を率先して用いるべきである。この法律を契機として、ＪＡＳ材・乾燥材の流通が促進されることが期待される。

第二は、非住居系の建物では、住居系より大きな断面のものが必要となるということである。例えば、住宅系では、梁柱の幅・小径は１２０㎜までが主流である。そして、この大きさまでは、流通量も価格も比較的安定している。しかし、学校や事務所建築などを想定すると、もう少し梁幅・梁せいの大きいものが必要となる。今後は、それら中断面材の流通が促進されることが望まれる。

第三は、耐久性に関する技術データの集積と情報提供が必要だということである。建築への木材利用が広がるに従って、これまで木造を扱ったことのない設計者・施工者が、木造建物の建設にかかわることが予想される。そうした中で、木材の腐朽や蟻害の問題が顕在化しないか、懸念される。例えば、木材の屋外部位での使用や、基礎の低い木造建物などが増えている。そうした建物では、どのように対処すればよいかなど、木材の耐久性に関する設計情報の整備が望まれる。

建築分野の課題

一方、建築分野でも、構造、防火、耐久性など、課題は多い。

例えば、構造分野では、非住宅で比較的大きな断面の木材を用いる建物の「設計の手引き書」がない。速やかにまとめる必要がある。

また、混構造建物の設計ルートと検討内容を再整理する必要があろう。木造と、鉄筋コンクリート造や鉄骨造との組合せは、木造部分を広げるうえで、非常に有力な選択肢の一つである。例えば、柱は鉄筋コンクリート造で、屋根を木造とするというのは大いにあり得る構造形式である。混構造建物をより建てやすくする必要がある。

第二は、いわゆる木質ラーメン構造の設計法の整備である。事務所建築などでは、木質ラーメン構造に対する期待は大きい。しかし、現在、２０００年以降の法律に準拠した木質ラーメン構造の設計図書はない[※1]。

第三は、事務所建築や多層構造で用いられる高耐力の耐力要素の開発である。高耐力の耐力壁や高耐力のホールダウン金物、大型断面に対応した接合金物なども整備していく必要がある。

また、この他にも、木造床の遮音性能、床の上下振動、あるいは建物全体の水平振動など、いくつかの分野で、設計のための情報の整備が求められている。

まとめ

公共建築物等木材利用促進法は、木造建築にとって大きな追い風である。しかし、これを単なる風に終わらせてはならない。木材分野・建築分野ともに、これを契機として、良質な非住宅の木造建築が普及するように、体質の改善および制度の整備を進めていく必要がある。

※1　その後、（公財）日本住宅・木材技術センターにより「木造ラーメンの評価方法・構造設計の手引き２０１６年版」がまとめられた。

初出：建築技術2013年5月号

30——中大規模木造建築の普及のために

2010年10月に、いわゆる「公共建築物等木材利用促進法」が施行された。それから2年半が経ったこの3月、国は、2012年度分の木造化された建物の実績を発表した。それによると、対象となる低層（3階建以下）建物506棟、延床面積44万6,241m²のうち、建物件数で6・1%の31棟、床面積で1・7%の6,534m²である。必ずしも多くはない。法律の効果が本格的に現れるのは、2013年度分からと予想される。着実に増えていくことを期待したい。

中大規模の木造建築に対する関心は高まっている。たとえば、ある県の建築士会・事務所協会などが、「中大規模木造建築に関する連続講習会」を開催したところ、毎回100名近い受講者が集まったという。

さて、中大規模木造が、注目されている理由は、大きく二つである。第一は、「地球温暖化防止に対する役割」であり、第二は「日本の森林の保全」である。いずれも、改めての説明を要しないと思われるが、第二の点については、木造以外の分野には、知らない人もいるようなので簡潔にまとめておく。

森は木で溢れている

日本は、木材の国内消費量の70%以上を輸入しているが、実は日本の山は木で溢れている。「毎年の生長量の1／4しか利用していない」といわれ、毎年8,000万m³ずつ蓄積量が増えている。その結果、「江戸時代以降、最も充実している」といわれるほどになっている。山は木で溢れているのである。

そして、木材には、合板などの一部製品を除いて、関税がまったくかかっていない。完全に海外と価格競争しているのである。林業家が、厳しい経営を迫られていることは、容易に想像できる。森林は日本の国土の2／3を占め、木材は日本の数少ない天然資源でもある。適切に保全・活用して行かなければならないことはいうまでもない。

ＪＡＳ製材の流通促進を

さて、ここからは、中大規模木造を普及するための課題を整理しておく。紙面の都合で、項目を示し、そのうち、重要な項目について解説を加えることとする。

まず、木材・材料の分野の課題としては、①ＪＡＳ製材の流通促進、②国産材（地域材）利用促進のための課題整理、③中大規模木造用の中断面材の規格化とその流通、④ＣＬＴ（クロスラミネイテッドティンバー）のＪＡＳ化、⑤材料情報の提供と資格制度、などが挙げられる。

そのうち、上記の林業と関連する課題として、重要なのはＪＡＳ製材問題である。ＪＡＳ製材が20％程度しか流通していない、という問題である。

そもそも、何千万円もかけて建てる住宅の、構造に使われる材料の強度がはっきりしない、などという状態を放置していていいはずがない。

筆者は、この話題のとき、コンクリートを引き合いに出すことにしている。コンクリートは、周知のように、水の量や、どのように打設するかによって、性能はいくらでも変わってしまう。しかも、固まってみないとその強度がわからないという、やっかいな代物である。しかし、コンクリート業界は、テストピースによる検査や、ＪＩＳ工場などの制度を設けて、信頼性を獲得してきた。

それに比べると、木材は、実際に物があるのだから、性能の区分けができないはずはない。

しかし、このことを、木材業界、そして木造住宅に関わる建築業界も、さほど重要だと感じていないようである。「構造用に規格のない木材を許している国はない」といわれる。その鈍感さが、結果的に、消費者の信頼を失って、集成材に流れる理由の一つになっているのではないだろうか。

たとえば、「公共建築物等木材利用促進法」に対応して、国土交通省の営繕部がまとめた「木造計画設計基準」は、構造用の製材にはＪＡＳ材を用いることを求めている。ところが、一部の県で、ＪＡＳ工場がないため、ＪＡＳ材でなくてもよいという通知を出している。後ろ向きの通知といわざるを得ない。「木造計画設計基準」は、地方公共団体への強制力はないとはいえ、堂々と基準を無視する、といっているのである。

ちなみに、「ＪＡＳ工場がない」といっても、新たに工場を建てなければならないわけではなく、「格付士」を置けばよいだけのことである。

一方、「ＪＡＳの維持経費が高いから」という言葉もしばしば聞かれる。高い検査料の仕組みが、経営的に弱体化した業界に、二の足を踏ませていることは容易に想像できる。検査の仕組みも再考するときに来ている。ＪＡＳ製材の格付け制度が始まってから40年以上が経つが、遅々として普及していない。こうした状態が長く続いていること自体、問題意識が低いことを表している。

中断面材の流通促進を

第二は、非住宅用途の建物では、住宅系より大きな断面のものが必要となるということである。たとえば、住宅系では、梁柱の幅・小径は１２０㎜までが主流である。そして、この大きさまでは、流通量も多く、価格も比較的安定している。

一方、大断面の集成材は、一品生産で価格も大きく跳ね上がる。その差が大きいことから、何とか、住宅用資材を組み合わせて、大型の木造建築を建てようとする設計者も多い。もちろん、それも設計の醍醐味の一つであるが、一方で、大型の断面材だからできるダイナミックな空間もある。学校や事務所建築などを想定すると、住宅系よりもう少し、梁幅・梁せいの大きいものが必要となる。比較的大きな断面の部材を、住宅資材のような流通を促進することも重要な課題といえる。

材料情報の提供と木材関係者の資格制度

木造にかかわったことのない建築関係者にとって、木造建物の設計は知らないことばかりである。中には、「建築で日本農林規格（ＪＡＳ）の知識も必要だと初めて知った。ＪＡＳは、食品・農産物で、建築とは関係ないと思っていた」という者もいる。建築関係者の多くは、その程度の知識だということを前提にする必要がある。

誰しも、実績のないことは、不安なのでやりたがらない。そうした人たちに木造でつくってもらうには、的確、かつ迅速に木材の情報を伝える必要がある。たとえば、集成材は、規格のものすべてが流通しているわけではない。どの樹種で、ラミナ厚をいくつにすれば経済的なのか、そうした現実の供給情報を提供する仕組みが必要である。

さらにいえば、そうした情報を誰に聞けばよいのかもわかりにくい。木材と建築の間を取り持つような情報を知っている人の資格制度があってもよいと思われる。

木材関係者は、しばしば「建築の人間は、もっと木材を勉強してほしい」という。もちろん、それも必要であるが、木材関係者にとって、建築関係者は顧客であるから、自らもっときめ細かく情報を提供する必要がある、と思うのは、筆者だけであろうか。

建築分野の課題

一方、建築分野でも課題は多い。①耐久性・維持管理にかかわる留意点の整理と情報提供、②木質ラーメン構造の設計法の整備、③混構造建物の設計法の整備、④ＣＬＴ建物の設計法の整備、⑤許容応力度設計法の普及・啓蒙、⑥中大規模木造用の規格接合金物の開発・普及、⑦高耐力の耐力要素の開発、⑧防耐火基準の課題の整理、⑨耐火部材の開発、⑩木造建物用の遮音の評価基準の整備、⑪木造学校建築の課題整理、⑫中大規模木造から見た「仕様規定（令3章3節）」の課題整理、⑬木造初心者向け設計マニュアルの整備、などがある。

耐久性・維持管理にかかわる情報の提供

「耐久性・維持管理」は、木造建物が成功するか否かの鍵を握っているといっても過言ではない。そして、材料と建築の両方にまたがる分野であるため、それぞれ別個に研究してきた感がある。今こそ、情報を持ち寄るときである。

前述のように、木材利用が広がるに従って、これまで木造を扱ったことない設計者・施工者が、木造建物の建設にかかわることが予想される。そうした中で、木材の腐朽や蟻害の問題が顕在化しないか、懸念される。たとえば、木材の屋外部位での使用や、基礎の低い木造建物などが増えている。そうした、設計時の注意事項や対処方法などを整備して、設計者へ提供する必要がある。

また、そうした「建設時・設計時の手引き」と併せて、建物の建築主や管理者への、木造建物の「維持管理」に必要な情報を提供することも重要である。木造で建てたけれど、メンテナンスを怠ったために腐食が進んだ建物も少なくない。木造建物はメンテナンスフリーではない。

構造設計法の整備

構造分野では、中大規模木造用の設計法の整備が急務である。たとえば、非住宅用途の木造ラーメン構造や混構造建物の「設計の手引き書」がない。速やかにまとめる必要がある。また、混構造建物では、わかりにくい設計ルートの整理も望まれる。木造と、鉄筋コンクリート造や鉄骨造との組合せは、木造の利用を広げるうえで、非常に有力な選択肢の一つである。

高耐力の耐力要素・接合金物の開発

また、事務所建築や多層構造で用いられる高耐力の耐力要素の開発が必要である。たとえば、高耐力の耐力壁がある。事務所建築などを想定すると、住宅を対象とした、4倍、5倍といった壁倍率の耐力壁では、壁だらけになってしまう。10倍相当、15倍相当といった、高耐力の耐力壁が必要となってくる。構造用合板などの面材耐力壁は、住宅用の場合、「N50を15㎝以内」などとしているが、面材自体の耐力は、まだ相当の余裕がある。たとえば、釘をCNとし、釘打ち間隔75㎜などとすれば、2倍近い耐力が期待できる。最近の例では、CN65で50㎜間隔なども実験されている。

ただし、このくらいになると、面材のせん断破壊が起こったり、釘接合部がパンチングを起こしたり、壁として靭性のない挙動になりかねないので、十分な注意が必要である。

また、高耐力の耐力要素と連動して、高耐力のホールダウン金物や、中型大型断面に対応した接合金物なども整備していく必要がある。特に、これまで大断面用の接合金物は、個別に設計して一品生産してきた。規格金物が求められている。

木質ラーメン構造の設計法と構造特性係数D_S

事務所建築などでは、木質ラーメン構造に対する期待は大きい。現在、木造軸組構法では、法的にルート3の設計を求められることはほとんどない。しかし、新耐震設計法以来、大地震時の挙動、すなわち降伏後に一定の靭性を確保することは、すべての建物で求められている。

中大規模の木造が増えて、構造特性係数D_Sの扱いや、β割り増しの扱いなどで、混乱が見られる。周知のように、保有水平耐力設計において、構造特性係数D_Sは、必要な耐力を決定する最も重要な係数である。木質ラーメン構造はその納まりによって、D_Sが大きく異なることが知られている。この最低限の値を定めるものとして、昭55建設省告示1792号がある。そこには、木造の場合に適用できる値が示されている。ところが、一部に、この値を固定的に捉える設計者・審査機関があるらしい。しかしこの表には、「この数値以上とすることができる」と書かれている。この値は、「これより下の値を採用してはならない」と捉えるべきで、実験などによって、表の値以上の範囲で適切に定めるのが設計者の役割である。

そもそもこの表の値は、制定時の関係者によれば、「決めなければならないが、木造に関しては、ほとんど情報がなかったので、鉄骨造などの値を参考に定めた」といわれている。建物の特性に合わせて、設計者が適切に定めるのは当然のことである。

前述のように、現在の法体系からは、木造軸組構法でルート3（保有水平耐力計算）の計算を求められることはほとんどない。しかし、中大規模木造を対象として、どのような手続き（計算法）で大地震時の性能を確保するか、検討する時期に来ている。具体的にいえば、軸組構法の保有水平耐力計算の方法を整備する必要がある。

適合性判定制度ができ、ルート2以上がその対象となってから、むしろルート1で済ます方に動いている。しかし、建築基準法の目標である「大地震時に倒壊しない」ことを、計算の中で直接的に確認することが望ましい。その意味で、できるだけルート3の計算を行うことが望ましい。ルート3の計算法を整備しておくことが必要である。

仕様規定の課題

また、長期的には、「仕様規定（令3章3節）」の見直しも視野に、課題を整理しておく必要があろう。改めて、仕様規定（令3章3節）を読んでみると、現代の構法や、中大規模の木造にそぐわないものや、わかりにくい条文があることがわかる。

たとえば、第46条の3には、「小屋組には振れ止めを設けなければならない」と書かれている。しかし、「振れ止め」の定義はない。ある者は「小屋筋かいのことだろう」といい、ある者は「これは、昔、木造校舎をたくさんつくっていた頃に、小屋に並んだトラス間をつなぐものだ」という。

長い間、木造といえば住宅だったために、条文の多くは住宅を念頭に修正されてきた。しかも、4号特例によって、具体的な図書による確認は免除されてきた。将来の仕様規定の改定に備えて、中大規模木造から見た「仕様規定」の問題点の整理も、始める時期に来ている。

木造床の遮音性能

遮音性に関する情報も、整備が遅れている分野である。これまで、非住宅の建物の多くは、鉄筋コンクリート造、または鉄骨造としてきたことから、床の遮音性能は、大きな問題とはされてこなかった。床遮音性能に関する基準として、日本建築学会の『建築物の遮音性能基準と設計指針』がある。しかし、この指針は、鉄筋コンクリート造などの質量の大きな床を前提として、比較的高い遮音性能を求めてきた。しかし、木造は、質量が小さいことから、鉄筋コンクリート造と同等の遮音性能を達成するのは容易でない。用途ごと、室ごとに、木造建物用の基準が求められている。

発注の課題

木造建物を普及させるためには、「発注」にも調整しなければならない課題がある。具体的には、①木材の分離発注の課題の整理、②多年度発注の課題の整理、などである。

コンクリートや鉄と違って、木材は、発注すれば、いくらでも、すぐに入手できるというものではない。特に、非住宅用の断面の製材は、つくり置きがほとんどない。木は、切り時があるうえに、乾燥のプロセスが必要である。発注してすぐというわけにはいかない。

そこで、木材関係者は、ゼネコンの下での材料供給ではなく、分離発注を望んでいる。しかし、設計者は、できるだけ自分主導で材料を決めたい。分離発注すると、結局、木材が余ったり、逆に欲しい材料が不足したりする可能性もある。それぞれの希望する進め方は一致しない。「地域の木材を使う」という場合には、設計者は、木材を「設計の与条件」と見なす態度が必要である。与えられた木材を如何に有効に活用できるか、能力が問われることになる。

まとめ

木材・建築両方で課題は山積している。時機を逸してしまわないように、産官学、協力して進めることが重要である。

また、以上は、業界内部のことであるが、そもそも、木造で建ててもらうためには、自治体や民間の施主に、木造建築のメリットを的確に説明する必要がある。そうしたときのための適切な資料がない。早急につくる必要がある。

初出：建築技術２０１４年５月号

31——中大規模木造をめぐる最新の動き

いわゆる中大規模木造に関する動きが、注目されている。昨年から、中大規模木造に関する講習会・講演会が各地で開かれているが、いずれも満席に近い盛況と聞く。

多層木造と木質ラーメン

今般の大型木造のブームは、戦後、2回目である。昭和60年代の1回目は、「大スパン」がキーワードであった。瀬戸大橋博覧会空海ドーム（１９８８年）から、出雲ドーム（１９９２年）、長野オリンピックエムウェーブ（１９９６年）、そして、大館樹海ドーム（１９９７年）と、「木造で大きなスパンをつくる」が目標だった。

一方、今回のキーワードは「多層木造」である。丸美産業本社ビル（２００８年）は、これを象徴する建物といえる。５階建の同ビルは、1階がＳＲＣ造で、上４層が鉄骨内蔵型のハイブリッド木造である。

木質ラーメン工法への期待は大きい。木質ラーメンによる多層の事務所建築は、木造界が、長年、実現を望んできた構法の一つである。

現在、一連の中大規模木造に関する技術開発の中で、木質ラーメン構造の実験と設計法の整備も行われている。また、(公財) 日本住宅・木材技術センターから、木質ラーメン工法の開発の手引きに相当する書籍もつくられた。これまで、住宅規模を対象として開発されてきたが、今後、事務所建築用の木質ラーメンの開発が期待されている。

ただし、実現は容易ではない。木造は、ヤング係数が小さいうえに、RC造やS造と違って、完全に剛な接合部にはならない。そこで、「モーメント抵抗接合」という研究領域ができているくらいである。

一般に、木質ラーメンでは、メカニカルな接合の場合、層間変形は、接合部を完全剛として求めた変形の3倍程度になる。そこで、層間変形を制御するために、耐力壁・筋かいと組み合わせることが検討される。その場合の課題は、耐力壁端の柱をラーメンフレームのフレーム柱と兼用すると、耐力壁からの引抜き力がフレーム柱脚の性能に影響してしまうことである。検討すべきことは多い。

高倍率耐力壁・高耐力筋かいの開発

また、より高耐力の耐力壁の開発が行われている。木造の仕様規定では、壁倍率5（許容せん断耐力で、9・8kN／m）が上限であるが、それでは、非住宅の多層構造では、壁だらけになってしまう。非住宅は、建物の大きさだけでなく、耐力壁の強度のレベルも、「壁倍率」の世界を超えているのである。

一般に、構造用合板などの面材を用いた壁の耐力は、釘接合部の耐力と面材自体の耐力の弱い方で決定される。一般に、前者の方が弱い状態で使われるので、壁全体の耐力は、釘接合部の強度特性の累加で決定されている。したがって、1本当たりのせん断強度の高い釘にするか、釘打ち本数を増やせば、強度を増すことができる。N50が一般的であったが、太め釘CN50や、CN65といった釘も採用されている。

そして、釘接合部の耐力を上げていくと、合板自体のせん断強度の限界に達してしまう。そこで、強度が大きくなると合板も厚いものを使う。例えば、「厚さ24㎜の合板にCN75を@50で2列打ち」などという仕様にすれば、10倍相当を超える耐力壁が可能となる。

また、筋かいの見直しも行われている。既存の木造校舎の多くがそうであるように、以前の大型木造の多くはブレース構造であった。筋かいは、軸方向強度の大きい木材の使い方としても合理的である。

筋かいで、現在、議論されているのは、いわゆる「β割増し」である。これは、ルート2の建物に適用されるもので鉄骨造の筋かいを念頭に、靭性確保などを目的とした規定である。これが木造筋かいにも必要か、という問題である。木造の一般的な耐力壁は、靭性も考慮して許容耐力を決めているので不要ではないか、という意見である。[※1] ただし、筋かいは、圧縮座屈すると靭性を確保しにくいという特徴がある。現代的な接合になってからの実験データは多くない。特性を確認して、相応しい割増係数を設定すればよい。

CLTとその他のパネル工法

今回の木造ブームを象徴する構法が、CLT工法である。その期待は大きく膨らんでいる。これで、「日本にも、5階建から10階建クラスの木造ビルが、続々と建てられる」と期待する向きもある。

しかし、地震荷重の大きな日本では、欧米の構法のままというわけにはいかない。地震時にパネルが回転しようとするのを、どのような靭性のある接合で留めつけるか、工夫が求められている。現在、精力的に実験が行われているが、この部分のディテールは各社が開発することになるので、設計にあたっての考え方や注意事項をまとめればよい。

また、計画的にも、日本では不整形な敷地が多いので、戸建住宅には大型パネルは向かない。CLT工法の市場は、集合住宅と、都市部の狭小商業建築である。そして、これらの建物はコスト勝負なので、パネルのコストが安くならなければ普及しない。メーカーには、コストダウンをお願いしたい。

また、CLTは、壁パネルも含めた構法ではなく、床板単独で使われる方が多くなると思われる。それを考えれば、一刻も早く基準強度を出すべきである。[※2] 床パネルとして使用できるようになれば、生産が早く立ち上がり、パネルのコストダウンのためにもよい。

CLTの耐火問題の行方も注目される。日本では、石膏ボードなどで覆ってしまっては意味がないので、準耐火の燃え代設計が行えるようになるのがよい。[※3] しかし、CLTは、最外層に性能の高いラミナを使っている。それを燃え代とすると、強度の高い部分が燃えてしまうことになる。最外層にもう一層、同一方向にラミナを貼る必要が出てくる。

また、CLT工法の開発に呼応して、CLTと同種の材料も注目されている。一つは、「集成材パネル」で、同一等級の集成材を、CLTと同様にパネル形状に制作するものである。確かに、せいの大きい集成材は、CLTと同じ使い方ができる。また、LVLもJASの改正でCLTと同様の形状にすることが可能となった（LVB）。つまり、現在のCLT工法の開発は、単にCLTだけでなく、「木質ソリッドパネルによる構造方法」の開発と位置付けるのが相応しい。ただし、その場合、繊維方向が揃っている集成材パネルやLVBの方が設計しやすい。したがって、繰り返しになるが、CLTが普及する鍵はコストである。

さて、CLTを含む、欧州のマッシブフォルツ工法の普及に、長ビスが大きな役割を果たしていることに気づいている人は少ない。

ここでいう長ビスとは、直径数㎜から10㎜程度まで、長さが約10㎝から30㎝くらいまでの「木ねじ」をいう。日本でも、細いものは「断熱ビス」と呼ばれ、断熱パネルを留めつけるのに用いられてきた。

このビスで重要なのは、先穴がいらないことで、自分で削りながら入っていく点である。施工性がよい。CLT工法は、簡単にいえば、ツーバイフォー構法のソリッドパネル版である。床パネルの壁パネルへの固定をはじめとして、ほとんどこの長ビスで留めつけている。

ちなみに、この長ビスは、今後の日本の接合を大きく変える可能性がある。日本でも金物メーカーによる開発が始まっている。

現在、木造建築には「地球環境に優しい構法」という位置付けが定着し、以上のようにその対象用途・規模が大きく広がろうとしている。

※1　構造計算を行う場合には、木造でもβ割り増しは必要とされている。
※2　CLTの材料強度と設計の技術基準の告示は、2016年3月に制定された。
※3　その後、準耐火の燃えしろ設計が可能になった。

初出：建築技術２０１６年３月号

32 ―― 中大規模木造の動向とその技術

中大規模木造の動きが加速している。建築系の雑誌でも、次々と木造を特集している。ここでは、中大規模木造の近年の傾向と、それらの建物で使われている技術を概観して、設計にかかわる読者の参考資料としたい。

規模の拡大

近年の傾向の第一は、何といっても規模の大きい建物が増えているということである。ただし、ここでいうのは、ドームのような大スパン木造のことではない。大スパンのドーム建築は、昭和60（１９８５）年代の大型木造ブームのときに、実現が可能なことは証明済みである。また、学校建築は、従来から少しずつ木造化が進められてきた。ここでいう規模の拡大は、ドームや学校でない用途の建物である。

２０１０年竣工の岡山県玉野市の特別養護老人ホーム「夢」は、地上3階建、延床面積約２，７００m²、最高高さ16m、当時、国内最大級の木造軸組耐火建築物として、大型老人ホームの先駆けとなった。そして、それ以後、次々と大きな建物が実現していく。

❶国見の里※1

❷ポラテック本社ビル

❸ポラテック本社ビルの柱

２０１２年の山口市の「ハートホーム宮野」は、延床面積３，８７５m²、２０１３年の福島県国見町の「国見の里」は，５２０m²である（**写真1**）。規模では、ＲＣ造などと肩を並べたといってよい。そして、これらを実現した新しい技術がある。まず、耐火性能がある。１時間耐火は、被覆型では、木造住宅産業協会、ツーバイフォー建築協会などが取得しており、老人ホームなどは、この認定を利用して実現しているものが多い。

また、これらの規模の拡大に効果的だったのは、いわゆる「別棟解釈」である。これによって、建物全体としては３，０００m²を超える「木造建築」ができることとなった。

２０１３年竣工の「ポラテック本社ビル」は、６，０００m²を超える事務所建築である。**写真2**のように、地上４階建で、**写真3**のような、鉄骨内蔵のハイブリッド集成材を用いている。ハイブリッド集成材は、現在のところ、ベイマツやカラマツなどのマツ類が１時間耐火に認定されている。課題は、２時間耐火と、スギなどの樹種が認定されていないことである。適用建物の拡大には、この二つの課題の解決が期待される。特に、２時間耐火が可能になれば、街中にも木造の意匠をもったビルがたくさん出現することになるだろう。

多層化・高層化

規模の拡大と平行して進んでいるのが、木造建築の高層化である。１時間耐火は４階建までが可能であるが、従来、都市部の３階建の住宅に用いられることが多かった。しかし、これを店舗併用ビルや事務所ビルに適用することで、「４階建木造」の道が拓かれた。

軸組構法の木造4階建には、２００９年に大阪に建った「永緑の家」がある。この建物は、３階建の部材・計算法を使って、４階建を実現したものである。**写真4**のように、壁を二重壁として見かけの壁量を軽減している。住宅用の強度（倍率）の壁では、壁だらけになってしまうためだ。現在は、二重壁にしないで済ますための、高耐力の壁の開発も盛んに行われている。24㎜合板にＮ75の釘を５㎝間隔で二列打ちといった仕様で、10～15倍相当といった壁が用いられ始めている。

三井ホームは、２０１１年に東京都千代田区にツーバイフォー構法の4階建住宅を建てたのをかわきりに、次々にツーバイフォー構法による多層構造の建物を建てている。**写真5**は、「銀座に木造が建った」と注目された5階建の店舗併用住宅である（１階部分はＲＣ造）。

このツーバイフォー構法建物に使われている技術に、**図1**のような、タイダウンシステムと呼ばれるものがある。建物の上層階まで丸鋼で連結し、大きな引抜き力を抑え込むものである。階数が高くなる

❹二重壁（永緑の家）

❻2時間耐火の仕様

❺銀座の5階建木造※1

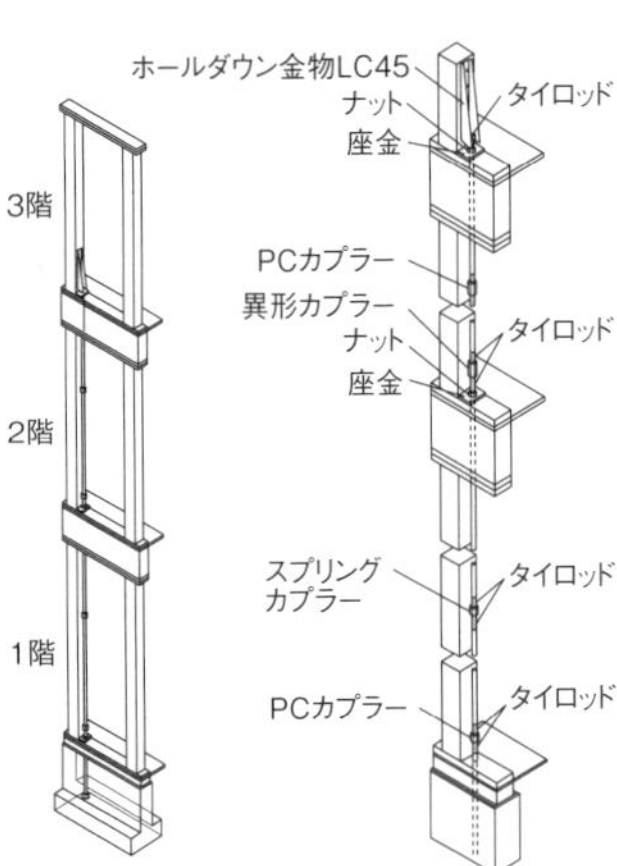

図1　タイダウンシステム

と、耐力壁端部の引抜き力も巨大なものとなる。各階で浮き上がりを抑えながら、上階に連結していくもので、壁の浮き上がりを止める方法として効率がよい。

ちなみに、多層の木造では、鉛直方向の「縮み」も気になる点だ。これまでの実験では、4階建のツーバイフォー建物が、10年余りの間に全体で約20㎜程度縮んだとの報告がある。ツーバイフォー建築協会では、現在、6階建の実験棟を建設中で、建物の縮み量も観測する予定と聞く。[※2] 成果を期待したい。なお、三井ホームは、タイダウンの連結ナット部分で、建物が縮んでもナットが追従する仕組を組み込んだものを開発し、前述の建物でも採用している。

また、施工では、隣棟側の壁を建て起こしでつくるなど、木造の軽さを活かした施工法を活かすことができる。

また、東京都北区には、木質プレファブ住宅の接着パネルを応用した4階建共同住宅が建てられた。以上のように、木造4階建、あるいは1階をRC造とし2〜5階を木造とする建物は、今後、大都市周辺あるいは地方都市の中心部での共同住宅・店舗併用ビル・事務所ビルの典型的なつくり方の一つになると思われる。

そして、シェルターは、**写真6**のような、被覆型を発展させた燃え止まり型の納まりで、2時間耐火を取得した。2時間耐火では、13階建まで建てることができる。5階建以上の木造建築の時代が目の前に来ている。

建物用途の拡大

これまで、木造の大型建築といえば、学校・幼稚園が多かった。しかし、「規模の拡大」で見たように、老人福祉関連施設も規模拡大の事例として、数が多い。補助金を得やすいこともあろうが、室が「居室」なので、もともと木造に向いていたという面もあるだろう。**写真7**に示す北海道弟子屈町の「川湯の森病院」のように、病院の病室部分への適用も同様の理由と見ることができる。RC造の診療室を中心として、周囲に、クラスター状の木造の病室を配置している。

次に、近年、現れているのが地方自治体の庁舎である。２００６年竣工の「北海道足寄町役場庁舎」は、延床面積3，５０８m²で、「木造庁舎」として注目されたが、その後、徐々に規模が大きくなり、かつ多層化している。「紫波町庁舎」は、木造部分だけでも4，４００m²を超える規模である。前述の「別棟解釈」が可能性を広げた。また、この建物の周辺は、木造を中心とした建物で街をつくる大規模な地域計画である。

庁舎では、前述の鉄骨内蔵のハイブリッド集成材を使うものも多い。「国見町役場」もその例である。また、4階建を超える場合には、ハイブリッド集成材を始め1時間耐火が大部分であることから、上層のみを木造とするものも多い。**写真8**に示す「春日部市東部地域振興ふれあい拠点」は、上層2階を木造としている。

また、三井ホームと吉野石膏は、**写真9**のような、「木造分譲マンション」を想定した「蔵波台社宅」

❼川湯の森病院※1

❽春日部市東部地域振興ふれあい拠点

❾蔵波台社宅※1

を建設した。分譲マンションでは、給排水のシステムや耐火性能、界壁・界床の遮音性能など、これまでの木造アパートとは、異なる部分も多い。木造への認識が変われば、「木造分譲マンション」も現実味を帯びてくる。

ツーバイフォー構法の展開

ツーバイフォー構法の中大規模木造への展開は、目を見張るものがある。次々と新しい領域を開拓している。

まず、大型化では、**写真10**のような、郊外型の大規模店舗に展開している。もともとツーバイフォーは、住宅でもトラスを用いているものが多い。その平面トラスを拡張して、大きなスパンにも応用したものである。一体で搬送できない大型のトラスの場合には、メタルプレートコネクターの現場接合も行

⑩ツーバイフォーの大型店舗（コープさっぽろ）※1

図2　第2足立新生苑※1

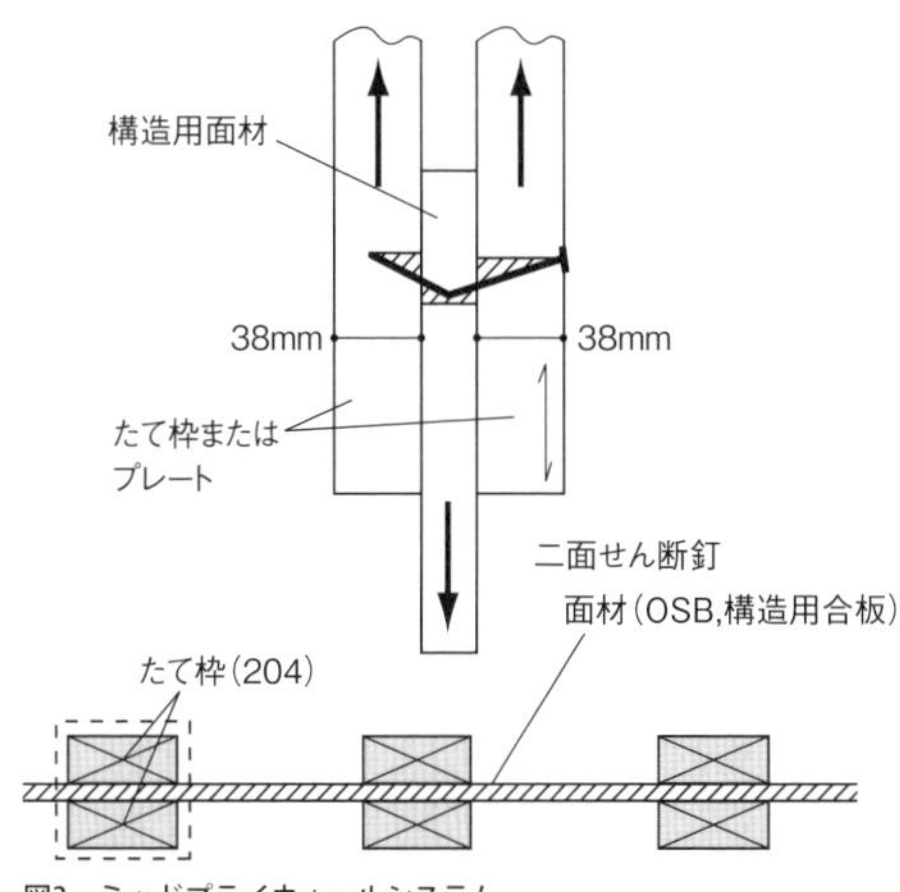

図3　ミッドプライウォールシステム

われている。写真の建物は、面積約３，０００m²で、アメリカのショッピングセンターを彷彿とさせる。また、この建物では、内部の壁を少なく見せるため、マルチウォールと称する「三重壁」を採用している。これは、集成材による枠組に構造用パネルを両面張りした耐力壁を複数個並列に緊結して一体化したもので、「柱型の耐力壁」である。そして、今春、竣工予定の「第2足立新生苑」（**図2**）は、５階建延床面積９，７８０m²と大型の施設である。[※3] 多層になると、耐火仕様で重量が増え、地震力も大きくなる。高性能の耐力壁が必要になる。そこで、欧米では使用されているミッドプライウォール構法が採用されている。これは、**図3**のように、合板を挟んで両側にスタッドを配置する壁で、釘が二面せん断となるため、大きな強度性能が得られる。この建物では、このミッドプライウォールを2列並びとしている。大型多層になると、地震力も、これまでの木造のスケールを超えてくる。

丸太組構法の展開

丸太組構法も、老人施設への適用を始めとして、その規模の拡大が著しい。また、45分・60分の準耐火の仕様を取得してから、建設地域も広がっている。

従来、丸太組構法は、ほとんどが住宅規模だったことから、構造計算を求められることは少なかった。しかし、今般の中大規模の木造建築に適用しようとすると構造計算が求められ、材料にも基準強度が必要となる。例えば、ラミネートログと呼ばれるログ材は、芯で割った二材を、乾燥後、木表側を再接着した材料で、輸入のログハウスには普通に使用されている。しかし、日本の集成材のＪＡＳには適合しないことから、構造計算で用いるためには37条認定が必要となる。取得に向けて検討していると聞く。[※4] 速やかに使えるようになることが期待される。

また、**写真11**の「入間3階建てログハウス」は、日本初の丸太組の3階建である。告示の許容応力度計算の範囲を超えていることから、限界耐力計算によって実現している。そこでは、ログ材間の摩擦力を取り入れるなど、新しい提案が含まれている。また、現在進められている新潟の大型店舗では、ラーメン構造の軸組工法に、ログ壁を耐力壁として用いている。丸太組構法と軸組工法の融合として興味深い。丸太組構法を大型化していく過程での、一つの方向性といえるだろう。

新しい架構の提案

住友林業は、「スパビレッジホリカワ」で、**図4**のように、上階を階高の高さをもつ平行弦トラスとして構成し、下階の大スパン無柱空間を実現した。トラスを壁の中に納めてしまえば、さほど目障りではないだろう。また、同じく、住友林業が筑波研究所内に建設した燃焼実験棟は、**図5**のように、ポストテンションによる高耐力の「壁柱」構造である。2枚のLVLに挟まれた部分にロッドを埋設させるとともに、この部分でLVLを一体化している。なお、この方式は、ニュージーランドでは、テンション部分に制振機構を組み込んだものが開発されている。そうした方法も、地震国日本では有効であろう。

⓫入間3階建てログハウス

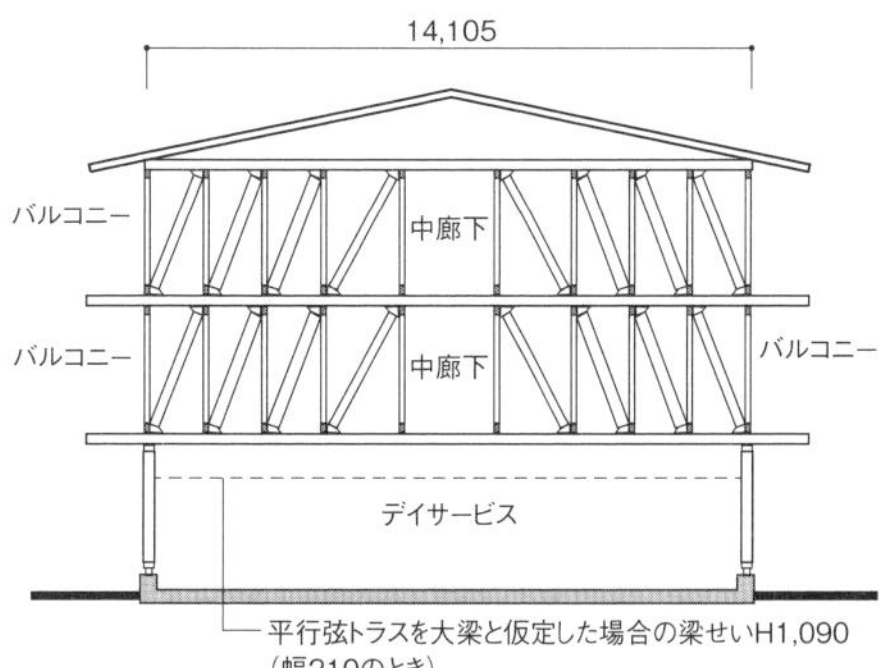

図4　階高のトラス

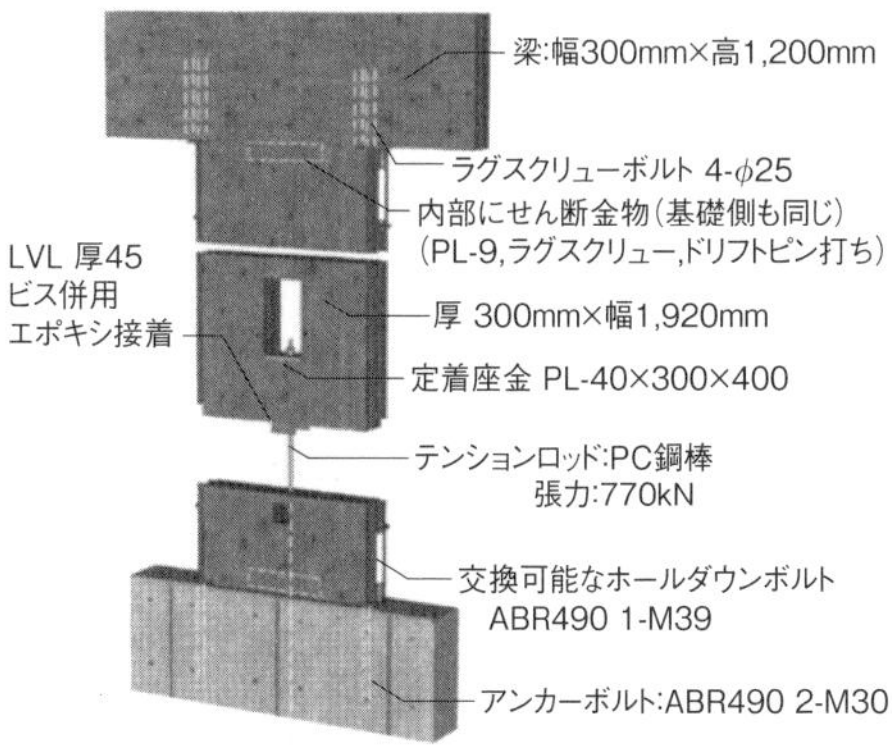

図5　ポストテンション壁柱

材料の試み

新しい材料の代表は、クロスラミナティンバー（ＣＬＴ）である。長崎のハウステンボスに建設中の「変なホテル」は、壁床にＣＬＴを用いて注目された。[※5] また、北海道では、カラマツのＣＬＴを用いた事務棟が建設された。いくつかの県で、ＣＬＴ製造工場の建設計画が進んでいるようである。しばらくは、ＣＬＴの得意とする分野を探し出す試行錯誤が続けられることになるだろう。

さて、新たに提案されている材料は、ＣＬＴだけではない。「柱材を積層接着した梁」は、国産材の有効利用として有望だ。流通柱材の接着なので、比較的簡易な設備で製作することができる。さらに、これなら、日本の木材生産の弱点とされる横架材を供給することができる。特に、今後、大量の出荷が見込まれるヒノキ材の利用に向いている。各地で生産できるような仕組の構築が望まれる。

また、いわゆる「縦ログ工法」も、新しい使い方が現れている。規模の大きな建物へも適用が始まろうとしている。縦に並べた木材をボルト緊結して壁パネルとするものであるが、これも、スギ材の活用として興味深い。

また、集成材やＬＶＬにも新しい使い方が現れている。集成材の規格でつくる板（集成材パネル）は、ＣＬＴと同じような使い方ができる。ＬＶＬも同様で、例えば、「神奈川大学国際センター」では、ＬＶＬの積層面を面外方向に現したパネルを壁柱としている。ＬＶＬの新しい使い方を提示したものもある。

昨年の木造特集でも指摘したが、ＣＬＴ工法の設計法は、「木質ソリッドパネル工法の設計法」と捉えるのがよい。前述の柱材積層梁も、梁せいの大きなものは、向きを変えれば壁にも使うことができる。

耐火性能

耐火にも新しい動きがある。木造耐火を実現する方法には、**図6**のような三つの方法がある。日本木造住宅産業協会・ツーバイフォー建築協会などが取得している被覆型、日本集成材工業組合の鉄骨内蔵型に加えて、燃え止まり型が現れている。竹中工務店が開発した燃エンウッドは、**写真12**のようにモルタルの棒を燃え止まり層に入れたもので、**写真13**の「大阪木材仲買会館」や横浜の「サウスウッド」に用いられた。また、同じ燃え止まり型に、鹿島建設他によって開発されたFRウッドがある。東京の「音ノ葉グリーンカフェ」に用いられた。FRウッドは、インサイジングで難燃処理した集成材を燃え止まり層に用いたものである。これらに加えて、前述のように、石こうボードを燃え止まりとした2時間耐火を（株）シェルターが取得した。木造も2時間耐火の時代を迎えている。※6

　また、実験で検証することで、いくつかの実務的な改良も現れている。**図7**は、住友林業が実現した納まりで、「燃えしろ設計」よりも小さい断面で木材

構造部材（木材）
耐火被覆材
(a)被覆型
鉄骨
燃えしろ（木材）
(b)鋼材内蔵型
鉛直力支持部材（木材）
燃え止まり層（不燃木材など）
燃えしろ（木材）
(c)燃え止まり型

図6　木造の耐火の方法

⓬燃エンウッド※1

⓭大阪木材仲買会館

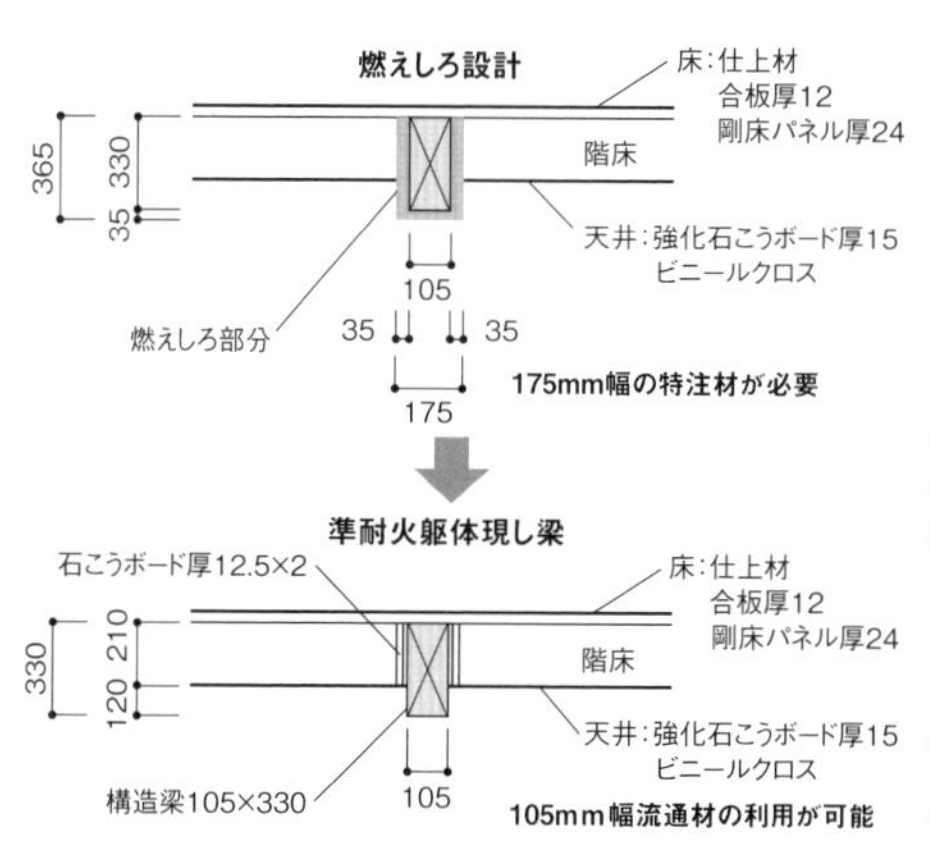

図7　躯体現し梁

❹日新倉庫（内部）※1

❺日新倉庫（柱部分）

を現すことができる。また、**写真14、15**は、大林組が日新倉庫で採用した「オメガウッド」工法である。4枚のＬＶＬをボルトで一体化し、準耐火構造の大断面部材をつくっている。ＬＶＬをボルト締めするだけで、一体の集成材と同じ燃えしろ設計を可能にしている。これらの技術は、実用的で他の設計者にも、大いに参考となろう。

混構造建物の展開

ＲＣ構造との混構造も、木材を利用する建築の有力な選択肢である。**写真16**に示す「北見信用金庫紋別支店」は、**図8**のように「木・ＲＣ・Ｓのトライハイブリッド」と称して、三つの構造材を巧みに使い分けている。シェル曲面の木質架構が印象的な建物であるが、集成材からロッドで2階床を吊り、1階を無柱空間としている。木造建築のコストダウンのために、流通材の活用が唱えられているが、この建物のように、大断面でなければできない空間もある。適材適所である。

⑯北見信用金庫紋別支店※1

シェル・アーチ集成材
フラット・ウォール
貝殻形態の曲面
燃えしろ設計
無柱空間の1階：2階床を屋根から鋼棒で吊る
テンション・タガ・リング
地産地消：近隣産材カラマツ集成材

図8 北見信用金庫紋別支店の構造

以上のように、中大規模木造は、普及の新しい段階にさしかかっている。特に、耐火と多層構造に関する開発は著しい。すなわち、今や木造建築の普及が都市部での普及の段階に入った。

※1 (一社)木を活かす建築推進協議会：平成27年度サステナブル建築物等先導事業(木造先導型)報告書、2015年3月
※2 竣工し、現在も継続して計測している。
※3 2016年に竣工し、現在は「花畑あすか苑」と称している。
※4 2019年に、JAS「接着合わせ材」が制定された。
※5 2015年に竣工した。
※6 その後、同社は3時間耐火も取得した。

初出：建築技術2019年5月号

33――中大規模木造と混構造建築

公共建築物木材利用促進法の制定やCLTパネル工法の開発により、木造の新しい建物が次々と現れている。しかし、それらの建物は、実は混構造のものも少なくない。例えば、ドーム状の建築は柱や腰壁はRC造のものが多い。また、多層木造も耐火部材の開発を待って、徐々に階数を増してきたという経緯があるが、下階をRC造としたものが多い。また、面積の大きな建物では、防耐火上、RC造部分を挟む例も少なくない。詳細にみると、これまで「中大規模木造」として紹介されてきた建物のかなりのものが、混構造だったことがわかるであろう。

木造建築の混構造は、種々の理由により、そうせざるを得なかったものから、混構造を積極的に活用したものまで多様である。いずれにしても、混構造は、木造建築の適用の幅を広げてくれると同時に、将来の木造の可能性を見せてくれているという側面がある。木質構造を中心とした混構造建築の現状と課題、その可能性を整理したい。

これまでの混構造

木造建築の梁の一部を鉄骨造とすることは、以前から許されてきた。スパンを大きくしようとすると、曲げ剛性の大きな材が必要になるためである。現在は、水平力を負担しない梁は、鋼製としても混構造とは呼ばないというのが一般的な扱いのようである。また、基礎は当然、RC造であるが、それでも同様に混構造とは呼ばない。これは、鉄骨造でも同様である。基礎は別扱いされているようである。

ここで、木造住宅の混構造事情をまとめておく。木造の混構造建築で、最も一般的なのは、3階建の立面混構造で、その設計法の考え方が中大規模建築にも適用される部分が多いからである。

木造住宅の3階建混構造は、1987年の都市部での準防火地域での3階建解禁がきっかけになっている。その構造設計は、日本住宅・木材技術センターの「木質系混構造建築物の構造設計の手引き」に拠って行われてきた。その最新版は、2019年3月に改訂された。立面混構造の設計法を解説しており、改定前は、1階だけ他構造が対象だったが、1、2階を他構造にしたものなどが追加されている。特に、A_i分布の扱いなどが詳しく解説されている。この図書の想定する対象は、住宅で3階建であるが、考え方は非住宅や4階建程度までは応用可能である。

さて、話を中大規模木造に戻すと、1987年の燃え代設計の導入により、木材を露出した大型木造が可能となった。その結果、松本ドームや出雲ドーム、大館樹海ドームといったドーム建築が出現し、第一次大型木造ブームとでも呼ぶべき時代を迎えた。ところで、前述のように、それらの多くは、柱・壁はRC造のものも多い。「屋根だけ木造」は、木材の軽さを活かした得意分野である。1997年の大館樹海ドームは、一連の大型木造ドーム建築の集大成的な建物である。

現代の混構造建築

第一線の建築家が関わるようになって、現代木造は混構造でも多様な展開を見せている。例えば、**写真1**の秋田国際教養大学図書館棟は、木材を傘のように配し、木造らしい内観意匠を実現した秀作である。この建物も**図1**のように、鉄骨のフィーレンデールトラスが入っている。また、**写真2**の雲の上のホテルの渡り廊下は、木組が支えているように見えるが、実際には鉄骨の梁が荷重を支えている。外観から受ける印象ほどは、荷重を負担していない。「支えているようで支えていない」あるいは「支えているのに支えていないように見せる」は、意匠設計の有力な手法の一つである。意匠を実現するための混構造といえる。

一方、**写真3**は、小学校の教室間の壁をRCとし、床梁を木造としたものである。規則的に床梁を並べている。無開口の間仕切壁面は、構造性能・遮音性能などを優先したものと考えられる。RC造とすることで、桁行方向に大きな開口を実現している。

❶秋田国際教養大学図書館棟

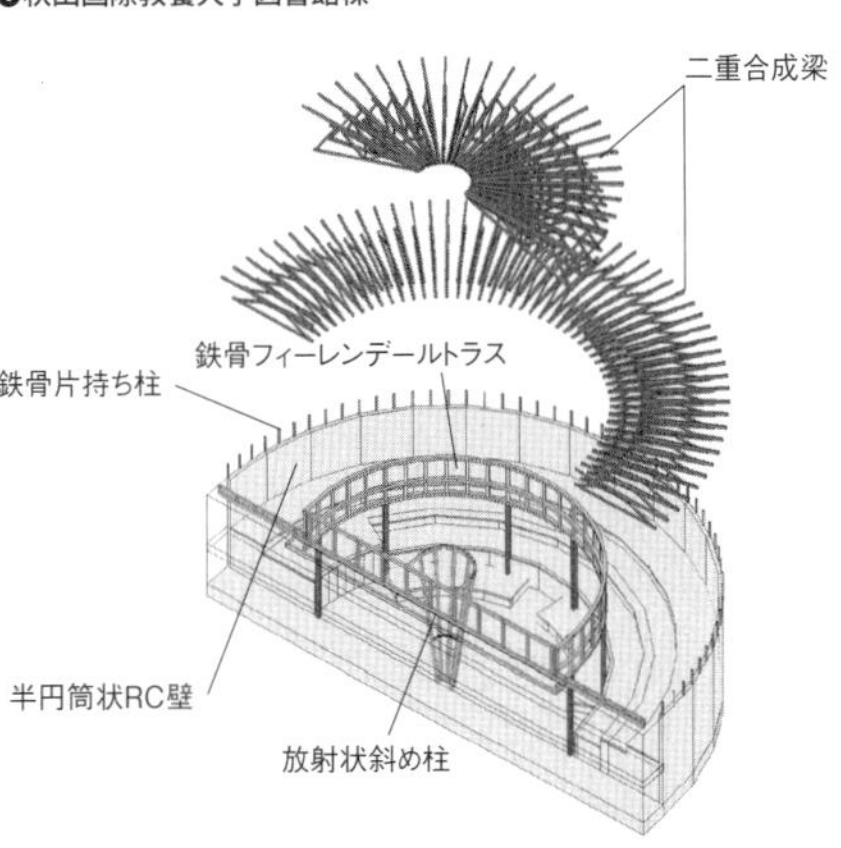

図1　構造システム

❷雲の上のホテル・渡り廊下

そもそも混構造とは何か

一般に、建築基準法施行令の節、例えば木造は3節、鉄骨造は5節、RC造は6節であるが、節が異なるものを同一の建物内に使うと混構造と呼ぶようである。

また、一般的に、部材単位の異種材料の併用は、混構造とは呼ばない。RC造は鋼とコンクリートの複合であるが、先のようにRC造として節が設けられており、混構造とはいわない。木造でも、鋼材を内蔵した梁部材は、建物としては混構造とは呼ばない。部材単位だからであろう。

また、一般に「接合部」のみが異種材料になっても、混構造とは呼ばないようである。接合部は、「構

❸陸別小学校

❹金物工法

造耐力上主要な部分」には含まれていない。すなわち、接合部は部位としては扱われないので、異種材料になってもかまわないということであろうか。

木質構造の接合には、伝統的な嵌合接合を除けば、ほとんどが何らかの形で鋼材の接合具を用いている。つまり、微視的には、木質構造の接合は、ほとんどが異種材料を用いている。

また、かつての接合金物は補強金物であった。しかし、**写真4**の、近年普及が著しい「金物工法」では、接合金物がないと架構が自立しないため、構造金物とも呼ばれる。補強金物とは役割が大きく異なっているが、いずれも混構造とは呼ばない。

以上をまとめると、基礎を除く「構造耐力上主要な部分」の一部に、施行令の節の異なる部材が用いられると混構造と呼ぶ、ということになりそうである。ただし、この解釈が正しいかは、行政関係者に確認する必要がある。

混構造の設計ルート

さて、現在、混構造は、そもそも設計ルートが複雑である。例えば、立面混構造では、下階が鉄骨造の場合、鉄骨造のスパンが６ｍを超えるか否かでルートが変わるが、混構造の場合、一方向でも６ｍを超えると両方向ともルート２相当となるようだ。また、下階がＲＣ造の場合、ルート２は設定されているが、剛性率の確認でＮＧになるので、実質的にはこのルートはない、などである。

なお、混構造に限らず、一般論として、Ｘ、Ｙの方向別に設計ルートは変えられるが、層ごとには変えられない。さらに、層によって準拠する基準が異なった場合については、まだ明確な定めがない、ということのようである。例えば、同じ木造でも、ＣＬＴパネル工法の上にツーバイフォー構法を載せる場合などは、規定がなく、個別の判断になるようである。

混構造建物の設計ルートは、別項で整理しているが、構造だけでも複雑なうえに、防耐火のルールと組み合わせると、さらに複雑になる。混構造の設計ルートは、整理する必要がありそうである。

なぜ、混構造にするのか

さて、混構造建物が、なぜ混構造としたのか、という視点から整理してみる。

まず、異種材料で構造や耐火などの性能を補う、あるいは性能を補完し合う関係のものがある。例えば、構造的な理由で、設備の集中するコア部分をＲＣ造として、水平力をここで負担させたものなどである。

また、鉄骨内蔵型の耐火部材は、**写真5**のように、ハイブリッド木造とも称されるが、建築確認上はS造扱いと聞く。性能の面でまだ木造での検証が不十分なために混構造とした、というものもあるだろう。

また、同様に「安心のための混構造」と呼ぶのが相応しいものもある。たとえば、建設中の長門市の市庁舎は、**写真6**に示すように、5階建で、両側にRC造のコアを設け、その間の鉛直荷重を木造で支持している。また、建物全体を免震層で支えてもいる。大規模建築や地震時の拠点となる建物を木造とする場合には、一般の人には、まだまだ不安に感じている人は多い。そういう人を安心させるには、当面、こうした対応は現実的なものと思われる。

❺鉄骨内蔵ハイブリッド木材

❻長門市の市庁舎完成予想パース

これらの混構造の建物は、「全体が木造でできるのであれば、木造としたかった建物」と考えることもできよう。これらは、木質構造への開発課題を提示していると捉えることもできる。

一方、材料の異なる質感や強度性能を積極的に活かした混構造がある。いわば、「混構造でないといけない建物、混構造であることに意味がある建物」である。例えば、北見信用金庫紋別支店は、その好例と捉えられる。331頁の写真16と図14にその架構のシステムを示す。設計者がトライハイブリッドと呼ぶように、三つの材料をたくみに活用している。角地のため、隣地との間にL字型に耐震壁のRC造の壁を建て、そこから湾曲の集成材を扇状に配置し、2階建分の空間を覆う。そして、その集成材から鋼製ロッドを下げて2階の床を吊り、1階に大きな無柱空間をつくっている。また、鋼製のタガで湾曲集成材の膨らみを止めている。それぞれの構造材の構造性能の特徴を、巧みに組み合わせている。

混構造と耐火性能

さて、防耐火上、混構造とした建物も多い。木造は可燃物なので、耐火性能を付加しなければならない。4階建には1時間耐火が、5階建以上には2時間耐火が求められる。また、木造建物には面積による制限もあるため、**写真8**のように階段部分をRC造として、木造を分離するように配置した建物も多い。いわゆる「別棟解釈」である。このように、耐火性能の課題に対処するために、混構造のものも多い。

❽柴波町役場庁舎

また、木造の耐火仕様には、三つのタイプ（325頁図6）があるが、「鉄骨内蔵ハイブリッド木材」は、前述のように、法規上は鉄骨造で申請している。

混構造の耐火設計では、木材と他材料の温度に対する性能を把握しておく必要がある。木材は、約250℃が引火点で、450℃が発火点である。そのため、木質部材の耐火試験において、長期荷重を支える部分は200℃を超えないことが条件になっている。一方、鋼材は不燃材料ではあるが、一般的な鋼材は500℃に達すると、強度が半減するといわれている。求められる温度が異なっている。そのため、特に接合部まわりは、考え方の整理が求められる。例えば、鋼材が耐火被覆層を貫通する納まりの接合の場合、不燃材料である鋼材の高温化をどのように捉えるか、などがある。

混構造建築の構造性能

混構造建築の構造特性を考えるために、今更であるが、三つの構造材料の特徴を整理しておく。**表1**は、各々の材料の代表的な特性値を示している。

木材は単位面積当たりの強度（許容応力度）が小さいので、力が大きくなると、大きな面積で力を伝達しなければならないことがわかる。また、木材の強度で注意したいのは、せん断の許容応力度である。木材のせん断の基準強度は、純粋なせん断強度の1／3程度に抑えられているといわれている。例えば、木質ラーメン構造では、モーメント抵抗性能だけでなくパネルゾーンのせん断強度の検定を行うが、どちらで破壊するかの検討が実態と合わない可能性がある。せん断強度が高い場合も検討しておくのが望ましい。

また、表に現れないものに強度のばらつきがある。木材の基準強度が下側5％下限で決まっているのは他の材料と同じであるが、木材はばらつきが大きいので、強度の中央値は基準強度の4／3倍くらい高いところにあるといわれている。鋼材とは大きく異なっている。混構造の架構の破壊過程を考察するとき、この構造性能のばらつきも考慮する必要がある。その点、鋼材はばらつきが小さく、SN材には降伏強度などに上限値も定められているのはありがたい。また、その靱性は、木質材料に比べると遥

表1　3材料の特性値

	コンクリート F_c24		鋼材 SN400B		木材（カラマツ集成材）E105-F300	
	長期	短期	長期	短期	長期	短期
圧縮の許容応力度（N/mm^2）	8.0	16.0	156	235	8.5	15.5
引張の許容応力度（N／mm2）	(0.8)	(1.6)	156	235	7.4	13.5
曲げの許容応力度（N/mm^2）	—	—	—	—	11.0	20.0
せん断の許容応力度（N/mm^2）	0.80	1.20	156	235	1.32	2.40
ヤング係数（$\times 10^3 N/mm^2$）	22.6		205.0		10.5	

かに大きく、破断までに約20％の伸びがある点も、破壊過程の検討では重要な要素である。強度のばらつきという点では、木材は、むしろコンクリートと関係が近いかもしれない。コンクリートは、４週強度で管理しており、構造計算もその強度を用いるが、ばらつきが大きい反面、打設後1年で1・4〜1・5倍に強度が上がるらしい。構造体としての余力は、このあたりにもありそうである。

鉛直構面の剛性

混構造の構造設計で重要なのは、①各々の構造材料の部分に加わる力の算定、②その力に対する各構造部材の設計、③そして、それら相互の接合部の設計、の三つである。

このうち、建物の構造計画としては、①が重要であるから、各々の「剛性の評価」が重要ということになる。力は、剛性の高いところに集中するので、単に耐力の比率の分担にはならない。

木造の耐力壁は、短期の耐力は、多くが１／１５０rad（または１／１２０rad）時の耐力とされているので、ＲＣ造に比べると著しく剛性は小さいということになる。そのため、平面混構造では、すべての水平力をＲＣ造の壁に負担させるのが一般的である。

なお、同じ木造耐力壁といっても、筋かいや面材耐力壁で初期剛性はかなり違いがある。また、筋かい端部の接合、例えば、鋼板挿入ドリフトピン接合などの場合、これを考慮した剛性の評価が必要になる。これまで、耐力壁は、耐力に重点がおかれてきたが、今後は、剛性に関する情報の整備も必要である。

水平構面剛性の考え方

水平構面がＲＣ造や鉄骨にデッキプレートコンクリート打ちであれば、面内に剛を仮定することができる。しかし、せっかく木造なので、構造用合板による床構面をつくりたいという要望は強い。現在、木造の床の強度は、耐力壁と同様の考え方で設定されている。したがって、一般に、短期の許容耐力時に1／150rad程度の面内せん断変形を生じるという前提での計算となる。

しかし、今後、中大規模木造でスパンの大きな床面をつくろうとすると、この剛性は大きな課題となる可能性がある。建物の層間変形角は、短期荷重時に1／200rad（非構造部材に損傷が生じないことが確認できる場合は1／120rad）以内に抑える必要がある。しかし、この変形角は、柔床の場合、床面の変形が加わっての最大変形部分での制限値ということになる。そうなると、壁構面に許される層間変形角は、かなり小さく抑えておかなければならないことになる。木造の水平構面の荷重変形関係は、初期剛性は高く、徐々に下がっていくので、初期剛性はもっと高く扱ってもよいはずという意見もある。再整理する時期に来ている。

接合部の強度と剛性の決め方

まず、木造の接合部の特徴を押さえておきたい。木造の代表的な接合部の荷重変形関係の概念図を、**図4**に示す。接合方法によって、剛性がかなり異なっていることが理解できるであろう。

こうした違いがあるために、以前は釘とボルトの耐力は加算できないと指摘されてきたが、近年は、あまり強調されなくなっている。それには二つの理由がある。第一は、せん断接合に、ボルトでなくドリフトピンを用いるケースが増えていることである。ドリフトピンは、ボルトよりも施工性がよく、見栄えもよい。また、耐火上も処理がしやすい。そこで、ボルトは「部材の開き止め」程度に使う例が増えている。第二に、近年のプレカット技術の進展に伴って、ドリフトピン接合は、従来のボルト接合より格段に精度が高くなっていることが挙げられる。現在、ドリフトピン接合の先孔は、木材側は誤差ゼロ、鋼板側は＋1㎜程度で加工するものが多い。初期ガタが、以前のボルトによるせん断接合よりも遥かに小さい。

また、接合部の剛性でいえば、木質構造の接合部の許容耐力は、一般に、降伏強度P_yと最大耐力の

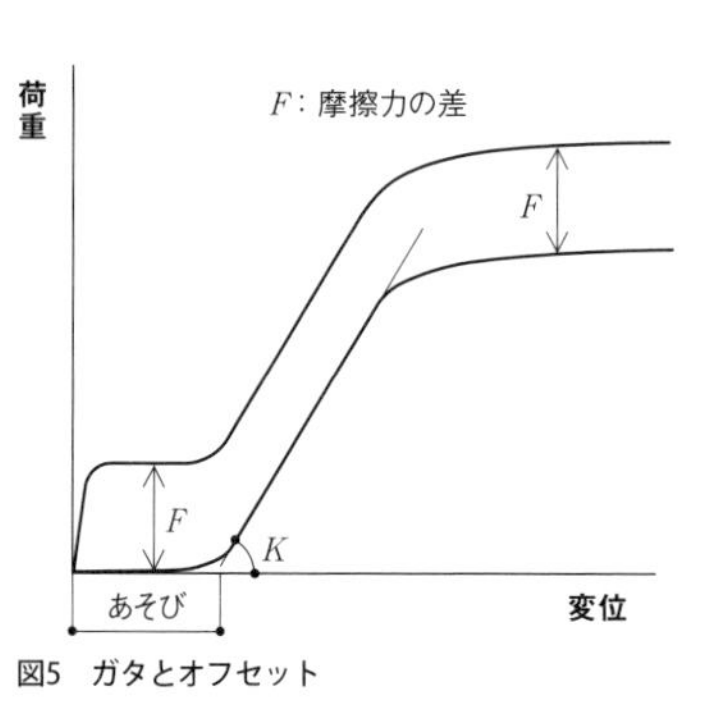

図5　ガタとオフセット

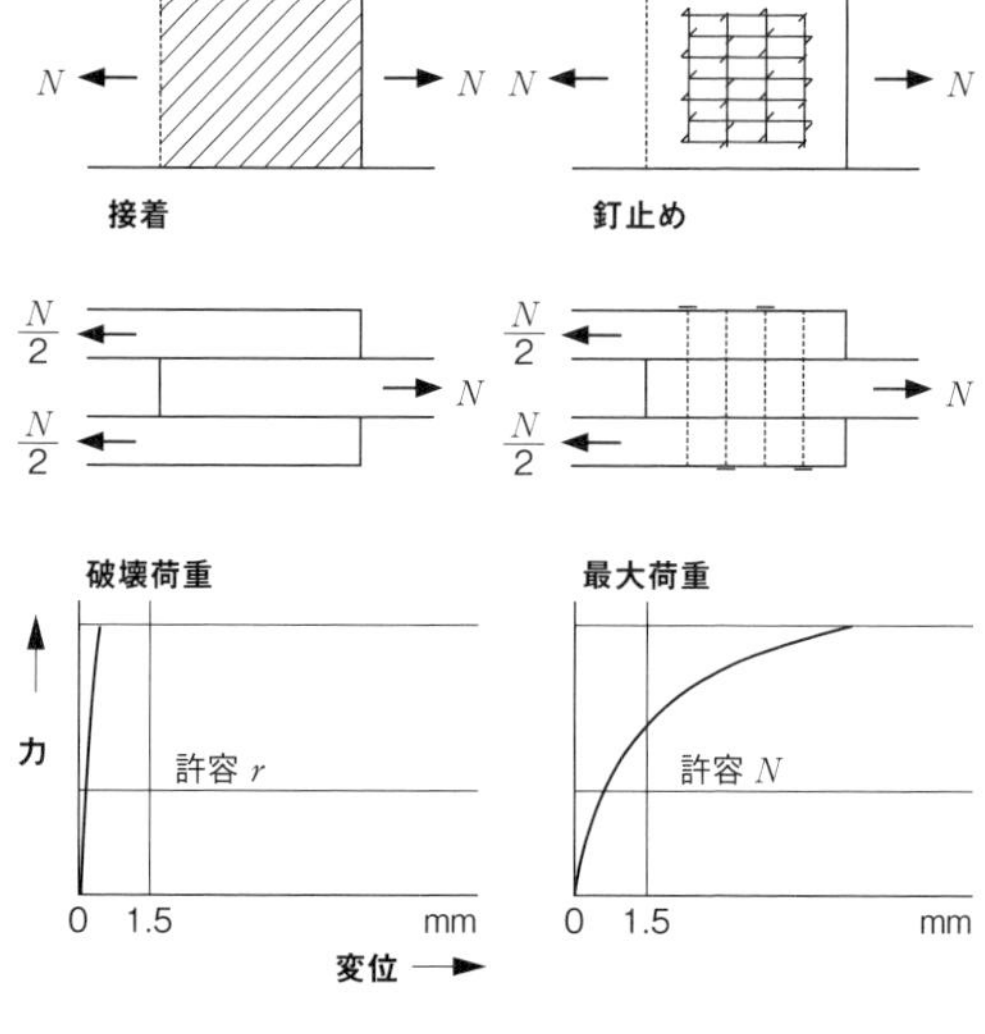

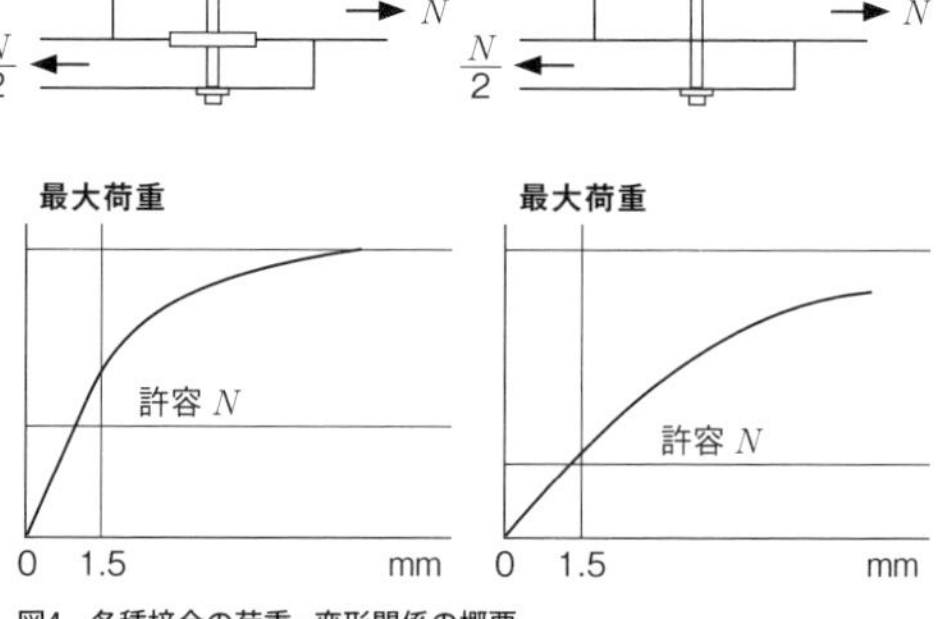

図4　各種接合の荷重−変形関係の概要

2／3の下限値の小さい方で定めている。そこには、変形量（変形角）による制限が設定されていない。したがって、現在の木質接合部には、剛性の概念が希薄である。

　また、接合方法によっては、初期ガタが見られるが、その扱いも統一されているとはいいがたい。**図5**のように、オフセットを取った剛性とそうでない剛性とがあるので、注意が必要である。オフセット処理では、一定の変位を差し引いて剛性を求めているが、許容耐力時の変位と原点を結んで剛性とするものもある。後者はガタを含んだ剛性になっている。

混構造の接合部には、①木質部材どうしの接合部に異種材料を用いる場合と、②木質の部材と異種材料による部材の間の接合とがある。

木質部材と異種材料による部材の間の接合には、例えば、遮音のためのコンクリート床と木質梁の接合などがある。この木製梁とコンクリート床の合成効果、すなわちT型梁も研究も進められている。床は、遮音性や面内剛性の確保のために、８㎝程度のコンクリートを打つ例が多い。シアコッターの仕様の標準化ができれば、梁の高さ、すなわち階高の抑制に効果が大きい。

なお、現代の構造設計では、建物の破壊過程を制御することが重要であるが、木材自体の破壊は、靭性に乏しい。そこで、構造物としての終局強度と靭性は、接合部で確保することが必要になってきている。そうすると、接合具の多くは鋼材で、しかも鋼材はばらつきが小さいので、強度・靭性をコントロールしやすい。つまり木造の設計でも、終局は鋼材の検討になることが増えている。木造の設計者も、鋼構造の設計を学習する必要が高まっている。

まとめ

中大規模木造の関心が高まって、木造建築に取り組む構造設計者も増えている。そうした構造設計者の多くは、比較的若い世代に属している。ＲＣ造や鉄骨造の経験があり、かつ木造に関心がある世代ということになる。構造設計者の世代も変わって、木質系の混構造建築も第２世代に入っている。これからも、中大規模木造の可能性を広げてくれるに違いない。

あとがき

木造の研究で、「平和」を意識することはほとんどありません。しかし、「平和」と「木造」の関係を考えたことが二度あります。

一度は、鉄筋コンクリート造を専門とする研究者からの言葉で、「木造の研究は平和でいいですね。鉄筋コンクリート造の研究は、原発と結びついている」という言葉です。それから約25年後、伝統木造の設計法作成では政治に巻き込まれ、木造も平和でないことを思い知らされることになります。

もう一度は、実は一回ではなく、複数回、お聞きした。聞かれた方も多いと思います。有馬孝禮先生が、講演でしばしば発言されます。「木造は平和の建築だ」。はじめて聞いたときには、意味が理解できなかったことをよく覚えています。「東京大空襲」をあげるまでもなく、戦時に「都市の木造建築を焼く」ことは、敵を倒す戦術としてしばしば行われてきました。そして、空襲、朝鮮戦争。それらが、木造禁止決議の動機の一つだと気づいたとき、現代にも関わっていることを理解しました。ただし、有馬先生に確認していないので、この理解が正しいかは定かではありません。

最後に、共筆分の掲載を快諾いただいた、川鍋亜衣子氏、田端千夏子氏に感謝いたします。

本書をまとめるにあたって、(株) 建築技術代表取締役の橋戸幹彦氏と編集部の橋戸央樹氏には、大変お世話になりました。ここに記して御礼申し上げます。

大橋好光

OHASHI, Yoshimitsu

1954年　栃木県生まれ

1983年　東京大学大学院博士課程修了

同年　　東京大学工学部助手

2000年　熊本県立大学環境共生学部助教授

2005年　東京都市大学（旧武蔵工業大学）工学部教授

2020年　東京都市大学名誉教授

木造建築の構造

——阪神・淡路大震災から現在まで

発　行　2020年12月15日
著　者　大橋好光
発行者　橋戸幹彦
発行所　株式会社建築技術
〒101-0061 東京都千代田区神田三崎町3-10-4 千代田ビル
TEL03-3222-5951　FAX03-3222-5957
http://www.k-gijutsu.co.jp
振替口座00100-7-72417
造本デザイン　春井 裕（ペーパー・スタジオ）
印刷・製本　三報社印刷株式会社

落丁・乱丁本はお取り替え致します。
本書の無断複製（コピー）は著作権上での例外を除き禁じられています。
また，代行業者等に依頼してスキャンやデジタル化することは，
例え個人や家庭内の利用を目的とする場合でも著作権法違反です。

ISBN978-4-7677-0166-0
©OHASHI, Yoshimitsu　2020
Printed in Japan